Nicolaus Sombart

Jugend in Berlin – Ein Bericht

1933–1943

Nicolaus Sombart

Jugend in Berlin

Ein Bericht

1933–1934

Herausgegeben und
mit einem Geleitwort von
Carolin Fischer

Mit einem Nachwort von
Tilman Krause

Elfenbein

»Jugend in Berlin« erschien erstmals 1984
im Carl Hanser Verlag, München/Wien.

Der vorliegende Text folgt der 1991 erschienenen
erweiterten und überarbeiteten Ausgabe. Offensichtliche Fehler
wurden stillschweigend korrigiert, das Register um Lebensdaten ergänzt.
Der Verlag dankt Günter Erbe für wertvolle Hinweise.

Erste Auflage 2022

Einbandgestaltung: Oda Ruthe
Foto: Landesdenkmalamt Berlin 1993
Druck und Bindung: Finidr, s.r.o.
Printed in Europe
ISBN 978 3 96160 080 9

Vorwort der Herausgeberin

Nicolaus Sombarts Lebenswerk ist ein doppeltes – zum einen ephemer: sein Salon, der immerhin über zwei Jahrzehnte allwöchentlich stattfand und viele noch heute bestehende Bande knüpfte; zum anderen besteht es aus den zahlreichen Büchern, die er nach seiner Rückkehr nach Berlin (Anfang der achtziger Jahre) verfasst hat. Als drittes könnte man sein Leben hinzufügen, ein Leben, das ihm den Stoff für seine autobiographischen Schriften geliefert hat, die jetzt in einer vierbändigen und mit Nachworten versehenen Ausgabe neu erscheinen.

Geboren wurde Nicolaus Sombart am 10. Mai 1923 in Berlin, und dort auch gut fünfundachtzig Jahre später begraben. In der Grunewald-Villa seiner Eltern wuchs er auf, bis er 1942 zum Kriegsdienst eingezogen wurde. Wie viele andere auch stand er 1945 vor dem Nichts, als er aus britischer Gefangenschaft entlassen wurde. Als Zielort gab er Heidelberg an, denn der Vater war verstorben und das Elternhaus, wie die meisten Gebäude seiner Heimatstadt, zerbombt. Das Studium der Soziologie schließt er mit einer Promotion über einen der ›Vorväter‹ der Soziologie, Henri de Saint-Simon, ab, geht anschließend nach Paris, um zu habilitieren, doch wird ihm vor dem Abschluss eine Stellung beim Europarat in Straßburg angeboten, wo er drei Jahrzehnte bleibt und zum Leiter der Kulturabteilung avanciert. 1982 kehrt er in den Grunewald zurück, genauer: für ein Jahr als Fellow des neugegründeten Berliner Wissenschaftskollegs, doch aus dem einen Jahr wurde ein Vierteljahrhundert, denn er übersiedelte ins ›alte‹ West-Berlin, wo er in der Beletage der Ludwigkirchstraße 10a seinen berühmten Salon hielt und seine zahlreichen Bücher schrieb.

Diese knappen Daten lassen nun, für sich genommen, auf keinen aufsehenerregenden Lebenslauf schließen, doch die Memoiren Sombarts (»Jugend in Berlin«, »Heidelberger Reminiszenzen«, »Pariser Lehrjahre«, »Journal intime«) belegen das Gegenteil. Schon als Gymnasiast erklärt er in einem vom Lehrer verlangten *Curriculum vitae:* »Was ich bin und weiß, verdanke ich der Bibliothek meines Vaters und dem Salon meiner Mutter.« Wie wichtig beide für ihn waren, zeigt seine gesamte Existenz, und er bringt es in der am Wissenschaftskolleg verfassten »Jugend in Berlin« klar zum Ausdruck. Immer wieder wird auf seinen Vater, den Soziologie-Professor Werner Sombart, verwiesen, der mit »Liebe, Luxus und Kapitalismus«

die Gegenthese zu Max Webers Schrift »Die protestantische Ethik und der Geist des Kapitalismus« aufstellte, und in dessen Fußstapfen der Filius auf ganz eigene Weise trat. Zwar begann er keine Karriere als Hochschullehrer, aber er schuf in seinen Büchern eine ganz eigene Gattung zwischen Roman und soziologischem Essay. Was scheinbar als persönliche Lebenserinnerung herkommt, enthält jeweils spannende Analysen der Gesellschaft, in der Nicolaus Sombart sich auf den verschiedensten Altersstufen bewegte. Wie er selbst in der Einleitung schreibt, ging es ihm darum, Zeugnis abzulegen, um »im Anekdotisch-Privaten etwas Objektives aufleuchten zu lassen«. Nach dem Vorbild der »ethnologischen Feldforschung« gelingt ihm in jedem der vier Bücher die »Rekonstruktion einer Lebenswelt«.

Diese Rekonstruktionen werden aber gerade durch das Persönliche, vor allem aber durch Nicolaus Sombarts Gabe als Erzähler und seine große Einfühlsamkeit außerordentlich plastisch und greifbar, mitunter sogar ergreifend. So das Gespräch mit einem unbekannten Kommilitonen, einem kriegsversehrten ehemaligen Napola-Schüler und Sohn eines SS-Offiziers, der sich klar gegen die herrschende Politik äußert, oder die Faszination, die die Lagerfeuer-Romantik der Jugendbündler auf ihn ausübte, speziell das Charisma Heinrich Graf von Einsiedels. Der »rote Graf« sollte noch im 21. Jahrhundert Gast des Salons in der Ludwigkirchstraße sein.

Überhaupt sind es die Begegnungen mit anderen Menschen, die vielleicht das Wichtigste für Nicolaus Sombart waren. In seinen Büchern räumt er ihnen einen zentralen Platz ein – und gestattet es so uns Lesern und Leserinnen, sie ebenfalls kennenzulernen. Neben gänzlich Unbekannten wie dem anonym gebliebenen Kommilitonen treffen wir zahlreiche Persönlichkeiten, doch verfällt Sombart an keiner Stelle in pures Namedropping. Stets sind es individuelle Erinnerungen, die prägnant bestimmte Seiten des einzelnen Menschen, von dem jeweils die Rede ist, präsentieren, wenn er nicht in seiner geistigen Bedeutung umrissen wird.

Man kann die vier völlig unabhängig voneinander und nicht chronologisch entstandenen Bücher durchaus als Tetralogie lesen, deren erster Band gewissermaßen die ›Lehrjahre‹ enthält. Er endet mit dem Kapitel »Beruf und Berufung«, in dem Nicolaus Sombart seine Begeisterung für die Architektur und das Entwerfen schöner Häuser darstellt, an denen aber, wie er luzide feststellt, 1945 im zerstörten Deutschland weitaus weniger Bedarf herrscht als an »Notwohnungen«, die zu planen ihm als Lebensaufgabe weniger wichtig erscheint als eine »moralische und geistige Wiedererneuerung«. Mit diesem Ziel also bricht er in das von Bomben weitgehend verschonte Heidelberg auf.

Die Kriegsjahre, genauer: die Fronterlebnisse, finden in der »Jugend in Berlin« fast keine Erwähnung. Er resümiert sie als »drei unnütze Jahre«, während derer er sich »mit Hilfe der Phantasie in ein fast schizophrenes Doppelgängertum dispensierte«, ein Exerzitium, das er 1947 als Roman unter dem Titel »Capriccio Nr. 1 – Des Wachsoldaten Irrungen und Untergang« veröffentlichte. Trotz dieses beachteten literarischen Debüts und der Gründungsmitgliedschaft in der legendären literarischen Gruppe 47 wurde Nicolaus Sombart in Heidelberg nicht Schriftsteller, sondern Soziologe. Für die Ortswahl waren der Philosoph Karl Jaspers und der Kultursoziologe Alfred Weber ausschlaggebend gewesen – beiden ist wie Webers Bruder Max und seinem Antipoden Carl Schmitt je ein Kapitel der »Heidelberger Reminiszenzen« gewidmet. Die Analyse des »Weltgeistes«, der dort in den unmittelbaren Nachkriegsjahren präsent war, wird genauso eindrücklich geschildert wie der nicht immer leicht zu bewältigende Alltag.

Nicolaus Sombart verbindet auf die ihm eigene Weise Anekdoten mit der scharfsinnigen Analyse dieser Episoden, die er aus soziologischem Blickwinkel kommentierend in ein gesellschaftliches Ganzes einreiht. Doch sind die Anekdoten oft genug um ihrer selbst willen lesenswert, zum einen ob der vielen faszinierenden Zeitgenossen, denen er begegnet: So begrüßt ihn bei seinem Antrittsbesuch in der Dachwohnung des bereits siebenundsiebzigjährigen Alfred Weber dessen Lebensgefährtin Else Jaffé, geborene von Richthofen. Ihre Schwester Frieda soll D. H. Lawrence zur »Lady Chatterley« angeregt haben, an deren Beginn wir eine versteckte Hommage an das unkonventionelle Leben der beiden Frauen finden. Inzwischen eine alte Dame, schenkt sie dem *cand. phil.* ein »frisch gebügeltes, altes Oberhemd«. »Das würde ich jetzt brauchen können«, denn er besaß nur die »Kommissklamotten« und »Knobelbecher«, die er am Leibe trug und in denen er noch lange herumlaufen musste.

Alltäglichen Details des Studentenlebens, zu denen – neben der Kleidung, dem Trinken und Lernen – der Umgang mit dem anderen Geschlecht gehören, finden in deutlicher Abgrenzung zu vergangener Burschenschaftsherrlichkeit statt. Die verschiedenen »Buden« des Studenten Sombart führen ihn erst zu unverbesserlichen Nazis, dann in den Salon einer Villa, der sich allerdings als unbeheizbar erweist, und schließlich in das Palais Weimar, das »Institut für Sozial- und Staatswissenschaften«, als dessen einziger Bewohner er nachts imaginäre Kolloquien mit dessen ehemaligen Mitarbeitern Ernst Bloch, Georg Lukács, Herbert Marcuse, Norbert Elias und vielen anderen abhielt. Reinhard Koselleck war einer seiner Kommilitonen, und in Viktor von Weizsäckers Seminar über Freud saß Alexander Mitscherlich als Assistent neben dem Professor. Das Kapitel über den Mitbegründer der psychosomatischen Medizin zeigt den tiefen Riss durch die Gesellschaft symptomatisch auf, denn er war »ein Bruder des früheren Staatssekretärs im Auswärtigen Amt, Ernst von Weizsäcker, dem gerade in Nürnberg der Prozess gemacht wurde«. So ist das Buch von Überlegungen zum Liberalismus, zur »Deutschen Frage« und zur Soziologie geprägt, von einem geschichtsphilosophischen Nachdenken über historische Entwicklungen und gesellschaftliche Zusammenhänge. Dabei führt Sombart greifbar vor, wie eine Generation langsam das im Nationalsozialismus verschüttete Wissen für sich wiederentdeckt.

Sechs Jahre vor dem im Jahr 2000 veröffentlichten Heidelberg-Buch waren die »Pariser Lehrjahre 1951–54 – Leçons de Sociologie« erschienen. Wie der Untertitel besagt, spielt hier die Soziologie eine insofern wichtigere Rolle, als ihren französischen Gründervätern breiter Raum gewidmet wird, schließlich war der frisch promovierte Dr. phil. an die Seine gezogen, um eine Habilitationsschrift über den Ursprung der Soziologie aus dem Geiste der Geschichtsphilosophie zu schreiben.

Doch handelt es sich keineswegs um ein trockenes Lehrbuch, sondern erneut um Memoiren ganz eigenen Stils. Die Studien in der Pariser Nationalbibliothek ergänzt er durch die Erkundung der Pariser Gesellschaft der frühen fünfziger Jahre. Hier kann er in ganz andere Soziotope eintauchen als in Berlin und Heidelberg, schildert sie ebenso plastisch und analysierend scharfsichtig. Er begegnet zahlreichen Intellektuellen, unter ihnen dem Philosophen Cioran, mit dem er sich auf langen, nächtlichen Spaziergängen austauscht, wenn er nicht einen Austausch ganz anderer Art auf privaten Orgien oder im ebenso elitären wie legendären Club Le Roi René kennenlernt und sich über Missverständnisse ob der weiblichen Libido aufklären lässt. So ist dieser Band auch ganz klar eine *éducation érotique*, die Sombart aber über ihre private Ebene hinaus auch in ihrer gesellschaftlichen Dimension erfasst. Er schließt zwar nicht seine Habilitation, aber seine solide und umfassende Ausbildung zum Soziologen und – anders als es der Titel suggeriert – auch seine ›Wanderjahre‹ ab.

Nach drei Jahrzehnten in Straßburg dann die Heimkehr nach Berlin, wo er am Wissenschaftskolleg, in unmittelbarer Nähe zum Ort des Elternhauses und des Gymnasiums, wo er einst das Abitur ablegte, seine

Jugenderinnerungen verfasst, die mit großem Erfolg publiziert werden. Er bleibt in Berlin, wird nun zum Schriftsteller, zwar nicht fiktionaler Texte, aber zahlreicher Essays und seiner hochliterarischen Memoirenbände. Hier schafft er auch den immerhin Jahrzehnte währenden ›ephemeren‹ Teil seines Lebenswerkes, seine Teegesellschaften, für die er den Begriff ›Salon‹ allerdings ablehnte.

Bei ihm traf sich allsonntäglich die Runde der Habitués, stets erweitert durch Prominente oder zumindest äußerst spannende Gäste, die der Hausherr auf den diversen Einladungen, die er jeden Abend absolvierte, zu sich nach Hause einlud, so dass man sicher sein konnte, immer neue, anregende Bekanntschaften zu machen: Künstler wie Rosa von Praunheim, mehr mit Selbstdarstellung als mit Konversation beschäftigt, die wunderbare Marianne Hoppe, die sich bei einem anwesenden Maler nach den aktuellen Tendenzen des Kunstmarkts erkundigt, Adelige wie Johann Georg Prinz von Hohenzollern, der aber vor allem als Kunsthistoriker und Spezialist für die Königsgalerie der Kathedrale Notre-Dame von Paris eingeladen war, sowie Geisteswissenschaftler der verschiedensten Disziplinen. In der Beletage der Ludwigkirchstraße 10a fanden Autoren ihren Verleger, akademische Projekte wurden geschmiedet und der eine oder andere ›Bund fürs Leben‹. Niemand kam für den dünnen Tee oder den trockenen Aldi-Kuchen; alle wollten den Hausherren sehen und einen Sonntagnachmittag mit anregenden Gesprächen, die Horizonte eröffnen konnten, in einer vollkommen zwanglosen Runde von Menschen beinahe jeden Alters verbringen.

Natürlich durften Frauen in diesem Kreis nicht fehlen, und Nicolaus Sombart wusste weibliche Schönheit ebenso zu schätzen wie Intelligenz. Sicher nicht zufällig wurde 1998 das Kolloquium anlässlich des 200. Todestages von Giacomo Casanova im Italienischen Kulturinstitut ihm zum 75. Geburtstag gewidmet, denn die Memoiren des Venezianers sind – genau wie diejenigen Nicolaus Sombarts – europäische Kulturgeschichte.

Kommt dem erotischen Vergnügen eine wesentliche Rolle in den »Pariser Lehrjahren« zu, so wird diese im »Journal intime« noch verstärkt. Für dieses ›Geschenk‹, das sich der Autor zu seinem achtzigsten Geburtstag selbst machte, erntet er auch harsche Kritik, was er indes durchaus mitbedacht hatte. Schonungslos berichtet er über den durchaus nicht wissenschaftlichen Teil des »vielleicht schönsten Jahrs meines Lebens, des erfülltesten, intensiv gelebtesten sicherlich«. Und, undenkbar, er berichtet offen von den beglückenden Stunden, die ihm die käufliche Liebe bescherte. Skandalös natürlich, dass er einen Teil der aus Steuergeldern finanzierten Zuwendung des Kollegs ins Bordell trug.

Aber Sombart wäre nicht Sombart, wenn er dies in der ihm eigenen Luzidität nicht selbst offenherzig thematisierte. Vor allem aber geht es ihm nicht um bloße Triebabfuhr, sondern vielmehr um die zumindest partielle Umsetzung der Utopie einer freien erotischen Selbstverwirklichung beider Geschlechter, denn – so der Titel eines ebenfalls 2003 erschienenen Bandes mit einigen seiner Essays, der seine feste Überzeugung zum Ausdruck bringt: »Die Frau ist die Zukunft des Mannes«. Und die Überzeugung, dass unsere Welt eine bessere wäre, wenn das Prinzip der Verführung die Oberhand über das Prinzip der Gewalt gewönne, prägte Nicolaus Sombarts Leben.

Pau, im August 2022 *Carolin Fischer*

Vorbemerkung

Als ich im Oktober 1982 für ein Jahr in das Wissenschaftskolleg zu Berlin in der Wallotstraße 19 einzog, überwältigte mich, nach fast vierzigjähriger Abwesenheit von meiner Heimatstadt, ein einzigartiges Déjà-vu-Erlebnis. Ich kehrte in den alten Grunewald zurück, wie ein Revenant. Alles war neu für mich, alles war unverändert dasselbe. Gleich um die Ecke bin ich zur Schule gegangen, wenige hundert Meter von dem schönen Haus entfernt, in dem ich die ersten zwanzig Jahre meines Lebens verbracht habe: Humboldtstraße 35 a. Es wurde während des Krieges 1943 zerstört. Was heute zu sehen ist, hat mit dem damaligen Haus nichts mehr zu tun. Aber es ist genau dieser Unterschied, der mich faszinierte, es ist die Differenz zwischen dem Berlin meiner Jugend und dem Berlin von heute, die Differenz zwischen dem jungen Menschen, der damals dort aus und ein ging, und dem Mann, der nach vierzig Jahren davor steht und sich erinnert, wie das früher war. Andere Häuser fand ich wieder, die ich damals von innen gesehen, deren Bewohner ich gekannt habe. Die Straßen, von unzähligen Wegen und Spaziergängen einer Kindheit vertraut, schienen unverändert, ja schöner, in der Pracht ihrer Bäume. In das stille Wasser des kleinen Halensees einzutauchen und inmitten der Seerosen, Trauerweiden und Blutbuchen wie in dem Teich eines großen Parkes zu schwimmen kam dem Eintauchen in einen Jungbrunnen gleich. Da schwamm, als wären die Jahre nie verflossen, der Knabe, in dessen Welt ich jetzt wieder versetzt war.

Ich konnte nicht anders, ich mußte darüber sprechen, mußte meine neuen Schicksals- und Weggefährten, die *Fellows,* auf all das Besondere aufmerksam machen, das sie da umgab und von dem sie keine Ahnung haben konnten. Ich bildete mir ein, es wäre wichtig für sie zu wissen, auf welchem Territorium sie sich befanden.

So ergab es sich, daß ich gerne auf die Anregung einging, sie einen Abend lang mit meinen Erinnerungen zu unterhalten. Je näher der Termin rückte, um so mehr schien es mir aber eine Zumutung, fremde Menschen mit den Jugenderinnerungen eines Unbekannten zu behelligen. Konnte das, was mich passionierte, auch sie interessieren? Mein Unternehmen würde nur in dem Maße gerechtfertigt sein, in dem es mir gelänge, im Anekdotisch-Privaten etwas Objektives aufleuchten zu lassen, etwas, das die Jungen und die Fremden als Beitrag zum Verständnis der deutschen Geschichte verstehen konnten.

1923 bis 1933 waren die goldenen Jahre von Berlin – aber darüber konnte ich nichts erzählen, ich hatte ja selbst nur indirekt, mittelbar, noch etwas davon erfahren. Es waren wohl die ersten zehn Jahre meines Lebens, aber ich war ein Kind. Das Dezennium von 1933 bis 1943 dagegen habe ich bewußt erlebt. Das waren die Jahre der Hitler-Herrschaft, darüber konnte ich Zeugnis ablegen. Mein Bericht würde zu einem Echo dieser längst versunkenen Zeit werden, die trotz der Ferne uns allen so schrecklich nahe ist, mit all dem, was sie an Unbegreiflichem birgt.

Was wissen wir von dem, was damals eigentlich in Deutschland geschah? Man hat ein gewisses Bild, aber dieses Bild ist immer unvollständig und wahrscheinlich falsch. Meine Erinnerungen konnten vielleicht dazu beitragen, das Bild zu vervollständigen. Sie sollten nicht Aufschlüsse über mein persönliches Schicksal bringen, sondern in einem persönlichen Schicksal nach den Spuren der überpersönlichen Kräfte suchen, die ein nationales Geschick determiniert haben.

So konzipierte ich meinen ersten Bericht – eine Plauderei am Kamin. Ich ahnte nicht, daß daraus ein Buch werden könnte, daß daraus unweigerlich ein Buch werden mußte. Es ist während des Jahres entstanden, das ich am Wissenschaftskolleg verbringen durfte. Ich möchte denen, die mir die Möglichkeit dazu gegeben haben, an dieser Stelle ausdrücklich dafür danken.

Das Buch hat keinen Plan. Die einzelnen Kapitel folgen sich nicht wie in einem Fortsetzungsroman. Es gibt keinen Anfang und kein Ende. Keine Dramaturgie. Themen, die im ersten Durchlauf angeklungen sind, werden wieder aufgenommen und weitergesponnen.

Eine einzige Regel: Authentizität. Mit allen Schwierigkeiten, die damit verbunden sind, sollte es mein Ehrgeiz sein, nichts zu beschönigen, am wenigsten das, was mich selber betraf. Es geht um die Rekonstruktion einer Lebenswelt, eines Biotops der bürgerlichen Gesellschaft in ihrer Spätphase. Mein Vorbild: ethnologische Feldforschung. Man kennt die Probleme. Alles soll jeweils so genau sein, wie es die Erinnerung hergibt, wobei wir natürlich wissen, daß die Erinnerung eine Hure ist, käuflich, unzuverlässig und ohne Gedächtnis.

Es fehlt das Kapitel über meine Schwester Ninetta. Ich habe es geschrieben. Es war mir besonders wichtig – ein für die Ökonomie meines Berichtes unverzichtbares Werkstück. Ich habe darin darzustellen versucht, wie für zwei Menschen, die, unter dem gleichen Dach, unter vollkommen identischen Bedingungen herangewachsen sind, das, was sich für den einen zum Paradies verklärt hat, für den anderen die Erfahrung der Hölle war. Das Zeugnis des geschwisterlichen Doppelgängers erst gäbe meinem Bericht das richtige Relief. Leider habe ich auf den dringenden Wunsch meiner Schwester auf die Veröffentlichung dieser Seiten verzichten müssen.

Ich suche die Antwort auf Fragen, die mir gestellt wurden, auf Fragen, die ich mir selber gestellt habe. So also ist das gewesen? So, behauptest du, soll es gewesen sein? Was du da erzählst, ist doch gar nicht zu glauben! Soviel Schreckliches geschah, und da erzählt uns jemand einen Schwank aus dem idyllischen Grunewald! Auch das war Deutschland, auch das war Berlin. Man muß mir glauben.

Wenn dieser Bericht sich als ein Versuch versteht, zu dem Verständnis dessen beizutragen, was damals mit uns wirklich geschah, so läuft er vielleicht auf den Nachweis der Unmöglichkeit hinaus, diese Wirklichkeit zu begreifen. Auf jeden Fall läuft er auf die Beschreibung der Unfähigkeit der Betroffenen hinaus, sich selbst darüber Rechenschaft abzulegen, was ihnen widerfuhr. Das aber erweist sich vielleicht als die einzig brauchbare Erklärung dafür, daß damals geschehen konnte, was geschah.

Antworten habe ich nicht. Ich kann nur erzählen nach dem Motto »Was fällt Ihnen dazu ein?«, Fäden aufnehmen, die aus dem Erinnerungskorb heraushängen, mit dem Knäuel spielen wie eine Katze, so lange, bis das Knäuel verschwunden ist. Da guckt dann die Katze dumm …

Im alten Grunewald

Den Fellows im Wissenschaftskolleg erzählt

Humboldtstraße 35 a

Das Grunewaldviertel ist immer etwas Besonderes gewesen, das kann man auch heute noch spüren. Es ist entstanden in der Glanzzeit des wilhelminischen Deutschland, als *quartier résidentiel,* in dem die Howardschen Ideen von der Gartenstadt eine exemplarische Verwirklichung fanden. Sein zeitgenössischer Gegenpol waren das Reichstagsgebäude von Wallot und der Dom: das war das kaiserliche Berlin mit seinem imperialen Anspruch und Glanz.

Von »Villenvorort« zu sprechen führt in die Irre. Im Grunewaldviertel baute die Großbourgeoisie in parkartigen Gärten ihre Schlösser; im Gegensatz zu Paris und London kennt Berlin – charakteristischerweise – das *hôtel particulier* nicht. Auch der Adel, mit wenigen Ausnahmen, besaß kein Stadtpalais, sondern wohnte im Hotel, wenn er seine Besitzungen auf dem Lande verließ, um zu Hofe zu gehen oder seinen Sitz im Herrenhaus einzunehmen. Die Alleen sind hier so breit, weil Reitwege auf ihnen geführt waren. Sie wurden noch in meiner Jugend benutzt. Was heute als ansehnliches Wohnhaus wirkt, war früher Reitstall und Remise. Nur vereinzelt lebten hier Menschen von bescheidenerem Lebenszuschnitt. Das waren Professoren oder Literaten, wie Maximilian Harden, der in der Wernerstraße ein Gartenhäuschen besaß. Zu diesen bescheideneren Bewohnern gehörte auch meine Familie. Hier also bin ich aufgewachsen, das war für mich Berlin. In andere Viertel, mit Ausnahme des Kurfürstendamms, des Tiergartenviertels und des historischen Zentrums der Stadt mit den Linden, dem Schloß und der Museumsinsel, kam ich nur selten. Das waren dann immer Expeditionen, die durch langes Kartenstudium vorbereitet wurden.

Ich hatte eine außerordentlich privilegierte Kindheit. Sie war bürgerlich im besten Sinne des Wortes. Meine Eltern waren nicht reich, aber ein gewisser Wohlstand war das Selbstverständliche, über das man nicht sprach. Auch in meinem Elternhaus »hingen keine Gainsboroughs«, aber es war angefüllt mit den Requisiten, die zu den Essentials einer kultivierten Lebensform gehören. Was mir heute besonders phantastisch erscheint, war der Luxus an Raum (an Quadratmetern), über den vier Menschen – Vater, Mutter und zwei Kinder – verfügten. Da gab es Zimmer, die man tagelang gar nicht betrat. Der Arbeitsraum meines Vaters in der obersten Etage war ein *buon retiro,* zu dem der Zugang nur unter Ausnahmebedingungen gestattet war. Die Küchen- und Kellerräume zu betreten war fast verboten. Ich bin fest davon überzeugt, daß mein Vater niemals den Fuß in die Küche gesetzt hat. Den Wein holte er allerdings selbst aus dem dafür vorgesehenen Keller.

Selbstverständlich gehörten zu einem solchen Haus auch Dienstboten, eine Mamsell, das Zimmermädchen, ein Hausmeisterehepaar und eine französische Gouvernante. Bei großen Gelegenheiten kam Herr Misamer, ein perfekter Butler, der wenige Häuser weiter im Dienst war. Man sah ihn gelegentlich in den Straßen, in gelbschwarz gestreifter Weste, den Pudel seines Herrn spazierenführen. Das war wenig, verglichen mit dem Personal, das es in anderen Häusern gab, aber es erscheint mir heute wie ein Traum. Wenn man mich fragte, welches der entscheidende Indikator für die Kulturschwelle ist, die wir übertreten haben, so würde ich nicht zögern zu sagen, daß es das Verschwinden der Dienstboten ist – welches auch immer die ökonomisch-soziologischen Gründe sind, die man dafür verantwortlich machen will. Man wird ein anderer Mensch, wenn es einem von Jugend an selbstverständlich sein darf, bedient zu werden, und kommt eigentlich nie über den Verlust an der dadurch gebotenen Entlastung und Lebenshilfe hinweg.

Doch nicht dadurch war meine Kindheit eigentlich geprägt, nicht das verlieh ihr den Status der Privilegiertheit. Was ich als das außerordentliche Glück, als das Besondere meiner Jugend bezeichnen möchte, ist die Tatsache, daß ich Eltern hatte, die ich bewundern konnte. Ich erinnere mich nicht daran, ihnen gegenüber ein einziges Mal ein Gefühl von Revolte, von Verachtung, von Mitleid empfunden zu haben. Es gab da gar kein Problem. Ich wollte sein und werden wie sie. Daran hat sich eigentlich bis heute nichts geändert.

Mein Vater, damals schon ein sehr alter Herr – er war sechzig Jahre alt, als ich geboren wurde –, war ein Gelehrter aus großbürgerlichem Hause. *A German Mandarin …* Ein prächtiges Exemplar einer heute völlig ausgestorbenen Spezies. Meine Mutter war Rumänin aus einer alten Bojarenfamilie, deren Vater übrigens auch ein in seinem Lande hochgeachteter Universitätslehrer war. Sie war dreißig Jahre jünger als mein Vater und hatte offensichtlich ihren Mann nach dem Modell ihres Vaters gewählt. Als Kinder konnten wir die Porträts der sich ungemein ähnelnden spitzbärtigen Herren, die an den Wänden hingen, zunächst gar nicht richtig unterscheiden.

Die Abgeschlossenheit des Vaters in seiner Arbeitssphäre wurde streng gehütet; auch zu der Mutter hatte man – von den gemeinsamen Mahlzeiten abgesehen – eigentlich nur Zugang, wenn man dazu eingeladen war. Das hieß aber nicht, daß man nicht voll am Leben der Eltern partizipierte.

Meine Mutter hatte in den zwanziger Jahren einen berühmten Salon, in dem viele Künstler und Gelehrte, aber auch Diplomaten und allerhand wunderliche Berühmtheiten verkehrten, und noch heute höre ich gelegentlich von einem Veteranen dieser Zeit ein Echo von den anregenden und hochgeschätzten Tee-Nachmittagen (Five o'clock tea! Cocktailpartys gab es noch nicht), von den Empfängen und Diners, die unser Haus belebten. Das klang in den dreißiger Jahren mehr und mehr ab, und schließlich war es nur noch ein kleiner Kreis von *habitués (la petite bande),* die regelmäßig in die Humboldtstraße kamen.

Was neben dem Salon meiner Mutter aber dem Elternhaus sein eigentliches Gepräge gab, war die gewaltige Bibliothek meines Vaters, der noch zu jener Generation von Wissenschaftlern gehörte, die im Besitz ihrer Produktionsmittel waren. Das Haus war gewissermaßen um die Bibliothek herum organisiert. Es waren zu meiner Zeit noch fünftausend Bände; der größere Teil, dreißigtausend Bände, war Ende der zwanziger Jahre für eine beträchtliche Dollarsumme von meinem Vater an die Universität von Osaka verkauft worden, wo er heute noch in einem scheußlichen Betonkasten mit eigenem Katalog steht. Diese Bibliothek habe ich von meiner frühesten Kindheit an, ich kann fast sagen täglich, geplündert. Es gab damals noch kein Fernsehen. Ich lag also stundenlang auf dem Teppich und schmökerte. Alles, was ich weiß, stammt eigentlich aus dieser Zeit. Ich habe später immer nur nach-gelesen.

Ich kann also sagen, daß ich im Salon meiner Mutter und der Bibliothek meines Vaters aufgewachsen bin. Seitdem ist mir die Beschäftigung mit Büchern und der Umgang mit geistig bedeutenden, interessanten Menschen eine Lebensnotwendigkeit. Das erste ist verhältnismäßig leicht zu beschaffen, das zweite weit weniger. Ohne Bücher kann man zur Not auskommen, ohne Menschen, die einem etwas bedeuten, nicht.

Doch gab es andere Pole als das Elternhaus. Zu meiner Jugend gehört, daß ich von der Volksschule – die ich zum Teil in einer Privatschule absolvierte – bis zu meinem Abitur 1941, also zwölf Jahre lang, in der gleichen Klasse war, meine schulische Erziehung also in der Geborgenheit einer vertrauten Schicksalsgemeinschaft genossen habe, zu der nicht nur die Klassenkameraden, sondern auch die Lehrer – in wechselnder Besetzung – als feste Bezugsfiguren gehörten. In der Klassengemeinschaft gab es Rivalitäten, Bündnisse und Freundschaften, vor allem aber eine Hackordnung, die sich durch die Jahre kaum veränderte und die charakteristisch war für die soziale Struktur der Schule. Es gab da drei deutlich unterscheidbare Kategorien von Jungen: diejenigen, die in einer »Villa« zu Hause waren – das waren die eigentlichen Grunewalder, die sich auch untereinander besuchten; die Jungen, die aus dem Halensee-Viertel kamen, das mit zum Einzugsgebiet des Grunewald-Gymnasiums gehörte, und dort in Mietwohnungen wohnten. Sie kamen wohl zu uns ins Haus, aber ich würde nie auf den Gedanken verfallen sein, sie bei sich zu besuchen. Dann gab es, drittens, die sogenannten »Eichkamper«, deren Eltern in den kleinen Reihenhäusern hinter der Stadtbahn in unmittelbarer Nachbarschaft des Grunewalder Forstes lebten. Sie kamen der Entfernung wegen meistens mit dem Rad zur Schule, während ich nur fünf Minuten von der Schule entfernt wohnte (und deshalb meistens zu spät kam). Das war eine sehr stark zusammenhaltende Clique, die für uns aber den Reiz hatte, irgendwie ungebundener aufzuwachsen, in legereren Familienverhältnissen zu leben und überhaupt in einem näheren Kontakt zur Natur zu stehen. Bei ihnen gab es Terrarien und Aquarien und Gärten mit Erdbeerbeeten und Stachelbeerstauden, und mit ihnen konnte man, mit dem Rad oder zu Fuß, durch den Grunewald strolchen.

Die Spitze der Klassenhierarchie bildeten aber ganz unbestritten die Besitzer von Seegrundstücken, beide (denn es waren nur zwei) mit großen Häusern am Halensee. Zu ihnen – vor allem im Sommer – zum Bootfahren eingeladen zu werden war das Privileg der einen, die ersehnte, erhoffte und durch allerhand Dienste erstrebte Auszeichnung der anderen.

Das Halenseer »Proletariat« war gut im Turnen und wurde später »Fähnleinführer«. Sie kamen in der braunen Uniform zur Schule, was bei uns verpönt war. Die »Eichkamper« hatten einen Hauch von Boheme. Einer meiner besten Freunde kam von dort – wir rivalisierten um den besten deutschen Aufsatz. Der Vater war Komponist, die Mutter sah ich immer nur kettenrauchend und russische Romane lesend auf dem Kanapee liegen, an dem wir uns bei den beengten Raumverhältnissen vorbeidrücken mußten, um in sein Dachzimmer zu gelangen. Durch ihn lernte ich Dostojewski und Tolstoi kennen; Oblomow wurde zeitweise die Quelle eines Gesellschaftsspiels zwischen uns. Er ist heute hoher Funktionär in der DDR – der einzige, der nach »drüben« gegangen ist.

Der Nationalsozialismus blieb in der Schule etwas Fernes und Fremdes, das sich eigentlich nur durch lästige Schikanen bemerkbar machte und offensichtlich der Grund dafür war, daß die Schule immer schlechter und langweiliger wurde.

Das Grunewald-Gymnasium

Meine Schule, das Grunewald-Gymnasium, das heute Rathenauschule heißt, war, als ich sie als Sextaner betrat, eine weit über Berlin hinaus berühmte Lehranstalt, die ein genialer Reformer, Direktor Vilmar, zu einer Art von Gesamtschule *avant la lettre* ausgebaut hatte; sie hatte in der Oberstufe ein breit gefächertes Angebot an Wahlfächern und Sonderkursen und bekam dadurch universitätsartigen Charakter. Noch Anfang der dreißiger Jahre gab es drei Ausbildungszweige: ein Reformgymnasium (an dem von der Untertertia an Griechisch gelehrt wurde), ein Reformrealgymnasium (mit Latein und mehreren modernen Sprachen) und eine Realschule mit starkem Akzent auf den naturwissenschaftlichen Fächern. In jedem dieser Zweige gab es Parallelklassen, und in der Oberstufe mischten sich die Schüler in den allen offenstehenden Wahlkursen. Man kann sich vorstellen, in welcher Vielfalt von Interessengruppen sich die Schüler jeder Altersstufe auf dem von großen Kiefern überschatteten Schulhof tummelten. Manche kamen von weit her (die sogenannten Fahrschüler). Es galt als ein besonderer Vorzug, dieses exzeptionelle Institut besuchen zu können. Der Lehrkörper war von hoher Qualität.

Daß diese Schule im Grunewald entstanden war, war nun alles andere als ein Zufall. Die Ausgaben für die bedeutenden Vergrößerungen der Klassenräume, für neue Unterrichtsräume, vor allem aber für die amphitheatralischen Hörsäle der Oberstufe, für riesige, luxuriös ausgestattete chemische und physikalische Laboratorien, für Zeichensäle und Räume für die berühmten Sammlungen von Lehrmaterial – ausgestopfte Tiere, didaktische Modelle, Karten usw. – waren natürlich nicht zu bestreiten aus öffentlichen Mitteln, sondern nur durch Spenden wohlhabender Eltern. Und das waren die im Grunewald ansässigen reichen Juden, die ihre Kinder vorzugsweise in diese Schule schickten. Als ich sie betrat, hatte sie auch den Spitznamen »Judenschule«.

Das Werk der Zerstörung

Ohne allzu große Übertreibung kann man sagen, daß dieser so großzügig angelegte Schutzpark bürgerlicher Lebenskultur wesentlich jüdisches Territorium war. Jede zweite oder dritte der großen Villen war jüdischer Besitz. Hier residierte das jüdische Patriziat – zu dem nicht nur die *Haute Finance Juive* gehörte, sondern auch eine Familie wie die Walter Benjamins – in Palästen, im Vergleich zu denen Häuser wie das unsere zu bescheidenen Einfamilienhäusern verzwergten. Mit dem »Dritten Reich« ging diese Welt zugrunde.

Ich erlebte, was da geschah, mittelbar am Verfall meiner Schule, sah, wie sie Schritt für Schritt »gleichgeschaltet« und auf das Niveau einer ordinären »Oberschule für Jungen« heruntergebracht wurde. Die jüdischen Mitschüler verschwanden, die großen Hörsäle und Laboratorien verödeten, immer mehr Klassenräume standen leer, das wichtigste Fach war jetzt das »Turnen«, wofür uns allerdings der große Sportplatz an der Hubertusallee zur Verfügung stand, zu dem wir täglich hinübergeführt wurden. Es fanden seltsame patriotische Feiern, Flaggenparaden und Gedenkstunden statt, was auf Kosten des Unterrichts ging. Schon damals, und nicht nur zurückblickend, empfand ich diese progressive Verödung als Verarmung und Verelendung und fühlte auch den Zusammenhang, in dem sie zu der Stille und Resignation stand, die sich im Laufe der Zeit mehr und mehr in meinem Elternhaus ausbreitete. Das war für mich das Gesicht der nationalsozialistischen Herrschaft, die ich keineswegs als den Triumphzug einer nationalen Bewegung, als Aufstieg und Erhebung, als irgend etwas Positives also, erleben konnte, sondern ausschließlich als den Einbruch sinistrer Kräfte der Zerstörung. Sie war offensichtlich das Werk einer üblen Kategorie von Menschen, die wie eine Besatzungstruppe von allen Kommandostellen Besitz ergriffen hatte. Leute wie der Direktor Waldvogel, der wie ein Politruk Schüler und Lehrer der Grunewaldschule terrorisierte und systematisch ihre Demontage betrieb – er ist als angesehener Schulleiter in Bad Homburg in den fünfziger Jahren unbestraft gestorben; Leute, die als Blockwart in braunen Hemden das Haus durchstöberten, um »Luftschutzkeller« anzulegen; Leute wie der Mensch, der meinen Vater zu sehen wünschte, um ihm unter schweren politischen Anwürfen ein Abonnement des Völkischen Beobachters aufzuzwingen, den mein Vater aber, in meiner Gegenwart und zu meiner allergrößten Befriedigung, kurzerhand zur Tür hinauswarf. Im übrigen sah man diese Menschen eigentlich nie, Umzüge fanden im Grunewald nicht statt, man hörte nur von ihnen im Radio, das meine Eltern erst damals anschafften, aber nicht benutzten. Wenn »geflaggt« werden mußte, hängte das Dienstmädchen ein kaum sichtbares Fähnlein aus der Dachluke.

Grunewald war in der Hitler-Zeit eine apolitische Enklave, in der es jedes Jahr stiller wurde; in den Vorgärten der großen Villen vermehrten sich die Schilder der Immobilienmakler, auf denen zu lesen stand: »Zu verkaufen«. Wenn wir an den hellen, milden Sommerabenden, die im Grunewald besonders schön sind, bei einer Bowle mit Freunden auf der Terrasse saßen, gingen die leisen Gespräche vielleicht über die letzte Inszenierung von Gustaf Gründgens, über eine Ausstellung in der Akademie der Künste, ein neues Buch – die »Marmorklippen« von Ernst Jünger vielleicht … Nie war von Politik die Rede. Wir lebten auf einer Insel, vollkommen außerhalb der Zeit.

Die Juden

War mir damals als Junge schon klar, daß dieser Verfallsprozeß, diese Zerstörung, nicht nur zusammenhing, sondern ursächlich bedingt war durch die Vertreibung der Juden? Oder habe ich mir sehr viel später erst darüber Rechenschaft gegeben, als ich nach dem Zusammenbruch, nach der Zerstörung unseres Hauses, in der Armut des Exils, damit begonnen hatte, darüber nachzudenken, was eigentlich damals in Deutschland, mit Deutschland geschah? Gleichviel, es gehört zu meiner Jugendgeschichte, daß ich sehr früh schon ein prononciertes Gefühl dafür entwickelte, welche ungeheure Bedeutung das Judentum für uns Deutsche hat.

Was ich auf Fahrten und Radtouren an ostelbischen Klitschen kennengelernt hatte, machte mir eher einen ärmlichen und kulturfernen Eindruck. Nein, was ich an Reichtum, an kostbaren Sammlungen, an gepflegter Geselligkeit, an vornehmer Lebensform erlebt hatte, hatte ich in den

Häusern der jüdischen Familien gesehen, in denen meine Eltern verkehrten und in denen ich, als aufgeweckter, frühreifer Knabe, dessen Sinn für das Schöne verstanden wurde, Zutritt fand.

Das begann in den Jahren, in denen ich eine Privatklasse im Mendelssohnschen Palais besuchte, wo ich zwar noch nicht die Rembrandts und van Dycks in der großen Halle zu identifizieren wußte, aber sehr beeindruckt war von der Livree der würdigen Diener, die uns in den Unterrichtssaal führten, und endete mit meinen Besuchen bei der alten Edith Andreae, der Schwester von Walther Rathenau, in dessen Haus an der Königsallee, die mich zum Tee einlud, um mir – noch 1938 – ihre unermeßlichen Schätze an bibliophilen Kostbarkeiten zu zeigen. Gleichzeitig verschwanden die jüdischen Gäste in meinem Elternhaus. Dieser ging nach Amerika, jener nach London. Das wurde nicht weiter kommentiert. Das heißt, es wurde genauso kommentiert wie alles andere Unheil, das die Nazis heraufbeschworen, die Kriegsrüstung, die allgemeine Militarisierung, die Reiseeinschränkungen, die Isolierung Deutschlands in der Gemeinschaft der Völker, die Zensur literarischer und wissenschaftlicher Bücher, von der auch mein Vater betroffen war.

Rahel

Meine erste große Liebe war ein jüdisches Mädchen, genauer gesagt eine Halbjüdin; ihr Vater war Komponist, der mit seiner jüdischen Frau und seiner Tochter in einer kleinen Wohnung in Charlottenburg »untergetaucht« war. Ich lernte das außergewöhnlich schöne Mädchen 1941 bei dem Maler Leo von König kennen, mit dessen Töchtern ich tanzte. Wir trafen uns hier und dort, auf Zeichenkursen und Vorträgen, und bald führte sie mich bei ihren Eltern ein. Liebesgeschichten waren damals sehr keusch.

Da nahm mich eines schönen Tages ein Kommilitone (ein Siebenbürger Sachse) zur Seite – einer der schrecklichen Menschen – und stellte mich zur Rede. Ob ich wohl wüßte, was ich riskiere, wenn ich mit einem Mädchen gehen würde, das »Jüdin« sei? Für einen nationalsozialistischen Studenten sei das unmöglich, er hielte es im übrigen für seine Pflicht, mich als Kamerad darauf aufmerksam zu machen, und verlange von mir, diese Beziehung sofort abzubrechen. Ich weiß noch genau, wo dieses Gespräch stattfand: im schönen Rundgang der Hochschule für Bildende Künste am

Steinplatz. Ich bekam einen Wutanfall, nicht wegen der Jüdin zunächst, sondern weil der unverschämte Kerl die Frechheit besaß, sich in mein Privatleben einzumischen. Aber in dieser Sekunde hat etwas in mir gezündet.

Von diesem Augenblick an datiert mein politisches Bewußtsein. Mit einer Leidenschaft, verglichen mit der meine romantische Neigung zur schönen Rahel nur knabenhafte Schwärmerei war, stürzte ich mich auf das Studium der »Judenfrage«. Durch eine List verschaffte ich mir Zugang zu den sekretierten Teilen der Staatsbibliothek und verbrachte dort Tage und Wochen mit der Lektüre der einschlägigen Literatur. Ich las den Graetz, Nordau, Cohen, Lessing, Rathenau, doch versuchte ich auch in den Talmud einzudringen und in die Geheimnisse der Kabbala. Mit immer neuem Erstaunen entdeckte ich die Wunderwelt der »Encyclopaedia Judaica«. Es war für mich so etwas wie die Entdeckung von Tausendundeiner Nacht. Bei der Gelegenheit fand ich heraus, daß mein Vater, der ein Jahr zuvor gestorben war, ein seinerzeit sehr umstrittenes Buch über die Juden geschrieben hatte, das zu meiner Genugtuung jetzt zu den verbotenen Büchern gehörte. Es war wie ein Rausch. Seitdem bin ich mit Hans Blüher der Überzeugung, daß »in Deutschland … die Judenfrage beinahe das Schicksal selber« ist. Der Antisemitismus ist ein Wahnsinn, eine Krankheit, das Produkt eines Insuffizienzgefühls. Es gab überhaupt keine deutsche Kultur ohne die deutschen Juden! Ihre Vertreibung kann nur als Akt der Selbstzerstörung verstanden werden, mit dem die Deutschen sich selber zerstören wollten. So denke ich bis heute.

Carl Schmitt

Merkwürdigerweise nun stand ich in der gleichen Zeit in sehr enger Beziehung zu Carl Schmitt, der als einer der extremen und gefährlichen Exponenten des deutschen Antisemitismus galt. Er verkehrte jetzt (1940) wieder in unserem Hause nach einer Zeit der Verbannung, die damit zusammenhing, daß mein Vater seine Rolle als Theoretiker des »Führerstaates« und als Befürworter der nationalsozialistischen Gewaltherrschaft mißbilligte. Ende der dreißiger Jahre erfuhr man, daß er innerlich und politisch Abstand von der braunen Pest genommen hatte, und so erschien er wieder auf den *Jours* meiner Mutter. Seine außergewöhnliche Intelligenz, seine Kunst der Gesprächsführung, seine Liebenswürdigkeit übten auf mich damals eine große Faszination aus, und ich akzeptierte es gerne, daß er sich meiner als aufmerksamer und einfühlsamer Mentor annahm. So kam es, daß ich drei Jahre hindurch diesen Mann regelmäßig, wenn er in Berlin war, mindestens einmal in der Woche zu langen Gesprächen traf, die meistens peripatetisch auf langen Spaziergängen durch den Grunewald stattfanden. Von keinem Menschen habe ich je soviel gelernt! Immer kam ich mit einem Buch, einer Broschüre, einem Separatabzug nach Hause. Er führte mich in das »Nordlicht« von Theodor Däubler ein, diskutierte mit mir den »Benito Cereno« von Hermann Melville, stellte die Frage nach dem »Katechon«. Carl-Schmitt-Kenner werden sofort wissen, worum es ging.

Im Vordergrund seines Interesses und unserer Gespräche stand damals eindeutig England, das britische Empire, die Königin der Meere. Es war die Zeit, in der er sein vielleicht bedeutendstes, sicher aber sein schönstes Buch »Land und Meer« veröffentlichte.

Doch wenn man genauer hinhörte, stand im Zentrum all seiner Überlegungen immer nur die eine Frage: die Frage nach der Bedeutung der Juden für die europäische Geschichte. Durch ihn lernte ich die Kontroverse Bruno Bauer – Karl Marx kennen, die These, daß in der kapitalistischen Gesellschaft alle Christen längst zu Juden geworden seien. Als die wichtigste Figur in diesem Kontext erschien ihm, alle anderen überragend, Disraeli. Carl Schmitt hat mich in diesen Jahren 1939/40 mit einer grenzenlosen Bewunderung und Verehrung für diesen großen Juden infiziert, den »großen Eingeweihten«, wie er sagte, die Schlüsselfigur des 19. Jahrhunderts: Über seinem Schreibtisch in seinem Dahlemer Haus hing nicht etwa ein Bild Bismarcks oder gar Adolf Hitlers, sondern ein lebensgroßes Porträt von Disraeli. Das muß man wissen, wenn man die Geschichte des deutschen Antisemitismus schreibt.

Bündische Jugend

Ich muß wieder auf die besonderen Verhältnisse in unserem alten Grunewald zu sprechen kommen. Man konnte sich hier tatsächlich, mit etwas Geschick, dem Zwang der Rekrutierung in die offiziellen Jugendorganisationen entziehen, was in Halensee und Eichkamp völlig unmöglich war.

Seit meinem zehnten Lebensjahr gehörte ich einer Jungengemeinschaft an, die, wenn sie auch formell und was die Uniform betraf, von den offiziellen Jugendorganisationen übernommen worden war und nach außen als eine Formation des »Jungvolks« (und später der »Hitlerjugend«) auftrat, mit dieser überhaupt nichts zu tun hatte. Es begann damit, daß ich als Sextaner oder Quintaner eines schönen Tages auf dem Schulhof von zwei älteren Jungen angesprochen und zu einem Heimabend eingeladen wurde. Ich war, wie es hieß, »gekeilt«. Von da an partizipierte ich – parallel und gewissermaßen hinter dem Rücken von Elternhaus und Schule – an einem völlig anderen Lebensbereich, mit anderen Gesetzen, anderen Idealen und anderen Loyalitäten, über deren wirkliche Bedeutung ich mir erst viel später Aufschluß zu geben vermochte. Ich entdeckte und erlebte die Welt der bündischen Jugend.

Die Gemeinschaft, der ich bis zu meinem 16. / 17. Lebensjahr angehörte, stand in der Tradition des deutschen Wandervogels – einem Berliner Vorortphänomen –, die in den zwanziger Jahren in den sonderbarsten Varianten florierte und im Grunewald auch in den dreißiger Jahren noch fortbestand; ihre legendäre Führerfigur – ich habe sie nicht mehr persönlich kennengelernt – war ein gewisser Tusk. Der Bund, den er gestiftet hatte, nannte sich »dj. 1. 11.« (Deutsche Jungenschaft vom 1. November 1929). Ein sonderbarer Haufen! Ich gehörte zu den »Kleinen«. Die älteren, Führer genannt, waren meistens Schüler in den höheren Klassen meiner Schule, aber es gab auch solche, die schon irgendwo ihren Militärdienst ableisteten und plötzlich überraschend und umjubelt auf einer Fahrt auftauchten. Am Dianasee aber hatten uns geheimnisvolle »Alte Herren« ein großes, unbebautes, vollkommen verwildertes Grundstück zur Verfügung gestellt, auf dem nur ein kleines Blockhaus stand, in dem wir uns regelmäßig trafen – zu Heimabenden, wie es hieß, aber im Sommer auch, um zu schwimmen und zu rudern.

Auch in diesem Kreis war die Verachtung für die Nazis und vor allem die Hitlerjugend selbstverständlich. Ich hätte nun aber die größte Mühe, genau zu definieren, welches die politische Position dieser Jungengemeinschaft war. Antibürgerlich gewiß – vielleicht könnte man von einem konfusen mystischen Anarchismus sprechen, einer herben, einem gewissen asketischen Ideal huldigenden Romantik, deren große Riten die Nächte am Lagerfeuer waren und abenteuerliche, oft wochenlange Fahrten, die uns durch ganz Deutschland, aber auch bis nach Schweden und Finnland, »dem Norden«, führten. Gesungen wurde zur Klampfe oder Mundharmonika, schwermütige Lieder wie »Wildgänse rauschen durch die Nacht …« von Walter Flex, oder »Soldat, du bist mein Kamerad, wenn alle Knochen bleichen«, ein chinesisches Soldatenlied, das Klabund übersetzt hat, oder

»Unsere Speere schleudern wir in fremde Meere, schwimmen nach und hol'n sie ein«, das der geheimnisumwitterte Tusk selber gedichtet haben soll. (Es stammt tatsächlich, wie Armin Mohler herausgefunden hat, von Jürgen Riehl.) Hoch im Kurs standen die Donkosaken, deren Chorgesang wir nachzuahmen versuchten. Es war ein sonderbares Gemisch. Unsere Heroen waren, wenn ich mich richtig erinnere, die deutschen Freicorpsführer; es wurde viel Edwin Erich Dwinger vorgelesen. Aber das Deutschnationale war in keiner Weise dominant, eher ein Kult von Männlichkeit, Kameradschaft und Treue.

Die älteren Jungen hatten Pistolen, die auf einem kleinen Schießstand, den wir in das wilde Gebüsch unseres Grundstücks geschlagen hatten, erprobt wurden, und fuhren schwere BMW-Motorräder. Jeder Kontakt mit Mädchen war streng verpönt. Ich lernte in diesem Kreis eine gewisse Selbständigkeit im praktischen Leben (vom Kartenlesen bis zum Feuermachen mit nassem Holz und dem Packen eines »Affen«) und gewann dadurch Distanz zu dem Verhätscheltsein, das ich in meinem Elternhaus so selbstverständlich hinnahm und genoß.

Zu den Kontrasten jener Zeit gehörte es, daß ich vollkommen erschöpft, mit wundgelaufenen Füßen von einer Fahrt mit meiner Gruppe nach Hause kommen konnte – wir hatten in Zelten geschlafen, ein nächtliches Geländespiel gemacht, das Wild in der Morgendämmerung von einem wackligen Hochstand aus beobachtet, Margarinestullen und angebrannte Makkaroni verzehrt –, um dann, nach einem heißen Bad, umgezogen, nicht wiederzuerkennen, in die sinnliche Atmosphäre einer großen Gesellschaft meiner Mutter einzutauchen, die mich mit ihrem vielsprachigen Stimmengewirr, dem Duft ägyptischer Zigaretten (die rauchte man damals) und dem Parfüm der Frauen wie eine Wolke von Wohlbehagen umfing. Das war meine Welt, aber ich hätte die Stunden, die Tage der wilden Wanderschaft, des so ganz bedürfnislosen, wortkargen, disziplinierten Umgangs mit den Kameraden mit seinen stimmungsvollen ekstatischen Höhepunkten, nicht missen wollen.

Erst Jahrzehnte später begriff ich, daß das, was ich damals erlebt hatte, die Initiation in einen »Männerbund« war. In einen Männerbund, so wie ihn Hans Blüher, von der Analyse des Wandervogels ausgehend, definiert hat. Und sehr viel später rekonstruierte ich, was ich damals naiv und ohne jeden Hintergedanken erlebte, das Beziehungsmuster dieser bündischen Gemeinschaft, deren Geheimnis die männliche Erotik oder, um es etwas krasser auszudrücken, die homosexuellen Bindungen des inneren Kerns waren, in dessen Mittelpunkt als charismatischer Führer der »Männerheld« steht.

In diesen inneren Kern bin ich nie aufgenommen worden und bin auch nie zu den höheren Weihen aufgestiegen. Dazu wurde ich doch zu sehr als »Outsider« empfunden. Aber auch ich stand ganz im Banne des außergewöhnlichen Jünglings, den ich hier beschwören will: Heio Graf von Einsiedel.

Mit seinem Blondschopf ähnelte er auf erstaunliche Weise dem jungen Einsiedel, dessen Porträt, 1855 gemalt, in der Berliner Nationalgalerie hängt. Er war mehrere Klassen über mir, in der gleichen Schule wie ich, ein notorisch schlechter Schüler, der mehrmals das *consilium abeundi* ins Haus bekommen hatte wegen seiner Streiche – was aber ohne Bedeutung für uns war, denn es umstrahlte ihn die Aura des Ausnahmemenschen. Er war nicht nur schön und elegant, sondern von einer unwiderstehlichen Liebenswürdigkeit. Damals war er berühmt wegen der wahnsinnig kurzen Hosen, die seine schlanken braunen Beine kokett zur Geltung brachten. Er trug dazu dicke Wollsocken in weichen Bundschuhen. (Ich will in diesem Zusammenhang bemerken, daß das vestimentäre Protokoll auch damals unter Jugendlichen eine große Rolle spielte: verpönt und mit jeder Art von Spott bedacht waren z. B. die sogenannten »Dreiviertelschwenker«, jene bis an die Knie gehenden Flanellhosen, die für bürgerliche Schüler wie mich *de rigueur* waren.) Heio war der Mittelpunkt unseres Kreises, einem Abend, einer Fahrt ohne ihn fehlte jeglicher Glanz. Er hatte seine Lieblinge und Favoriten. Wenn wir des Abends unser Zeltlager aufschlugen, war die bange Frage, wen er zu sich in sein Zelt nehmen würde.

Dieser junge Aristokrat, der stolz darauf war, ein Urenkel Bismarcks zu sein – in seinem Zimmer (er wohnte auch in einer Grunewald-Villa) hing eines der unzähligen Lenbach-Porträts des »bösen Alten« aus dem Sachsenwald –, ist später in die deutsche Geschichte eingetreten. Er war zuerst Jagdflieger, wie konnte es anders sein, kam dann aber in russische Gefangenschaft und hat mit den Generälen von Seydlitz und Paulus jenes »Komitee Freies Deutschland« gegründet, mit dem sich auf russischer Seite eine deutsche Armee konstituierte, die gegen Hitler-Deutschland in den Kampf zog.

Es wird vielleicht etwas verkürzt und simplifikatorisch klingen, wenn ich sage, daß ich von dieser meiner bündischen Erfahrung, von dieser Gestalt des charismatischen Jünglings her den Zugang zu einer der wichtigsten, wenn auch okkultierten Komponenten der deutschen Geschichte und damit einen Teil meiner Antwort auf die Frage nach dem deutschen Weg in den Untergang gefunden habe. Ich meine die Fixierung der deutschen Führungsschicht auf mann-männliche Gesellschaftsformen, die für die deutschen Vorstellungen von Staat und Politik konstitutiv gewesen sind. Hier liegt, so scheint mir, die Wurzel eines sonderbar gestörten Verhältnisses zur Realität: jener Zwang zu elitärer Absonderung und blinder Abwehr des »Feindes«, der, wenn man näher hinschaut, immer das »Weibliche« in seinen mannigfaltigen Repräsentationen war.

Das erste Referat

Mein Vater starb 1941 aus Lebensverdruß. Er hatte es einfach satt, als alter Mann jede zweite Nacht in den Luftschutzkeller hinuntersteigen zu müssen. Es war aber auch Verzweiflung und Resignation über die Lage Deutschlands, über die er sich keiner Illusion hingab. Ich glaube nicht, daß er je etwas von den Vernichtungslagern erfahren hat. Die »Endlösung« hatte ja auch damals noch nicht begonnen.

Ich erfuhr davon erst im Hause von Rahel. Oder nein. Es lohnt sich, in diesem Punkt genauer zu sein. Ich erhielt die furchtbare Aufklärung auf ganz andere Weise. Um Zugang zur verbotenen jüdischen Literatur zu bekommen, hatte ich – wie berichtet – zu einer List gegriffen. Sie bestand darin, daß ich im theaterwissenschaftlichen Seminar von Herrn Petersen ein Referat über »Jüdische Theaterkritik« übernahm. Das Thema fungierte auf der am Anfang des Semesters vorgeschlagenen Liste für Referatsthemata. Keiner wollte es übernehmen. Da meldete ich mich. Ein unbekanntes Greenhorn. Alles wendete sich mir zu, der ich in der hintersten Reihe des überfüllten Hörsaales saß, wie sich die Leute in einer Auktion nach dem fremden Bieter für einen Ladenhüter umschauen: Wer ist denn das? Ich hielt mein Angebot aufrecht, und die »Jüdische Theaterkritik« wurde mir zugeschlagen.

Beim Hinausgehen sprach mich ein älterer Student an, der an Krücken daherstelzte. Es fehlte ihm ein Bein. Er trug die feldgraue Uniform mit den Rangabzeichen eines Feldwebels. Was wollte er von mir? Er habe gesehen, daß ich dieses Thema da übernommen hätte, und müsse deswegen mit mir sprechen. Noch so einer, dachte ich und erinnerte mich an die Interpellation wegen Rahel, die kurz zuvor stattgefunden hatte. Nein, danke schön. Er insistierte, begleitete mich zur Stadtbahn und saß schließlich mir gegenüber in meinem Zimmer in der Humboldtstraße. Ich hörte ihm gespannt zu, denn was er mir zu sagen hatte, war atemberaubend. Er war, vor seiner Einberufung, Napolaschüler (Nationalpolitische Erziehungsanstalt) gewesen. Da war er hingekommen, weil sein Vater ein hohes SS-Tier war, jetzt war er Kommandant eines Internierungslagers für deportierte Juden. Der junge Mann sprach von ihm mit tiefem Abscheu. Ich könnte nicht ahnen, was dort geschähe. Er dürfe es mir auch nicht sagen. Aber angesichts solcher Grade menschlicher Verworfenheit und menschlichen Elends könne ich nicht, an einer deutschen Universität, ein Thema wie das, auf das ich mich da eingelassen hätte, leichtfertig behandeln. Er erzählte mir auch, daß es auf seiner Schule, unter den Jungen, die alle Kinder hoher SS-Führer waren, eine regelrechte konspiratorische Opposition gegeben habe – gegen den nationalsozialistischen Herrenstaat, für den sie trainiert wurden. Ich habe nicht erfahren, welches die Leitvorstellungen dieser Opposition waren, offenbar aber dämmerte dort eine Ahnung von der Unantastbarkeit der menschlichen Würde, von einer Rassen und Klassen transzendierenden Humanitas. Hätte diese zweite Generation, bei einem deutschen Sieg, den von Speer zuletzt beschriebenen Sklavenstaat deutscher Nation verhindert? Ich habe nach dem Krieg nichts mehr von ihr gehört.

Mein Referat habe ich dann doch gehalten. In einem großen geschichtlichen Überblick versuchte ich den Nachweis zu erbringen, daß es mit Ausnahme von Lessing und Fontane überhaupt keine andere als jüdische Theaterkritik von irgendwelcher Bedeutung in Deutschland gegeben habe. Sie sei aber das einzige Große gewesen, was es in Deutschland überhaupt an Kritik gegeben habe – nicht Theater-, Gesellschaftskritik. Ich sprach, was für ein Anfängerreferat völlig ungewöhnlich war, zwei Doppelstunden. Es muß so unglaublich gewesen sein, so sehr alle Erwartungen über den Haufen werfend, daß niemand die Geistesgegenwart hatte, mich zu denunzieren. Auch der Spitzel vom Dienst versagte. Wenige Tage darauf meldete ich mich in Flensburg bei der Ersatztruppe, zu der ich einberufen worden war.

»Das ist der Untergang Deutschlands«

Ich ging mit der Überzeugung hinaus, daß der Krieg, den wir alle als ein schreckliches Unheil empfanden, längst verloren sei. Es war auch für mich eine Zwangsdeportation, und ich überstand die drei unnützen Jahre nur dadurch, daß ich mich mit Hilfe der Phantasie in ein fast schizophrenes Doppelgängertum dispensierte, das ich später versucht habe, in einem Roman zu gestalten. (»Des Wachsoldaten Irrungen und Untergang«, Capriccio Nr. 1, 1947 von V. O. Stomps verlegt – heute verschollen.)

Um einen letzten Eindruck von der Stimmung zu geben, die im Moment des Kriegsausbruches in meinem Elternhaus herrschte und von der ich meinen möchte, daß sie charakteristisch war für die Insel Grunewald und ihre Bewohner, will ich noch diese Geschichte erzählen: Am Tage des Kriegsausbruches versammelte der Direktor Waldvogel natürlich die gesamte Schule in der Aula, hielt eine patriotische Rede, die mit Sieg-Heil-Rufen endete, in die wir alle einstimmen mußten, und dann gab es schulfrei. Das war natürlich wunderbar. Ich stürzte nach Hause und stürmte, ganz gegen das Protokoll, die Treppen hinauf bis unter das Dach und klopfte an die Tür des Arbeitszimmers meines Vaters. »Herein!« – Da saß er an seinem Schreibtisch vor dem Fenster; ich sah wie so oft die vertraute, über das Manuskript geneigte Silhouette mit der großen Stirn, dem Zwicker und dem Spitzbart. Es dauerte eine Weile, bis er sich mir zuwendete, was durch eine knarrende Bewegung des Lutherstuhles geschah, den er sich aus unerfindlichen Gründen zum Arbeitsplatz erkoren hatte.

»Wieso bist du nicht in der Schule?«

»Aber Papa, Hitler hat Polen den Krieg erklärt. Die deutschen Armeen rücken seit Morgengrauen in Polen ein.«

Ich muß das mit einem gewissen Ton jugendlicher Begeisterung gesagt haben.

Mein Vater nahm den Zwicker von der Nase, was immer ein Zeichen seiner Erregung war, und sah mich mit großen Augen an. »Weißt du, was das bedeutet, mein Junge?«

Ich habe wohl geantwortet: »Wir werden siegen«, so, wie ich es eben aus dem Munde von Direktor Waldvogel gehört hatte.

Der alte Herr schwieg lange, dann sagte er mit trockener Stimme: »Das ist das Ende Deutschlands!« und wendete sich wieder zurück an seinen Schreibtisch. Ich war entlassen. Das Bild dieses alten Mannes, der diese schrecklichen Worte sprach, hat sich mir unauslöschlich eingeprägt. Es war das Bild absoluter, schmerzerfüllter Ohnmacht. Ich habe ihn deswegen nicht kritisiert. Meine Verehrung für ihn war nie größer, das Wort Deutschland hat nie wieder eine solche Bedeutung für mich gehabt wie in diesem Augenblick, in dem er es aussprach. Es lag so unendlich viel Trauer darin, und in meine Zuneigung mischte sich so etwas wie Mitleid, nein, nicht wie Mitleid, tiefes Mitgefühl.

An diesem Tage endete meine Kindheit.

Alles, was ich seitdem in meinem Leben getan habe, kann eigentlich als der Versuch angesehen werden, die Bedeutung dieser apokalyptischen Worte meines Vaters zu ergründen, die wenige Jahre darauf eine so schreckliche Verifikation gefunden haben.

Der Herr Geheimrat

Immer wieder sind Menschen an mich herangetreten, um mir zu sagen, ich solle etwas über meinen Vater schreiben, nicht nur, weil sie Interesse an meinem Vater nahmen. Oft spürte ich heraus, daß es ihnen darum ging, mich irgendwie auf die Probe zu stellen. Sie hatten ihre Schwierigkeiten mit dem Sohn-eines-berühmten-Mannes-Sein. Ich erwähnte schon, daß es für mich ein solches Problem im Sinne einer Verlegenheit nie gegeben hat. Die Berühmtheit meines Vaters gehörte zu mir wie ein Adelsprädikat. Die anderen hatten irgendwie gelesen oder läuten hören, daß das ein schreckliches Schicksal sei (ähnlich vielleicht dem der wegen ihres Reichtums todunglücklichen reichen Leute), und wollten es nun genau aus erster Quelle wissen, nicht ohne eine Portion Schadenfreude, versteht sich, der Schwester des Neides.

Wahr ist, daß ich mich immer intensiv mit meinem Vater beschäftigt habe. Bis heute gehe ich täglich mit ihm um, ohne das als ein Handicap zu empfinden. Mich mit ihm auseinanderzusetzen war die ergiebigste Form, über mich selbst nachzudenken, und umgekehrt. Seine Biographie ist für mich der privilegierte Zugang zur deutschen Geschichte. Durch ihn kenne ich das 19. Jahrhundert von innen. Es ist nicht etwas, worüber ich mich durch Quellenstudium informieren muß. Ich trage es in mir. Subjektivität und Geschichte sind für mich keine Alternativen. Meine Subjektivität ist immer schon historisch eingefärbt.

Schritt für Schritt bin ich dem Schicksal meines Vaters als dem eines *German Mandarin* nachgegangen. Mit Max Weber und Alfred Weber, meinem späteren Lehrer, gehörte er zu der zweiten Generation des wilhelminischen Deutschland, zu den Söhnen jener nationalliberalen, von Bismarck düpierten Bourgeoisie, die, von der Teilhabe an der politischen Macht ausgeschlossen, in der Wissenschaft ein Substitut für die Erfüllung ihres Führungsanspruches suchten. Eine glücklose, zutiefst frustrierte Generation. Epigonen, schon sie.

Sein Ehrgeiz als junger Extraordinarius war es, das Werk von Karl Marx zu vollenden. Dieser hatte das »Kapital« geschrieben, er schrieb die »Geschichte des Kapitalismus« (die Wortprägung *Kapitalismus* stammt überhaupt von ihm), eine bis heute unübertroffene Leistung, ein ganz großer Wurf. Er wußte, daß die Zukunft des Kapitalismus der Sozialismus war.

»Wenn Sie mich fragen«, so sagte er einmal zu Ernst Bloch, der es mir erzählte, »ob ich diese Entwicklung für unausweichlich halte, so antworte ich mit Ja; wenn Sie mich fragen, ob ich sie begrüße, so sage ich Nein.« In diesem Bonmot steckt der ganze Mann.

Genaugenommen ist er der Erfinder der sogenannten Konvergenztheorie. Für den deutschen Hausgebrauch versuchte er, das Modell einer Synthese zu entwickeln, in die er alle Idiosynkrasien der spezifisch deutschen Kulturtradition einbrachte, ein richtiges Monstrum, das er in den schlimmsten Jahren der Weltwirtschaftskrise konzipierte und 1934 veröffentlichte. Es wurde ihm nicht erspart, wegen dieses Versuches den Wegbereitern des Nationalsozialismus zugerechnet zu werden, und sicher gehörte er zu denen, die nicht sofort übersahen, wie tiefgreifend die revolutionären Veränderungen sein würden, die sich da anbahnten. Auch seine Phantasie reichte dazu nicht aus. Aber schon im Moment der Machtübergabe war ihm klar, daß hier der falsche Weg beschritten wurde. Doch war Deutschland nicht schon seit Bismarcks Gewaltstreich auf dem falschen Wege?

Am 19. Januar 1933 feierte mein Vater seinen 70. Geburtstag. Es war, was weltweite Anerkennung betraf, der Höhepunkt seines Lebens. Hugo Lederer hatte im Auftrag von Freunden seine Büste gemacht. Der Ehrungen war kein Ende. Auch die Republik würdigte ihn angemessen. Eigentlich war er ja erst unter ihr richtig zur Geltung gekommen. Im kaiserlichen Deutschland hatte ihm das Establishment seine Linksabweichungen (die Zürcher Vorträge von 1896 über »Sozialismus und Soziale Bewegung«, die den Marxismus in akademischen Kreisen salonfähig machten) nicht verziehen. Auf den Ordinarius hatte er bis 1917 warten müssen, wie Georg Simmel. Gleichzeitig war dieses Fest aber auch der Beginn eines Rückzuges in die Isolation. Der königlich-preußische Geheimrat wurde emeritiert. Der deutsche Gelehrte trat aus der deutschen Geschichte aus.

Wir Kinder brauchten an diesem Tag nicht zur Schule zu gehen und durften sogar an dem großen Festessen teilnehmen, das in unserem Hause stattfand. Fünf runde Tische hatten dazu im Speisezimmer Platz finden müssen. Das Menü kam vom Traiteur und wurde von einem Schwarm von Dienern serviert. Reden wurden gehalten. Es war eine halb offizielle, halb familiäre Veranstaltung, mehr im Stile einer großen Hochzeit als eines Honoratiorenbanketts. Ich habe kaum eine Erinnerung daran, außer dem Ärger darüber, daß die »Kinder« unmittelbar nach dem Eis hinaufgeschickt wurden. Aber um diese Zeit hat unsere Vater-Sohn-Beziehung begonnen, und von dieser Beziehung will ich erzählen.

Nicht über ihn, den Vater, will ich hier sprechen, sondern über seine Beziehung zu mir, dem Sohn, so, wie ich sie erlebt habe, so, wie ich sie heute erinnere. Sie war ja nicht banal. Wie geht ein Siebzigjähriger mit einem Zehnjährigen um? Man bedenke nur!

Mein Vater lebte in unserem Haus, ich will nicht sagen wie ein Fremder, aber wie ein hochgestellter Gast, der mit allen Ehren und allen nur denkbaren Aufmerksamkeiten umgeben wird, ohne daß er sich selber irgendwie in die praktische Haushaltsführung einzuschalten brauchte.

Die Arbeitssphäre meines Vaters im obersten Stock war sakrosankt. Er hatte sich den Raum ausgewählt, weil er der abgelegenste und somit der ruhigste innerhalb des Hauses war. An die Tür hatte er seine Visitenkarte mit einer Reißzwecke befestigt, »Geheimrat Sombart«. Man konnte den Raum nicht betreten, ohne anzuklopfen. Auch meine Mutter würde dies nicht getan haben. Was er in diesem Raume eigentlich tat, ist mir lange ein Rätsel gewesen. Er las und schrieb. Er zog dazu einen Hausrock an und Sandalen und hatte auch im Sommer ein Plaid über den Knien.

Daß er schrieb, war klar. Er schrieb Bücher, und die konnte ich sehen, lange bevor ich die Titel entziffern konnte. Aber warum las er so viele Bücher und bestellte immer neue? Pakete kamen fast täglich ins Haus, und ich durfte helfen, sie auszupacken. Wenn sie nur broschiert waren, kamen sie zum Buchbinder. Danach wurden sie von einem »guten Russen« katalogisiert. Dann wurden sie durchgearbeitet, annotiert und exzerpiert, um schließlich an der richtigen Stelle in die Bibliothek eingeordnet zu werden. Auch daran wurde ich oft beteiligt. Die Topologie dieser Bibliothek war ein klassifikatorisches Kuriosum: Geographische, thematische und Gesichtspunkte persönlicher Präferenz hatten da zusammengespielt, in ihr strukturierte sich ein Weltbild. Aber warum mußte er soviel lesen? Wenn ich ihn fragte, sagte er: »Um den Nordpol nicht zum zweitenmal zu entdecken.«

Wenn ich ihn als ganz kleiner Junge besuchte, nahm er mich auf die Knie, räumte den Arbeitsplatz behutsam auf und holte aus einem Fach – der nach seinen Wünschen angefertigte Schreibtisch besaß einen Aufbau, der Brief- und Schreibpapiere, Umschläge und allerhand Nachschlagewerke und Lexika in unmittelbare Griffweite rückte – zwei kleine weiße Kartons hervor, denen er zwei aus einem Bogen ausgeschnittene Pappfigurinen entnahm, ein Junge und ein Mädchen, samt einem Sortiment von Kleidungsstücken, die man mit Hilfe kleiner umgekniffener Laschen auf ihnen befestigen konnte. Jetzt mußte ich auswählen, was Hänsel und Gretel, denn so hießen die Puppen, anziehen sollten, und dann wurden sie auf dem Schreibtisch spazieren geführt, versteckten sich hinter einem Haufen Bücher, suchten sich, begegneten sich wie zufällig und konversierten miteinander. Dazu gab es eine Geschichte, die mein Vater erzählen mußte, und es war immer genau dieselbe, kein Detail durfte fehlen. Soll ich hier erwähnen, daß mein besonderes Interesse dem kleinen Mädchen galt, das natürlich nackt war, aber die Hände schamhaft über seiner Blöße zusammenlegte. Kein Wort zu diesem Punkt natürlich. Dann wurden die Püppchen wieder verpackt, die Kartons sorgfältig an ihren Platz gelegt, und der Besuch war beendet. Später stand ich neben dem Schreibtisch, zunächst nur mit Mühe über die Kante schauend. Es gab auch noch ein anderes Spiel. Dazu wurden die roten und grünen Siegellackstangen hervorgeholt, ein Streichholz entzündet, und ich sah gebannt zu, wie Tropfen der sich schwärzlich verfärbenden glänzenden Masse auf einem Blatt Papier einen sich langsam ausbreitenden Klecks bildeten, in den mein Vater dann, das war der Höhepunkt, nachdem er ihn mit der Zunge befeuchtet hatte, seinen Siegelring drückte. Darauf war das Familienwappen, dessen heraldische Struktur mir erklärt wurde.

Doch das sind frühe Kindheitserinnerungen, zu denen auch gehört, daß mein Vater in seinem Arbeitstag eine halbe Stunde vorgesehen hatte, in der er in das Kinderzimmer kam, sich zu uns an den runden Spieltisch setzte, der in seiner Mitte stand, und uns vorlas. Grimms Märchen, Andersens Märchen, Robinson Crusoe, Lederstrumpf... Immer genau eine halbe Stunde, da gab es kein Erbarmen. Mit dem Bleistift wurde die Stelle markiert, an der die Lektüre abgebrochen worden war und wo sie am nächsten Tag wieder aufgenommen wurde.

Das Vorlesen spielte auch später noch eine große Rolle. Da saß mein Vater aber dann in seinem Sessel, die Decke über den Knien, und ich saß auf einem Stuhl, der *mein* Stuhl war, neben ihm, und da lasen wir dann die Sagen des klassischen Altertums, die Nibelungen, Homer und Goethes Faust. Vorlesen gehörte, wie Hausmusik, die es bei uns nicht gab, zur bürgerlichen Kultur. Es gehörte auch zu den Verkehrsformen meiner Eltern: Jeden Abend, nachdem die Kinder Gute Nacht gesagt hatten, setzten sich die beiden im Salon beim Schein einer Leselampe zusammen; aber jetzt war es meine Mutter, die vorlas. Schnitzler, Fontane, Spielhagen, Wassermann – diese Namen sind mir von daher vertraut.

In dieser Zeit spielte mein Vater nicht mehr mit mir. Mehr und mehr wurde ich für ihn zu einem Gesprächspartner. Obwohl der Inhalt dieser Gespräche oft meine Belehrung war, ist der Ausdruck Partner der treffende, denn was mir auch rückblickend das Außergewöhnliche an dieser Beziehung scheint – gerade auch weil ich sie als eine Selbstverständlichkeit hinnahm –, war der Status der völligen Gleichberechtigung, den der alte Herr dem Knaben gewährte. Mein Vater hat mich immer wie seinesgleichen behandelt. Das entsprach, fürchte ich, keinem pädagogischen Vorsatz, sondern eher einer gewissen Bequemlichkeit, ja es reflektierte einen inneren Notstand. Mit den Jahren empfand er den Mangel an Menschen, zu denen er offen sprechen konnte, immer schmerzlicher.

Wie alle bürgerlichen Intellektuellen war er wesentlich ein Mensch des Gesprächs. Da gab er sein Bestes. Hier stellten sich mühelos die brillanten Formulierungen ein, das alles erhellende Paradoxon, die Anekdoten und Witze, von denen er einen ausgiebigen Gebrauch zu machen liebte. Im Gesprächston hielt er auch seine Vorlesungen, die gewisse Hörer, wie Hans Mayer, ihrer Nonchalance wegen als arrogant empfanden. Andere waren fasziniert. Auch seine Bücher hatten etwas davon. Hinter dem Geplauder stand allerdings immer die ganz klare Disposition des Stoffes. Das macht sie so lesbar, trug ihm aber von der Zunft die Kritik ein, er sei »nur ein Schriftsteller«.

Der Ort unserer Gespräche war der Spaziergang. Er gehörte zum unabänderlichen Tagesablauf meines Vaters – täglich mindestens eine halbe Stunde auf genau festgelegten Wegstrecken durch die Straßen des Grunewaldviertels, manchmal bis in den Wald hinaus. Für diese Spaziergänge wechselte er seine Sandalen gegen schwarze Schnürstiefel aus. Zum Mantel trug er einen breitrandigen, ausgebeulten grauen Filzhut, den meine Mutter regelmäßig zu verbannen versuchte, er blieb ihm aber bis zu seinem Lebensende erhalten. (Es gibt hinreißende Fotos von ihm mit diesem Hut, die Tita Binz zu danken sind.) Auch ein Spazierstock gehörte zur Ausrüstung. Dann gingen wir nebeneinander her. Ich muß gestehen, daß ich diese Spaziergänge manchmal recht lästig fand. Mein Vater hätte nie auf meiner Begleitung bestanden. Es war meine Mutter, die darauf hielt. Oft sagte sie mir: »Du hast einen alten Vater! Profitiere von ihm, solange er lebt.« (Ich selbst habe den Gedanken an den Tod meines Vaters immer verdrängt.)

Komplette Geschichtskurse konnte ich so absolvieren: die Englischen Könige, die Französische Revolution, Napoleon, Bismarck, den er, ich muß es berichten, so schwer es mir fällt, bewunderte. Aber auch die Dogmengeschichte der Nationalökonomie, die Lehren der Frühsozialisten – ich erinnere mich noch genau, wie er mir die Theorien von Fourier erklärte –, es gab nichts, worüber er mir nicht, immer mit einer gewissen Methodik, erzählte. Er hatte die Theorie, daß es kein Sujet gebe, das man nicht erschöpfend in fünfzehn Minuten exponieren könne.

Als ich ihm einmal die »Geschichte der Weltliteratur in einer Stunde« von Klabund brachte – das war eine Produktion, die er nicht kannte –, sagte er: »Na, siehst du?« Denn es gehörte auch wieder zu seiner Einstellung zu meiner Rezeptionswilligkeit, daß er überzeugt war, ich würde das, was er mir zu bieten habe, nicht sehr hoch veranschlagen. Ich mußte regelmäßig von meinen Lektüren berichten, die nicht immer nach seinem Geschmack waren. Er brachte mir bei, wie man auch ein dickes Buch kurz und präzis referieren kann. Auch meine jeweils neueste Theorie mußte ich ihm vortragen. (Ich hatte sehr früh einen ausgesprochenen Hang zur Theorienbildung.) Geduldig hörte er mir zu. Dann sagte er: »Das ist ungefähr die Position Lockes«, die er mir dann erklärte. So begriff ich sehr schnell, was es mit dem biogenetischen Grundprinzip Ernst Haeckels auf sich hatte: Der Embryo durchläuft in seiner Entwicklung alle Phasen der Entwicklungsgeschichte der Arten, von der Amöbe bis zum Homo sapiens.

Mit zwölf oder dreizehn Jahren hatte ich beschlossen, die Region der Kinderzimmer zu verlassen. Ich nistete mich in einem Gästezimmer ein, das, unter dem Dach, in unmittelbarer Nähe des Arbeitszimmers meines Vaters lag. Das war Emanzipation und Usurpation, aber der Zimmerwechsel wurde stillschweigend hingenommen. Jetzt hatte ich meine Bude, mein Reich, hier begann meine Bibliothek zu entstehen, hier hatte ich meine Zeichentische, hier konnte ich tun und lassen, was ich wollte. Hier empfing ich die Besuche meiner Freunde. Eine gewisse Kontrolle wurde lediglich ausgeübt, was die Temperatur des Zimmers während der Schlafenszeit betraf. Es gehörte zu den preußisch-spartanischen Vorstellungen meines Vaters, daß ein Mann kalt schlafen müsse. (»In überheizten Räumen schlafen nur Weiber.«) So prüfte er abends, wenn er mir Gute Nacht sagen kam, wie warm der Heizkörper war, manifestierte seinen Unwillen und stellte ihn ab.

Sobald er zur Tür hinaus war, sprang ich aus dem Bett und stellte ihn wieder an. Ich teilte seine Auffassung von der Notwendigkeit des Kaltschlafens nicht. Gleichzeitig drehte ich auch das Licht der Nachttischlampe wieder an, um weiter im Bett zu lesen. Eigentlich bedeutete der väterliche Abendbesuch das Ende jeder Lektüre und den Beginn der Nachtruhe.

Die Polarität von spartanisch und sybaritisch, von männlicher Abhärtung und weibischer Verweichlichung, markiert zweifellos das eigentliche Spannungsfeld einer nie zum offenen Konflikt führenden Protesthaltung des Sohnes gegen das väterliche Gesetz. Dazu gehörte auch die grundsätzlich verschiedene Auffassung, die wir von der Übung des Lesens hatten. Für mich war es eine Steigerung des Lesegenusses, ausgestreckt auf einem Diwan zu liegen, für meinen Vater war ernsthafte Lektüre nur denkbar in sitzender Haltung, das Buch vor sich auf einem Tisch, den Bleistift in der Hand. Die horizontale Lage war ihm in höchstem Maße suspekt. So hatte ein Diwan auch nichts im Zimmer eines jungen Mannes zu suchen. Das war etwas für Damen, Pariser *décadents* und russische Nihilisten. Ein Lotterpfuhl. Für mich war ein Diwan der Inbegriff wonnigen Wohlgefühls. Das mußte das rumänische Erbe in mir sein. Es gibt kein rumänisches Haus, gleich welchen Standes, ohne dieses mit Kelims bedeckte, mit zahllosen buntbestickten Polstern geschmückte ottomanische Ruhebett. Es gehörte natürlich auch zur Lebenssphäre meiner Mutter. Der Diwan, hinter dem ein großer bessarabischer Teppich an der Wand hing, gab ihrem Boudoir seine unverwechselbare Atmosphäre von köstlicher Behaglichkeit. Es war der bei weitem wohnlichste Raum des Hauses. Hier empfing sie ihre Freunde zum Tee, hier las sie mir französische Gedichte vor.

So hatte ich mir, als ich das Gästezimmer okkupierte, anstelle der scheußlich geblümten Chaiselongue, die ich dort vorfand, aus einem auf dem Boden herumstehenden Sprungrahmen, einer Matratze und einem etwas löchrigen Kelim sofort einen Diwan gezaubert. Da lag ich, wenn ich las – Romane natürlich. Der einzige harte Eingriff väterlicher Autorität in mein Leben, an den ich mich erinnere, und diese Erinnerung ist keine gute, richtete sich gegen dieses Möbelstück. Eines schönen Tages, als ich aus der Schule zurückkam und wie gewöhnlich meine Mappe darauf schmeißen wollte, war es verschwunden. Weg. Nicht mehr da. Ich raste vor Wut, schrie im Haus herum, bekam aber nicht mehr als die fadenscheinige Erklärung, man habe den Gegenstand meines Begehrens irgendwelchen bedürftigen Bekannten (»guten Russen« vermutlich!) aushilfsweise zur Verfügung stellen müssen. Meine Empörung kannte keine Grenzen.

Ich erwog Fluchtpläne, sann auf Repressalien, sprach nicht mehr mit meinen Eltern, die übrigens keinen Piep sagten. Es war eine richtige Krise. Irgendwann hat sich dann mein Zorn gelegt. Einen Diwan aber hatte ich erst wieder nach dem Tode meines Vaters. Seitdem ist diese orientalische Liegestatt ein unverzichtbarer Bestandteil meiner unzähligen Behausungen und Wohnungen, quer durch Europa, geblieben.

Als eine Kompensation vielleicht, aber nicht in unmittelbarer zeitlicher Folge, als Konfirmationsgeschenk glaube ich, vermachte mir mein Vater dann eines Tages feierlich den Schreibtisch seines Vaters, der bis dahin in seinem Dozentenzimmer in der Universität »Unter den Linden« gestanden hatte – ein Mastodon mit zahlreichen Schubladen, Abteilen und Geheimfächern. Das war ein großer Tag, als er von den Packern in meine Bude heraufgetragen wurde. Mein Vater übergab mir die Schlüssel und erklärte mir alle Secrets. Es war auch für ihn eine Überraschung, daß wir in einem der Schübe noch aufgerollte, von meinem Großvater gezeichnete Vermessungsblätter fanden – Aufteilungspläne für eines der Güter, die er gekauft hatte, um sie zu parzellieren. Er war einer der Vorkämpfer der sog. »inneren Kolonisation« gewesen. Lag hier der Ursprung einer atavistischen Familiarität mit Reißbrett und Reißzeug, meiner angeborenen Fähigkeit, Pläne und Grundrisse zu verstehen, in ihnen zu denken, sich in ihnen auszudrücken, auf so ganz andere Weise, anschaulich-konkret, als in Worten und Sätzen?

Dieser Großvater! Anton-Ludwig Sombart! Mein Vater hat viel von ihm erzählt. In tausend Anekdoten war er lebendig. Er war ein berühmtes Original, auch als Erzieher seines jüngsten Sohnes. Sein Stoßseufzer »Werner, sei nicht so barock!« wurde, auf mich übertragen, im Mund meines Vaters eine stehende Redensart. Der war auch schon ein Nachkömmling, geboren, als sein Vater bereits fünfzig war. Auch er war schon »Sohn eines berühmten Vaters«. Als Althoff ihn sechsundzwanzigjährig, ohne Habilitation, zum außerordentlichen Professor in Breslau machte, entließ er ihn mit den Worten: »Machen Sie Ihrem Vater Ehre, junger Mann.« Der alte Sombart – ein Mitbegründer des Vereins für Socialpolitik – saß damals, und das bis zu seinem Tode, im preußischen Landtag (»Rittergutsbesitzer«) – in seiner großen Zeit war er Mitglied erst des Norddeutschen Reichstages, dann des Reichstages des Bismarckreiches. Er gehörte zu der Parlamentarischen Deputation, die nach Versailles gefahren war, um dem preußischen König alleruntertänigst die Kaiserkrone anzutragen. Er hat sich in seinen Memoiren recht sarkastisch über die schlechte Behandlung daselbst geäußert. Dieser Großvater war immer in unseren Gesprächen präsent, eine ständige Bezugsperson. Um zu ermessen, was das heißt, muß man sich vor Augen führen, daß mein Vatersvater ungefähr gleichzeitig mit Bismarck, Wagner und Karl Marx geboren wurde. Goethe und Napoleon lebten damals noch.

Mir war als Knabe keineswegs klar, daß ich im Horizont des Familienromans zum Zeitgenossen der Metternichzeit avancierte. Heute aber bin ich geneigt zu behaupten, daß man Geschichte, im Sinne der hermeneutischen Schule, nur »verstehen« kann innerhalb des Zeitraumes, den die *tradition orale* der Familienüberlieferung erschließt. Soweit reicht die große Gegenwart, das »Itzt« unmittelbarer, existentieller Verantwortung und Betroffenheit.

Meinem Vorsatz, Architekt zu werden, hat mein Vater nie den geringsten Widerstand entgegengestellt. Wenn meine Mutter ihn förderte, so nahm er ihn als eine gewisse Kuriosität hin. Warum nicht? Aber ich sprach nie mit ihm darüber. Die Welt meiner Planungsphantasien war meine Welt. Manchmal, wenn er mich über das Reißbrett gebeugt in meinem Zimmer antraf, schaute er mir über die Schulter, mehr amüsiert als interessiert. Auch meine graphischen Arbeiten, meine Skizzen und Aquarelle, die »Eins« im Zeichnen auf dem Zeugnis, nahm er kommentarlos zur Kenntnis. Er hätte eine »Eins« in Latein gelobt – die konnte ich aber nicht bieten. Daß ich Gedichte machte, verschwieg ich ihm. Alles Künstlertum war irgendwie suspekt, gehörte auf die andere Seite, die eines liederlichen, undisziplinierten Sich-gehen-Lassens. Die Vielseitigkeit meiner Interessen, das Ideal des dilettierenden *uomo universale,* das sich in mir als Leitvorstellung einer künftigen Lebensgestaltung herausgebildet hatte, war in seinen Augen eine Gefahr, vor der er mich immer wieder diskret zu warnen suchte. »Vergebens werden ungebundene Geister nach den Vollendungen reiner Höhe streben«, zitierte er dann gerne. »In der Beschränkung zeigt sich erst der Meister, und das Gesetz nur kann uns Freiheit geben.« Das hörte ich gar nicht gerne. Aber hätte er diesen Spruch so parat gehabt, wenn er nicht selber mit dem Dämon um die Konzentration seiner Kräfte hätte kämpfen müssen? Er wußte, wovon er sprach, wenn er mich kritisierte, das spürte ich, und was ich am meisten liebte und bewunderte an ihm, war gerade das rebellisch Unprofessorale, das ausgreifend Genialische, der Zug ins Künstlerische … All das brach in den Erinnerungen auf, die er aus seinen Studienjahren in Rom bewahrt hatte – einem spätromantischen Rom, wo der Freund der Maler mit einer schwarzen Pelerine und schwarzem Schlapphut in der Via Marghutta in den Bücherkisten der Antiquariate stöberte, unsterblich verliebt in ein blutjunges, schönes Mädchen, ganz wie Feuerbach oder Böcklin es hätte malen können, das er dann auch zu seiner Frau machte, seiner ersten. Wie gern erzählte er von dieser Zeit! Kaum zwanzig, schrieb er damals seine Studie über die Römische Campagna, die maliziöse Beurteiler für sein bestes Buch halten.

Italiensehnsucht, sie gehört zum Typus. Ich bin mit ihr groß geworden. Von ihr zeugten die Piranesi-Stiche, die unser Treppenhaus schmückten und eine solche Faszination auf mich ausübten, daß ich in sie eintreten wollte, um in den Ruinen spazierenzugehen. Von ihr sprach das große, stimmungsvolle Landschaftsbild von der Campagna mit den Zelten der Hirten und den Aquädukten – am Horizont, ganz klein, im Abendhimmel aufleuchtend, die amethystene Kuppel des Petersdomes – das Hochzeitsgeschenk eines Malerfreundes, Lippisch, der später auch das schöne Porträt meines Vaters gemalt hat. Diese Bilder waren für ihn der Widerschein eines verlorenen Paradieses. Nach Italien wollte er noch einmal. Immer wieder sprach er davon, noch im Kriege machte er Pläne für eine Reise nach Palermo, das er nicht kannte. Dort im Süden wollte er sterben.

Die Bilder sind alle aus unserem brennenden Haus gerettet worden. Das Campagnabild hat mich bis heute begleitet. Von der Serie der Piranesi-Stiche besitze ich nur noch einen. Die anderen sind während der Kriegswirren »abhanden« gekommen. (*Façon de parler!* Sie sind gestohlen worden, und ich weiß auch, von wem!)

Wollte er nicht überhaupt etwas ganz anderes werden, der Herr Geheimrat, als Professor der Nationalökonomie? Ja, doch, Seeoffizier wollte er werden! Kapitän der Handelsmarine! Während er sein Abitur vorbereitete, wälzte er nachts beim Schein der Petroleumlampe schwere Atlanten, um die Routen der großen Fahrten über die Weltozeane festzulegen, von denen er träumte. Als er sich dann zur Musterung meldete, stellte man fest, daß er zu schwache Augen hatte, um auf See zu gehen. Außerdem Tb-Verdacht. Aus der Traum. Ab nach Sils Maria und dann nach Italien. Nietzsche ist er damals wohl nicht begegnet – er hätte es sonst erzählt. (Gerne berichtete er hingegen von seiner Begegnung mit Richard Wagner: Als Primaner war er mit einem Freund nach Bayreuth gepilgert, nicht etwa, um den Meister des »Rings« zu sehen, sondern auf den Spuren von Jean Paul, klingelte aber dann doch an der Villa Wahnfried, wo er von dem sächsisch krähenden Gnom persönlich zum Teufel geschickt wurde.)

Mit diesem Jüngling konnte ich mich voll identifizieren, und von dem Bild her, das ich mir von ihm machte, verstand ich den alten spitzbärtigen Herrn, mit dem ich es zu tun hatte, besser – auf meine Weise. Ich möchte vermuten, daß seine Nachsicht mit mir wiederum ihren Grund darin hatte, daß der Jean-Paul-Schwärmer in ihm, der Kapitän auf großer Fahrt, nie ganz gestorben war. So beruhte das innere Gleichgewicht unserer nach außen hin in den vorgegebenen Rollen so asymmetrischen Beziehung auf dem Bündnis zweier Adoleszenten.

Auch mein Vater klopfte an die Tür, wenn er zu mir auf das Zimmer kam. Die Zeit der Heizungskontrolle war längst vorbei, wir hatten ein gutnachbarschaftliches Verhältnis entwickelt, wie zwei Fellows in einem Kolleg, und dieses Verhältnis hatte seine Riten und Servituten. »Es muß Wein geholt werden!« hieß es dann. Diese Ankündigung bedeutete, daß ich ihn in den Weinkeller begleiten sollte, was eine ziemliche Expedition war. Die Weine für ein Diner mußten herausgestellt werden, rechtzeitig genug, damit der Rotwein in den entkorkten Flaschen sich setzen und sein Aroma entfalten konnte. Die Bestellung des Weinkellers war der einzige Beitrag meines Vaters zur Haushaltsführung, ein Hausherrenprivileg. Er orderte die Weine selbst nach Katalogen, und die Kisten aufzumachen, die neu eingetroffenen Flaschen in die metallenen Weinregale einzuordnen, nach Herkunftsgebiet, Lage und Jahrgang getrennt – die Roten in einem Kellerraum, die Weißen wegen des notwendigen Temperaturunterschiedes in einem anderen –, war ein Zeremoniell, dem Einordnen der neuen Bücher in die Bibliothek vergleichbar. Auch hier dominierte eine von persönlichen Präferenzen geprägte Topographie. Der Belehrung über die vier Grands Crus: Château Latour, Château Lafite, Mouton Rothschild und Château d'Yquem – ja überhaupt über die Hierarchie der Bordeauxweine oder die großen Namen der privilegierten Lagen der Rheinweine und Moselweine – wurde eine ähnliche Wichtigkeit zugemessen wie dem Memorieren der Genealogie der Plantagenets, der Bourbonen oder der Hohenzollern. Es war absolut lebensnotwendig, das alles zu wissen. Dies differenzierte System von Namen (und Daten) kodifizierte die Welt und machte sie zu einem übersichtlichen Kosmos, in dem man sich sicher bewegen konnte. Das ist Kultur, aber nur unter einer Bedingung, es nämlich nicht ganz ernst zu nehmen, weil man weiß, daß alles auch ganz anders sein kann. Mein Vater vermittelte mir diese Einsicht durch seinen Tonfall, in dem Pedanterie und Wurstigkeit eine seltsame Mischung eingingen.

Oder der Vater kam des Nachmittags und fragte, ob ich ihn nicht begleiten wolle, meine Mutter hätte ihn gebeten, sich doch kurz auf einem Damen- oder »Gute-Russen«-Tee zu zeigen. Das langweilte ihn tödlich, aber er war zu gutmütig und »korrekt«, um es auszuschlagen. Er nannte das »Männchen machen«. Wollte er einfach nur bei mir hereinschauen, um mal zu sehen, was ich gerade trieb, oder hatte er einen Einfall, über den er sprechen mußte, oder wollte er einfach etwas ausspannen und plaudern, so gehörte es zum Ritual, daß er sich für die » Störung« – ich saß vielleicht über meinem Zeichenbrett oder schrieb irgend etwas – mit den Worten entschuldigte, »... daß dieser hohle Schleicher die Fülle der Gesichte stören muß«. Das erwartete ich, und er sagte es auch.

Dieses ständige Sprechen in Zitaten oder in festen, stereotypen Wendungen und Redensarten aber war eine seiner Eigentümlichkeiten, die wohl auch zum Typus gehört. Der Witz war, daß ich nicht immer wußte, wann es sich um ein Zitat handelte und wann nicht. Viele der Sprüche, die er so »drauf« hatte, habe ich erst sehr viel später auf ihre Quelle hin identifizieren können. Das konnte die Pointe eines jüdischen Witzes sein (»was wird das geben für einen Schmerz morgen«), eine Schnoddrigkeit aus dem »Simplizissimus« (sehr viel »Simplizissimus«! »Alle Leute dichten mit sechzehn, manche dichten weiter, das sind dann die Dichter«) und jede Menge Schiller und Goethe, vor allem der »Faust«. Diese Zitate waren derart in die Alltagsrede – jenen etwas saloppen Dauerdiskurs, der das eigentliche Medium unserer Verständigung war – eingebettet, daß es mir bei späteren Lektüren gelegentlich genauso erging wie der Frau Buchholz (auch die »Buchholzens« gehörten zum Fundus: »Denk nur, wieviel Marmorwaschtische daraus hätten gemacht werden können!« Ausspruch im Angesicht des Mailänder Domes), die in einer Schilleraufführung konstatiert: »Die sprechen ja nur in Zitaten!«

Ich war noch keine fünfzehn, als mein Vater begann, mit mir von den Büchern zu sprechen, an denen er arbeitete. Das war seine späte Produktion – sein kaum bekanntes Alterswerk. Tatsächlich ist in dieser Phase auch nur ein Buch noch von ihm erschienen, fast unter Ausschluß der Öffentlichkeit. Es wurde zensiert – durfte nur auf Anfrage ausgeliefert und nicht ausgestellt werden. »Vom Menschen – Versuch einer geisteswissenschaftlichen Anthropologie«. Das war seine Auseinandersetzung mit der Rassentheorie und enthielt implizit die schärfste Abrechnung mit den Umtrieben der Nazis. Es sind nicht viele Bücher dieser Art damals in Deutschland erschienen. Es war ein durchaus unpolitisches Buch. Aber auch das Unpolitische gehörte zum Typus. Alles geriet ihm zur Geschichtsphilosophie. Das, was ihm an den neuen Herrschern mißfiel, war ihr Primitivismus, ihr »Ungeist«. Ihr Rassismus empörte ihn wegen seiner bodenlosen, wissenschaftlich unqualifizierbaren Unsinnigkeit. Daß sich dahinter ein Vernichtungsprogramm verbarg, ahnte er vielleicht dunkel. Daß das Verbrechen aber die Proportion einer Staatsaktion annehmen könnte, lag außerhalb seines Vorstellungsvermögens. Ich hörte ihn öfter sagen: »Ich verstehe nicht, daß so ein intelligenter Mensch wie Carl Schmitt ein Nazi sein kann.«

»Der Mensch«, wie dies Buch unter uns hieß, war aber nur die Einleitung, das Vorspiel gewissermaßen zu dem Opus magnum, an das er sich, schon hoch in den Siebzigern, mit derselben Unbekümmertheit machte wie Ranke an seine Weltgeschichte. Das sollte eine generelle Theorie der »Kultur« werden. Das deutsche Erzthema, es ließ ihn nicht los. Was zum Henker war diese »Kultur«? Er wollte es jetzt ergründen. Das Werk war auf drei Bände angelegt. Zum erstenmal wollte er die Reinfassung nicht mit der Hand schreiben – er hat das Manuskript für die sechs Bände seines »Kapitalismus« inklusive Fußnoten von Hand geschrieben, wie alle seine anderen Bücher auch –, sondern diktieren. Das war ein Problem, das ihm viel Sorge machte. Der erste Band war so gut wie abgeschlossen, als er starb. Die Masse seiner Aufzeichnungen liegt heute im Staatsarchiv zu Merseburg. Er hatte gewünscht, daß sein Nachlaß, zu dessen »wissenschaftlichem« Verwalter er mich eingesetzt hatte, ins Preußische Staatsarchiv überführt werde. Ich habe ihn auch, ich erinnere mich an den Augenblick, dem damaligen Direktor Dehio persönlich übergeben. Durch die Auslagerung kam er dann nach »drüben«, wo er heute wohlgeordnet seiner Entdeckung harrt.

»Kultur ist Geist«, aber was heißt das? Er besprach mit mir seine Hypothesen. Ich könnte, glaube ich, heute noch die großen Linien seiner Gedankenführung reproduzieren. Im Mittelpunkt des ersten Bandes sollten drei große Beispiele für die verschiedenen typischen Ausformungsmöglichkeiten des »Geistes«, die kulturmorphologisch die Einheit einer Kultur ausmachen, dargestellt werden, als großer Exkurs. Durch einen Zufall ist eine frühe Abschrift dieses Textes (wohl nicht seine endgültige Fassung) in meinem Besitz geblieben. Erstens »Das dreizehnte Jahrhundert«, als Höhepunkt der katholisch-scholastischen Periode, zweitens »Der faustische Geist«, dessen Darstellung fast zu einem Pamphlet gegen die große europäische Aufbruchbewegung von der Renaissance bis zur Aufklärung geraten ist –, mein Vater verfocht gegenüber Oswald Spengler einen Prioritätsanspruch, was die Identifizierung des »faustischen Geistes« mit der abendländischen Kulturbewegung der Neuzeit betraf; er hatte den Gedanken Jahre vor dem »Untergang des Abendlandes« in der Einleitung zu seiner Geschichte des Kapitalismus entwickelt; die Wortprägung ist von ihm – und drittens, darin liegt die Pointe, »Der preußische Geist«.

Ich nahm mir diesen Text wieder vor, als 1981 die große Preußenwelle über Deutschland ging und ich mich gutachtlich an der Vorbereitung der Berliner Preußenausstellung zu beteiligen Gelegenheit hatte.

Da war mein Staunen doch groß, und ich konnte eine gewisse Rührung nicht unterdrücken, als ich feststellen mußte, daß dieser Mann am Ende seines Lebens, unter unwürdigen Lebensbedingungen, in einem unterganggeweihten Deutschland, eine Hymne auf die Größe Preußens, den preußischen Geist, versteht sich, zu dem auch Schiller und Goethe geschlagen wurden, abzufassen unternommen hatte. Ein kurioses Dokument! Es war gleichzeitig die Kritik an allem, was er im gegenwärtigen Deutschland verabscheute.

Ich sehe ihn noch, wie er mit einem jener kleinen Koffer, wie sie in den sechziger Jahren Mode wurden, einer sogenannten »Hebammentasche«, in der er sein Manuskript bewahrte, in den Luftschutzkeller stieg, wenn die Sirenen über Berlin wieder gebrüllt hatten – nicht um seine Person in Schutz zu bringen, sondern sein Werk. Er war dem Gesetz, nach dem er angetreten, treu geblieben. Ja, letzten Endes war er ein Preuße, mit allem, was das seit 1871 an Widersprüchen impliziert.

Je älter mein Vater wurde, um so mehr trat ein Zug seines Wesens hervor, der immer schon für die Konstitution seiner Persönlichkeit von ausschlaggebender Bedeutung war: sein Humor. Ein Nicht-ganz-Ernstnehmen der Dinge, das Leben von seiner komischen Seite nehmen, ein allem Pathetischen Abholdes, eine gewisse, von Milde temperierte Wurstigkeit und Schnodderigkeit, die freilich auch makabre Untertöne haben konnte. Auch dieser Humor gehört zum Typus und ist der Revers seines Mißverhältnisses zum Politischen. In jüngeren Jahren muß seine kompensatorische Funktion in der aggressiven Form beißender Ironie ihren Ausdruck gefunden haben. Jetzt, in den letzten Lebensjahren, in denen ich sein Gefährte war, entwickelte er sich immer mehr zu einer Art von Galgenhumor, der auch vor dem eigenen Tun nicht Halt machte. So trug er auch seinem letzten Buchprojekt gegenüber eine durchaus zwiespältige Einstellung zur Schau. Einerseits wollte er gewiß noch einmal sein ganzes Wissen, die Einsichten und Erfahrungen eines langen Gelehrtendaseins in einem abschließenden Œuvre zusammenfassen, andererseits fand er das aber auch ziemlich überflüssig und sinnlos. Wofür? Für wen? Gewohnheitsmäßig, was hätte er sonst tun sollen, setzte er sich an seinen Schreibtisch, aber er nannte das nicht mehr arbeiten. Er sprach von »Murkeln«. Er fuhr auch fort, Vorlesungen zu halten, bis zu seinem Tode. Es waren nur noch Ausländer im Hörsaal, deutschen Studenten war dringend abgeraten, bei ihm zu belegen. Aber wenn er zur Universität ging, sagte er nur, er müsse wieder »aufs Trapez«, und sprach wohl auch von dem alten Zirkusgaul, der nun mal gewohnt sei, in der Manege seine Runden zu drehen …

Am liebsten hätte er seine Memoiren geschrieben. Und das wurde ein wichtiges Thema unserer Gespräche. Schon der Titel, den er gewählt hatte, zeigte, mit welchem schmunzelnden Understatement er jetzt auf sein Leben zurückblickte. »Tyche in meinem Leben« wollte er diese Erinnerungen überschreiben und begann sich auch Notizen zu machen, Listen anzulegen von berühmten Menschen, die ihm begegnet waren, vom König der Bulgaren bis zu Richard Strauss – und von merkwürdigen Episoden, von Frauen. Keine Darstellung seines Lebenswerkes, kein triumphaler Erfolgsbericht. Nein, »im Leben ist's bald hin-, bald widerfällig, es ist ein Tand und wird so durchgetandelt.« Das wollte er belegen.

Immer wieder fragte er mich, ob er nicht die »Kulturtheorie« liegen lassen und sich an seine Memoiren machen sollte. Und ich muß gestehen, daß ich wohl dafür verantwortlich zu machen bin, ihn von dieser Absicht abgebracht und hartnäckig auf der Fortsetzung des wissenschaftlichen Vorhabens, von dessen Bedeutung ich durchdrungen war, bestanden zu haben. Es war ein kapitaler Fehler. Hätte ich ihn anders beeinflußt, wären wir heute im Besitz eines kostbaren Zeitdokumentes, dessen Bedeutung für das Verständnis der deutschen und europäischen Geschichte höher zu veranschlagen wäre als ein weiterer Versuch, ihr durch halbherzige Theoriebildung ihr Geheimnis abzuringen. Denn darum ging es ja. Auch hätte er seine Memoiren in den Jahren, die ihm blieben, abschließen können, was für ein dreibändiges wissenschaftliches Werk mit allem Drum und Dran kaum zu erwarten stand.

Ich muß an dieser Stelle von einem Geheimnis berichten.

Natürlich ist mir erst viel, viel später das Verständnis dafür aufgegangen, als ich anfing, das Schicksal dieses Mannes, von dem man nicht zu Unrecht gesagt hat, es hätte unter einem Wandelstern gestanden, auf seine historische Relevanz hin zu befragen. Auf allen Etappen seines Weges zwischen den Kräften der Revolution und der Ordnung hat er nach einer Lösung gesucht, die der als unausweichlich und notwendig erkannten Veränderung der allgemeinen Lebensbedingungen der Menschheit den Weg bereitete (da ging es nicht mehr um »Sozialismus« oder »Kapitalismus«), gleichzeitig aber auch den spezifisch deutschen Verhältnissen und Bedürfnissen Rechnung trug. In diesem Bestreben steht er nicht allein – auch in der völligen Verkennung seiner Lage nicht. Heute, wo soviel von dem Recht auf »kulturelle Identität« die Rede ist, wird man vielleicht anfangen, anders über die Zähigkeit zu denken, mit der diese Männer an gewissen, wie sie meinten, unverzichtbaren Werten ihrer kulturellen Tradition – und sie konnten sie nur als nationale begreifen – festgehalten haben. Was sie dann am Nationalsozialismus als so schrecklich empfanden, war die ihnen völlig unbegreifliche Pervertierung all dessen, was sie als wertvoll empfunden hatten. Es fehlten ihnen die gedanklichen Mittel und die Erfahrungen für eine Analyse dessen, was da vor ihren Augen geschah. Aber sind wir heute schon viel weiter als sie? Fünfzig Jahre danach?

Was wollte ich erzählen? In seiner Bibliothek bewahrte mein Vater an versteckter Stelle, auf einem hochgelegenen Regal, eine Reliquie. Ich weiß nicht mehr genau, wann er sie zum erstenmal herunterholte, um sie mir zu zeigen. Wahrscheinlich habe ich sie beim Stöbern entdeckt und ihn danach gefragt. Es war die Totenmaske von Lassalle. Ich kann auch nicht (mehr) sagen, wie sie in seinen Besitz gekommen ist. Es handelte sich um eines der zwei einzigen existierenden Exemplare, sagte er stolz.

»Wenn Lassalle nicht in dem dämlichen Duell umgekommen wäre, hätte die deutsche Geschichte einen anderen Verlauf genommen! Die deutsche Arbeiterbewegung wäre nicht außerhalb der staatlichen Institutionen geblieben, sondern hätte sich zu einer Labour-Party entwickelt, wie in England.« Auch er suchte den pathognomischen Moment, von dem an alles »falsch gelaufen« war. Von Lassalle hat mein Vater immer wieder gesprochen – er sah ihn als den einzigen echten Widerpart zu Bismarck, erzählte von den Gesprächen, die die beiden geführt hatten. In seiner Bewunderung schwang der Glaube an die Ausnahmepersönlichkeit, die

Überzeugung von der Zaubermacht des charismatischen Führers. Das war ein »Sozialist« nach seinem Geschmack, weltmännisch und elegant, und es war klar, daß er sich vorstellte, wie er in einer von ihm geprägten Partei selber eine Rolle gespielt hätte, jene politisch-revolutionäre Rolle, von der er als Dreißigjähriger geträumt haben muß, als er den Zugang zur aktiven Teilnahme an der politischen Willensbildung anstrebte, wie alle seine Altersgenossen, die er aber in der Partei Bebels und Liebknechts, für die ihn seine Freunde Heinrich und Lily Braun zu gewinnen versuchten, zu spielen sich außerstande sah. Das war nicht sein *cup of tea.*

Lassalle ist ein Jahr nach der Geburt meines Vaters umgekommen. Er war für ihn nur ein Mythos. An ihm aber machte mein Vater seine Interpretation der deutschen Geschichte fest. Rückblickend scheint es mir so, als hätte Lassalle als Bezugsfigur für ihn eine ähnliche Rolle gespielt wie Disraeli für Carl Schmitt. Bloß hatte er an die deutsch-jüdische Kultursynthese geglaubt.

Ob er gewußt hat, daß seine zweite Frau aus einer Familie stammte, die in unmittelbarer, fast verwandtschaftlicher Nachbarschaft zu jenem Bojarensohn stand, der Lassalle – aus Versehen, muß man schon sagen – erschossen hat, Ioan Cehan Janko von Racowitza? Zufälle gibt es nicht. Die »Totenmaske« ist verbrannt. Sie war zu gut versteckt, um gerettet werden zu können.

Während des letzten Jahres, das wir zusammen gelebt haben, sahen wir uns weniger. Ich bereitete mein Abitur vor; meine Passion fürs Theater hatte begonnen; Freunde, Freundinnen – tausend Gründe, um den alten Herrn zu vernachlässigen. Dabei bedurfte er meiner mehr denn je. Der Krieg wurde ihm lästig, es haperte (wie er sagte) mit der Gesundheit. Das Leben in der Humboldtstraße war still und stiller geworden. Er hatte sich ganz in seine Dachstube zurückgezogen, wo er es jetzt auch bequemer fand, die Nacht zu verbringen. Der Arzt hatte ihm lange Bettruhen verordnet, er mußte auch im Bett frühstücken. Auch des Abends zog er sich früh zurück, nicht mehr, um – wie lange noch – einige Stunden am Schreibtisch zu sitzen, sondern um sich zu Bett zu begeben. Da las er dann, und da der Schlaf selten geworden war, bis tief in die Nacht.

So, in seinem Bett sitzend, gegen große Kissen gelehnt, fand ich ihn beim Schein einer kleinen Nachttischlampe, die eigentlich nur das Buch beleuchtete, das er in der Hand hielt – in goldbraunem *clair-obscur,* ganz ein von Rembrandt gemalter biblischer Patriarch –, wenn ich, oft weit nach Mitternacht, von meinen abendlichen Exkursionen heimkehrte und noch einmal zu ihm hereinschaute, um ihm Gute Nacht zu wünschen. Ich wußte, er wartete darauf so, wie ich als kleiner Junge darauf gewartet hatte, daß er mir Gute Nacht sagen kam. Ich setzte mich dann an den Rand seines Bettes und mußte genau erzählen, was ich erlebt hatte, besonders wenn ich aus dem Theater kam – das Stück, die Regie, die Bühnenbilder, die Namen der Schauspieler. Er hat das Theater immer geliebt. In meinem Alter ging er mit seiner älteren Schwester Helene eine Saison lang, die sie alleine in der elterlichen Wohnung im Tiergartenviertel verbrachten, fast jeden Abend ins Theater. Er hatte Kainz gesehen, Moissi, Possart, die Duse, Sarah Bernhardt, konnte sehr anschaulich von den Inszenierungen von Max Reinhardt erzählen (mit dem die Eltern verkehrt haben), den Bühnenexperimenten der zwanziger Jahre, dem »Hamlet im Frack«, der Treppe von Jessner – wie der geschrien hatte, an der Grenze vom Lächerlichen zum Erhabenen: »Ein Königreich für ein Pferd«. Jetzt erzählte ich ihm von Gründgens und Fehling und Heinrich George, Will Quadflieg und Horst Caspar. Ich gab mir Mühe, es so schön und anschaulich wie möglich zu machen. Ich spürte, daß es wichtig war, etwas Welt und Leben in diese einsame Klause zu bringen.

Dann fragte ich ihn danach, was er las, oder vielmehr, denn ich wußte es ja schon, wie weit er mit seiner Lektüre gekommen sei. Denn er hatte sich ausgedacht, um den langen Nächten einen positiven Inhalt zu geben, die großen Œuvres der europäischen Literatur wieder zu lesen und bei der Gelegenheit auch gewisse Lücken aufzufüllen. Dazu standen die Gesamtausgaben in der Bibliothek bereit. Und ich habe erlebt, wie er im Laufe relativ kurzer Zeit nacheinander den gesamten Dickens, die »Comédie Humaine« vom ersten bis zum letzten Band, die kompletten »Rougon-Maquarts« durchgelesen, nein, ich muß schon sagen, methodisch durchgearbeitet hat. Er müßte sich, sagte er, »auf das große Examen vorbereiten«.

Auch bei seiner nächtlichen literarischen Bettlektüre ließ er nicht von den Gewohnheiten, die seinen Umgang mit wissenschaftlichen Texten am Tag bestimmten, der mit dem Taschenmesser zugespitzte Bleistiftstummel, mit dem angestrichen wurde, der Sachs-Villatte oder Muret-Sanders griffbereit auf dem Nachttisch. Er beherrschte das Englische und Französische passiv vollkommen, hätte sich aber nicht eine Vokabel durchgehen lassen, die ihm unbekannt war. Sie mußte auf der Stelle nachgeschlagen werden.

Und wieder führte er mich mit leichter Hand in neue, mir noch unbekannte Bezirke unseres geistigen Erbes ein. Besonders schienen ihn die

Hereditätstheorien Zolas zu interessieren. Die genealogischen Tafeln des Docteur Pascal neben sich, verfolgte er das Schicksal der zwei erfundenen Familien durch alle Phasen – von Gervaise zu Nana, immer voller Bewunderung für die, wie er sagte, eines ganz großen Soziologen würdigen Milieuschilderungen. Der Konflikt zwischen Künstlertum und politischem Engagement hatte, so fand er, im Œuvre seine klassische Darstellung gefunden. Er gab nicht viel auf Cezanne – zögerte aber nicht, dem Werk Zolas unter allen schriftlichen Leistungen des Zeitalters die Palme zuzuerkennen. Das war typisch für ihn. Das literarische *l'art pour l'art* interessierte ihn nicht. Ich erinnere mich an eine um diese Zeit geführte Unterhaltung in unserem Salon, wo er mit einer Leidenschaftlichkeit, wie sie nur selten noch so stark zum Durchbruch kam, die Auffassung vertrat, daß Zola über Flaubert zu stellen sei, was seine Gesprächspartner – ich höre noch die heisere Stimme von Gebsattel und das wohlklingende Organ von Guardini, die präzisen Argumente von Carl Schmitt – auf keinen Fall akzeptieren wollten. Für sie gab es nichts Größeres als »Madame Bovary«, ihrer einstimmigen Meinung nach der Roman des Jahrhunderts. Ich sympathisierte mit ihnen. Was ich damals nicht wußte, war, daß die Lektüre von Zola, nicht die von Marx, dem jungen Werner Sombart den Zugang zum Sozialismus eröffnet hatte.

Die Atmosphäre der nächtlichen Séancen, die ich am Fußende des Bettes des alten Herrn verbrachte, hatten, wenn ich daran zurückdenke, etwas Makabres. Ich dachte nicht im geringsten daran, daß dies meine letzten Gespräche mit ihm sein würden. Er wußte es. Wir saßen im Vorzimmer des Todes. Zeit und Raum waren aufgehoben. Trotz allen zur Schau getragenen Interesses war er nicht mehr ganz bei der Sache. Er hörte zu, aber er hörte auch nicht zu. Er sprach, aber seine Gedanken waren woanders. Es ging ihm, obwohl doch das Gegenteil der Fall zu sein schien, gar nicht darum, mir irgendwelches Wissen zu vermitteln. Er empfand Mitleid mit mir, der ich noch ein Leben vor mir hatte, und wollte mir etwas Kraft spenden wie einen Segen.

Ich empfand für ihn in diesen Stunden eine zärtliche Verehrung. In die Stimmung der Stunde, ganz unabhängig von dem, worüber wir sprachen, mischte sich das Gefühl davon, wie unendlich fern er mir war. Ich war überwältigt, und ein Grauen packt mich, wenn ich daran zurückdenke, vor der abgrundtiefen Einsamkeit, die mich da anwehte. Ich sah in den Abgrund der Einsamkeit des Alters, eine Entrücktheit und Verlassenheit, zu der es einen Zugang nicht mehr gibt.

Die Rücksichtslosigkeit der Jugend alten Menschen gegenüber ist grenzenlos. Meine kleinen Probleme, meine kleinen Pläne und Flirts, mein kleiner Alltag waren mir wichtiger als das Minimum an Verpflichtungen, zu denen ich mich als Sohn hätte verstehen müssen. Und so habe ich ihn am Ende unseres langen gemeinsamen Weges verraten. Es war der Tag der mündlichen Prüfungen für das Abitur, die sich über den Vormittag und Nachmittag erstreckten. Die Klasse hatte beschlossen, zusammenzubleiben, mittags nicht zum Essen nach Hause zu gehen, sondern in irgendein Restaurant, und nach der Verkündigung der Resultate – ich hatte es ganz knapp geschafft – wollten wir das große Ereignis auch zusammen in einer Kneipe begießen. Ich trottete mit. Die wartenden Eltern, der kranke Vater, sie waren vergessen. Dabei lag er doch schon im Krankenhaus, und ich mußte wissen, ich wußte, daß er auf mich wartete. Es war für ihn wichtig, noch zu erleben, daß dieser späte Sohn seine Schulausbildung abgeschlossen hatte. Jetzt konnte er ruhig die Augen schließen. Er war überzeugt, daß er das Krankenhaus nicht mehr lebend verlassen würde. Er hatte es uns an dem Tage, an dem er sich von dem Haus in der Humboldtstraße verabschiedete, gesagt. Niemand wollte es natürlich wahrhaben, in drei Wochen wäre er zurück usw.… Er winkte müde ab. Er hat recht behalten. Er wollte nicht mehr zurück.

Erst ganz spät abends, weil meine Mutter mich dazu drängte, ging ich dann doch in das Krankenhaus, nicht ohne etwas Schuldbewußtsein. Der Vater empfing mich – das Setting war dasselbe wie in seinem Zimmer: die kleine Nachttischlampe, Bett und Buch – mit unendlich traurigem Blick, in dem nicht nur die Enttäuschung darüber stand, daß ich ihn stundenlang hatte warten lassen, daß ich es nicht für selbstverständlich gehalten hatte, ihm als ersten die Nachricht über das bestandene Examen zu bringen, sondern der Schmerz über diese Bestätigung aller seiner Zweifel an mir, der Kummer darüber, daß ich im Grunde eben doch ein undisziplinierter, liebloser und unzuverlässiger Mensch sei, nicht der Sohn, den zu haben er sich gewünscht hätte und den er nun an der Schwelle seines Todes getrost mit einem guten Gefühl ins Leben hätte entlassen können.

Der Worte waren nicht viele. Nach einer längeren Pause zog er seinen Siegelring vom Finger, diesen Ring, ohne den diese Hand, die ich so oft geküßt hatte, nicht zu denken war, griff nach meiner Hand und steckte ihn mir an.

Diese kleine Zeremonie hatte er sich sicher seit langem ausgedacht. Vielleicht schon, als er mit dem kleinen Jungen auf seinem Schoß das

Siegellackspiel spielte. Wenn er erwachsen sein wird, wenn er das Abitur gemacht hat, wird er gedacht haben, soll er diesen Wappenring von mir bekommen. Er wird ihn tragen, wie ihn schon mein Vater getragen hat.

Ich habe ihm die Freude an der so behutsam vollzogenen Geste der Übergabe und des Abschieds verpatzt. Wieder einmal habe ich das Rendezvous verfehlt. Ich mußte irgendwie geahnt haben, daß an diesem Tage etwas Besonderes geschehen würde. Er wollte mich in die Pflicht nehmen, und dem habe ich mich schnöde entzogen. Aber es hat mir nichts genützt. Ob wir es wollen oder nicht, wir sind die Beauftragten unserer Väter und müssen die Probleme, die sie ungelöst zurückließen, genau da, wo sie sie stehengelassen haben, wieder aufnehmen. Wir müssen die Revolution, die sie nicht gemacht haben, nachvollziehen. Es stand von Anfang an geschrieben, daß ich nicht Architekt werden konnte. Mir war eine andere Aufgabe übertragen …

Den Tod meines Vaters am 19. Mai 1941 habe ich nicht miterlebt. Er starb, wenige Wochen nachdem ich in ein Arbeits(dienst)lager in Grutschnow an der Weichsel eingerückt war. Die kurzen Urlaubstage stehen in der Erinnerung als eine Abfolge von Szenen aus einem *cauchemar*. Die Mutter, die Schwester, ich selbst – alle Menschen, die wir sehen mußten, ganz in Schwarz gekleidet, während ein strahlender Mai alles, die Straßen, das Haus, das Krematorium, in flutendes Sonnenlicht tauchte. Meine Mutter erzählte später noch oft, wie sie, die sie die Nacht der Agonie bei dem Sterbenden verbracht hatte, zu früher Stunde völlig erschöpft und außer Sinnen vom Krankenhaus in die Humboldtstraße ging – vom ohrenbetäubenden Morgenjubel Tausender Vögel begleitet. In allen Gärten standen Büsche und Bäume in festlicher Blüte … Das Leben liebt solch expressionistische Inszenierungseffekte, ich habe es immer wieder konstatieren müssen.

Zu der offiziellen Trauerfeier im Krematorium waren auch die Vertreter der Universität gekommen. Schumacher, Gieseke, Emge. Ich hörte abwesend eine ganze Reihe von Reden mit an. Ich erinnere mich an kein Wort, nur an meinen Eindruck: Sie liebten ihn nicht. Der einzige menschliche, aus tiefer Anteilnahme aufsteigende Blick während der Kondolenzcour war der von Carl Schmitt. Von ihm wußte ich, daß er für meinen Vater eine aufrichtige Verehrung empfand.

Dann die Testamentseröffnung im Kreise der voll versammelten Familie – natürlich in Schwarz. Alle vier Töchter aus der ersten Ehe mit ihren

Männern. Nur ein Gedanke: Wer kriegt was? Die ganze unversöhnliche Feindseligkeit gegen meine Mutter, die »Rumänin«, und ihre Kinder – ausgerechnet, auf seine alten Tage noch, mußte sie ihm einen »Sohn« bescheren – ballte sich zusammen in der großen Bibliothek, die jetzt nur noch Vermögenswert, Erbmasse war. Wahrscheinlich habe ich ihre Vernichtung zwei Jahre später auch deswegen so leicht genommen, weil den meskinen Streitigkeiten über ihre Verwertung dadurch ein Ende gesetzt war. Ich wurde eingesetzt zum »Verwalter des wissenschaftlichen Nachlasses«. Nur meine kleine Schwester freute sich darüber, obwohl sie am allerwenigsten übersehen konnte, was damit überhaupt gemeint war. Sie empfand nur, daß es sich um eine Auszeichnung handelte, die alle anderen mir offensichtlich mißgönnten.

Nach den Trauerzeremonien gingen wir mit der Schwester hinauf in die Dachstube des Vaters und suchten in Schreibtisch, Schränken und allerhand Kästen nach persönlichen Effekten. Es war so etwas wie eine Schatzsuche. In die Erregung, die wir verspürten, ungestört in eine von Geheimnis umgebene Zone des väterlichen Lebens, die für uns immer tabu gewesen war, eindringen zu können, mischte sich das unbestimmte Gefühl, uns der Leichenfledderei schuldig zu machen. Ich erinnere mich an zwei Funde. Ein verschnürtes Paket, das Briefe enthielt. Darauf stand: »Nach meinem Tode zu vernichten«. Ich wußte, wessen Briefe es waren: Sie stammten von der Frau, die mein Vater, als er um die Fünfzig war, so leidenschaftlich geliebt hatte. Eine Affäre, die seine Ehe schwer belastete, ihn an den Rand des Selbstmords brachte. Eine Wiener Jüdin, die in Berlin einen literarischen Salon hatte: Mitzi Dernburg. Wir haben das Päckchen – ohne einen der Briefe zu lesen – am selben Tag noch im Heizungskessel verbrannt. Eine unverzeihliche Dummheit, wie mir heute scheinen will.

Dann entdeckte ich, im verborgenen Innern der Brieftasche des Vaters – sie hatte das längliche Format, das er für seine Notizzettel gewählt hatte (die Blätter mußten extra für ihn geschnitten werden) und auf die er auch seine Vorlesungs- und Vortragsdispositionen schrieb – ein schon etwas vergilbtes, zusammengefaltetes kleines Blatt Papier, auf dem in seiner Handschrift ein Gedicht von Paul Verlaine stand. Nicht Goethe – Verlaine, der *Poète maudit.* Ich setze es in seiner ganzen Länge an das Ende dieser Aufzeichnungen, weil es die Bilanz eines Lebens, das geheime Credo einer problematischen Existenz, ganz ungeschützt, ganz unverschlüsselt wiedergibt. Das war sein Testament:

La vie est vaine
Un peu d'amour
Un peu de haine
Et puis – Bonjour

La vie est brève
Un peu d'espoir
Un peu de rêve
Et puis – Bonsoir

La vie est bête
Un peu d'ennui
Un peu de fête
Et puis – Bonne Nuit!

Bibliothek und Salon

Ein gefährlicher Topos

Als wir für das Abitur angehalten wurden, ein *Curriculum vitae* zu schreiben, überschritt ich den gesetzten Rahmen und verfaßte eine viele Seiten lange »Selbstdarstellung«, die ihren Eindruck nicht verfehlte. Das Papier zirkulierte im Lehrerzimmer – dergleichen hatten die Herren seit Jahren nicht mehr erlebt. Das war der Stil der großen Zeit der Schule, vor 1933. Also höchst verdächtig. Es war aber im einzelnen nichts dagegen einzuwenden. Lange Exkurse über lateinische Literatur und die Geschichte der Architektur. Das provokatorische Schriftstück begann mit dem Satz: »Was ich bin und weiß, verdanke ich der Bibliothek meines Vaters und dem Salon meiner Mutter.«

Die Formel gefiel mir so gut, daß ich sie auch an den Anfang meines »Lebenslaufes« setzte, den ich als frischgebackener »Arbeitsmann« im Arbeitslager Grutschnow an der Weichsel schreiben mußte. Alle Lagerinsassen waren, im Drillichanzug, in die zentrale Baracke geführt worden, die als Speisesaal und Versammlungsort diente. Die Tische standen wie die Pulte in einem Examensraum. Wir bekamen einen zackigen Vortrag über die hohe Bedeutung unserer Aufgabe zu hören (Sand für einen Dammbau zu schippen – das nannte sich »Kolonisation des Ostens«, war aber, für diese Buben, reine Sklavenarbeit); dann hieß es – das Papier wurde verteilt –, einen Lebenslauf schreiben. Zwei Seiten. Ich war schnell fertig.

Abends wurde überraschend, außerdienstplanmäßig, ein Stubenappell angesetzt. Die Gruppen waren erwartungsvoll vor den Türen der Unterkünfte angetreten. Da trat die gesamte Lagerleitung in großer Uniform aus der Mittelbaracke, wo sie sich versammelt hatte – der Lagerführer an der Spitze –, und dirigierte sich, allen sichtbar, ohne Umweg auf unsere Baracke, auf unseren Trupp zu. Um Gottes willen! Wir mußten in die Stube, vor die Spinde. »Arbeitsmann Sombart!« Wieso ich? Alle außer mir atmeten hörbar erleichtert auf. »Machen Sie Ihren Spind auf!« Ich gehorchte. »Was ist denn das ...«, ging es dann los. Mein Spind war tadellos in Ordnung, aber es wurde alles herausgezerrt, die Bücher zuerst, und auf den Boden geschmissen, sämtliche Uniformstücke, Sporthosen, Turnschuhe, alles, was der Spind enthielt, Schreibzeug, Kochgeschirr, Trinkbecher,

Eßbesteck, bis ein riesiger Haufen mir vor den Füßen lag. Das Ganze begleitet von Invektiven wie: »Dieser Saustall! Sie bilden sich wohl etwas ein? Sie haben's wohl nicht nötig! Sie werden sich noch wundern! Hier gibt es keine Extratouren.« Die »Kameraden« standen, wie ich, erstarrt, mit zusammengeschlagenen Hacken und zusammengekniffenen Arschbacken, Schweißperlen auf der Stirn. Es war eine »Maßnahme«, aber wogegen? Was sollte da bewiesen werden? Dann verschwand der Hurrikan, der Appell wurde abgeblasen. Ich selbst war so konsterniert, daß ich lange, sehr lange brauchte, um die Verbindung zwischen diesem brutalen Willkürakt und meinem »Lebenslauf« herzustellen. Da hatten die Proleten zugeschlagen! Ich brauchte mir meine Meinung über sie nicht zu bilden. Sie saß tief in mir. Aber die Demütigung treibt mir heute noch, wo ich dies schreibe, die Röte ohnmächtiger Wut ins Gesicht. Das war meine erste konkrete, handfeste Konfrontation mit dem Nationalsozialismus.

Die Bibliothek

Die Bibliothek meines Vaters umfaßte, zu meiner Zeit, noch fünf- bis sechstausend Bände. Dreißigtausend hatte er 1928 nach Osaka verkauft. So eine Riesenbibliothek war damals keineswegs eine Seltenheit, aber sie war auch schon damals ein Luxus. Sie gehört zur großbürgerlichen Phase der Wissenschaft – alle Gelehrten dieser Epoche haben solche gewaltige Büchermassen besessen, Max Weber ebenso wie Benedetto Croce oder Henri Bergson: Sie waren ihr Handwerkszeug, die unerläßliche Voraussetzung ihres Denkens und Schaffens. Im Grunde aber stellte sie bereits eine Abnormität dar: Noch befinden sich zwar die Produktionsmittel im Besitze des Produzenten, wie es für die artisanale Phase der Wissenschaft – die bis in die Goethe- und Humboldtzeit reicht – ganz selbstverständlich ist, doch haben sich die wissenschaftlichen Produktionsmethoden bereits derartig entwickelt, daß die Verfügung über die Produktionsmittel eigentlich schon die Möglichkeiten des Privatbesitzes sprengt. Das zeigte sich deutlich an der Schwierigkeit ihrer Unterbringung: Die stillen Studierstuben des Biedermeier weiten sich zu bombastisch-phantastischen Geistesateliers aus, die alles beherrschender Mittelpunkt und Dekorum nicht nur eigens dafür geschaffener Gelehrtenvillen, sondern auch eines Lebensstils werden, der seltsam zwischen asketischer Wissensverarbeitung und ausgreifendem Künstlertum schwankt. Die Architekten der Zeit standen vor reizvollen Sonderaufgaben: Fritz Schumacher, später einer der städtebaulichen Gestalter Hamburgs, erzählt in seinen Memoiren, wie er im tannenumstandenen Teil von Schreiberhau im Riesengebirge »Werner Sombart das Heim zu schaffen hatte, eigentlich muß man sagen, seiner Bibliothek, denn ihr zweigeschossiger, gerundeter Saal bildete das Herz der ganzen Anlage, und erst um dieses Heiligtum des Hausherrn herum legte sich bescheiden der Kranz von Räumen für die Frau und vier lebensfrische Töchter«. Das war 1906.

Mein Vater erzählte immer die Geschichte, wie ihm Fritz Schumacher dieses Haus aufgeschwätzt hat. Er hatte auf einem Herrenabend vage davon gesprochen, in Schreiberhau, wo sich um die Gebrüder Hauptmann eine Kolonie von Künstlern und Intellektuellen bildete, zu bauen. Vierzehn Tage später hatte er ein Modell auf dem Tisch, das ihm nicht gefiel. Zu spät – der Prozeß war eingeleitet und schnurrte planmäßig ab. Man sucht sich nichts aus im Leben.

Nicht allein was die Mittel, die zu ihrer Anschaffung und Unterbringung nötig waren, als auch was den besonderen Typ von Wissenschaft betrifft, der in ihnen getrieben wurde, gehören diese Monsterbibliotheken zu den Herrschaftssymbolen der Bourgeoisie auf dem Höhepunkt ihrer Machtentfaltung: Sie sind die ökologische Nische der spätbürgerlichen Geisteswissenschaften, d. h. der universalhistorisch-enzyklopädischen, dabei ebenso subjektiven wie klassenbedingten Appropriation der Welt. Es ist keineswegs ein Zufall, daß der bürgerliche Renegat und Flüchtling Karl Marx seine Analysen der kapitalistischen Gesellschaft im British Museum, einer öffentlichen Bücherei also, erarbeitet hat. Die Theorie von der Expropriation der Expropriateure konnte schlecht in einer Privatbibliothek gedeihen, die außerhalb des Systems der kapitalistischen Exploitation nicht denkbar war.

Die Vergesellschaftung der Produktionsmittel gehört zur Geschichte des Übergangs vom Kapitalismus zum Sozialismus. Der bürgerliche Historiker des Hochkapitalismus Werner Sombart hat sie immer für unausweichlich gehalten, wenn er ihr auch mit großer Melancholie entgegensah.

Die Überführung des Privatbesitzes in öffentliches Eigentum braucht dabei nicht immer das Ergebnis gewaltsamer Enteignungen zu sein. Wir kennen aus Amerika die Umwandlungen ganzer Industriekonzerne in gemeinnützige Stiftungen. In England erhält der National Trust dem Volk die herrlichen Landsitze seiner Aristokratie und bewahrt sie vor dem Verfall, zu dem die gesellschaftliche Entwicklung sie verurteilt hatte – nun sind sie allen, oder doch jedem, der ein Bedürfnis danach empfindet, zugänglich. In unserem Falle wurde die Vergesellschaftung – das heißt die Überführung aus der privaten Zone in die Sphäre der Gemeinnützigkeit – durch einen großzügigen Kauf bewerkstelligt, der als ein später Ausläufer jenes Anschlusses Japans an die okzidentale Zivilisation gelten darf, der 1863 seinen Anfang nahm. Sie brachte aber auch einen bereits ungewohnten materiellen Segen in ein deutsches Professorenhaus, dem durch den Ersten Weltkrieg die wirtschaftliche Grundlage schon entzogen war, die zu einer derartigen Bibliothek gehörte.

In Deutschland vollzog sich im übrigen die Expropriation im Maßstab nationaler Katastrophen. Nachdem die Schreiberhauer Villa der Inflation, also dem Ersten Weltkrieg, zum Opfer gefallen war, brannte 1943, während des Zweiten Weltkrieges, das zweite Haus, in dem die Bibliothek Aufstellung gefunden hatte, in Berlin diesmal, in einer jener Bombennächte aus, in denen – kleine Hiroshimas – das imperiale Deutschland des 19. Jahrhunderts in Schutt und Asche fiel. Hätte nicht ein Glücksfall sie nach Osaka verschlagen, die Bücher wären heute zerstört.

Heute stellt die Bibliothek »Werner Sombart«, die in einem nüchternen Zweckbau der Universitätsbibliothek von Osaka einer lernbegierigen japanischen Studentenschaft zur Benutzung bereitgestellt ist, ein kulturhistorisches Monument dar. Ihr Benutzer kann sich sagen: So arbeitete ein bürgerlicher Gelehrter des ausgehenden 19. Jahrhunderts in Mitteleuropa. Sie wird bei Lesern, die in der Enge moderner Wohnungen hausen und arbeiten müssen, dasselbe Erstaunen hervorrufen wie ein Schloß oder ein Park aus feudaler Frühzeit, die der heutige Besucher ja auch betritt, ohne sich recht eigentlich vorstellen zu können, daß einmal ein Mensch dreihundert Zimmer sein eigen nennen oder zu seinem persönlichen Vergnügen einige hundert Hektar in einen Garten verwandeln durfte. Doch wird solche mit einem leisen Schauder vermischte Verwunderung den Genuß nicht mindern, den diese Überreste aus versunkener Zeit zu vermitteln vermögen; im Gegenteil, wie arm wäre unsere Welt ohne sie: Zum Allgemeinbesitz geworden, zählen sie auch zu ihren größten Kostbarkeiten.

Der eigentliche Benutzer und Nutznießer der Bibliothek meines Vaters war, so will mir heute scheinen, nicht er, sondern ich. Schon als kleiner Junge fühlte ich mich in diesem gewaltigen Magazin des Wissens wunderbar aufgehoben. Der große Raum stand ja, wenn er nicht gerade für gesellschaftliche Zwecke benutzt wurde, immer leer. Am Tage war er wegen der Bäume, die vor den Fenstern standen, ausgesprochen dunkel. Das aber trug nur zu seinem Zauber bei. Wenn ich ihn betrat und sorgfältig die hohe Tür hinter mir schloß, nahm ein sonderbares Gefühl Besitz von mir: eine Mischung aus Ergriffenheit und Stolz – jene Ergriffenheit, die einen durchströmt, wenn man in ein Sanktuarium eintritt, eine Kapelle oder einen Tempel, und die lustvolle Genugtuung, die jeder thesaurierte Besitz vermittelt und die man verspürt, wenn man in die Tiefen eines Banksafes hinuntersteigt (es genügt, das Wort » Schatzkammer« zu beschwören, und schon ist es uns gegenwärtig). Doch gehörte auch eine Dosis Machtkitzel dazu, wie er einen beim Betreten einer Kommandobrücke, im Kartenraum eines Gefechtsstandes oder im Cockpit eines großen Flugzeuges überkommt, ein gewisser Schwindel, ein Rausch, der die Daseinsbefindlichkeit verändert, etwas Lustvolles, das mit Glück und Geheimnis etwas zu tun hat, mit Potenz und Privileg.

In gewisser Weise, so mußte ich es empfinden, befand ich mich im Zentrum der Welt, im Mittelpunkt wenigstens jenes kulturellen Universums, das in all seinen Dimensionen zu erschließen mir als die eigentliche Aufgabe des Lebens erschien. Mein »Selbstwertgefühl« war wesentlich dadurch geprägt, daß ich selbstverständlich Zugang zu dieser Bibliothek hatte. Ich befand mich hier nicht als Fremder oder Eindringling, sondern auf Grund eines eingeborenen Rechts. Hier zu verweilen war auch nicht im mindesten unheimlich, ich fühlte mich keineswegs erdrückt und bedrängt, erschreckt oder verängstigt durch die geballte Fülle von Informationen, die hier gespeichert waren. Nein, ich genoß ihre Verfügbarkeit. An keinem Ort der Welt fühlte ich mich mehr zu Hause, empfand ich mehr Geborgenheit als hier.

So konnte ich mich in einen der großen grünen Sessel setzen und einfach nur, in kontemplativer Versunkenheit, die magische Ausstrahlung der vielen tausend Bücherrücken auf mich wirken lassen. Bücher sehen dich an! Keine bösen Blicke – Tigeraugen aus dem Dschungel. Nein, der treue Blick von Elefanten, eher einer Elefantenherde. (Ich ein Mowgli!) Die Mutter von Karl erzählte mir, daß mein Freund als Kind in die Bibliothek seines Vaters ging und den »Herren Büchern« einen guten Morgen wünschte, indem er sich verneigte. Das konnte ich ohne weiteres nachempfinden. Wenn ich das Gefühl hatte, mit den Büchern auf »Du« zu stehen, so schloß das doch eine gewisse Ehrfurcht mit ein. Es war ja auch toll: Ich brauchte nur an ein Regal zu treten und einen Band herausnehmen, und schon hatte ich, wie durch einen Zauber, ein Stück der Welt im Griff. Jede Auskunft über jedes Geheimnis stand da für mich bereit und wartete nur darauf, abgerufen zu werden.

Der Akt der Aneignung vollzog sich nun gar nicht so sehr über den Prozeß des Lesens als über den sinnlichen Umgang mit den Bücherbänden – das Betasten, Beriechen, Beschnuppern, das Sich-vertraut-Machen mit Titelblatt und Inhaltsverzeichnis, mit Satzspiegel und Papier. Eine besondere Vorliebe hatte ich für alte Bücher, weil mir ihr süßlich-moderiger Geruch so gefiel. Ich zog Bände heraus, weil ihr Format mich ansprach, las in anderen, weil ihre Typographie mir zusagte. *The medium is the message.* Über diesen merkwürdigen Gegenstand aus bedrucktem Papier und Pappe, Leder oder Pergament, den ich handhaben konnte wie ein Werkzeug, wie ein Bibelot, fand ich den Zugang zu Inhalt und Autor. Das Buch war der Fetisch, der es mir erlaubte, mit der allmächtigen Gottheit, in deren Reich ich mich befand, in direkten Kontakt zu treten. Die Rituale ihrer Beschwörung waren mir früher vertraut als ihr Name. Wenn ihre Hohen Priester sie in der Formel fassen, das Wirkliche sei das Vernünftige und das Vernünftige das Wirkliche, so konnte das für mich nur heißen: Wirklich ist, was in den Büchern ist, und nur, was in den Büchern ist, das ist wirklich. Was nicht in den Büchern ist, ist faule Wirklichkeit, Kontingenz. Es existiert einfach nicht. Im Buch, in den Büchern, kommt der Weltgeist zu sich selbst, nicht in den Köpfen der Menschen.

In diesem Weltgeistdepot (oder Tempel) habe ich ungezählte lange Nachmittage verbracht, im Laufe von zehn Jahren sind das viele tausend Stunden. Nirgends hatte ich das Gefühl, intensiver zu leben, mehr erleben zu können, mehr bei mir selbst zu sein. Jede Beziehung zu Menschen, Männern oder Frauen, war immer prekär und hinterließ letztlich ein Gefühl von Ungenügen, den Nachgeschmack einer Enttäuschung, den Schatten eines Mißverständnisses. Wenn ich selbst schöpferisch war, zeichnete, schrieb, meine Häuser entwarf, Theaterstücke inszenierte, verließ mich nie ein störendes Gefühl des Ungenügens. Nicht so, wenn ich in die Welt der Bücher eintauchte. Da lag ich auf dem Bauch, den Kopf in die Hände gestützt, und schmökerte. Ein Buch genügte nie. Ich holte mir immer einen ganzen Stapel aus den Regalen und türmte sie um mich herum auf. Ich wußte ja ungefähr, was wo zu finden war. Die Bücher, die beieinanderstanden, gehörten irgendwie zum gleichen Themenkreis. Die Bibliothek hatte ihre Provinzen; Querverbindungen waren leicht herzustellen, was man in dem einen Buch nicht fand, würde schon in dem nächsten stehen.

Und dann war ja immer Meyers Konversations-Lexikon zur Hand, in dem man, was irgendwie ungeklärt blieb, nachschlagen konnte.

Gesteh' ich's nur: Ich bin von dieser Fixierung auf das Buch nie losgekommen. In der Hierarchie der Lustgefühle, die der geheime Maßstab ist, an dem sich das Glücksempfinden jedes Menschen orientiert und die für jeden durchaus verschieden ist, steht für mich die intime Zweisamkeit mit einem Buch an höchster Stelle. Was für den einen mit dem Hören großer Musik verbunden ist, einem symphonischen Konzert, der Aufführung einer Oper in der Mailänder Scala, dem »Parsifal« in Bayreuth, was für den anderen das überwältigende Erlebnis eines Sonnenaufgangs von einem einsamen Gipfel sein mag, den er in mühsamem, gefahrvollem Aufstieg bezwang, was für den leidenschaftlichen Jäger der Schuß auf das Wild ist, den abzugeben er von weit gekommen ist, ohne Mühen zu scheuen, das »Glück der Erde« auf dem Rücken eines Pferdes, das Höchste für den Reiter von Geblüt, die Schußfahrt für den Skifahrer, die Erfahrung höchster Konzentration und Spannung auf einer Regatta, Gischt und beizenden Wind im Gesicht, jene Momente höchsten und absoluten Glücksempfindens, von denen jeder weiß, wo er sie finden kann (und wer es nicht weiß, ist ein armer Tropf), immer die Reproduktion einer einmal gemachten Primärerfahrung, die für einen Charakter, für eine Biographie konstitutiv bleibt, die aber nicht von ungefähr ist, sondern vorgezeichnet durch Herkunft, durch Tradition und Veranlagung, durch den dunklen Urbestand unserer Atavismen, immer ein Höhepunkt, in dem wir unsere Lebenswirklichkeit transzendieren, immer Erlebnis schlechthin, immer der ekstatische Augenblick, von dem her alles andere, was wir leben und erfahren können, seinen Stellenwert bezieht – das ist für mich, alles in allem genommen, die geglückte Wiederherstellung jenes Einstiegs in das Reich des Geistes durch das Buch mit einem Buch geblieben, so wie ich ihn zuallererst in der väterlichen Bibliothek erfahren und genossen habe. Nur eine Erfahrung kann damit konkurrieren. Man weiß, was ich meine.

Der Salon

Wie steht es nun mit dem Salon? Was meine ich überhaupt, wenn ich vom »Salon« meiner Mutter spreche? Die Gefahr ist groß, daß ein jüngerer Leser mich überhaupt nicht versteht. Man denkt an etwas Gesellschaftlich-

Mondänes, Zeremoniöses, »Elitäres«, allenfalls an etwas Historisches – Rahel Varnhagen und die »Berliner Salons« fallen einem ein, man assoziiert vielleicht Paris, aber die Wahrscheinlichkeit ist sehr groß, daß man sich ganz falsche Vorstellungen macht. Ich will versuchen zu erklären, worum es sich handelt.

Ein Salon ist ein Kreis von Menschen, die auf eine Frau als ihren Mittelpunkt bezogen sind. Sie können sich als ihre Gäste in einem eleganten Dekor treffen oder in einer Dachstube, die Lokalität spielt keine Rolle. Man kann teure *petits fours* verzehren oder dünnen Tee in geborstenen Tassen schlürfen, die auf nicht assortierten Untertassen gereicht werden, oder sich auch »einfach nur so« treffen – das tut nichts zur Sache. Man kann gemeinsam musizieren oder Musik hören, Gedichte vorlesen, über Politik diskutieren oder einfach nur »klatschen« – nicht das gibt den Ausschlag. Entscheidend ist die unangefochtene und unanfechtbare, diskrete oder leicht aggressive, gesprächige oder stille Autorität *einer* Frau. In unserer patriarchalischen Gesellschaftsordnung, deren politische und kulturelle Institutionen wesentlich männergesellschaftlich geprägt sind, war der Salon die Einbruchstelle des Matriarchats, der einzige Ort, wo nicht die Männer über die Frauen, sondern die Frau über die Männer herrschte. Ich weiß, wovon ich spreche.

Vor der Frau, in der durch sie gestifteten Atmosphäre, zu der ebenso eine erotische Spannung wie eine familiäre Entspannung gehört – Vertrauen ohne Vertraulichkeit –, müssen die Männer sich im agonalen Wettstreit bewähren. Hier gilt nicht das Recht des Stärkeren. In einer Enklave mutuellen Wohlwollens herrscht das Protokoll des Turniers, in dem die »Dame« den jeweiligen Sieger bezeichnet und auszeichnet (es gibt viele Trostpreise). Aber in diesem Wettstreit gibt jeder sein Bestes. Hier wird die Diversität der Begabungen, die Originalität der Anregungen, die Extremität der Standpunkte honoriert, aber nur insofern sie alle Anwesenden bereichert und, das gibt den Ausschlag, »ihr« gefällt. Konflikte, dogmatische Kontroversen, Feindschaften sind nicht gefragt. Alles ist auf Vermittlung, Versöhnung und gegenseitige Rücksichtnahme angelegt, in der nur die Qualität des Beitrages zählt, und die braucht nicht unbedingt, obwohl das Medium der Kommunikation das Gespräch ist, in den Worten zu liegen, die einer sagt, in seiner Redegewandtheit. Es kann auch eine Fähigkeit sein, anregend zuzuhören. Jeder Salon hat seine Schweiger.

So habe ich es erlebt. Im Hause meiner Mutter, bei Helene von Nostitz, Juanita Binz, in den fünfziger Jahren noch in Paris. Seitdem die Frauen sich emanzipiert haben, was im wesentlichen heißt, sich den Verhaltensmustern der Männergesellschaft anzupassen, scheinen sie diese Möglichkeit, ihre unbestreitbare Überlegenheit ins Spiel zu bringen, vergessen zu haben. Sie wollen, wenn sie kulturell oder gesellschaftlich ambitioniert sind, einen »Beruf« haben, nicht einen Salon. Damit treten sie zu den Männern, im besten Fall als Gleichberechtigte, in Konkurrenz. Dort waren sie Königinnen, allen Männern turmhoch überlegen! Für ein Linsengericht haben sie ihr Erstgeburtsrecht preisgegeben!

Darüber wäre noch viel zu sagen. Kehren wir in die Humboldtstraße zurück. Wenn meine Mutter empfing, zum Tee oder zu größeren *raouts,* war ich dabei, als aufmerksamer Zuhörer und stiller Beobachter. Mich faszinierten die Menschen, die sich da versammelten, ob es fünf oder dreißig waren, die *habitués,* die durch die Jahre hindurch regelmäßig kamen, und diejenigen, die nur einen kurzen Auftritt hatten, die Berühmten und die Unberühmten. Jeder hatte seine ganz unverwechselbare Physiognomie, stellte etwas Besonderes, Einzigartiges dar, repräsentierte einen bestimmten Ausschnitt der Welt. Dem näher auf die Spur zu kommen war meine Passion. Ich kannte ihre Marotten und Ticks, wußte bald im voraus, was sie sagen würden und wie, und wenn ich natürlich auch ihre Namen kannte, so habe ich oft erst sehr viel später gewußt, welches ihr Rang und ihre Rolle außerhalb der intimen Szene war, in der sie mir begegneten.

Wenn sich rückblickend herausstellt, daß viele schon damals prominent waren, so war das sicher nicht das Kriterium, nach dem sie ausgewählt wurden – das war das Flair einer Frau für Qualität. Es wäre ihr nicht in den Sinn gekommen, einen *nonvaleur* in ihr Haus zu ziehen. Er hätte sich in diesem Kreis auch vollkommen deplaciert gefühlt. Ein neues Element mit einer gewissen Aura von Berühmtheit, von Erfolg, von Genie mußte allerdings immer wieder dafür sorgen, die Spannung des Kreises zu erneuern. Es gab immer den Star. Daneben gehörte zu dieser Art von Geselligkeit ein Gespür für junge Begabungen. Die »Entdeckung«, der *protegé,* ist für einen Salon unerläßlich. So tauchten immer auch ganz unbekannte jüngere Leute auf, denen die Chance gegeben wurde, sich auszuzeichnen, zu zeigen, was in ihnen steckte. Das Geheimnis des Salons ist die Diversität in der Homogenität. Dafür gibt es kein Rezept. Jeder Salon unterscheidet sich unverwechselbar von jedem anderen. Despektierlich sprachen wir als Kinder von »Mamans Menagerie« und hatten unser Urteil über die wunderlichen Tiere, die darin auftraten – erst nachträglich lernte ich die genaue Bezeichnung für die Exemplare der jeweiligen

Spezies und konnte sagen: Das ist ein Zebra, dies ein Pinguin, dies eine Giraffe.

Nein, das war nicht die Kampfschule des Männerhauses, die den Spürsinn des Jägers trainiert, der das Tier überlisten muß, das er erlegen will, nicht die Menschenkenntnis des *struggle for life,* die es darauf abgesehen hat, die Schwächen derer zu erkennen und zu nutzen, die man überwältigen muß, es war viel eher eine Sammlermentalität, eine Schärfung des Wahrnehmungsvermögens, was das Besondere betrifft, das Einzigartige – eine Schulung des Blicks für das Physiognomische, das Wesenhafte. Mein Fellow Odo Marquard spricht von der Grundsituation der pluralisierend literarischen Hermeneutik in der Gesprächsgeselligkeit des unendlichen Gesprächs, das jeden zu Wort kommen läßt, ohne zeitliches Limit und ohne Einigungszwang. Es herrschte allerdings das Protokoll der Gesittung und der Konformismus der *petite bande.* Es wurde kaum über Politik gesprochen, aber wehe, wenn etwas gesagt wurde, was nicht der stillschweigenden Übereinkunft entsprach. Es gab Verdikte, Exilierungen und Amnestien. Doch es ist schon richtig: Reden und Reden-Lassen im unendlichen Gespräch dient dem Leben und Leben-Lassen.

Worauf es ankommt: Hüter dieses pazifizierten Raums, Garant der Toleranz kann immer nur eine Frau sein, deren Ausstrahlung und Anziehungskraft die Kohäsion des Kreises schafft – in allem das genaue Gegenteil des Männerbundes.

Die Gäste

Trotzdem, von einem Salon zu sprechen ist immer eine *façon de parler.* Im Einzelfall geht es um das gesellige Zusammensein von Menschen, konkret um *die* Menschen, die in einem *bestimmten* Haus verkehren. Wer waren nun die, die in die Humboldtstraße 35 a kamen?

Naturgemäß viele Ausländer – Diplomaten als notwendige »Stützen der Gesellschaft«, Rumänen, die Landsleute meiner Mutter, für die unser Haus eine Art Berliner Stützpunkt geworden war, kaum Engländer und Amerikaner, dagegen viele Italiener. Mein Vater war in ihrem Lande, in dem er studiert und seine erste Frau gefunden hatte, die allerdings keine Italienerin, sondern Deutsch-Römerin war, als Wissenschaftler anerkannter als in seinem eigenen. Das ist eigentlich bis heute so geblieben.

Zum ständigen Inventar gehörten aber auch zwei Chinesen, Dr. Yu Yen

Yü und Dr. Lin, beide Schüler meines Vaters – beide aus reichen Familien, Yü ein ewiger *postgraduate,* der nach dem Krieg mit Erfolg ein chinesisches Restaurant in Frankfurt a. M. eröffnete, Lin mit einer selbstgewählten politischen Mission. Er unterhielt (und finanzierte) ein Informationsbüro, das Propagandamaterial für die Kuomintang des Generals Chiang Kaishek in politisch interessierten Kreisen verbreitete. China stand mitten im Bürgerkrieg. Davon wußte er zu erzählen. Er sprach überhaupt gerne über sein Land und dessen alte Kultur. Von ihm lernte ich die Grundprinzipien der chinesischen Schrift, der chinesischen Dichtung, der chinesischen Philosophie. »Das Buch vom Tee« brachte er an und Pearl S. Bucks Romane. Sinologie zu studieren schien mir zeitweise ein verlockendes Ziel. Beide Chinesen, die befreundet waren, erfreuten sich der größten Beliebtheit. Immer lachten sie. Wenn Yüs Gesicht sich dann zu einer faltenlosen Maske glättete, so überzog das des Lin sich mit tausend Fältchen und sah aus wie ein zusammengeknüllter Fetzen Papier.

Häufig erschien Eugène Susini. Er war Korse, Directeur des Institut Français von Berlin, *Normalien,* wenn ich nicht irre. Er sprach vollkommen fehlerfrei Deutsch mit dem Hauch eines französischen Akzentes. Schon damals war er dafür bekannt, ein Kenner des Werkes von Franz von Baader zu sein. Er hat der Erforschung dieses Werkes sein ganzes Leben geweiht – einer der Fälle der totalen Identifikation eines Forschers mit dem Gegenstand seiner Forschung, in der die Wiederbelebung eines Stückes Vergangenheit um den Preis eines Lebens erkauft wird. Er ist sehr alt geworden, und ich habe ihn als weißhaarigen Greis in Paris in einem von Büchern überquellenden Vorstadtpavillon wiedergetroffen. In Berlin fiel er durch seine schwarzen, stark gekräuselten Haare auf. Er sah ganz korsisch aus, gar nicht wie ein Intellektueller, eher wie ein Polizeioffizier oder Bandenchef. Beide Typen rekrutierten sich, wie man weiß, in Frankreich aus der mediterran geprägten Bevölkerung der grünen Insel. Da er auch oft allein zum Essen kam, hatte ich reichlich Gelegenheit, mit ihm zu sprechen. Ich verdanke ihm nicht nur eine frühe Bekanntschaft mit Franz von Baader, nein, er war der erste, der mich für Napoleon Bonaparte zu begeistern verstand, seinen Landsmann, von dem sonst in meinem Umkreis, Elternhaus oder Schule, so gut wie überhaupt nicht die Rede war. Seltsam. Ich sollte erst viel später lernen, was es mit Napoleon, als absolutem Datum der europäischen und vor allem auch der deutschen Geschichte, für eine Bewandtnis hatte. In den Erzählungen von Susini erschien er mir wie der Held des Filmes von Abel Gance. Er schenkte mir die Geschichte Korsikas von Gregorovius, einen dickleibigen Band, und das Memorial von Sankt Helena und pflanzte damit zwei Inseln in das Koordinatenfeld meiner kulturellen Topographie, die darin unverrückbare Orientierungspunkte geblieben sind.

Wer waren die fünfzig, sechzig Leute, die zu den großen Empfängen kamen, sich ständig erneuerten, fluktuierten? Namen? Sie schrieben sich in das ausliegende Gästebuch ein. Das Gästebuch existiert nicht mehr. Künstler? Emil Orlik (der das Porträt meines Vaters gezeichnet hat), Ernst Oppler (dessen Pawlowa im Schlafzimmer meiner Mutter hing), Fritz Rhein, Michel Fingesten, Lorenz Zilken – Literaten? Oscar A. H. Schmitz (der den Eltern einen seiner Essaybände gewidmet hat). Das war, genau genommen, vor der Zeit, in der ich an der häuslichen Geselligkeit teilnahm. Der Silberschmied Lettré, dessen Arbeiten meine Mutter adorierte (der große, flache, kreisrunde Löffel, mit dem das berühmte Orangengelee aus der Kristallschale geschöpft wurde); die Verleger Lambert Schneider und Gerhard Bahlsen (er war nicht nur Verleger); all die, von denen ich ausführlicher sprechen werde, und all die, deren Namen ich vergessen habe. Im wesentlichen Menschen, die meine Mutter herangezogen hatte. Sie ging selber viel aus. Sie nahm mich erstaunlich oft mit.

Es wimmelte nicht gerade von deutschen Professoren in unserem deutschen Professorenhaus. Das hatte viele Gründe – das Alter meines Vaters, der Charakter meines Vaters, der Lebensstil der Eltern und die Frauen der deutschen Professoren. Eine Ausnahme war der alte Gottl-Ottlilienfeld, der, selber auch ein Original, eine absolut charmante Frau hatte, eine Dame, eine Wienerin. Sie wohnten in Dahlem in zwei getrennten Holzhäusern – das große für sie, das kleine, im Fond des Gartens, für ihn. Seine hübsche, langbeinige Tochter, die einen ungarischen Baron geheiratet hatte, durfte auch auf keiner Gesellschaft fehlen: sie waren ein sehr elegantes Paar und hübsch anzuschauen.

Professor Carl August Emge, ein mondäner Großprofessor, Mitglied aller Akademien, und seine würdige Gemahlin kamen gerne und brachten ihren Sohn mit, der eine Klasse über mir ins Grunewald-Gymnasium ging. Als Knabe sah er aus wie ein erwachsener kleiner Herr, der zum dunklen Anzug eine Fliege trug. Wir sind ein Leben lang Freunde geblieben. Er sieht heute noch genauso aus wie damals – heute wie ein älterer Herr, der wie ein Jüngling eine Fliege zum dunklen Anzug trägt.

Jens Jessen, in Begleitung seiner rotbackigen jungen Frau und seiner wilden Buben, kam einige Male, in der späten Zeit, als er, wie man heute weiß, schon aktiv im Widerstand gegen das Regime stand, das er zuerst so leidenschaftlich begrüßt hatte. Er schloß sich dann mit meinem Vater im Grünen Salon ein. Mein Vater zeigte sich nach diesen Gesprächen noch besorgter, sagte aber nichts über ihren Inhalt.

Von Carl Schmitt werden wir ausführlich hören – nicht als dem Freund meiner Eltern, sondern als meinem Freund. Sicher spielte die gemeinsame Zugehörigkeit der Frau Geheimrat und der Frau Staatsrat zur orthodoxen Kirche bei dieser Beziehung eine große Rolle. Die »guten Russen« aus der Nachodstraße waren ein Fall für sich.

Es gab auch die Residuen aus der Vergangenheit meines Vaters. Ich weiß noch, daß mein Vater vor jedem Empfang sagte, »Frau Tönnies muß eingeladen werden«, was meine Mutter langweilig fand. Die alte Dame bediente sich eines gewaltigen Hörrohrs, was aber ihre Hörfähigkeit nicht wesentlich verbesserte. Man mußte schreien, wenn man zu ihr sprechen wollte. Zu diesen Veteranen gehörte auch Kurt Breysig, der nun wiederum sehr beliebt war. Er war ein Ästhet und Frauenfreund und brachte meiner Mutter jedesmal eine Orchidee mit. (Andere, wie der damals noch junge Edgar Salin, trugen sie im Knopfloch.) Jahrelang bildeten das Ehepaar Breysig, das Ehepaar Binz und meine Eltern eine Sechsergruppe, die sich *entre nous* zu kleinen Abendessen trafen. Die Eltern fuhren auch regelmäßig hinaus nach Rehbrücke, wo Breysig sich nach seinen Entwürfen ein Haus hatte bauen lassen, dessen Besonderheit ein violett gestrichener Weihe- und Meditationsraum war: das »Heiltum« genannt. Violett – die sakrale Kultfarbe. Von Breysig, den er sehr mochte – einem seiner wenigen Gesprächspartner –, sagte mein Vater immer, daß er alles im Leben falsch gemacht habe – Karriere, Heiraten usw. Das letzte Stück in der Beweiskette war der Hausbau in Rehbrücke. »Er hat damit gerechnet, daß die Stadtbahn bis dort hinaus gelegt würde – aber das ist nicht geschehen.« Jetzt mußte man umsteigen, in einen Bummelzug, wenn man ihn besuchen wollte. Er war von der Welt abgeschnitten. Das letztemal, als die Eltern nach Rehbrücke hinausfuhren, war es, um an seiner Beerdigung teilzunehmen. Es war das einzige Mal, daß ich meinen Vater im Zylinder gesehen habe. Sonst trug er zu feierlichen Anlässen, wenn er im Frack ausging zum Beispiel, einen breitrandigen, schwarzen Borsalino. Melone und Homburg besaß er nicht. Das war der Bohemien in ihm.

Zu seiner Vergangenheit gehörte auch die alte Frau Ansorge, die Witwe von Conrad. Hat sie einmal bei uns gespielt? Ich erinnere mich nicht. Aber ihre Auftritte waren immer mit Spannungen verbunden. Das gehörte zur

Aura der großen Pianistin. Für ihren Sohn Arnulf hatte mein Vater ein besonderes Faible. Als junger Mann hatte er mit den Sombart-Töchtern in Schreiberhau Tennis gespielt. Jetzt lehrte er am Französischen Gymnasium, saß aber an einem Opus magnum, einem Herderbuch, das keine Fortschritte machen wollte. Er lebte mit einer außergewöhnlich schönen Frau von klassischem Typ, immer lange Ohrringe, die den vollkommenen Hals zur Geltung brachten – der »jungen Frau Ansorge« – in einer notorisch schlechten Ehe. Sie kam zum Tee zu Mama, er besuchte meinen Vater zu einem Glas Wein, nach dem Abendessen. Das ging aber nur, wenn meine Mutter auf Reisen war. Mein Vater liebte diese Besuche – es wurden immer ganz besondere Flaschen dafür aus dem Keller geholt. Da war eine Spur echter Erregung fühlbar.

Doch genug *name dropping*. Bevor ich jetzt von den Menschen erzähle, die *mir* unmittelbar etwas bedeutet und sich unauslöschlich in mein Gedächtnis eingeschrieben haben, muß der Chronist noch versuchen, auf eine andere Frage zu antworten: Wie funktionierte so ein Haus? Denen, die sich das nicht vorstellen können, will ich ein wenig davon erzählen. Die andern überschlagen einfach die folgenden Seiten.

Die Rituale der Geselligkeit

Am besten, ich beschreibe die verschiedenen Typen des gesellschaftlichen Betriebes, indem ich, wie in einem Etikettebuch, bei den anspruchsvolleren, formelleren beginne, um mit den kleineren, intimeren aufzuhören. Es handelte sich bei uns um einen im Grunde bescheidenen Mittelstandshaushalt, das, was Lady Troubridge, die das schönste englische Buch über Benimm geschrieben hat, das man sich denken kann (seit 1926 in zahllosen Auflagen erschienen), einen *lesser household* nennt, das heißt, ein Haus ohne Butler und Zweitdiener.

Die Höhepunkte der häuslichen Geselligkeit waren die sogenannten »Großen Diners« – drei oder vier im Jahr – für zwölf bis maximal sechzehn Personen (mehr gleiche Stühle gab es nicht). Das beanspruchte dann den ganzen Apparat. Herr Misamer wurde bestellt, der mit Frau Czilok (der Hausmeistersfrau) und dem jeweiligen Hausmädchen – beide in schwarzen Kleidern, Spitzenschürze und Häubchen – servierte. Er im Frack (*nicht* etwa in weißer Jacke). Das Menü bereitete Josepha zu, allein, niemand wußte, wie sie das schaffte. Beim Traiteur wurde nichts bestellt.

Es gab ein Süppchen in Tassen, ein Fischgericht (Lachsforellen z. B. oder einen Hecht in Aspik), einen Braten oder Geflügel (gefüllte Puter waren eine Spezialität des Hauses), Käseplatte und Süßspeise (Poires Richelieu, eine Charlotte, Eis). Zwei Platten für jedes Gericht. Das Servieren begann bei meiner Mutter und der ranghöchsten Dame – erst alle Damen, dann die Herren, genau in der Reihenfolge der Sitzordnung. Schließlich der Hausherr als letzter (der manchmal vergessen wurde).

Der »Mokka« wurde mit Likören nach dem Essen im Salon gereicht, solange die Gäste noch standen. Um Mitternacht gab es Orangensaft und Champagner im Kühler, das Zeichen dafür, daß der Abend zu Ende war. Keinen Whisky, das galt als ordinär amerikanisch und gehörte in Men-Bars und Herrenclubs. Eingeladen wurde zu Diners auf großen gravierten (»Herr und Frau …«) *cartons,* einen Monat vorher. Die Zu- oder Absage wurde schriftlich erwartet (Visitenkarte).

Eine große Rolle spielte die Tischordnung, das *placement.* Die Eltern konsultierten sich in Zweifelsfällen. Wenn sie selber nicht ganz sicher waren, fragten sie um Rat im »Marschallamt« nach, einem Relikt der Monarchie, das im Auswärtigen Amt Protokollfragen bearbeitete. Es wurde strikt die diplomatische Rangfolge beachtet – also die Wiener Kongreßakte von 1815. Wenn ich sehe, wie willkürlich heute auch bei großen Essen gesetzt wird, überkommt mich manchmal ein Schauder – ebenso, wenn der Diener vorlegt, als sei man im Restaurant. Bei uns galt als Standard das, was für die Botschaften galt. »C'est comme ça qu'on fait dans les ambassades«, war das letzte Wort meiner Mutter.

Man sage nicht, das seien Formalitäten, Äußerlichkeiten. Das ist Form, eine ästhetische Kategorie, ohne die es keinen Stil gibt. Die Tischordnung ist so wichtig wie das Menü. Und wenn das eine schlecht ist, rettet uns das andere auch nicht mehr. Natürlich lagen Namenskärtchen auf jedem Platz. In der Halle war der Tischplan ausgestellt.

Wunderbar war das Decken der Tafel, das schon am Nachmittag begann und, von meiner Mutter überwacht, von Herrn Misamer den letzten *touch* erhielt. Die gestärkten Damasttischtücher und Servietten, die silbernen Leuchter, die Blumen, die Gläser – vier vor jedem Platz: Weißwein, Rotwein, Champagner, Wasser. Das Schönste aber war das Service, das für die großen Diners herausgeholt wurde: ein blaues Wedgewood-Porzellan mit Segelschiffmotiven. Eine Kostbarkeit, eine der wenigen, die wir besaßen. Mein Vater hatte es einmal aus England mitgebracht. Ich liebte es der stolzen Galeonen wegen, die auf jedem Teller prangten. Es gab riesige

Massen von diesem Service, ein ganzes Möbel voll, Teller aller Größen, auch Vorlegeplatten und Terrinen, Saucieren und was so dazugehört. Weil es in mehreren Körben während des Krieges im Keller sichergestellt worden war, ist es aus dem brennenden Haus gerettet worden. Es wurde aber gestohlen, und ich weiß auch, von wem. Die Betreffenden sind damit, hoffe ich, nicht glücklich geworden. Heute wäre ich dankbar, auch nur einen der schönen kobaltblauen Marineteller zu besitzen. Sie sind unauffindbar und unerschwinglich.

Zum Dekor der großen Diners gehörte der illuminierte Wintergarten, auf den das Speisezimmer sich mit einem großen Fenster öffnete, ein Stück »Wildnis« mit Palmen, Gummibäumen und Zimmerlinden als Hintergrund der Zivilisation. Es brannten dann nur die Kerzen in den Leuchtern auf der Tafel, und das grüne Licht aus dem Wintergarten strahlte herein. Davor die Silhouette meines Vaters, denn sein Platz war mit dem Rücken zu diesem Fenster, am Ende der Tafel, der Mutter gegenüber, die am anderen Ende saß, vor der Schiebetür, die in die Bibliothek führte, die auch als der große Empfangsraum diente. An den Wänden schimmerten im Dämmer die Familienporträts.

Die Herren waren im Smoking, die Damen trugen lange Abendkleider. Es war alles sehr stil- und stimmungsvoll: kleine Höhepunkte des Lebens, an denen das ganze Haus, vom Keller bis zum Dachgeschoß, von der Küche bis in die Kinderzimmer, teilnahm.

Ich selber habe keinem dieser großen Diners beigewohnt, auch nicht, als ich schon älter war, das wäre gegen das Protokoll gewesen. Mit meiner Schwester erlebte ich die großen Ereignisse aus angemessener Ferne. Wir lugten durch das Geländer des Treppenhauses, um die Ankunft der Gäste zu beobachten und zu kommentieren – die Pelzmütze des Grafen Keyserling –, dann warteten wir, daß uns ein Mädchen auf einem Tablett von den köstlichen Gerichten, die an der Tafel serviert wurden, etwas heraufbrachte, schnell, schnell – es mußte schnell gehen, weil sie unten schon wieder gebraucht wurde, aber die Portionen waren reichlich, dazu gab es die letzten Nachrichten über die Toiletten der Damen und allfällige Persönlichkeitsbekundungen der Herren, auch von dem Wein und zum Abschluß eine angebrochene Champagnerflasche. Wir liebten diese Abende, nicht nur der kulinarischen Genüsse wegen. Animiert von der festlichen Stimmung, die im Hause herrschte, feierten wir unser kleines Privatfest.

Dann gab es die Kleinen Abendessen und Einladungen zum Mittagessen, das man »Frühstück« nannte – ohne Herrn Misamer, Abendanzug und das Wedgewood-Service. Statt dessen wurde nun ein weißes Rosenthalgeschirr mit gestuften Tellerrändern aufgedeckt. Sechs bis acht Personen. In den späteren Jahren bürgerte sich dann das Sonntagmittag-Essen ein, zu dem auch schon einmal zehn, zwölf Gäste kamen.

Es ging da aber eher familiär zu. Außer den festen Plätzen für die Eltern gab es keine Tischordnung. Ganz unprotokollarisch hatte ich das Recht, neben meinem Vater zu sitzen.

Zu einem anderen Register gehörten die Tee-Einladungen. Auch da gab es eine Hierarchie, an der Spitze den »Großen Empfang«, zweimal im Jahr. Im Sommer unter Einbeziehung der Terrasse, über der die orangefarbene Markise heruntergelassen war. Wieso eigentlich »Tee«? Das mußte damals so üblich sein. Es gab die Cocktailparty noch nicht. Eingeladen wurde ab fünf Uhr. Trotzdem wurde nicht eigentlich »englischer« Tee gereicht (mit Milch, die zuerst in die Tasse gegossen wird), sondern Tee mit Rum und Zitrone, also eher russisch, aber kein Samowar. Zu den großen Tee-Empfängen mußte auch Herr Misamer kommen; manchmal brachte er sogar einen jüngeren Kollegen mit (Herr Misamer liebt die Männer, sagten die Mädchen). Es war ein Steh-Empfang, fünfzig bis sechzig Personen, die alle – es ist kaum mehr vorstellbar – ihre Teetasse in der Hand balancierten, während sie Konversation machten. Außerdem gab es *petits fours* und *canapés,* die von den Mädchen herumgereicht wurden, aber auch in ständig ausgewechselten Tabletts auf dem Buffet neben den zahllosen Tassen (aus mehreren Services) standen. Hier schenkte Herr Misamer gravitätisch den Tee ein und nach. (*Petits fours* von Miericke in der Rankestraße an der Gedächtniskirche – die *canapés* wurden im Hause gemacht, wofür extra lange Rundbrote, die aber nur fünf Zentimeter dick waren, bestellt wurden.) Ein Tablett durfte nie leer dastehen. Es wurde ausgetauscht, sobald es zu zwei Dritteln geleert war. Ich ging herum und bot Zigaretten an (Haus Neuerburg), mit Goldmundstück und »ohne Mundstück« – in schönen Zigarettenbehältern aus Leder oder Edelholz, die Mama irgendwann einmal aus Florenz mitgebracht hatte.

Der erste Cocktail war eine Revolution. Mama hatte ihn auf der rumänischen Botschaft gesehen. Er wurde also als zusätzliche Erfrischung, nach sieben Uhr, auf den Tees eingeführt. Ein Drittel Gin, ein Drittel Grapefruitsaft, ein Drittel Champagner – in flachen Schalen. Das war die Konzession an die moderne Zeit.

Zu diesen Empfängen wurde auch schriftlich, mit *carton,* eingeladen, aber nur »Frau Corina Sombart« empfing »bei sich« *(at home).* Man erwartete ebenfalls Bescheid, der konnte aber per Telefon erfolgen. Es war üblich, daß Freunde »mitgebracht« werden durften. Was vollkommen fehlte in unserem Haus, waren die musikalischen Soireen und Vortragsabende. Es gab nur eine Variante – den Vormittagsempfang um zwölf Uhr. Kein Tee, keine Süßigkeiten, nur *canapés* und Sekt.

Zu den »Großen Tees« wurde das ganze Haus geöffnet. Dann gab es aber die »Kleinen Tees«: die Damentees, die Russentees, die Sonntagnachmittagtees, für zehn bis zwölf Personen, in der Bibliothek. Die Gäste saßen – es servierte das Mädchen. Kuchen wurde auf Tellern mit der Gabel gegessen. Mein Vater erschien manchmal für eine Viertelstunde. Ich konnte dabeisitzen, wenn ich Lust dazu verspürte.

Im Roten Salon

Das Schönste aber waren die intimen Tees, in Mamans Boudoir – höchstens fünf Personen, oft nur ein oder zwei vertraute Gäste. Dieser Raum, der nicht als Boudoir bezeichnet wurde, sondern der »Rote Salon« hieß – im Gegensatz zu dem »Grünen« auch »Kleine Bibliothek« genannt, der so etwas wie das Rauch- oder Herrenzimmer war, in den sich die Familie nach den Mittagsmahlzeiten zurückzog. Hier spielte ich mit meinem Vater Schach, und hier empfing er seine Besucher. Hier standen zwei gewaltige, mit grünem Saffianleder überzogene Ohrensessel, die sich mein Vater einmal nach Maß hatte machen lassen. Sie zierten schon die Bibliothek seines Schreiberhauer Hauses. Hinter ihnen hing ein Gobelin, eine Verdure, in der man die drei Vögel suchen konnte. Er ist gerettet und nicht gestohlen worden.

Was mein Vater auf einem dieser Ohrensessel war, war meine Mutter auf ihrem Diwan, auf dem sie mit hochgezogenen Beinen in die Kissen gelehnt saß. Hinter ihr hing ein wunderbarer alter rumänischer Teppich in blauen und roten Tönen (Pflanzenfarben). Die Vorhänge vor den Fenstern waren in demselben tiefen Rot, die Perser stimmten dazu – so entstand die Atmosphäre des »Roten Salons«. Für mich das Sanktuarium des Hauses, der Gegenpol zur Arbeitsklause des Vaters unter dem Dach. Hier residierte meine Mutter. Hier war der Mittelpunkt ihrer Welt. Wenn sie hier Freunde empfing, trat kein Personal in Erscheinung. Das silberne Teeservice stand auf einem Teewagen bereit, auch eine kleine Kristallschale mit Gebäck. Meine Mutter schenkte den Tee ein. Die Sessel waren um einen runden, niedrigen Tisch aus Kirschbaumholz angeordnet, der mit einer schönen, hauchzarten gestickten rumänischen Decke – von denen meine Mutter eine ganze Kollektion besaß – geschmückt war. Im Winter blieben die Vorhänge geschlossen, und eine Stehlampe mit einem roten plissierten Seidenschirm spendete ein behagliches, weiches Licht. Es duftete nach Tee, Zigaretten und Parfüm, ein Geruch, der aus diesem Raum nie ganz verschwand. Hier zu sitzen, wenn »Besuch« war, war das Schönste.

Es verging manchmal für längere Zeit kein Tag, ohne daß im »Roten Salon« ein Gast empfangen wurde. Alte Damen, Freunde, Exoten, Landsleute und die Intimen der *petite bande.* Hier erschienen die Herren Botschafter, wovon noch zu berichten sein wird. Hier las André Germain Gedichte vor, hier erschien regelmäßig, all die Jahre, einer der treuesten Freunde meiner Mutter, Fritz Andreae, der sich auf den großen Veranstaltungen nur ungerne zeigte. Er war mit Edith Rathenau verheiratet. Beider schönes Haus in der Kronberger Straße (es steht heute noch) mit seinem Innenhof, seiner Galerie – in der eine Sammlung gotischer Schnitzereien stand, darunter zwei Madonnen von Riemenschneider, seine »Puppen«, wie er sagte – und dem säulengeschmückten Konzert- und Ballsaal wurde für mich zum Inbegriff des vornehmen Hauses schlechthin.

Es war einer der Mittelpunkte der großen Berliner Gesellschaft, bis die nationalsozialistische Zerstörungswut dem allem ein Ende setzte. »Herr Andreae« spielte in meiner Jugend eine ganz besondere, wichtige Rolle. Er repräsentierte Reichtum und Kultur in ihrer vollkommenen Verbindung; der einzige Deutsche dieser Kategorie, den ich in so großer Nähe und Vertrautheit erlebt habe. In seiner diskreten und unostentativen Art setzte er einen absoluten Maßstab. Es war ein Zeichen seiner Generosität, daß er die Freundschaft, die er für meine Mutter empfand, auch auf ihren Sohn ausdehnte. Ich durfte immer einen Moment hereinschauen, wenn er da war, dann plauderte er ein wenig mit mir, fragte nach meinen Arbeiten und zeigte mir ein schönes Buch, das er mitgebracht hatte. Mich faszinierte die gelassene Ruhe, die von ihm ausging. Ich durfte auch in die Kronberger Straße kommen, wo er mir seine Sammlungen vorführte, immer in einer Attitüde ungespielter Bescheidenheit, so, als wolle er sagen, daß er es gar nicht verdiene, im Besitz so vieler Kostbarkeiten zu sein, aber er liebe sie nun einmal.

Im Roten Salon empfing meine Mutter aber auch ihre Freundin, Frau von Guionneau, eine Baltin, die in den allerbescheidensten Verhältnissen mit einem alten, pensionierten Major und ihrer Tochter Lilly lebte, ein etwas unbeholfenes, total verschüchtertes Mädchen, das nicht gerade zu unserer Freude bei allen Kindergesellschaften mit dabei sein mußte. Frau von Guionneau war gebildet, kannte die Welt, sprach alle Sprachen und hatte ein stürmisches Vorleben. Wenn sie kam, ging sie so bald nicht wieder. Die beiden Damen kauerten dann auf dem Diwan und schwatzten und tuschelten in einer Weise, die mir für meine Mutter ganz ungewöhnlich schien. »Weibergetratsche« nannte ich das unwillig. Sie wollten dabei auch nicht gestört sein, und es konnte passieren, was sonst nie vorkam, daß ich hinausgeschickt wurde. Dabei bezeugte Frau von Guionneau das allergrößte Interesse für meine Produktionen, wollte alles sehen, alles lesen, schnaufte vor Entzücken, wenn ihr etwas besonders gefiel. Ihr verdanke ich die erste Begegnung mit dem Werk Alexander Bloks.

Im Roten Salon verbrachte meine Mutter alle Abende, die sie im Haus war, nachdem sie, was im Grünen Salon geschah, meinem Vater vorgelesen und er sich in seine Klause unter dem Dach zurückgezogen hatte. Dann saß sie an ihrem kleinen Schreibtisch, auf dem eine ägyptische Katze und eine Batterie von Langenscheidt-Wörterbüchern stand – für all die Sprachen, in denen sie ihre Korrespondenz führte; sie war eine leidenschaftliche Briefschreiberin. Von diesem Schreibtisch aus regierte sie aber auch – entwarf die Menüs, schrieb die Einladungskarten, führte die Gästelisten, machte die Tischpläne, prüfte die Rechnungen der Lieferanten, hielt ihr Ausgabenbuch auf dem letzten Stand und führte ihr Tagebuch. Man muß nicht denken, daß es keine Arbeit macht, ein großes Haus zu führen.

Noblesse oblige

Die Prinzessin Polignac, Marie-Blanche, eine der großen Damen der europäischen Gesellschaft, deren Pariser Salon in den zwanziger und dreißiger Jahren einer der Mittelpunkte der musikalischen und literarischen Welt war (im Sommer hielt sie großes Haus in ihrem Schloß in Südfrankreich), hat in ihren Memoiren ein besonderes Kapitel den Menschen gewidmet, denen sie, wie sie sagt, die Möglichkeit verdankte, ihre mäzenatische Mission zu erfüllen. Darin ist nicht etwa von dem reichen Herrn Gemahl die Rede, der natürlich hinter jedem Salon stehen muß, sondern von ihrem Personal, dem Butler und dem Küchenchef, der Kammerjungfer und dem

Chauffeur. Eine gepflegte, gehobene, stilprägende, wertsetzende Geselligkeit ist allerdings undenkbar ohne sie.

Das Verschwinden der Salons und führender Häuser ist nicht – wie man denken könnte – verursacht durch ein Verschwinden der dazugehörigen großen Vermögen. Es ist darauf zurückzuführen, daß die jungen Damen, deren Aufgabe es wäre, ein großes Haus zu führen und die auch heute noch durchaus die Mittel dazu hätten, den Rückzug aus dem großen Haus in den Bungalow und das Penthouse angetreten haben, mit der Begründung, es fehlte in unserer Zeit das Personal für eine standesgemäße Lebensführung. Das ist nur teilweise richtig. Den Ausschlag gibt, daß sie – von der einen rühmlichen Ausnahme abgesehen – nicht dazu motiviert sind, es ihren Müttern und Großmüttern gleichzutun, um bewußt eine gesellschaftliche Rolle mit kulturellen Ambitionen zu übernehmen. Sie begnügen sich damit, einen Galeristen zum Liebhaber zu nehmen, der ihnen Bilder aufschwatzt, die sie nicht mögen, oder für ein paar Wochen eine Yacht zu mieten, auf der sie mit einer Handvoll falscher Freunde in der Karibik herumschippern. Sie schmücken sich mit den teuersten Statussymbolen, aber sie haben darauf verzichtet, selber zu bestimmen, was Status ist. Es ist ein wahrer Jammer.

Der gesellschaftliche und kulturelle Standard eines Volkes, ja wir können ruhig sagen eines Volkes, obwohl sich ja das Wesentliche in den Städten abspielt, Sache einer kosmopolitischen Urbanität ist, wird nun einmal durch tonangebende Häuser geprägt. Wenn es sie nicht mehr gibt, herrschen die Boutiquenbesitzer, Schneider, Photographen, Coiffeure und Kunsthändler, die schließlich zum wichtigsten Umgang der reichen Leute werden, und die Öffentlichkeit bekommt als Vorbild höherer Lebensformen nichts anderes geliefert als die Kaufgewohnheiten der Konsumgesellschaft auf der höchsten Einkommensstufe, die die Medien, mehr durch Werbung als durch eine Berichterstattung – denn was sollten sie berichten –, vermitteln. Die Leute führen dann auch auf ihren Kleidern und Accessoires, ihrem Gepäck und ihrem Geschirr nicht mehr ihre Wappen oder Initialen, sondern die Initialen und Warenzeichen der Geschäfte, in denen sie kaufen. Lächerlich!

Das fehlende Personal ist kein Grund, höchstens ein willkommener Vorwand. Schuld ist eine Unfähigkeit, mit den erforderlichen Hilfskräften umzugehen und sie, wenn nötig, anzulernen. Im Grunde handelt es sich um eine falsch verstandene Vorstellung von demokratischen Lebensformen. Auch eine demokratische Gesellschaft braucht Vorbilder und

Leitbilder, die nicht nur von den fixen Jungen in den Werbeagenturen erfunden werden. Nichts ist demokratischer, als wenn die reichen Leute ihr Geld vorbildlich ausgeben, d. h. in Lebenskultur umsetzen. Noblesse oblige.

Stichwort Diener

Unser Haus war eine ganz kleine, bescheidene Ausgabe eines großen Modells. Es herrschte kein Luxus (woher hätte er kommen sollen), aber das Nötige wurde selbstverständlich aufgeboten.

So hatten wir keinen Diener, und das schmerzte mich sehr. Es muß damals noch ungefähr dreißigtausend Herrschaftsdiener in Berliner Häusern gegeben haben. Es gab auch eine Dienerschule – denn es handelt sich um einen hochqualifizierten Beruf, der gelernt sein will. Mit meinem Freund Ivan Nagel habe ich einmal, als wir beide noch Studenten waren, eine Polemik über einen Zeitungsartikel geführt, dessen Titel mir sehr eingeleuchtet hatte: »Ohne Diener ist man nur ein halber Mensch«. Es ging um Indien. Aber irgend etwas ist schon dran, auch was Europa betrifft. Es geht einfach um die Frage, was ist ein ganzer Mensch. Entweder ist er ein Herr, dann hat er einen Diener, oder er hat keinen, dann ist er kein Herr mehr! Italien ist darum heute noch ein so angenehmes Land, weil Diener dort so selbstverständlich sind.

Was wußte ich von Dienern? Ich kannte unseren Misamer, der immer so aussah, als hätte er einen Stock verschluckt, und zur Vollendung das distanziert-ausdruckslose Gesicht zur Schau stellte, das man von ihm erwartete, und sah andere Exemplare der Spezies in gewissen Grunewald-Häusern, bei den Andreaes zum Beispiel. Dort waren es gleich mehrere.

Oder bei den Hardts. Dort war der Diener eine ausgesprochene Respektsperson, mit einem an Schopenhauer erinnernden Charakterkopf. Man begegnete ihm lieber nicht, wenn man, was unerwünscht war, statt die Hintertreppe zu den oberen Etagen zu benutzen, wo die Kinderzimmer lagen, den Weg durch die große getäfelte zweigeschossige Halle mit der Kassettendecke nahm, von der aus die breitgeschwungene Prachttreppe in die höheren Sphären des Hauses emporstieg – vorbei an dem riesigen Kakadu, der in der Bibliothek ohne Käfig auf einer Stange saß und unweigerlich aufkreischte, wenn man vorüberging, über die schweren chinesischen Teppiche, die auf den spiegelblanken Parkettböden lagen, immer des Pekinesen gewärtig, der unter einer der Samtdecken hervorschießen konnte, mit denen die runden Tische bedeckt waren, auf denen silbernes Prunkgerät paradierte, um einem mit heiserem Gekläff in die Beine zu fahren. In einer von innen beleuchteten Vitrine befand sich, ich erinnere mich noch genau, eine Sammlung von neapolitanischen Trachtenfigürchen aus vielfarbigem Zuckerguß – eine Kostbarkeit, wie mir gelegentlich bedeutet wurde.

Ja, diese Hardtsche Villa in der Königsallee, unweit des Hagenplatzes, deren Gärten zum Dianasee hinabführten, das war schon etwas Besonderes! Unser Haus kam mir dagegen richtig popelig vor. Sie hat den Krieg so gut wie unversehrt überstanden, wurde aber abgerissen, um den üblichen Neugrunewalder Bungalows Platz zu machen. In der Zeit, von der ich erzähle, wohnte dort eine außergewöhnliche Familie. Der Vater »Industrieller« (Genaues wußte ich nicht, man sah ihn auch nie), die Mutter, eine schmale hochgewachsene, höchst distinguierte Dame, die immer streng in Schwarz gekleidet ging (sie war Argentinierin, Erbin, wie gemunkelt wurde, unermeßlicher Latifundien), und sage und schreibe zehn Kinder. Zehn. Zwei erwachsene, sehr elegante Töchter (die eine, die mir besonders gefiel, hieß Mercedes), und zwei kleine Mädchen, jünger als ich, Engeli und Sybille, mit einer eigenen Gouvernante. Die kleine Sybille litt unter den Folgen einer Kinderlähmung und trug ein Bein in der Schiene. Ihr gehörte jener Pekinese, den sie als Trost nach ihrer langen Krankheit geschenkt bekommen hatte. Er gehorchte nur ihr. Dazwischen sechs Jungen, deren Vornamen alle mit »G« anfingen, wie der Vorname des Vaters: Gustav, Georg, Günter usw. Nur der jüngste von ihnen, mein Altersgenosse und Spielkamerad, hieß Joachim – ein echter Lausbub, ganz das Gegenteil seiner Geschwister, die alle auf mich den Eindruck von Musterkindern machten, sauber, gepflegt, manierlich und lautlos.

In zwei helle Souterrainräume des Hardtschen Hauses wurde seinerzeit die Privatschule von Fräulein Völker verlegt, nachdem das Mendelssohnsche Palais seine Tore hatte schließen müssen. Zum Gymnastikunterricht führte man uns über die bewußte Hintertreppe in eine saalartige Halle mit Oberlicht, die im obersten Stockwerk lag. Sie diente auch als Spielzimmer. In langen Schrankwänden wurden hier die Spielsachen unter Verschluß gehalten und nur von der Mutter persönlich herausgegeben, wenn es einen Anlaß dazu gab. Man konnte sich dann aussuchen, ob man die Anker-Steinbaukästen haben wollte, die Märklin-Baukästen oder lieber eine elektrische Eisenbahn, oder den Zoo mit den Linoltieren, oder das Kasperletheater. Die Schränke bargen unvorstellbare Schätze, alles war in größten Mengen vorhanden – Hunderte von Puppen, jeden Formats. Ich kam mir angesichts dieser Fülle vor wie in der vorweihnachtlichen Spielzeugabteilung des KaDeWe, wo schwindelerregende Herrlichkeiten einem den Atem verschlugen: elektrische Züge, die auf großflächigen Gleisanlagen, über Brücken, durch Tunnels, an Bahnhöfen, Bäumen und Signalen vorbei durcheinanderflitzten, ohne jemals zusammenzustoßen; mannshohe Märklin-Kräne und komplizierte, aus Matadorteilen gefügte Mühlwerke, die ein »echter« Wasserfall in Gang hielt, ach, und was noch alles... Bei den Hardts, so schien es, stand all das bereit und noch mehr. Nur waren die Nachmittage immer zu kurz, um alles, was einem zur Verfügung gestellt worden war, auch richtig auskosten zu können. Es mußte auch immer rechtzeitig und fein säuberlich zusammengeräumt werden, um ohne Verzug wieder in den großen Schränken zu verschwinden.

Im Hardtschen Hause herrschte ein strenges Regiment, gegen das offenbar nur Joachim rebellierte. So tobten wir lieber im Garten. Und das Schönste für ihn war, zu *unseren* Kindergesellschaften eingeladen zu werden, bei denen es eher wild zuging und wo man im ganzen Haus Versteck spielen durfte.

Der Hardtsche Spielzeugpark vermittelte mir eine erste frühe Erfahrung von »Reichtum« und dem Unterschied, der diese Welt von der unseren trennte. Daß ich zu einem Hause wie diesem Zutritt hatte, täuschte mich bei aller Faszination nie über jene Differenz hinweg. Auch hatte mich meine Mutter, gewiß um meine Begierde zu zügeln und mir Enttäuschungen zu ersparen, diskret verwarnt. »Das sind nicht Leute wie wir«, sagte sie gelegentlich, so ganz nebenbei.

Die Differenz lag nicht nur im Quantitativen, in der Masse der Spielsachen, verglichen mit unseren eher dürftigen Beständen. Es gab da auch ein qualitatives Moment, das in dem Zeremoniell ihrer Benutzung spürbar wurde und dazu führte, daß ich des Spielens eigentlich nie richtig froh werden konnte. Dieses Zeremoniöse, so schwante mir, war das eigentliche Kriterium einer höheren Lebensordnung, seinsmäßig, nicht sozial verstanden, in die man hineingeboren sein muß, um sich darin wohlzufühlen.

Symbol all dessen war die Person des würdigen Butlers mit dem Schopenhauerkopf, der bei Empfängen einen blauen Frack mit roter Weste und Escarpins trug. Er wohnte in einem kleinen Gartenhaus im Park, wo man ihn unter keinen Umständen stören durfte, wenn er sich während der Nachmittagsstunden dorthin zurückzog.

Im übrigen hatte ich von Dienern so gut wie keine Ahnung. Meine einzige Informationsquelle über diesen, wie es mir schien, privilegierten Beruf war das grüngedruckte Formular der Großwäscherei Lange, einer renommierten Spezialfirma, zu der meine Mutter die feine Hauswäsche gab. Lange im Spreewald garantierte »Rasenbleiche«. Die Wäsche wurde in einer großen, der Firma gehörenden Holzkiste transportiert, die ein Rollunternehmen auf einem von schweren Pferden gezogenen Wagen einmal im Monat ins Haus brachte und abholte. Die Wäsche mußte, wenn sie gebraucht hinausging und blütenrein und gestärkt, mit dem unvergleichlichen Duft frischer Wäsche, zurückkam, Stück für Stück gezählt werden. Diese Kontrolle nahm meine Mutter persönlich vor. Sie zählte auf rumänisch. Dabei spielte das bewußte Formular eine Rolle, das aus mindestens zwei doppelseitig engbedruckten A4-Bögen bestand. In langen Sparten enthielt es verschiedene Rubriken wie Herren-, Damen-, Bett- und Tischwäsche. Und dann eben auch eine besondere Rubrik »Dienerwäsche«. Die studierte ich mit größtem Interesse. Da gab es die verschiedensten Typen von Hemden, Westen, Jacken, Kitteln, Schürzen, weiche Kragen, steife Kragen – eine schier endlose Liste von Einzelteilen einer hochdifferenzierten Berufskleidung, die es mir ermöglichte, auf ebenso viele differenzierte Funktionen zu schließen, die in dem jeweils dafür bestimmten korrekten Anzug auszuführen waren. Eine Welt!

In diese Kleiderordnung stopfte ich im Laufe der Jahre allerhand Literatur – von Jacques le Fataliste zu den Dienern von Oblomow und dem »Schwierigen« –, und daraus wurde dann schließlich die Figur *meines* Dieners, des unerläßlichen Begleiters und Mitbewohners meiner verschiedenen imaginären Häuser, je nachdem mehr vertrauter Kammerdiener, der meine Garderobe in Ordnung zu halten hatte, im weltlichen Register, oder dienender Bruder, dem meine materielle Versorgung im geistlichen Register anvertraut war. In einem meiner schönsten Häuser, angeregt durch meine Reise zu Bruno Goetz nach Überlingen – einem kleinen, runden, auf Terrassen in Rebenhänge eingepaßten Pavillon aus Beton und Glas, ganz modern, in einer Ausstattung, die dem Mies-van-der-Roheschen Weltausstellungspavillon nachempfunden war – erlebte, nicht nur aus Raumgründen, dieser getreue Johannes eine neue Metamorphose: Ich sah ihn als Zwerg. Doch das gehört nicht hierher.

Wir hatten auch keinen Koch, sondern eine Köchin – ohne sie aber hätte meine Mutter ihr Haus nicht führen können. Und so will ich es, *toutes proportions gardies,* der Prinzessin Polignac gleichtun, indem ich diesen Bericht aus einer versunkenen Welt damit beschließe, daß ich etwas zum Ruhme dieser Perle sage.

Sie hieß Josepha Kaluza. Für uns war sie die Josepha. Konstantin Spies hatte sie »der Pilz« getauft, und dieser Spitzname blieb an ihr hängen. Sie kam aus der »Tschechei« und hatte als fünftes Küchenmädel in den Schlössern irgendeines böhmischen Magnaten das Kochen gelernt. Klein, mit spindeldürren Armen und Beinen an einem aufgedunsenen Körper, Kopf wie ein E.T., gnomenhaft, sprachlos, war sie eine Virtuosin der Kochkunst. Wie meine Mutter sie entdeckt hat, weiß ich nicht mehr, aber ich höre sie noch sagen, daß in dem Augenblick, in dem sie diese kleine Person (und ihre Zeugnisse, vermute ich) sah, die Intuition von ihren außergewöhnlichen Fähigkeiten hatte. Sie sprach immer von ihr mit größter Hochachtung als einer Künstlerin, zögerte nicht, sie als Genie zu bezeichnen, und sah ihr alle ihre Schwächen nach.

Nein, sie war keine Herrschaftsmamsell, die in einem makellos weißen, gestärkten Kittel wie eine Oberschwester in einer spiegelblanken Modellküche regiert, in der man vom Boden essen kann, weil alles so sauber ist. Josepha war verschwenderisch, schmuddelig, aß viel vom Besten, und ihre Küche war alles andere als blitzblank.

Die keineswegs üppige Hausmannskost des Wochenalltags interessierte sie nicht, das war für sie das Essen, das früher fürs Gesinde gekocht wurde. Sie blühte auf und erreichte Höchstformen ihrer Kondition, sobald sie für ein Diner kochen mußte. Da kam es ihr nicht darauf an, ob es zwölf oder sechzehn Personen waren, das schmiß sie spielend, und »zauberte«, wie meine Mutter sagte, Menüs der *Haute Cuisine,* wie es sie in Berlin damals nicht mehr in vielen Privathäusern gab.

Besonders von Köchen hört man, daß sie von dem, was sie mit viel Liebe und Kunst zubereiten, selber kaum etwas kosten, dafür ungeheure Mengen von Selterswasser konsumieren. Das war nicht der Fall bei Josepha – sie kochte durchaus auch für sich und hatte die böse Angewohnheit, gewisse Leckerbissen gar nicht erst auf die Vorlegeplatte zu tun, sondern im Rohr für sich zu verstecken. Vor jedem Diner mußte Mama sie ermahnen, auch alles »nach oben« zu schicken. Mit den Süßspeisen hielt sie es so, daß sie zwei gleich große Portionen für Küche und Herrschaft anrichtete. Davon profitierten auch wir Kinder. Wenn es am Fischtag für die Familie einen wässerigen Schellfisch mit Salzkartoffeln gab (das war der schwarze Tag der Woche für mich), buk sie sich in der Küche Pfannkuchen. Ertappt, kicherte sie nur und wischte sich mit ihrer schmutzigen Schürze über den Mund.

Wir hatten im Souterrain noch eine dieser Riesenküchen, wie sie einmal üblich waren, mit dem immensen gekachelten Herd, ein Meter auf zwei Meter mindestens, mit seinen zwei Backrohren und, vor allem, der bewußten zentralen Feuerstelle, deren Öffnung in der eisernen Herdplatte von einem Satz konzentrischer Eisenringe geschlossen ist. Je nach dem gewünschten Wärmegrad können diese Ringe mit einem Eisenhaken abgehoben und zur Seite geschoben werden, so daß, wenn erforderlich, ein Gericht über der hell auflodernden Flamme fertiggestellt werden kann.

Eine von Josephas Spezialitäten waren *Omelettes Soufflées,* die ja nur dann gelungen sind, wenn das schaumige Innere in einer scharf gebrannten, aber hauchdünnen Kruste unversehrt bleibt. Um dies zu erreichen, bedarf es einer ganz kurzen, ganz heißen Flamme. Josepha schlug zu diesem Zweck ein Pfundpaket Butter ins offene Feuer, so daß die Flammen zischend aufbrausten, gerade die Sekunden, die es braucht, um der köstlichen Eierspeise die richtige Konsistenz zu geben.

Das hatte sie so gelernt. »In ihren böhmischen Schlössern, verstehst du, da stand rechts und links vom Küchenchef eine Buttertonne und ein Korb mit zwei Schock Eiern«, erklärte mir meine Mutter, als ich ihr indigniert von solchen Praktiken Meldung machte. Dies in die Flamme geschleuderte Butterpaket war eine Lektion zum Thema »Großzügigkeit«, wie ich eine bessere nie wieder bekommen habe. Sie entsprach, meinen gesellschaftlichen Verhältnissen nach, der, die ein Esterházy seinem Sohne erteilt hat, von dem er hören mußte, daß er mit Trinkgeldern knauserig umging. Er ließ ihn zu sich kommen, zog einen Hundert-Gulden-Schein aus seinem Portefeuille, zündete eine Kerze an und ließ die Banknote langsam vor den Augen seines Sohnes verbrennen. »Jetzt weißt du, welche Einstellung ein Esterházy zu Geld zu haben hat.« Solche Geschichten erzählte mir Bruno Goetz.

Damit kein falscher Eindruck entsteht: Unser Haushalt wurde nach streng bürgerlichen Sparsamkeitsgrundsätzen geführt. Sowohl mein Vater wie meine Mutter führten Ausgabenbücher. Josepha mußte täglich über ihre Einkäufe abrechnen (es war üblich, daß die Lieferanten dem Herrschaftspersonal einen stillschweigenden Rabatt einräumten, das sogenannte »Korbgeld«). Für die große Geselligkeit bestellte meine Mutter bei Spezialgeschäften in der Stadt – Rollenhagen in der Tauentzienstraße, die Konditorei Miericke in der Rankestraße –, wo die Frau Geheimrat bei den in ihren Glasverschlägen erhöht thronenden Kassenmadames *persona gratissima* war. Was von dort kam, wurde ins Haus geliefert. Wenn meine Mutter »in die Stadt« Besorgungen machen ging, was heißt, daß sie für die Einkäufe bis zur Gedächtniskirche fuhr, brachte sie von Rollenhagen Kleinigkeiten für eine Zacuscă mit: Kiebitzeier, griechische Oliven, etwas roten Kaviar. Das gab es dann auf winzigen Weißbrotscheiben vor dem Essen im Salon mit einem Gläschen rumänischen Pflaumenschnapses, der »Ţuică«, von dem immer ein Vorrat im Hause sein mußte, für dessen Erneuerung regelmäßiger Nachschub aus Rumänien sorgte. Ich glaube, es gab diese Zacuscă auch vor den offiziellen Diners (dann wohl mit schwarzem Kaviar). Das gab der Sache eine pittoreske Note, den speziellen *touch* der rumänischen Hausfrau.

Die drei Gasflammen des Herdes waren gut für den Alltagsbetrieb – wenn Diners bevorstanden, mußte das große Feuer am Herd schon tags zuvor angemacht werden. Die ganze Fläche der Herdplatte mußte bis in jeden Winkel erwärmt sein, um die verschiedenen Ingredienzen der gehobenen Kochkunst stets (in den verschiedenen erforderlichen Wärmegraden) zur Hand zu haben. Was ist das Geheimnis der *Haute Cuisine?* Die Bouillon und die Saucenfonds, die an der Herdperipherie still auf ihre Stunde warten. Das Verschwinden dieser Essenzen mit dem Verschwinden des Feuerherdes haben einen ebensolchen Kultursturz nach sich gezogen wie das Verschwinden der Dienstboten.

Josephas Saucen waren berühmt. Stark verkürzend will ich einmal behaupten, daß das auch mit dem allgemeinen Zustand der Küche zusammenhing, die nicht wie ein Badezimmer wirkte. Man kann eine gute Sauce, die diesen Namen verdient und keine »Tunke« ist, von der sie sich unterscheidet wie eine Dame von einer Marktfrau, nicht »ad hoc« machen. Eine gute Sauce hat einen Pedigree und braucht Pflege wie ein Rassehund.

Ja, da stand sie dann, unsere Josepha, Schweißperlen auf der Stirn, im Zustand höchster Konzentration, der sie aber in eine Art von Trance versetzte, und hantierte mit Schaumkelle, Schöpflöffel und Feuerhaken, schob Töpfe und Pfannen herum, schob Eisenringe heraus und zurück, öffnete die Klappen der Bratrohre, ließ sie knallend zuschnappen – ein Höllenspektakel, bei dem sie um Gottes willen niemand stören durfte.

Meine Eltern – auch die Mutter – setzten nie einen Fuß in die Küche. Man muß mir das glauben. Zur Menübesprechung kam Josepha »herauf«. Aber ich kam gerne hinunter, um ihr zuzusehen. Meine Neugierde machte vor nichts Halt. Dort ging es nicht immer so spektakulär zu wie an Dinertagen. Doch die Zubereitung eines richtigen Apfelstrudels – das Ausziehen des Teiges, bis man durchsehen kann, die Zubereitung von Servietten-Knödeln oder einer Chaudeau-Sauce im *bain-marie,* das sind atemberaubende Schauspiele, die ich auf keinen Fall unter meinen Erinnerungen missen möchte. Josepha schlug den Eierschaum mit dem Besen – die Mayonnaise mit der Gabel.

Nur ungern verließ Josepha ihre Küche. Wenn sie nicht kochen oder den Abwasch besorgte (sie hatte kein Küchenmädchen, was sie als Deklassierung empfinden mußte – wie ich überhaupt nicht so genau wissen möchte, wie sie darüber dachte, auf ihre alten Tage zu Diensten in einem bürgerlichen Professorenhaushalt herabgesunken zu sein), dann saß sie am Küchentisch und las. Dazu setzte sie einen Zwicker auf. Was las sie? Romanheftchen, die sie vom Metzger und Drogisten bezog, sogenannte Groschenromane, nur umsonst und unqualifizierbar. Die Fortsetzungen kamen, sagen wir, Dienstag für den einen »Roman« und Freitag für den anderen, aber sie las sie, wie sie kamen, durcheinander – ganz so, als säße sie vor der »Glotze« und sähe sich ein Programm nach dem anderen an.

Neben der Küche hatte sie ihre Kammer, die sie streng verschlossen hielt, den Schlüssel in der Schürzentasche. Die Dienstmädchen, in ihren Augen freche, junge Dinger, die vor nichts mehr Respekt hatten, zogen sie auf wegen der Schätze, die sie da mutmaßlich in der großen Reisekiste (das einzige Möbel, außer einem alten Eisenbett) gehortet hatte. Das sei wohl ihre Aussteuer! Wann sie denn Hochzeit machen würde? Gekicher. (Dienstmädchen kichern nun mal.) Es war so völlig ausgeschlossen, sich vorzustellen, daß der »Pilz« auch einmal ein junges Mädchen gewesen war, das den Traum gehegt haben konnte, einen Mann zu finden, der es als Braut heimführte. Na, man wollte ja nicht so genau wissen, wie sie es getrieben hatte, damals, in ihrer Schloßzeit, mit den gräflichen oder gar fürstlichen Stallburschen und den hochherrschaftlichen Leibjägern. Gekicher! Sie solle nur nicht behaupten, daß sie noch unschuldig sei. Gekicher. Josepha Immaculata! Der Gedanke war unwiderstehlich komisch. Die

Vorstellung, daß sie ein Geschlecht haben könnte! Los, sie sollte mal einen Schwank aus ihrer Jugend erzählen!

Jetzt aber genug! Josepha wurde fuchsteufelswild. Sie war katholisch, ging zur Messe und legte allergrößten Wert auf ihren guten Ruf. Natürlich war ihre Aussteuer in der Kiste, man konnte sie erspähen (neben dem nie gemachten Bett, eine wahre Hundekoje, von der ein infernalischer Gestank drang), wenn sie die Tür zu ihrer Kammer einen Spalt weit öffnete, was meistens dann passierte, wenn man sie in ihrer Nachmittagsruhe störte, um etwas Kleingeld für ein Eis oder den Omnibus auszuborgen. Ich war aber ziemlich sicher, daß sie in dieser Kiste seit Jahrzehnten auch ihren Lohn thesaurierte. Es mußten sich darin noch Münzen aus Kakanien finden und Billionenscheine aus der Inflation.

Einmal im Jahr, wenn das Dienstmädchen Urlaub hatte, stieg sie aus ihrem Kellergeschoß in die höheren Etagen empor. Sie mußte uns wecken und durfte dem »Herrn Geheimrat« den Morgenkaffee bringen. (Ich war der »Junge Herr« – nie hätte sie mich mit Vornamen gerufen, was nicht hieß, daß sie eine große Meinung von mir hatte. Sie mochte Topfgucker nicht.) Für meinen Vater hatte sie eine echte schwärmerische Verehrung. Ihn persönlich bedienen zu können, das war ihr Schönstes. Zu jeder Tages- und Nachtzeit war sie bereit, Extragerichte für ihn zu kochen, was in der Periode seiner schweren Krankheit, 1934, wirklich akut war. Die besonderen Diätwünsche für die geistlichen Herren, die ins Haus kamen – Père Jean, Guardini –, erfüllte sie überschwenglich. Sie liebte es überhaupt zu wissen, für wen sie ihre Diners machte. Der französische, der italienische Botschafter? Der Herzog von Mecklenburg? Graf Keyserling? Meine Mutter versäumte nie, ihr die Liste der Eingeladenen zu sagen. Je brillanter die Gäste, desto besser die Rehkeule. Gute Dienstboten sind Snobs.

Während mich mein Vater, wenn er mich weckte, was manchmal vorkam – besonders dann, wenn er fand, daß der Junge mal wieder ungebührlich lange in den Tag hineinschlief –, mir den Morgengruß mit den Worten entbot, die Saint-Simon als Knabe seinem Diener beigebracht hatte: »Stehen Sie auf, Herr Graf, Sie haben noch große Dinge zu vollbringen!«, um dann sein Bedauern darüber zu bekunden, daß er mir nicht, was doch dazugehörte, mit Flötenspiel aufwarten könne, hatte Josepha einen anderen Weckspruch parat, den ich nie vergessen habe: »Auf, sprach der Fuchs zum Hasen, das Jagdhorn hat geblasen!« Was das bedeutet, ein Aufbruch zur Jagd, alle Emotionen, die durch Haus und Revier gehen, durch Jäger und Treiber, durch Hund und Wild, wußte sie besser als ich. Eine ihrer

Spezialitäten war Hasenrücken (vor allem die Sahnesauce dazu!). Ihre Fasane hätten den Kriterien Brillat-Savarins standgehalten. (Sie war *in* den Fasanen!)

Als der Krieg kam, mit Rationierung und Lebensmittelkarten, und wir alle zu Normalverbrauchern degradiert wurden, faßte meine Mutter schweren Herzens den Entschluß, sich von Josepha zu trennen. Sie hatte eine kleine Rente und wollte zu ihrer Schwester nach Dresden ziehen. Ich weiß nicht, wie wir erfuhren, daß sie todunglücklich dort war, und sie zurücknahmen. Sie kam, praktisch ohne Gehalt, und versorgte die Küche schlecht und recht. Nun war sie auch wirklich schon sehr alt und fast erblindet. Das Feuer wurde im Herd nicht mehr entzündet. Ab und zu, wenn etwas Proviant aus Rumänien kam oder ein Schüler meines Vaters ein Freßpaket schickte, gab es noch einmal einen kleinen Höhepunkt – ein Orangengelee, eine gebratene Gans –, aber wie alles, so verklang auch dies. *Old servants never die, they simply fade away…*

Josepha, ich grüße dich! Hohepriesterin kulinarischer Bacchanalien! Gute Fee unvergeßlicher Gaumenfreuden, dir verdanke ich die vielleicht wichtigste Qualitätserfahrung meiner Jugend. Mein Gefühl für edle Speisen konnte auch jahrelange Kommißkost, Kantinen- und Mensafraß, Pizza-Fressi und Hawaii-Schnitzel-Chichi nie mehr zerstören. Heute noch kann ich einer Sauce ansehen, wie sie schmeckt. Dein gespickter Hecht, die gefüllten Poularden, dein Veau Orloff und deine Poires Richelieu – deine Charlotten und Riz-Impérial, die Zitronencremes und das Aprikosen-Sorbet sind ebenso unauslöschlich in mein Gedächtnis eingeprägt wie die schönsten Gedichte der Weltliteratur. Abgesandte, Botschafterin du des Alten Europa, die Glanz in eine bescheidene bürgerliche Jugend brachte! Von dir habe ich mehr gelernt, glaube ich, was »Lebenskultur« ist, als von den letzten *Grandes Dames,* die zu kennen mir noch vergönnt war. Ich grüße dich, Josepha! Requiescas in pace!

»Les Ambassades«

Es war seit jeher ein Charakteristikum der Berliner Gesellschaft, daß Botschaften hier eine größere Rolle spielten als in anderen Kapitalen, Wien oder Paris zum Beispiel, was darin seinen Grund hatte, daß, mit sehr geringen Ausnahmen, die großen aristokratischen Familien in Berlin keine Stadtpalais unterhielten. Die Reichsgründung wurde nicht gefolgt von einer Etablierung der Granden des Reiches, der regierenden Fürsten und des Hochadels, der ostpreußischen und schlesischen Magnaten, in Berliner Palais. Sie blieben in ihren Residenzen und Schlössern, und wenn sie nach Berlin kamen, wohnten sie, wenn sie nicht im Königlichen Schloß untergebracht waren, im Hotel. Es gab sogar eine rückläufige Bewegung. Die Adelspalais, die in der ersten Hälfte des 19. Jahrhunderts noch von den Familien, denen sie gehörten, bewohnt waren, wurden verkauft und zu Ministerien – die ganze Wilhelmstraße – oder in Wohnungen aufgeteilt. Das schöne, von Schinkel gebaute Palais der Grafen Redern am Pariser Platz wurde abgerissen und machte dem Hotel Adlon Platz. Auf dem Terrain des Palais Rascyński wurde Wallots Reichstagsgebäude errichtet. Selbst Familien, die ein Palais besaßen, wie die Fürsten Pless und Henckel-Donnersmarck, gaben dort wohl ab und zu noch einen Ball, wohnten aber lieber im Adlon, Bristol oder Excelsior, weil das komfortabler war.

So waren – nach dem Hof und dessen Satelliten – die Botschaften mit ihrem diplomatischen Protokoll die tonangebenden Häuser. Einzig mit ihnen konkurrieren wollte und konnte die *Haute Finance Juive.* Danach wurde es sehr schnell *nouveau riche,* bürgerlich, spießig oder bescheiden akademisch. Es gab ja auch in Berlin kein eigentliches Großbürgertum im Sinne alteingesessener vermögender Patrizierfamilien wie in den Hansestädten zum Beispiel.

In den zwanziger und dreißiger Jahren war dann der Adel, der das Gesicht der Stadt hätte prägen sollen, ganz »weg vom Fenster«, wie man heute sagt. Es blieben als gesellschaftliche Mittelpunkte nur die großen jüdischen Häuser, die schon in der wilhelminischen Zeit eine ausschlaggebende Rolle gespielt hatten, und, in verstärktem Maße tonangebend, die großen Botschaften.

An ihrer Spitze stand die französische Botschaft mit ihrem herrlichen Palais am Pariser Platz, unmittelbar neben dem der Fould-Goldschmitt (das einzige Haus Berlins, in dem auf goldenen Tellern gespeist wurde, wie mir mein Vater sagte, der dort einmal Gast gewesen sein muß). Die gesellschaftliche Rolle der französischen Botschaft wurde zu meiner Zeit dadurch noch gehoben, daß die französische Republik nacheinander zwei außergewöhnliche Männer nach Berlin geschickt hatte, würdige Nachfolger der Cambons und Paléologues, jener großen Diplomaten, denen es gelungen war, mit ihrem Feingefühl, ihrer Geschicklichkeit und ihrer Intelligenz die Großmachtansprüche ihres Landes gegen alle deutschen Versuche, es politisch zu isolieren, durchzusetzen und zum Triumph zu führen, genau das Gegenteil, was man von ihren deutschen Gegenspielern sagen kann. Das Auswärtige Amt ist ebenso verantwortlich für das deutsche Mißgeschick gewesen wie der Quai d'Orsay für den Erfolg Frankreichs. Man hat von Maréchal Lyautey gesagt, er habe als Royalist für eine Republik ein Empire erobert. Was die deutsche Führungsschicht betrifft, könnte man das dahingehend abwandeln, daß sie als Royalisten ein Reich verspielt haben, um auf einer Republik sitzenzubleiben, mit der sie nichts und die mit ihnen nichts anzufangen wußte.

Es traf sich, daß sowohl Pierre de Margerie (1922–1931) wie André François-Poncet (1931–1938) mit meinen Eltern befreundet waren. Es gehörte zu ihrer Politik, die besten Beziehungen zur Berliner Gesellschaft zu unterhalten und sich dabei nicht auf Leute in Amt und Würden zu beschränken oder den *smart set,* sondern bewußt Kontakt zu der Welt des Geistes, zu den Repräsentanten der deutschen Kultur zu suchen. Das wurde ihnen im Falle des Geheimrats Sombart dadurch erleichtert, daß er eine junge, gebildete, elegante Frau hatte, die keine Deutsche war und die mit ihrem exotischen Charme leicht die Herzen der Männer gewann. Rumäninnen dieses Typs, die Prinzessin Bibesco, Anne de Noailles, waren ja von Paris her vertraute Erscheinungen. Man konnte mit ihnen ein kultiviertes Französisch sprechen, und wenn man die erste Zeile eines Gedichtes zitierte, war man sicher, daß einem mit dem ganzen Vers respondiert wurde. Mama erzählte gerne und begeistert von den Diners und Empfängen am Pariser Platz und den amüsanten Konversationen mit den Hausherren, die sich ein Vergnügen daraus zu machen schienen, sie besonders auszuzeichnen.

Der Aufbruch der Eltern dorthin war immer ein Ereignis. Ich schaute der Mutter zu, wie sie sich sorgfältig und gelassen auf den Abend vorbereitete. Keine Friseuse, keine Zofe, keine Gesichtsmaske und Dampfbäder. Sie saß in ihrem Négligé vor dem hohen, ovalen Spiegel und frisierte mit einer Brennschere, die auf einer zarten, kaum sichtbaren Spiritusflamme erwärmt wurde, ihre Haare. Damit die Schere nicht zu heiß war, wenn sie mit dem Haar in Berührung kam, wurde erst ein Stück Papier in sie eingerollt, das sich kräuselte und bräunte und etwas angebrannt roch. Dieser Duft, gemischt mit dem Eau de Cologne meiner Mutter und dem der Rosen, die sie frisch im Garten geschnitten hatte, gehörte zu dem Vorbereitungszeremoniell, dem ich beiwohnen durfte. Ich war glücklich. Auf dem großen Bett lag das Kleid bereit, das sie anziehen würde, herrliche Abendtoiletten, die sie aus Paris mitbrachte – ich erinnere mich noch an ein seegrünes, aus hauchzartem *crêpe de chine,* das mit zahllosen Volants besetzt war, die wie Espenlaub zitterten, und auch an ein rotes Kleid erinnere ich mich, aus mattglänzender Princess-Seide. Aber ich werde jetzt nicht anfangen, die Abendkleider meiner Mutter zu beschreiben, so sehr mich das auch verlockt!

Dann kam der Vater herein, im Frack, stattlich, selbstbewußt, ein Herr. Er trug bei solchen Gelegenheiten statt seines metallumrandeten, etwas altmodischen Zwickers (mit einer Öse, in der ein Band hätte befestigt werden können, und der sich von dem unserer Köchin in nichts unterschied) ein randloses *pince-nez,* das ihm ein sehr viel strengeres, aber auch erhabeneres Aussehen verlieh.

Ich habe an ihm nie jene Beklemmungen feststellen können, die den Knaben Walter Benjamin so bedrückten, wenn er seinen Vater in der weißen, gestärkten Hemdbrust erblickte, was natürlich auf einen Mangel an Sensibilität zurückgeführt werden kann. Ich hatte, ganz im Gegenteil, das Gefühl, daß die beiden, Vater und Mutter, eigentlich erst, wenn sie so vor einem großen Ereignis festlich gekleidet, in eine Wolke von Wohlduft gehüllt, vor mir standen, sich in ihrer wahren Gestalt präsentierten. Sie ließen alles Alltägliche hinter sich, um in die »große Welt« einzutreten, in die sie, meiner Überzeugung nach, gehörten. Und in der Stimmung fröhlicher Erwartung, dem Hochgefühl, das sie in dem Augenblick durchströmen mußte, in dem sie sich flüchtig zu einem Abschiedskuß zu mir hinabneigten und mich ins Bett schickten – das Taxi wartete schon unten auf der Straße –, erhaschte ich etwas von dem Schönen und Besonderen, das ihnen bevorstand und das für mich zu einer Art Inbegriff des Schönen und Besonderen schlechthin wurde – und es geblieben ist.

Ja, das ist vielleicht überhaupt das Bild meiner Eltern, das sich mir am unauslöschlichsten eingeprägt hat, in dem sie auch als »Paar« erscheinen, was selten vorkam, als hoheitsvolles, königliches Paar, gar nicht menschlich, so wie ich sie sonst erlebte, jeden für sich, jeder in seiner abgeschlossenen Lebenswelt, sondern poetisch verklärt zu dem, was ein Kind sich unter Eltern vorstellt, wie ein Kind sich seine Eltern wünscht. Das setzt Maßstäbe für das Verhältnis zu ihnen und für das Verhältnis zur Welt.

Die französischen Botschafter kamen auch regelmäßig zu uns ins Haus, nicht nur zu den Diners, die zu ihren Ehren veranstaltet wurden, sondern auch zum Tee zu meiner Mutter. Der Botschaftswagen mit Chauffeur wartete dann eine Stunde vor dem Haustor.

Pierre de Margerie hatte aus einer zweiten, späten Ehe eine Tochter, Ysabelle, die ungefähr so alt war wie ich – damals ein kleines, pummeliges Mädchen, das auf Schritt und Tritt begleitet wurde von einer *nurse* in Schwesterntracht, mit großer, gestärkter Haube auf dem Kopf. Sie war Deutsch-Schweizerin, so daß Ysabelle besser deutsch als französisch sprach. Ihr Vater brachte sie manchmal mit, wenn er zum Tee kam, und dann mußten wir so lange spielen, bis der Herr Botschafter aufbrach. Aber so kam es, daß auch ich zum Palais am Pariser Platz Zutritt hatte, um dort im Garten Ysabelle beim Spielen Gesellschaft zu leisten. Sie besaß ein Dreirad, und wir hatten viel Spaß miteinander. Einmal wurde ich zu einer großen Kindergesellschaft eingeladen. Sie feierte ihren Geburtstag, und da erlebte ich etwas von dem, was meine Mutter so entzückte, wenn sie Gast am Pariser Platz war. Der alte Margerie hatte es sich nicht nehmen lassen, für sein Töchterchen ein Fest mit dem ganzen Apparat eines großen Botschaftsempfanges auszurichten.

Ich erinnere mich noch, wie ich, von meiner Gouvernante begleitet, durch das Hauptportal in das große Treppenhaus eintrat. Auf der doppelläufigen Treppe, über deren breite Stufen ein roter Läufer gespannt war, standen im Meterabstand Lakaien mit gepuderten Perücken, Escarpins und Schnallenschuhen – blaue Fräcke, rote Westen, weiße Hosen – die Farben der Trikolore. »Prächtig aufgeschirrte Zierleute«, sagt Thomas Mann in der »Königlichen Hoheit«.

In dem Speisesaal für Galadiners war der gewaltige Eßtisch, an dem sicher dreißig Personen Platz nehmen konnten, verschwenderisch mit rosa Rosen und Maiglöckchen geschmückt. An jedem Stuhl war ein Luftballon angebracht; auf den Couverts lag für jeden ein in farbiges Seidenpapier verpacktes Geschenk. Da saßen die Kinder, unzählige Kinder, fein herausgeputzt (ich trug einen blauen Samtanzug mit Spitzenkragen, Ysabelle ein bunt besticktes rumänisches Kleidchen, das Mama ihr geschenkt hatte), und tranken die Schokolade und aßen die Kuchen, die ihnen von den bunten Zierleuten, die sich behutsam zu ihnen herunterbeugten, gereicht wurden. Hinter den Stühlen standen die Gouvernanten und Schwestern, ebenso zahllos, und überwachten durch die Luftballons das Betragen ihrer Schützlinge. Es hat sich ein Photo von dieser grandiosen Geburtstagsparty erhalten. Darauf kann ich sehen, daß ich den Ehrenplatz neben Ysabelle einnehmen durfte, mir dieser Ehre damals sicher überhaupt nicht bewußt. Wo hätte ich sonst sitzen sollen? Nach dem Kuchenessen (es gab natürlich auch Eis) wurde in einem anderen Saal ein Kasperle-Theater vorgeführt. Es trat auch ein Zauberer auf. Monsieur l'Ambassadeur hielt sich diskret im Hintergrund. In einem Salon wurde Tee für die Mütter gereicht, die es sich nicht nehmen lassen wollten, ihre »kleinen Lieblinge« persönlich abzuholen. Das war alles wunderschön, absolut herrlich, aber viel zu schnell zu Ende. Wenn ich an diesen Nachmittag zurückdenke, so muß ich feststellen, daß ich, falls meine Erinnerung mich nicht täuscht, damals von der Veranstaltung viel weniger beeindruckt war, als ich es heute bin. Damals schien mir alles selbstverständlich. Es mußte so sein. Es konnte gar nicht anders sein. Heute, ach heute, ist eben nichts mehr selbstverständlich, ist nichts mehr so, wie es eigentlich sein müßte. Das heißt freilich nicht, daß man sich damit abfinden muß. Alles ist erst dann verloren, wenn man die Maßstäbe verloren hat und den Miserabilismus als das Normale akzeptiert.

Pierre de Margerie war nicht nur ein großer Botschafter mit einer brillanten Karriere, deren Höhepunkt der Posten in Berlin war. Er war ein außergewöhnlich kultivierter und distinguierter Herr. Ein *homme du monde* und ein *homme à femme.* Man kann sich einen besser aussehenden, eleganteren älteren Herrn überhaupt nicht vorstellen. Ein edler Kopf, das blonde Haar war jetzt weiß, so auch der gepflegte Schnurrbart. Um seine klaren, wasserblauen Augen spielte immer ein Lächeln, halb gütig, halb ironisch. Wenn ich ihn sah, trug er tadellos sitzende helle Anzüge. Über den Schuhen Gamaschen. Eine seiner Leidenschaften waren kostbare Bücher und schöne Einbände. Er hat sie auf meine Mutter übertragen. Mehr kann der zehnjährige Junge nicht über ihn sagen. Vor einigen Jahren ist eine umfangreiche Biographie von ihm erschienen, die allerdings sein Privatleben völlig ausspart. Aber die Familie wollte es nicht anders. Man kennt das. Er ist Begründer einer Dynastie von Botschaftern. Sein Sohn, aus erster Ehe, Roland, war, wie man sich erinnern wird, nach dem Kriege Botschafter in Bonn. Sein Enkel Bobby ist heute Botschafter in London. Sein Urenkel

Gilles ist auf dem sicheren Wege, einer zu werden. Dazu gehören immer sehr reiche und sehr außergewöhnliche Frauen.

Ysabelle habe ich nach dem Krieg wiedergetroffen. Sie war eine elegante, gertenschlanke, selbständige junge Dame geworden. Sie nahm mich mit offenen Armen auf. »Nicolas! Tu es vivant! Je suis si heureuse.« Nichts hält bekanntlich so sehr wie Kinderfreundschaften: Sie hat mir, der sich als armer Student mit einem miserablen Stipendium in Paris durchhungerte, wie mit einem Zauberstab die Türen der Pariser Gesellschaft geöffnet. Nun, das ist eine andere Geschichte. Vielleicht ein anderes Buch.

André François-Poncet gehörte einer anderen Generation an, er war ein anderer Typ von Botschafter. An ihm haftete nicht mehr auch nur der geringste Hauch des Marquis de Norpois. Er war politischer und intellektueller. Er hätte auch eine andere Karriere machen können. Er war Deputierter und Staatssekretär. Er hätte in der Industrie reussieren können. Er hätte als Germanist an der Sorbonne eine brillante akademische Laufbahn beschließen können. Diese Vielseitigkeit der Möglichkeiten war nicht nur eine Sache der Vielseitigkeit seiner Begabungen, sondern angelegt in derjenigen seiner Qualifikationen, die ihn am besten kennzeichnet und gesellschaftlich situiert: er war *Normalien.* Was ist das?

Ich bedaure, wer nicht weiß, was ein *Normalien* ist, weiß nichts von Frankreich. Wenn es einen geglückten Versuch demokratischer Elitebildung in der westlichen Welt gibt, ist es zweifellos jener der von Napoleon gegründeten *Haute École.* Eigentlich war sie gedacht als eine Vorbereitungsschule für den höheren Lehrdienst. Es ergab sich aber, daß die kleine Zahl ihrer jährlichen Absolventen zu einer Art von Führungsreserve der hohen Verwaltung, der Wirtschaft, ja man kann sagen, aller Bereiche des öffentlichen Lebens wurde, bis hin zur Literatur – Pompidou war *Normalien,* Raymond Aron und Sartre waren *Normaliens* – einfach, weil durch das strenge Auswahlverfahren, eine sehr schwierige Aufnahmeprüfung, die zweijährige Ausbildung dann im »Kloster der Rue d'Ulm« ein so hohes Intelligenz- und Leistungsniveau garantiert war, daß sich ihr der Zugang zu den höchsten Positionen wie von alleine öffnete. Die große Diversität der Temperamente, die Verschiedenheit der sozialen Herkunft, die Gegensätzlichkeit der politischen Optionen unter den jungen Leuten, die von der extremen Rechten zur extremen Linken wechseln kann und toleriert wird, waren nie ein Hindernis, um einen durchgehenden, unverkennbaren Typus zu prägen, der sich deutlich hinter jedem Berufsprofil abzeichnet und auch von Generation zu Generation identisch geblieben ist: jene scharfer Analysen fähigen, glänzend (und schnell) schreibenden, selbst- und verantwortungsbewußten Männer, die eine laizistisch-republikanische Loyalität als Staatsbürger mit einer absoluten inneren Unabhängigkeit verbinden, zu der die Entschlossenheit gehört, niemals die Dummen zu sein *(jamais être dupe!)*. Diese innere Unabhängigkeit wurde dadurch gefördert, daß der Staat, dessen Zöglinge sie sind, ihnen immer und auf alle Fälle, ein Leben lang, ein Amt, zumindest ein Lehramt, garantiert. So können sie die Tür hinter sich zuschlagen, wenn ihnen irgend etwas nicht paßt. Der privilegierte Status, den sie schon als Schüler genießen, erleichtert und fördert die gesellschaftliche Integration, begünstigt reiche Ehen und Berufungen in hohe Vertrauensstellungen. Die Aufnahme in die *École Normale Supérieure* kommt einer Nobilitation gleich. Durch ihr Zusammengehörigkeitsgefühl, ihren *esprit de corps,* sind die *Normaliens* selbst ein integrierender Faktor des französischen Staates, welches auch immer die Nummer der Republik und die Farbe der Regierung sei.

André François-Poncet war vielleicht mehr engagierter Politiker als Diplomat. Er war aber gleichzeitig auch ein distanzierter Beobachter des Zeitgeschehens, dessen Analysen jedem Historiker und Journalisten der höchsten Klasse Ehre gemacht hätten. In dem Berlin der dreißiger Jahre war er, von seiner sicheren Residenz am Pariser Platz aus, einer der hellsichtigsten Beurteiler der sonderbaren Revolution, die sich Deutschland im Zeichen des Hakenkreuzes leistete.

Er hatte sehr schnell das Singuläre des Phänomens Adolf Hitler erkannt. Er näherte sich dem Chef des Staates, bei dem er akkreditiert war, im Schutz des Rollenspiels des diplomatischen Protokolls, beurteilte ihn aber schonungslos als den Abenteurer, als der er ihm erschien. Als Politiker, mehr noch als französischer Intellektueller, empfand er seine alle Regeln des Anstands und der Moral verhöhnende Durchtriebenheit als eine persönliche Herausforderung. Vielleicht ist es nicht übertrieben zu sagen, daß er in einem faszinierten, verstörten, empörten, von Opportunismus und Speichelleckerei korrumpierten Berlin der einzige bewußte und fähige Gegenspieler Hitlers gewesen ist. Auf jeden Fall einer der ganz wenigen, die sich, in den höchsten Sphären der Politik, seien sie Deutsche oder Ausländer, nicht nur von Anfang an ein richtiges Bild von dem dämonischen Unhold gemacht haben, sondern auch nicht ein einziges Mal auf seine Lügen und Finten hereingefallen sind. Er war niemals *dupe.*

Die Gangsterbande, die sich Deutschlands damals bemächtigt hatte, durchschaute er in ihrer bodenlosen Subalternität und behandelte sie mit Ironie und Verachtung. Er wußte gleichzeitig immer, daß sie mit dem Deutschland nichts zu tun hatte, das er liebte und dessen Sprache er so vollkommen beherrschte. Seine Bücher sind bekannt. »Als Botschafter im Dritten Reich«, ist heute noch ein höchst lesenswertes Dokument. Wenn man bedenkt, daß es 1947 zum erstenmal erschienen ist, so muß man seiner Darstellung von Hitler größte Bewunderung zollen – dreißig Jahre Hitler-Forschung haben dem nicht allzuviel hinzugefügt.

Ich ging jetzt in das Palais am Pariser Platz nicht mehr, um mit Ysabelle zu spielen, sondern mit den vier Söhnen von François-Poncet, deren zwei mittlere, Bernard und Henry, in meinem Alter waren. Aus den Kindergesellschaften wurden Jungen-Spiele, im Garten der Botschaft, aber auch in unserem Garten im Grunewald. Ein Höhepunkt, von ähnlichem Glanz wie die Geburtstagsfeier für Ysabelle, war ein großes Kostümfest, das die Botschaft für ihre Jugend veranstaltete. Die »prächtig aufgeschirrten Zierleute« in den Farben der Trikolore standen wieder auf der doppelläufigen Treppe. Ich trug ein rumänisches Hirtenkostüm. (In ihm wurde ich auch gemalt, von meinem Zeichenlehrer Ulrich Neujahr, der die Schule nur ertrug, weil er jeden Sommer in Ischia ein freies Künstlerleben führen konnte. Das Hirtenbild hängt bei mir.) Alle Buben Poncet waren als Holländer verkleidet, mit weiten Pluderhosen und Klompen. Sie hatten auch eine Tonpfeife im Mund. Ihre Schwester Geneviève, auch holländisch verkleidet, mit der typischen Haube und weißer Schürze über dem weiten Rock, wurde wie ein Püppchen von der Mutter auf dem Arm getragen und schaute mit großen, erstaunten, etwas ängstlichen Augen in das ausgelassene Maskentreiben. Madame Poncet war eine vornehme, gütige Dame, die wesentlich dazu beitrug, den gesellschaftlichen Betrieb der Botschaft nicht nur nach allen Regeln der Kunst in Gang zu halten, sondern ihm auch durch ihre Natürlichkeit eine warme Atmosphäre zu geben.

Im Sommer mieteten die Poncets am Wannsee eine große Villa (ich glaube, es war das Haus der Familie Arnhold) und gaben dort jährlich eine Monster-Gardenparty, zu der das »Tout-Berlin« strömte. Meine Eltern nahmen mich mit. Und ich erinnere mich an folgende Episode: François-Poncet faßte meinen Vater unter den Arm und fragte ihn, ob er nicht mit ihm eine kleine Bootsfahrt machen wolle. Sein Sohn – Henry oder Bernard – würde das Boot steuern. Ich stand dabei und trottete mit. Wir Jungen saßen am Heck und hielten das Ruder des Außenbordmotors.

Bugwärts auf den lederüberzogenen Bänken saßen sich die beiden Herren gegenüber. Ihre Profile zeichneten sich vor dem schwankenden, wie von Monet gemalten Hintergrund ab. Wir rasten dahin, das Boot hüpfte auf den Wellen. Das Gespräch der beiden war äußerst animiert. Der Botschafter sprach auf meinen Vater ein, der nachdenklich zuhörte und ebenfalls ganz intensiv, sichtlich bewegt, replizierte. Das war ein hochpolitisches Gespräch. Teilweise senkten sie die Stimmen, teilweise wurden ihre Stimmen von dem Geschepper des Außenbordmotors übertönt. Aber man hört ja gerade das, was man nicht hören soll, und ich fing den Satz auf, »dieser Mann ist ein Psychopath«. Es stand außer Frage, daß von Hitler die Rede war. Auf der Rückfahrt – wir standen dichtgedrängt in einem Abteil zweiter Klasse der Stadtbahn voller nach Sonnenöl stinkender Wannseebadbesucher – fragte ich meinen Vater: »Was ist das, ein Psychopath?« Ich hatte das Wort noch nie gehört. »Pschscht!« machte mein Vater bestürzt, »ich werde dir das zu Hause erklären.«

Mein alter Herr hatte eine sehr hohe Meinung von dem französischen Botschafter, und ich konnte mir jetzt vorstellen, daß er mit ihm auf den Diners nicht nur mondäne Konversation machte. Er sagte öfter, daß er ihn für einen der gescheitesten Menschen in Berlin halte. Wer waren die anderen?

Wenn ich mir das heute so recht überlege, so muß ich feststellen, daß dieser Mann etwas ganz Einzigartiges für mich repräsentierte. Das genaue Gegenteil nämlich jener apolitischen teutonischen Geistigkeit, die mir ansonsten in unserem Hause begegnete (soweit das kosmopolitische Element nicht überwog). Ein François-Poncet, obwohl er literarische Referenzen durchaus zu schätzen wußte, war völlig frei von dem mythologisierenden, geschichtsphilosophischen Quas, dem bedeutenden, aber unverbindlichen Bildungsgerede. Er war ein Exponent jener lateinischen Rationalität, jener westlichen Zivilisation, jenes universalen Humanismus, gegen den all die deutschen Männer eine so unverständliche Aversion empfanden. Es war Klarheit in ihm, intellektuelle Sauberkeit und politische Entschlossenheit. Unsere deutschen Freunde krankten an dem nationalen Schicksal, das sie überwältigte, dem sie aber nicht wirklich entgegenzutreten wagten. Ihre Betroffenheit hinderte sie, wie François-Poncet die kühle Diagnose eines Arztes zu stellen. Sie träumten alle von einer geistigen »Elite«, die über dem Tagesgeschehen schwebte. Er repräsentierte eine, die fest im Tagesgeschehen stand und ihnen turmhoch überlegen war. Solche Vorbilder prägen sich ein, auch wenn man sie nur intuitiv erfaßt.

Man kennt die entscheidende Rolle, die François-Poncet nach dem Kriege in Deutschland, zuerst als Hoher Kommissar, dann als erster Botschafter Frankreichs in Bonn gespielt hat. Man kann sagen, daß er zu den Vätern der Bundesrepublik gehört. Seiner zähen und subtilen Einflußnahme danken wir unseren Föderalismus.

Ich habe ihn häufig wiedergesehen. Vor allem auch, nachdem er wieder nach Paris zurückgekehrt war. Er und seine Frau waren immer außergewöhnlich gnädig und hilfsbereit zu mir. Ausnahmsweise war ich einmal nicht der Sohn meines Vaters, sondern »le fils de Corinne«. Ich habe auch der feierlichen Zeremonie seiner Aufnahme in die Académie Française beigewohnt, der Konsekration jeder französischen Karriere. Er war auf den Sessel Pétains gewählt worden und hatte die heikle Aufgabe, dessen Eloge zu halten. Er zog sich glänzend aus der Affäre, indem er, was damals noch nicht ohne Risiko war – de Gaulle stand ante portas –, die These von »Schwert und Schild«, die beide nötig waren, um Frankreich zu retten, entwickelte. Soviel ich weiß, seine Erfindung. Inzwischen ist sie zu einem Gemeinplatz des nationalen Selbstverständnisses geworden.

Ein anderes Kapitel ist die italienische Botschaft, zu der meine Eltern ebenfalls recht enge Beziehungen unterhielten, wenn sie auch nie den Grad der Familiarität erreichten, die ihr Verhältnis zur französischen Botschaft charakterisierte. Sie waren formeller, diplomatischer. So schien es mir wenigstens. Meine Erinnerungen sind weniger präzis. Im Gedächtnis geblieben ist mir ein Besuch in der gerade neu ausgebauten Botschaft am Tiergarten (es handelte sich noch nicht um den gewaltigen Repräsentationsbau in reinstem »faschistischem« Stil, dessen Ruine heute noch steht). Was sollte ich dort?

Die damalige Herrin der Botschaft, Contessa Elisabetta Cerruti, eine extravagante Dame, über die in der Berliner Gesellschaft viel Gerede war, hatte anläßlich eines Teebesuchs bei meiner Mutter erfahren, daß ich mich für Architektur interessierte, und mich daraufhin eingeladen, das funkelnagelneue Botschaftspalais zu besichtigen. Ich erwartete irgendeinen jüngeren Attaché, der mich herumführen würde. Aber nein, ein Majordomus, der ungefähr so aussah, wie ich mir Caruso vorstellte, im Frack, geleitete mich zu der Dame des Hauses, die mich in ihrem Boudoir erwartete. Sie hatte sich ausgedacht, dem Knaben persönlich die Honneurs in ihrer Residenz zu machen. Sie führte mich durch die zahllosen Räume und Säle, von Stockwerk zu Stockwerk, und erklärte mir mit großem Sachverstand die Dekorationsideen, dieses und jenes Detail – wenn man ihr glauben konnte, hatte sie alles selber gemacht.

Der Clou war ein riesiger Gymnastiksaal, in dem alle nur denkbaren Sportgeräte aufgereiht waren, ein Ruderapparat, ein aufgebocktes Trimmrad mit Geschwindigkeitsmesser, ein mechanischer Sattel, auf dem man die verschiedenen Gangarten eines Pferdes einstellen konnte – ich mußte mich draufsetzen und fiel herunter –, von der Decke hingen Ringe, Taue und Trapeze, an den Wänden waren schwedische Leitern angebracht. Signora Cerruti war offensichtlich stolz auf diese Installation, deren Perfektion so weit ging, daß der ganze Fußboden elastisch war, ein riesiges Trampolin gewissermaßen, dessen Sprungkraft sie mir vorführte, indem sie in der Mitte des Saales in die Luft hüpfte (die Gräfin war in ihrer Jugend Tänzerin gewesen). Ich mußte es ihr gleichtun. Ein Fitneßraum, würde man heute sagen: der Tempel eines tragischen Verjüngungskultes. Dann gab es Tee, und Madame erzählte hundert lustige Geschichten aus ihrem Leben, die ich alle vergessen habe. Man kann ihre Memoiren lesen.

Dino Alfieri, der Nachfolger von Cerruti, kam nach Berlin als Champion des Faschismus und persönlicher Verteter von Ciano. Klein, schwarz, pomadisiert, brillant. Er machte meiner Mutter mit mediterraner Impetuosität den Hof und hatte sich etwas ganz Besonderes ausgedacht, um ihre Gunst zu gewinnen. Er brachte ihr eines schönen Tages eine große Photographie des Duce im Silberrahmen, unter der in den bekannten markanten Schriftzügen deutlich zu lesen stand: »A la Signora Sombart Benito Mussolini«. So stand der »Sonnengeborene« – nachzulesen im Kapitel über Grigol Robakidse – im Salon, ohne daß viel Aufhebens davon gemacht wurde, aber auch ohne irgendwann einmal diskret zu verschwinden. Daneben stand ein ebensolches Photo des rumänischen Königs Carol – allerdings dem Vater dediziert.

Wie ganz allgemein üblich, war ja die Einstellung zu Mussolini eine ganz andere als zu Hitler und zum Nationalsozialismus. Den italienischen Faschismus ließ man sich gefallen – Mussolini hielt man für einen großen Mann. Die Eltern hatten ihn kennengelernt auf dem großen Kongreß, den er 1932 in Rom veranstaltet hatte, um sich die künftige deutsche Führungsmannschaft näher anzusehen. Um das Unternehmen etwas zu tarnen, hatte er gleichzeitig zwei Dutzend bekannterer deutscher Professoren und Publizisten mit eingeladen. Ein Sonderzug brachte seine Gäste von Berlin nach Rom. Im Schlafwagen hatte mein Vater das einzige Mal in seinem Leben persönlichen Kontakt mit irgendwelchen Nazigrößen. Er erzählte belustigt davon. Rosenberg, im Nebenabteil, der ihn unbedingt in ein Gespräch ziehen wollte, Darré, Frank. Auch Hjalmar Schacht war mit von der Partie, und Carl Schmitt. Das Thema des Kongresses lautete: »Die Zukunft Europas«, und mein Vater hielt einen heute noch lesenswerten, nie auf deutsch veröffentlichten Vortrag. Sehr pessimistisch, muß man schon sagen. Er wurde auch von Mussolini in Audienz empfangen, der sich vorbereitet hatte, aus seinen Büchern zitierte und auf seine italienische Jugendzeit anspielte. Damit machte er den gewünschten Eindruck. Meine Mutter war begeistert von der Großartigkeit der Empfänge und den Ausflügen des Damenprogramms. Als Alfieri den Duce um die Gunst einer signierten Photographie bat, muß der sich noch dunkel an die Signora Sombart erinnert haben.

Da ich gerade dabei bin, warum nicht auch ein Wort über den rumänischen Botschafter, Comnène, und seine schöne Frau Antoinette. Er hieß nicht Comnène, das heißt, er gehörte nicht zu einer der phanariotischen Familien, die ihre Genealogie auf die byzantinischen Dynastien zurückzuführen beliebten – die Caradja, Cantacouzène oder Mavrocordato – und im ehemals ottomanischen Balkan so etwas wie die *haute noblesse* darstellten, sondern schlicht Petrescu, und von seiner schönen Frau erzählten sich die bösen Zungen, sie sei in Wien Mannequin gewesen; gleichviel, er war ein sehr geschickter, würdiger Botschafter und sie eine wirklich elegante und distinguierte Botschafterin. Ihr Haus, viel kleiner natürlich als die Residenzen der französischen und italienischen Kollegen, worunter sie etwas litten, war eines der gastlichsten der Stadt. Man aß dort besonders gut. Zu meiner Mutter unterhielt das Paar die allerintimsten Beziehungen und betrachtete ihr Haus zeitweise als Dependance der Botschaft. Kein prominenter rumänischer Politiker oder Professor, der zu einem offiziellen Besuch nach Berlin gekommen war, wurde nicht auch bei uns empfangen, bewirtet und betreut. »Les Comnènes« waren ständig im Hause – sie eine richtige Freundin meiner Mutter, die mit ihr nur französisch sprach. Sie hatten eine erwachsene Tochter (also keine Kinder in meinem Alter), die einen Hang zum deutschen Hochadel hatte und sich, wie man erzählte, eine Zeitlang der Gunst des Kronprinzen rühmen durfte. Auf jeden Fall war sie, zum Kummer ihrer Eltern, unverheiratet, weil alle in Frage kommenden Partien ihr nicht gut genug waren. Sie hatte leider nicht die kleine Nase der Mutter, sondern die große Nase des Vaters geerbt. Trotzdem war ich oft in diesem sehr behaglichen Haus – von den Damen verwöhnt; im

Krieg dann, um allerhand Freßpakete abzuholen, die mit der *valise diplomatique* aus Rumänien gekommen waren.

Comnènes bewundertes Vorbild und beneideter Rivale war François-Poncet. Er machte ihm dann auch den Sprung nach Rom nach und vermittelte in den letzten Kriegsmonaten die Erklärung von Florenz zur offenen Stadt. Nach dem Krieg und der Sowjetisierung Rumäniens ließ er sich dann am Arno nieder, in der zauberhaften Villa Machiavelli in Fiesole, und schrieb seine Memoiren. Ich habe ihn dort besucht, sehr beeindruckt durch den fürstlichen *train de vie.* Petrescu-Comnène gehörte zu der Kategorie von Menschen, die ich immer bewundert habe: Those who live up to their expectations.

Aus dem alten Europa

Hermann Graf Keyserling

Etwas ganz Besonderes war es, wenn Hermann Keyserling als Gast erwartet wurde. Eine gewisse Unruhe war bis in die Kinderzimmer hinein spürbar. Das Personal erhielt genaue Anweisungen, wie es sich zu verhalten habe, als käme ein regierender Fürst. Da hockten wir dann hinter dem Treppengeländer und schauten hinunter in die Halle, um die Ankunft des großen Herrn zu beobachten. Er kam als letzter, in seinen gewaltigen Pelzmantel gehüllt, die Pelzkappe auf dem Kopf – eine Erscheinung, ganz wie der Wilde Mann, der den *little fellow* im »Goldrausch« von Charlie Chaplin erschreckt. Ich wußte damals nichts von ihm, hörte nur, was die Eltern sich von ihm erzählten. Alles war fabelhaft und gefiel mir. Er verkörperte für mich jenen Begriff, der im Vokabular meines Vaters eine so wichtige Rolle spielte als Bezeichnung des absoluten *top,* den es aber nicht so leicht war zu konkretisieren: »grandseigneural«. Was war das schon?

Kein Zweifel, der baltische Graf hatte nicht nur etwas Grandseigneurales, er war ein »Grandseigneur«. Er hatte etwas Superiores. Er sah und nahm die Welt von »oben«. Was ihn, in meinen Augen, auswies, waren nicht seine Liegenschaften – die er längst verloren hatte –, keine äußeren Zeichen des Reichtums, über den er nicht mehr verfügte. Es war sein geistiges Format, die Fülle seiner Begabungen und Fähigkeiten, die seiner voll ausgelebten Subjektivität die unbestreitbare Legitimation verlieh. Wer Menschen wie ihm begegnet ist, hat einen absoluten und definitiven Maßstab für das, was ein »Mensch« sein kann.

Mich beeindruckte zum Beispiel, daß er verschiedene Bücher in verschiedenen Sprachen schrieb, die er alle vollkommen beherrschte. Vier Sprachen zu können, war damals in gebildeten Kreisen, ich will nicht sagen eine Selbstverständlichkeit, aber nicht selten. Man las vier Sprachen fließend, das sah ich bei meinen Eltern. Keyserling aber schrieb in mehr als vier Sprachen. Was mich darüber hinaus entzückte, war, daß er von sich sagte, er könne zwar in verschiedenen Sprachen schreiben, sei aber außerstande, sie zu übersetzen. Aus dieser Ecke stammt mein früher Ehrgeiz, ein Buch in einer anderen als der deutschen Sprache zu verfassen – und so habe ich dann nicht nur jahrzehntelang französisch und englisch die administrative Europaratsprosa redigiert, sondern auch meinen zweiten Roman auf französisch verfaßt. Von meinen französischen Gedichten ganz zu schweigen. Man ist so oft Mensch, wie man Sprachen beherrscht – allerdings nicht wie ein »Schlafwagenschaffner« (betonte mein Vater; damals gab es noch Schlafwagenschaffner, die Sprachen konnten), sondern als Initiierter der Kulturen, die sie vermitteln.

Mein Vater hatte dem Grafen gegenüber seine Reserven. Und wenn mich sein Ausspruch: »Ich denke in Jahrhunderten (oder war es: Jahrtausenden?) und Kontinenten« faszinierte, so reagierte die professorale Gründlichkeit, das Gewissen des Wissenschaftlers meines alten Herrn darauf mit dem Verdikt »Plüschaffe« – das war eine Kategorie von genialen Selbstdenkern, von denen einige in unserem Hause verkehrten, ohne daß ihr intellektuelles Brio ihnen die volle Anerkennung des bürgerlichen Gelehrten verschafft hätte. Ich fand aber gerade das Unprofessorale, großzügig Dilettantische nach meinem Geschmack; ich bewunderte das Weltmännische, das »Format«, ohne irgendwelche Wissenschaftlichkeit zu vermissen. Ja, gegen diese ominöse Wissenschaftlichkeit habe ich sehr früh ein ganz empfindliches Mißtrauen entwickelt. Ich hatte immer das Gefühl, daß sie das Surrogat eines Mankos sein müsse, etwas im Grunde Lebensfeindliches, Lebensfremdes, auf jeden Fall etwas, das man nicht einfach hinnehmen oder als letztes Kriterium für Qualität gelten lassen könne, sondern immer hinterfragen müsse. Dabei muß ich eingestehen, daß seine Bücher – wie das »Reisetagebuch eines Philosophen« oder die »Südamerikanischen Meditationen« – für mich heute so gut wie unlesbar sind. Sie sind so sehr der Ausdruck einer Persönlichkeit, daß nur der sie ertragen kann, der sich dieser Persönlichkeit bedingungslos unterwirft. Sonst sind sie heute weitgehend unverständliches Kauderwelsch. Es verhält sich mit ihnen wie mit seiner Schrift; die Unleserlichkeit der Keyserlingschen Klaue war legendär. Er vertrat den Standpunkt, daß, wer ihn liebe, auch seine Schrift lesen könne. Offenbar liebte ihn nur eine Dame, die Baronin Dungern. Ihr mußte man denn auch seine Briefe schicken, damit sie sie dechiffrierte.

Wurde er eingeladen, forderte Keyserling, so wurde mir erzählt, als Bedingung seines Kommens: »Champagner und schöne Frauen.« Er konnte es sich leisten. Und *das* imponierte mir. Wer kann das schon, ohne einfach als unerzogener Flegel oder größenwahnsinniger Snob von der Liste der Leute, die man einladen kann, gestrichen zu werden? Hier war nun mal ein Mensch, dem keiner das Wasser reichen konnte. Der wilde Gast hatte dafür auch ein genaues Gefühl.

Einmal ereignete sich folgender Vorfall, der beinahe ein kleiner Skandal war. In der Gesprächsrunde nach dem Diner nahm ein sehr bekannter Opernsänger (ich erinnere mich an seinen Namen nicht) einen immer herausfordernderen Ton gegenüber dem baltischen Wundermann an, der selbstverständlich gewohnt war, unwidersprochen zu monologisieren. Der Sänger stellte allerhand Fragen, wollte diese und jene Affirmation nicht durchgehen lassen. Keyserling war sichtlich irritiert, bis ihm plötzlich die Geduld riß. Er sprang auf, griff seinen Challenger am Arm und zwang ihn mit seiner Hünenkraft zu Boden: »In die Knie, Schurke«, rief er (auf russisch!), »was erdreistest du dich?« Die Gesellschaft war gesprengt; ich hörte am folgenden Tag nur den entsetzten Bericht meiner Mutter. Aber dieses: »Was erdreistest du dich!« habe ich nicht vergessen. Natürlich hatte Keyserling recht. Wie oft im Leben habe ich fassungslos vor der Frechheit irgendeiner Mediokrität gestanden, die sich herausnahm, *d'égal à égal* mit jemandem zu argumentieren, der ihn turmhoch überragte – und sei ich selbst es gewesen.

André Germain

Über ihn ist so viel geschrieben, so viel geredet worden, daß ich zögere, ihn zu beschwören – aber er gehört unbedingt hierher. Er gehört zu jenen legendären Gestalten des alten Europa, der jeder einmal in seinem Leben begegnet ist, von der jeder gehört hat. Er war irgendwie alterslos, wie Cagliostro. Als er, Ende der dreißiger Jahre, in unser Haus kam, erschien er mir schon wie ein Greis, ein spindeldürres Männlein, mit einem schmalen, diaphanen Gesicht, das irgendwie an die Totenmaske Friedrichs des Großen erinnerte. Er trug eine silbergraue, glattgescheitelte Perücke. Aber schon Helene von Nostitz hatte seine fragile Erscheinung aus den zwanziger Jahren genauso in Erinnerung: die Aura von Luxus und Preziosität, die ihn umgab, von Zerbrechlichkeit und Verwöhntheit. Bei perfekten Manieren leistete er sich die Eigenwilligkeit und Idiosynkrasien des *enfant gâté,* das trotzig mit dem Fuß aufstapfen kann und scheinbar unmotiviert in Tränen ausbricht. Als ich ihn zwanzig Jahre später in Paris und Florenz wiedertraf, war er vollkommen unverändert.

Er galt als märchenhaft reich und war es wohl auch. Als Erbe des Gründers des Crédit Lyonnais verfügte er über unbegrenzte Revenuen. Er war übrigens der Onkel von Jenny de Margerie, der Frau von Roland, und

Alfred Fabre-Luce, die beide zu den Erben des gleichen Vermögens gehören, reinste Repräsentanten jener französischen Oberschicht, in der sehr viel Geld mit sehr viel Kultur und sehr viel Geist eine glänzende Verbindung eingehen. Familien, Dynastien, in denen nicht nur die Vermögen, sondern auch der Stil und die tonangebende gesellschaftliche Position von einer Generation auf die nächste tradiert werden. Es gibt in Deutschland nichts dergleichen und hat auch nie dergleichen gegeben. Es fehlte immer eine der drei Komponenten.

André Germain, jeder wußte es, gehörte zu der *race maudite,* deren höchster Typus von Peyrefitte im »Exilé de Capri« mit Zartgefühl und Ironie beschrieben worden ist. Etwas respektlos würde man ihn qualifizieren können als die Tochter des Erfinders.

Er kannte ganz Europa, reiste von einem Ort zum anderen, wo er überall für die Spitzen der Gesellschaft großartige Diners und Feste gab, während seine Residenzen in Paris und auf dem Lande unbewohnt, der Dienerschaft überlassen, dahindämmerten. Er reiste immer in der Obhut eines eleganten, schönen jungen Sekretärs oder Chauffeurs oder Coiffeurs. Sein silberner »Rolls Royce« war berühmt. Er hatte natürlich bis zum Exzeß die beiden Eigenschaften seinesgleichen: eine bis an die Grenze boshafter *médisance* gehende Klatschsucht und den proselytischen Eifer, einem um jeden Preis beweisen zu wollen, daß jede in der Geschichte, Kunst oder Literatur zu Berühmtheit gelangte Persönlichkeit zu derselben Sorte von Männern gehörte wie er. – Napoleon zum Beispiel (in Ägypten, aber auch in St. Helena). Da konnte er mit den unwahrscheinlichsten, aber auch unwiderlegbarsten Detailkenntnissen aufwarten. Die Sache ist die, daß er, wie ich inzwischen gelernt habe, aller Wahrscheinlichkeit nach recht hatte.

Was den Klatsch betraf, verfügte er über Kenntnisse, die alles übertrafen, was die Memoirenliteratur eines Jahrhunderts zu bieten hat; er wußte nämlich auch all das, was nicht in den Memoiren steht, und erzählte es gerne mit Suffisance. Dazu bedarf es des Gedächtnisses eines Elefanten – was zum Typus gehört. Er schrieb auch Bücher, in denen er einen Teil seiner Geheimnisse verriet. Mit seinem Schlüssel zu *À la recherche…* – er hatte Proust natürlich gekannt – war er einer der ersten, die den Schleier über dem Mysterium von Albertine und Oriane de Guermantes lüfteten. Heute hat sich das ja alles herumgesprochen, damals handelte es sich um sensationelle Enthüllungen. Wenn man in seiner Gesellschaft war, konnte man nicht umhin, demjenigen recht zu geben, der gesagt hat, daß der höhere Klatsch die kultivierteste Form des Gespräches sei. Nur Indiskretionen sind interessant und aufschlußreich. Heute betreibt man das an der Universität als »Komparatistik«. Es ist tragisch, sich vorzustellen, was so ein Mensch an Kenntnissen unwiederbringlich mit ins Grab genommen hat. Mit einer Ausnahme kenne ich keinen mehr in Europa, der über dasselbe, absolut zuverlässige, immer abrufbare Geheimwissen verfügt.

Als André Germain Ende der dreißiger Jahre nach Berlin kam, gehörte er zu jenen Franzosen, die – ganz im Gegensatz zu ihrem Botschafter François-Poncet – unwiderstehlich von der Machtentfaltung, der Demonstration der Stärke des »Dritten Reiches« angezogen wurden. »La gerbe des Forces« von Alphonse de Châteaubriant war eines der Dokumente dieser Faszination, die auf ebensovielen Mißverständnissen wie Projektionen beruhte. Es lag auch bei uns herum, wahrscheinlich von ihm geschenkt, denn er hatte die Angewohnheit, nicht nur seine Bücher (in Luxusausgaben), sondern überhaupt Bücher, die er für wichtig hielt, verschwenderisch unter seinen Freunden zu verteilen.

André Germain mietete damals in der Umgebung von Berlin ein Schloß, um dort fabulöse Feste für die Offiziere der SS-Leibstandarte zu veranstalten. Man braucht sich nur das kleine Männchen inmitten dieser Schar schwarzuniformierter Hünen vorzustellen, die da auf seine Kosten tafelten und soffen, um das Groteske der Situation zu ermessen. Darf ich hier daran erinnern, daß die französische Begeisterung für das »Dritte Reich«, das gilt auch für die *collaboration,* im wesentlichen die Sache einer Koterie von Männern mit homoerotischen Neigungen war?

So sehr er für die blonden Bestien der SS schwärmte, so sehr verabscheute er Hitler, über den er die tollsten Geschichten zu berichten wußte, Sachen, die damals vollkommen unglaubwürdig klangen, und die auch heute noch nicht ganz von der Hitler-Forschung rezipiert worden sind. Er hatte aber seine Quellen. (Sein Chauffeur kannte den Chauffeur eines Nazi-Bonzen, der wiederum … usw.) Daß Hitler Jungens gehabt habe (was auch Rauschning behauptet), den Frauen in den Mund urinierte (auf französisch hört sich das alles nicht so schlimm an: »uriner dans la bouche« klingt beinahe wie »se rincer les dents«), daß er seine Nichte erschossen hätte, andere, wie Unity Mitford, Selbstmord begangen hätten, weil sie seine Perversitäten nicht ertragen konnten … et j'en passe. Derlei floß kaum merklich in seine Konversation ein, wenn er im Roten Salon bei meiner Mutter zum Tee war. Er sprach mit einem dünnen, hellen Stimmchen, immer an der Grenze des Flüsterns. Man konnte seine Bosheiten auch überhören. Was seine Besuche unvergeßlich macht, war etwas anderes. Er las meiner Mutter und mir, der ich im Halbdunkel dabeisaß, französische Gedichte vor. Baudelaire, Verlaine, Heredia, Robert de Montesquiou, auch eigene Gedichte, denn wenn man ihn gefragt haben würde, was er sei, hätte er ohne zu zögern geantwortet: Poet. Dabei hielt er im Schein der roten Lampe den Gedichtband in seinen beiden schmalen Händen mit den überlangen, manikürten spitzen Fingernägeln, als wäre es ein Brevier, und intonierte die Verse im melodiösen Singsang eines psalmodierenden Chorknaben. Er genoß sichtlich die intime Atmosphäre, einer Dame zu Füßen – Mama kauerte auf ihrem Diwan –, einen Epheben spürbar im Umkreis. Er besuchte uns regelmäßig während seines Berliner Aufenthaltes, der sich über mehrere Monate erstreckt haben muß. (Oder waren es mehrere Aufenthalte?) Einladungen zu größeren Veranstaltungen lehnte er entschieden ab.

Helene von Nostitz

Zu den imposantesten Erscheinungen, die ich in der Humboldtstraße erlebt habe, gehört zweifellos Helene von Nostitz, die Enkelin des Fürsten Münster, die Nichte von Hindenburg, die Helene aus dem »Schwierigen«, das Modell von Rodin, die Freundin Rilkes, Autorin zauberhafter Erinnerungsbücher – eine der wenigen großen Damen der deutschen Gesellschaft, die in sich die Attribute hoher Abkunft und hoher Kultur vereinigte; ein Typ, an dem Deutschland ärmer ist als jedes andere Land Europas.

Als ich sie kennenlernte, war sie schon eine sehr alte Dame. Sie hatte eine männliche, wenn auch hohe Stimme, eigentlich auch männliche Züge. Ein häßlicher Mund kontrastierte mit der feinen kleinen Nase, großen, wasserblauen, strahlend durchdringenden Augen und einer edlen Stirn. Sie hatte keine Frisur, sondern eine Mähne ungeordneter weißer Haare, was jeder anderen ein *air* von Ungepflegtheit gegeben hätte. Bei ihr wirkte es grandios, künstlerisch – sie sah aus wie ein Pianist, und das war sie auch. Wie es Männer gibt, die mit dem Alter immer mehr aussehen wie eine alte Dame, ich denke an Wagner, so gibt es alte Damen, deren Züge immer männlicher werden, bis sie aussehen wie ein alter General oder ein Indianer. Helene von Nostitz sah aus wie Gerhart Hauptmann – wie man sich den späten Goethe vorstellt. Bei alledem wirkte sie zart, ihr Antlitz hatte etwas Durchsichtiges. Unvergeßlich die wunderbaren, mädchenhaften Hände.

Wegen eines Hüftleidens benutzte sie einen Krückstock und ging nur beschwerlich. Eine weite Pelerine über die Schultern geworfen, erschien sie in unserem Salon stets mit Gefolge (wie die »Nebeldame« aus dem Märchen, die immer eine Stunde zu spät kommt und die man darum eine Stunde zu früh einlädt); immer waren junge Leute um sie: Walodja Koschewnikow z.B., ihre Tochter Renate, die als hübsch galt, mit ein oder zwei Verehrern vom Attachétyp. Mit ihr kam auch René Podbielski das erstemal in unser Haus, ein junger, vielversprechender Autor damals, der mich schnell zur Seite nahm, um mich in ein Gespräch über Rilke zu verwickeln. Ich zeigte ihm die schöne, in Pergament gebundene vierbändige Ausgabe der Bremer Presse von Rilkes Gedichten, die in der Bibliothek meiner Mutter stand. Ich war (damals noch) im »Buch der Bilder« zu Hause. René schmunzelte – in diesem Schmunzeln lag genüßliche Kennerschaft, aber auch der Wunsch, mich zu verführen, mich an etwas teilnehmen zu lassen, was er liebte. Ich müsse die »Duineser Elegien« lesen (was ich auch tat). Hätte ich mir träumen lassen, daß sein Sohn dreißig Jahre später eine meiner Töchter heiraten würde?

Aus diesem Boudoirgespräch ging nach dem Krieg, den er in Australien in einem Internierungslager verbracht hatte, eine schöne Freundschaft hervor. René war ein Genie der Freundschaft. Wir trafen uns in Paris und Rom. Nach Deutschland wollte er nicht zurückkehren. Er fand in diesem Nachkriegsdeutschland nicht seine alte geistige Heimat wieder. Er hat auch nicht mehr geschrieben. Vor wenigen Jahren ist er, noch relativ jung, aber lebensverdrossen gestorben, das Opfer eines jener fatalen Krankenhausweekends, in denen kein Arzt, keine Schwester, keine menschliche Seele zur Stelle ist, um dem plötzlich Bedrängten zu Hilfe zu eilen. Ich habe ihm, über seinem Sarg, Platens Sonett von Schönheit und Tod noch einmal vorgelesen. Er hat es mich lieben gelehrt. Das vielleicht schönste Gedicht der deutschen Literatur.

Helene von Nostitz bewohnte in Wannsee ein kleines Haus, in dem sie eine rege Geselligkeit unterhielt. Im Hintergrund immer ihr Mann, völlig zurückgenommen in die lang eingeübte Rolle des Prinzgemahls, ein Gesicht wie eine Eule. Zwei Konzertflügel beherrschten den Salon, so daß für Stühle und Gäste kaum noch Platz blieb. Es wurde viel musiziert. Hier habe ich Cortot spielen gehört – vierhändig mit Helene. Auch Dichterlesungen und Vorträge fanden statt, zu denen ich manchmal die Mutter begleiten durfte. Tee und Limonade waren dünn, das Gebäck uneßbar. Das war preußische Kargheit, Stil, mehr als eine Sache des Einkommens. Vor einem Spiegel schwebte die Marmorbüste von Rodin.

Ich liebte, als Junge schon, ihre aquarellzarten Schilderungen der Schlösser und Gärten von Potsdam. Auf den Wegen, die sie wies, entdeckte ich den Chinesischen Pavillon, in dem ich lange Nachmittage träumend verbrachte, halb als sein Architekt, halb als sein Bewohner. Ihr schönstes Buch sind die Erinnerungen, denen sie den Titel gab: »Aus dem alten Europa«. Wenn ich ihn als Überschrift für dieses Kapitel gewählt habe, soll dies auch eine Huldigung für sie sein. Mehr als in irgendeiner anderen Person, die mir begegnet ist, habe ich in dieser Frau einen Hauch von dem verspürt, was man die »große Welt« nennt, die sie noch gekannt hat, vor dem Ersten Weltkrieg, zu der sie gehörte. Es gab diese Welt schon in meiner Jugend längst nicht mehr. Sie war versunken, das wußte ich. Erinnerung an Erinnerungen. Aber in mir lebte eine unstillbare Sehnsucht nach ihr. Darin ging es mir wie Marcel.

»Le grand Monde« – le beau Monde! Ludwig Curtius hat nach dem Erscheinen der Memoiren von Helene von Nostitz geschrieben – und es mir später in Rom auch selber gesagt –, man solle sich nicht darüber hinwegtäuschen: so schön und großartig, wie sie es beschreibt, sei es gar nicht gewesen. Schon die, die es damals miterlebten, hätten ein Gefühl dafür gehabt: das stimmt alles nicht mehr. Meinetwegen. Aber bei allen Schwächen, Fragwürdigkeiten, Auswüchsen und Schattenseiten: da fand doch noch etwas statt, da war doch noch etwas der Fall, was seitdem verschwunden ist, eine große Lücke hinterlassend, die sich nicht schließen will, weil es offenbar nichts gibt, nichts danach, nichts anderes, was das Verlorene ersetzen kann.

Was mir nun heute merkwürdig erscheinen muß, ist doch: Wie konnte es geschehen, daß sich im Vorstellungshorizont eines Knaben, der im Berlin der Hitlerzeit in durchaus bürgerlichen Verhältnissen aufgewachsen ist, in einer Familie, der jeder gesellschaftliche Snobismus fern lag, aufgrund ungenauer Nachrichten aus dritter und vierter Hand, ganz partieller und punktueller Detailinformationen – nur durch die Erscheinung von zwei, drei Menschen letztlich – ein so intensives und genaues Bild vergangener europäischer Lebenskultur ausbildete, ein Wissen von Prächten und Herrlichkeiten, von denen er im Grunde nichts wußte, nichts wissen konnte – woher diese unumstößliche Gewißheit in ihm kam, es gäbe, und sei es nur als Vergangenheit, eine Daseinssphäre, die den höchsten Lebensansprüchen des Menschen entsprach? Ich kann es mir nur dadurch erklären, daß sich in dem System kultureller Referenzen, in das ich langsam hineinwuchs, eingeführt von verschiedenen Seiten, aber auf doch immer konvergierenden Wegen, ein zentraler Raum öffnete, in dem alles, was Kunst und Literatur, was die Geschichte an Zeugnissen höherer Formen menschlicher Selbstverwirklichung vermittelte, seinen natürlichen Platz hatte – ein Olymp gewissermaßen des Grandiosen und Schönen, des Eleganten und Generösen, des Erhabenen und Graziösen, zu dem aufzuschauen man gar nicht umhin konnte, weil hier alles, was man sich nur wünschen konnte, versammelt war. Hier fand sich, was die Vorstellungskraft beflügelt, die Phantasie stimuliert, den Alltag transzendiert, das Leben lebenswert macht – der Maßstab von allem, was Menschen möglich ist, wenn sie zu höheren Existenz- und Ausdrucksformen emporstreben.

An diesem sakralen Ort der kulturellen Topographie, der notwendigerweise immer soziologisch bestimmbar ist, vollzieht sich die geheimnisvolle alchimistische Verwandlung von Reichtum in Geist, von Macht in Schönheit, von Materie in Bilder göttlicher Vollendung. Man kann jede Gesellschaft danach definieren, in welchem Maße es ihr gelingt, die Virtualitäten dieser höchsten Sphäre voll zur Entfaltung zu bringen. Wir kennen die großen Beispiele: das Florenz der Medici, das Frankreich des Grand Siècle, England, am Ende des 18. Jahrhunderts, und schließlich Venedig – Venedig, das Paradigma schlechthin. Und dazu gehört zweifellos auch noch die europäische Hochkultur des Fin de Siècle, an der jedes der europäischen Länder seinen Teil hatte, auch Deutschland: die letzte Ausformung des okzidentalen Traums von der Größe und Würde des Menschen.

Seitdem hausen wir miserabel in den Ruinen vergangener Pracht. Irgendwie aber erhält sich das Gerücht davon, geistert die Legende der »Beau monde« in den Köpfen der Fellachen. Warum? Weil auch ihnen noch die Sehnsucht danach eingeboren ist! Das Wissen um die Hierarchie der Werte, die höchste menschliche Lebensform bestimmen, besteht, so will ich meinen, unabhängig von jeder sozialen Wirklichkeit. Es ist eine anthropologische Konstante. Wo der Prozeß alchimistischer Steigerung abgebrochen ist, stellt sich ein Gefühl des Mangels ein. Es bleibt aber, solange die Erinnerung reicht, der mythische Bezugspunkt bestehen, an dem alles Ungenügen sich mißt. Vor allem die Künstler sind verwaist, wenn der Gipfel verödet. Ihre Imagination geht in die Irre. Große Kunst braucht die »Große Welt«. Was erleben wir heute? Das peinliche Schauspiel der Saturnalien des Zerfalls. Schlimmer noch: das Marketing der Surrogate.

Die guten Russen

Eine Gruppe für sich – und von ihr will ich jetzt etwas erzählen – bildeten in unserem Haus die Exil-Russen, die in Berlin eine große Kolonie hatten und in der Nachodstraße, in einer Hinterhausetage, eine kleine Kirche unterhielten. Zu dieser hatte meine Mutter, die orthodoxer Konfession war, eine enge Beziehung. Sie fand dort, in der warmen Atmosphäre einer kleinen Gemeinde, im weihrauchduftenden Kultus vor der Ikonostase, im Gesang des vortrefflichen Chores, ein Refugium für ihre religiösen Bedürfnisse, die mit den Jahren immer stärker werden sollten, übernahm aber selbstverständlich auch die Rolle der Wohltäterin, die sich bemühte, die große Armut, die in dieser Gemeinde von Flüchtlingen herrschte, zu lindern. Hier traf sie sich mit der Frau von Carl Schmitt, die Jugoslawin war und als solche auch zu der orthodoxen Gemeinde Berlins gehörte. Zusammen haben die beiden Damen, vor allem während des Krieges, viel Gutes getan, vor allem manches Leben gerettet. Vielleicht sollte ich hier die Rettung der Frau unseres Freundes Erich Schrobsdorff erwähnen, die in Bulgarien in Sicherheit gebracht werden konnte. Ihr Sohn Peter, etwas älter als ich, hat als ganz junger Mensch die Möglichkeiten verschmäht, als protegierter Halbjude in Deutschland zu bleiben, ging nach Palästina, kämpfte in der französischen Armee und ist dann in den letzten Kriegswochen irgendwo im Elsaß gefallen. Seine Briefe an die geliebte Mutter, an die mütterliche Geliebte, sind 1974 in Frankreich bei Gallimard veröffentlicht worden, ein seltenes Dokument politischen Bewußtseins und luzider Identitätssuche. Ich habe Peter nicht persönlich gekannt, ihn aber sehr darum beneidet, daß er Deutschland hatte verlassen können: lieber Emigrant als Volksgenosse.

Bei den Russen, die in unserem Haus in großer Zahl auftauchten, war es nie ganz sicher, ob sie aus gesellschaftlichen oder aus Wohltätigkeitsgründen da waren. Für meinen Vater fielen sie alle in die Kategorie der »Guten Russen«, eine Formel, die ihm aus einem russischen Sprachführer, den er irgendwann einmal benutzt hatte, in Erinnerung geblieben war. »Schon wieder ein Russentee«, sagte er wohl, wobei Wohlwollen und Reserve gleichermaßen in seinem Tonfall mitschwangen. Es gab Zeiten, in denen es auch uns Kindern erschien, daß es der guten Russen zu viele seien.

Das galt nie für zwei unter ihnen, die eine ganz wichtige Rolle in meiner Jugend gespielt haben und ohne deren starke Wirkung ich nicht der geworden wäre, der ich heute bin. Ich will zunächst von dem berichten, der zuerst in mein Leben trat, Walodja Koschewnikow. Er war in der Zeit, in der er in unserem Haus verkehrte, ein junger Mann um die dreißig – eigentlich alterslos, ein ewiger Jüngling. Nie habe ich einen Menschen erlebt, der einen größeren Charme hatte. Ja, der Begriff davon ist für mich untrennbar mit seiner Erscheinung, seiner Weise zu sein, verbunden. Er war groß und schlank, biegsam wie ein Akrobat, aber keineswegs schön. Sein schmales Gesicht war durch Pockennarben entstellt. Aber auch das trug zu seinem geheimnisvollen Zauber bei. Er lebte in unglaublicher Armut mit einer alten Mutter und seiner Schwester irgendwo in Potsdam, und es muß vorgekommen sein, daß er, weil er das Fahrgeld für die S-Bahn nicht hatte, zu Fuß bis in den Grunewald gekommen ist. Einmal erschien er kurz vor einem Diner in völlig verdreckten braunen Schuhen (einen Smoking hatte er) und mußte in aller Eile ein Paar alte Pumps meines Vaters anziehen. Das war kein Problem. Schwieriger stand es mit seiner notorischen Unpünktlichkeit, die sicher auch damit zusammenhing, daß er sich nicht, wenn er wollte, ein Taxi nehmen konnte. Hier half ihm nur sein Charme, um die Verstimmung der Hausfrau zu besänftigen. Er schreckte dabei nicht vor dramatischen Auftritten zurück. So stürzte er einmal atemlos in das Speisezimmer, in dem die Gesellschaft schon bei Tische saß, und warf sich meiner Mutter kniefällig zu Füßen, um sie für sein Zuspätkommen um Verzeihung zu bitten. Er lächelte, hatte aber Tränen in den Augen. Dem konnte niemand widerstehen.

Ein anderes Mal war er viel zu früh zu einem Essen gekommen. Ich sollte ihm Gesellschaft leisten. Walodja begann, mir, ich war noch verhältnismäßig klein, die abenteuerlichsten Geschichten von seiner Flucht durch Sibirien zu erzählen – im Auto seiner Eltern mit Chauffeur! Den plötzlichen Überfall durch einen Bären versuchte er mir dadurch anschaulicher zu machen, daß er die Sessel und Tische des Salons zu einem sibirischen »Environment« um- und aufeinanderstürzte. Dort waren eine Höhle, ein Hügel, dort standen Bäume, hier saßen verstört die Insassen des Autos. Angespannt den Bären verfolgend, hockten wir beide hinter dem von der Wand gerückten Sofa in Deckung. Da meldete das Mädchen die ersten Gäste, und irgendein Botschafterehepaar trat, wie ich annehmen möchte nicht ohne Erstaunen, in den völlig verwüsteten Salon.

Walodja konnte alle Sprachen, besonders Englisch. In den ersten Jahren der Emigration, in denen es das mitgebrachte Vermögen noch erlaubte (die russischen Emigranten hausten in Berlin noch nicht in dunklen Hinterhöfen, sondern waren im Adlon abgestiegen), hatte er in Oxford zu studieren begonnen. Von dort wußte er faszinierende Dinge zu berichten. Das geschah während der Englischstunden, die er mir auf Wunsch meiner Mutter gab, womit sie den doppelten Zweck verfolgte, ihm diskret eine Unterstützung zukommen zu lassen, andererseits aber auch meine desaströsen Englischkenntnisse etwas aufzubessern. Sie ahnte nicht, was in diesen Stunden geschah, die in ihrem Salon stattfinden durften, in dem bei dieser Gelegenheit der Teewagen mit einer Kuchenschale bereitstand.

Da holte er einmal aus seiner Tasche ein zerknittertes Papier hervor, auf dem er in seiner schönen Schrift fast kalligraphisch eine deutsche Übersetzung von Puschkins Gedicht »Die Pest« niedergeschrieben hatte. Er las sie mir, von seiner eigenen Begeisterung fortgetragen, mit bebender Stimme vor, die durch den russischen Akzent um noch einige Grade unwiderstehlicher wurde. Dann aber sagte er: »Jetzt will ich es dir auf englisch sagen.« Auswendig, mit geschlossenen Augen rezitierte er eine englische Version, die er, wie er dann erklärte, einmal für seine englischen Freunde gemacht hatte. Ich glaubte jedes Wort zu verstehen, und seitdem ist mir nicht nur Puschkins Gedicht unvergeßlich, sondern ich habe damals wohl zum erstenmal begriffen, daß keine Sprache über so reiche Register verfügt, ein so einzigartiges Medium der Poesie ist, wie das Englische.

Walodja klärte mich auch darüber auf – was ja das Thema von Shaws Pygmalion ist –, daß das Englische immer eine soziale Konnotation hat und daß man wissen müsse, wie gewisse Kreise es sprächen und aussprächen, um es richtig zu sprechen. Das ändere sich auch immer von Saison zu Saison. Es gäbe da jeweils bestimmte Epitheta und Adjektive, Modeworte, die man eben kennen muß, wollte man auf der Höhe sprachlicher und gesellschaftlicher Distinktion sein. Das versuchte er mir klarzumachen an der Benutzung des Wörtchens »rather«, das korrekt auszusprechen mir schlechterdings unmöglich war, in seinem Munde aber als Inbegriff des Köstlichen erschien, dessen richtige Verwendung aber trotz aller Beispiele, die er beibrachte, offensichtlich ein esoterisches Geheimwissen voraussetzte, das je zu erwerben mir versagt sein würde.

Die englischen Freunde erschienen mir wie ferne göttliche Wesen. Walodja erzählte mir, daß sie, als er in Oxford war, die grauen Flanells, die zerknittert sein mußten, nicht mit einem Gürtel trugen, sondern anstelle des Gürtels eine Krawatte wie eine Schärpe um die Hüfte knoteten; dazu wurde unter dem Gown das Dinnerjackett getragen und die dazugehörigen Lackpumps mit ihren hauchdünnen Sohlen. Sie schickten sich von College zu College Telegramme, um sich einen guten Morgen zu wünschen oder ihre Freundschaft zu beteuern, und machten sich kostbare Geschenke und Eifersuchtsszenen. Mitten in der Nacht brachen sie gemeinsam zu improvisierten Reisen auf.

Einmal, so erzählte Walodja, nahm ihn ein Freund zum besten Juwelier am Platz mit, um eine silberne Haarbürste zu kaufen. Der Clerk legte ihm eine Auswahl vor. Ob er nicht ein kleineres Modell hätte? Der Clerk brachte kleinere Bürsten herbei. Ob es nicht eine noch kleinere Ausführung gäbe? Der Clerk suchte eine noch kleinere Bürste heraus. Als diese immer noch nicht den Wünschen des Freundes entsprach, fragte der Verkäufer verzweifelt, wozu denn diese kleine Bürste gebraucht würde. Schließlich könnte man eine anfertigen lassen. »Ich brauche diese Bürste«, erklärte der jugendliche Kunde, »um meinen Teddybären zu züchtigen.« Das gefiel mir!

Oder diese Episode: Als er mit seinen Freunden einmal im Theater war, saß vor ihnen in der Loge eine außergewöhnlich attraktive junge Frau, mit der sie unbedingt ins Gespräch kommen wollten, ohne genau zu wissen, wie. Sie erreichten ihr Ziel, indem sie mit einem Feuerzeug den Tüllschal entflammten, in den die Schöne gehüllt war. Sie konnte den hilfreichen Kavalieren, die jetzt das Feuer löschten, nur dankbar sein, nicht wahr?

Ob wahr oder erfunden – ich las dergleichen später bei Evelyn Waugh –, Walodjas Geschichten eröffneten mir, als Vierzehnjährigem, den ersten Einblick in Sphären höherer und höchster Lebensart, die an Raffinement und Sensitivität alles übertraf, von dem ich mir eine Vorstellung machen konnte. Die Möglichkeiten, die sich da vor meiner Phantasie auftaten (und mir zeitweilig richtig den Schlaf raubten), in deren Vollzug ich mich aber ohne weiteres und ganz selbstverständlich einfühlte, als kennte ich nichts anderes, kristallisierten sich zum Ideal eines spielerischen und eleganten *savoir-vivre* als der allein mir angemessenen und gemäßen Art zu leben, was um so erstaunlicher war, als konkrete Beispiele dafür in meiner Lebenswelt schlechterdings nicht vorkamen. Von meinem bürgerlichen Schulalltag war das alles ebenso weit entfernt – in genau entgegengesetzter Richtung wie der herbe, auf Bedürfnislosigkeit und Abhärtung gestimmte Stil der bündischen Jungengemeinschaft, an deren Ritualen ich gleichzeitig partizipierte.

Ist mir je der Gedanke gekommen, ich würde einmal genauso arm sein wie Walodja? Ein Flüchtling, der alles verloren hat, außer den guten und schlechten Gewohnheiten, die seine Erziehung zurückgelassen hat? Nein, an dergleichen denkt man nicht, wenn man fünfzehn ist. Im Grunde war ich noch nicht viel weiter als an jenem Tage, an dem ich, auf einem Spaziergang mit Mademoiselle unweit unseres Hauses, an der Ecke Lynarstraße, auf der Bank, die dort stand, einen Mann zwischen zwei verschnürten Pappkartons sitzen sah, der bitterlich weinte. Ich war ganz bestürzt und drängte Mademoiselle, etwas Tröstliches zu tun. Sie fragte ihn nach der Ursache seines Kummers. Sein konvulsivisches Schluchzen hinderte ihn, sofort eine Antwort zu geben. Dann kam es stoßweise: »Ich habe meine Existenz verloren.« Darunter konnte ich mir nun überhaupt nichts vorstellen, und auch Mademoiselle konnte mir das nicht richtig erklären. Was heißt das, jemand hat seine Existenz verloren? Man kann einen Mantel verlieren, seinen Kopf. Aber seine Existenz? Existenz – dieses Wort blieb haften. Wir gaben dem unglücklichen Mann ein paar Mark. Das war auf dem Höhepunkt der Wirtschaftskrise, ich werde acht Jahre alt gewesen sein.

In dieser Zeit klingelten regelmäßig die Arbeitslosen an der Haustür. Sie bekamen ein schon vorbereitetes, in Butterbrotpapier verpacktes Stullenpaket. Manchmal fand man die Brotscheiben auf der Straße wieder, sie hatten nur die Wurst gegessen.

Einen Winter lang kam auch täglich ein kleiner Junge, so alt wie ich, in die Küche, wo ihm ein warmes Mittagessen verabreicht wurde. Ich empfand kein Mitleid für ihn, sondern hatte Angst vor ihm. Wenn wir uns kreuzten, was gelegentlich geschah, weil ich um die Zeit aus der Schule kam, zu der er zu seiner Mahlzeit erschien, sah er mich mit bösen Augen an. Das war auch so ein Halenseer!

Einmal, erinnere ich, war ich mit meiner Mutter zu Gast bei Walodja in der kleinen Potsdamer Wohnung – ein Souterrain. Er hatte auf diesem Besuch beharrt. In einem kahlen, völlig schmucklosen Raum standen nichts als ein mit einem wollenen, farbigen Überwurf bedecktes hölzernes Bett – das Bettzeug war offensichtlich entfernt, so daß die Liegestatt als Sitzgelegenheit dienen konnte – und, von ein paar einfachen Stühlen einmal abgesehen, seltsamerweise nur noch ein etwas ramponierter Konzertflügel, der in dem niedrigen Zimmer viel zu groß wirkte, etwas unwillig auch und gequält, wie eine große Raubkatze in dem winzigen Käfig eines Wanderzirkus.

Es empfing uns die Schwester in einem eindrucksvollen, hochgeschlossenen, glockenrockigen Stilkleid aus steifem, schwarzem Taft. Sie war kleiner als Walodja, hatte aber dieselben Gesichtszüge, freilich ohne die ihm eigentümliche Heiterkeit in den Augen. Anwesend war auch noch ein anderer Gast. Auf dem Notdiwan kauerte mit hochgezogenen Beinen eine wunderschöne junge Frau mit schwarzen Augenschlitzen und einer scharfgeschwungenen Nase, die ihr etwas von einer aztekischen Prinzessin gaben, etwas Exotisches, was vielleicht auch damit zusammenhing, daß sie weißgepudert war und ihr Gesicht, ein spitzes Oval mit einer hohen Stirn, wie eine Maske wirkte, durch deren Öffnungen die Augen funkelten. Eine Turandot, von der zu vermuten stand, daß sie sehr grausam sein konnte. Was tat sie hier, wo sie so offensichtlich nicht hinpaßte?

Es wurde Tee gereicht. Dann begann die Schwester Klavier zu spielen, Russisches natürlich, Rimski-Korsakow, Mussorgski. War die Musik so traurig oder war sie es? Ihre ganze Erscheinung war umhüllt von einer Aura von Melancholie; ein spätes Mädchen, das nie einen Mann finden, eine Pianistin, die nie eine Karriere machen würde; ihre Armut, die gerade in diesem für den Nachmittag viel zu prächtigen einzigen Kleide so sichtbar wurde; die unstillbare Sehnsucht nach der Heimat, und das will heißen: nach den ihr angemessenen Lebensumständen. Dann las sie eigene Gedichte vor, wie Walodja in drei Sprachen. Heliotropgeruch. Todgeweihte Parks. Alle waren sehr ergriffen, meine Mutter sagte Passendes.

Ich wünschte, daß uns Walodja seine deutsche Version der »Pest« vortrüge. Mama hatte sie nie gehört. Aber davon wollte er nichts wissen. Er hatte etwas anderes im Sinn. Natürlich hatte ich sofort gespürt, daß wir nicht eingeladen worden waren, um der Schwester zuzuhören. Wir waren hier, um die schöne junge Frau zu bewundern. Walodja hatte diesen Nachmittag inszeniert, um der schönen jungen Frau etwas ihr Gemäßes zu bieten, etwas Prinzessinnenhaftes, Festliches. Er wollte ihr das Kostbarste zu Füßen legen, was er besaß, und das konnten nur die Menschen sein, die er am meisten liebte und die ihn liebten. Sie aber sollte der Mittelpunkt sein. Er hatte Augen nur für sie. Während die Schwester musizierte, daß es einem das Herz brach, neigte er sich, als säßen sie vor allen Blicken geschützt in einer Loge, immer wieder zu ihr hinüber, um ihr ganz jungenhaft, beinahe ungezogen, etwas zuzuflüstern. Als dann eine Pause entstand, in die ich mit meinem Vorschlag hineinplatzte, er solle seinen Puschkin vortragen, wandte er sich ostentativ zu meiner Mutter, als suche er ihre Hilfe: »Nein, nein, nicht ich – wir müssen die Glockenstimme hören!« und setzte hinzu, als hätte nur meine Mutter die Macht, diesen Wunsch in Erfüllung gehen zu lassen: »Bitten Sie sie! Sie müssen sie bitten!«

Die Glockenstimme? Es war klar, er meinte die Stimme der jungen Frau, die – soviel war mir schon aufgefallen, obwohl sie kaum etwas gesagt hatte – ein ungewöhnlich tiefes, wohlklingendes, schauspielerisch geschultes Organ hatte. Braun und gold. »Glockenstimme« paßte sehr gut. Das war eine Konstatation, ein Kompliment, eine Huldigung, eine Liebkosung. Walodja sprach das Wort immer wieder aus. Das Wort auszusprechen machte ihm sichtlich Freude. Es war die magische Formel, mit der er das geheimnisvolle Wesen verzaubern und für sich gewinnen wollte.

Ich erinnere mich heute, daß meine Mutter mir einmal zu erklären versuchte, worin der unwiderstehliche Charme von Walodja lag. Er beherrsche die Kunst, Frauen Komplimente zu machen. Sie sagte, »ihnen zu schmeicheln«. Das fand ich unerhört, denn vom Schmeicheln hielt ich gar nichts. Schmeicheln paßte weder in meine preußisch-protestantisch-professorale noch in meine bündische Lebenswelt. Es hieß für mich, die Unwahrheit sagen, den anderen anlügen, ihm etwas vormachen, eine Schwäche ausnutzen. Dergleichen kam für mich nicht in Frage. »Du mußt das nicht falsch verstehen, die Kunst zu schmeicheln liegt nicht darin, daß man eine Unwahrheit sagt, sondern daß man das lobt, was man ehrlich loben kann, weil es lobenswert ist; daß man also auch bei einer häßlichen Frau die verborgene Schönheit entdeckt. Jede von uns hat immer etwas, das wirklich schön ist – bei der einen das Ohrläppchen, bei der anderen der Fuß, bei der dritten die Ausstrahlung ihrer Haut. Nur muß man es herauszufinden wissen. Darauf wartet sie. Das Kompliment muß die Erfüllung ihres Wunsches sein, in dem erkannt zu werden, worauf sie insgeheim stolz ist. Dem, der das Geheimnis entdeckt, kann keine Frau widerstehen.« Kein Zweifel, das außergewöhnlich Schöne der jungen Frau, der es im übrigen an vielfältigen Reizen nicht fehlte, war diese Stimme. Dunkeltonig las sie uns schließlich vor. Es war ohne Belang, was sie las, der Genuß lag darin, ihr zu lauschen. Walodja hatte recht.

Die »Glockenstimme« blieb mir noch lange im Ohr. Und wie staunte ich, als ich sie jetzt, fast fünfzig Jahre später, im Hause von Berliner Freunden wieder vernahm. Sie gehörte einer jungen Frau, die, so schien es mir, viel Ähnlichkeit mit Walodjas Prinzessin hatte. Ich konnte nicht anders, als ihr die Geschichte von der »Glockenstimme« zu erzählen. Alles war wieder gegenwärtig, die gebrochene Stimmung der Stunde, meine Faszination.

»Wissen Sie, wer die junge Dame war?« Obwohl ich Schwierigkeiten mit Namen habe, kam es wie aus der Pistole geschossen: Pamela Wedekind. Walodja hatte sie uns damals vorgestellt, aber der Name sagte mir überhaupt nichts. Frank Wedekind war mir unbekannt. Ich entdeckte den Autor von »Lulu« und »Francesca« erst einige Jahre später, während meiner Theaterzeit. Und gar nichts wußte ich, obwohl sie mir heute so nah, fast verwandt erscheinen, von den theaterspielenden, experimentierfreudigen, weltenbummlerischen jungen Leuten, Klaus und Erika Mann und von ihr, Pamela (von dem vierten im Bunde, Gustaf Gründgens, ganz zu schweigen. Kein Zusammenhang konnte für mich zwischen dem Intendanten der Berliner Staatstheater und dem Spießgesellen der kabarettistisch-expressionistischen »Revue zu Viert« bestehen). Nichts, schlechterdings nichts; das kann als Zeichen dafür genommen werden, wie fern uns in den Dreißigern die zwanziger Jahre waren. Ich hätte sie bewundert und beneidet. Wir hätten es doch im Grunde genauso machen wollen wie sie, hätten es genauso gemacht! Allein die Zeiten, die waren nicht so.

Kurz, ich hatte nicht den geringsten Schimmer davon, welcher Berühmtheit ich da begegnete. Meine Ignoranz schützte sie wie ein Inkognito. Mir prägte sich lediglich ein Bild ein, das maskenhafte Gesicht, eine Stimme. Die unauslöschliche Erinnerung an etwas Besonderes, Köstliches, etwas, wie nur Walodja es ersinnen konnte.

»Pamela Wedekind?« fragte *meine* Glockenstimme. Und ich hörte ein Lachen in denselben tiefen, goldbraunen Tönen. »Wie sonderbar – das ist meine Mutter.«

Ein Höhepunkt von Walodjas Berliner Zeit war der Vortrag, den er im Hause von Leo von König über die Dekabristen hielt. Ich betrat bei dieser Gelegenheit zum erstenmal das kleine Schlößchen – denn so darf man das preußisch-einfache, schmucklose, aber wohlproportionierte Gartenhaus wohl nennen, in dem der bedeutende Berliner Künstler sich Atelier und Wohnung eingerichtet hatte.

Es war eine Vormittagsveranstaltung; die Räume waren lichtdurchflutet. Man konnte die großartigen Porträts von Barlach und Käthe Kollwitz bewundern, die zu dieser Zeit in Arbeit waren, beides politische Manifestationen, in breiten, pastösen Strichen hingeworfen, vollkommen auf den schmerzlichen Ausdruck der Augen gestellt, etwas an den späten Lovis Corinth erinnernd – sicher das äußerste, was an malerischer Wesenserfassung möglich war, bevor die Grenze ikonoklastischer Zerstörung überschritten wird. Vielleicht die letzten großen Bildnisse der europäischen Porträtkunst. Das Porträt seiner Tochter mit dem Papagei auf der Schulter beschwor Erinnerungen an vergangene Ideale von Eleganz und Schönheit. Leo von König, ein großer Maler, kein Zweifel. Der Chronist einer Gesellschaft, deren Produkt und vollkommener Ausdruck er war. (Ein Schüler, nebenbei gesagt, jenes Franz Lippisch, von dem das beste Porträt meines Vaters stammt. Ewig schade, daß Leo von König ihn nicht gemalt hat!)

Im Entree fiel mir eine kleine, ganz zarte, honiggoldene Wachsplastik auf – ein Mädchentorso. Ihn hätte ich besitzen wollen. Ich fragte nach dem Künstler und erfuhr, daß es Thorak war, der frühe Thorak aus den Pariser Jahren. Er und Leo von König waren eng befreundet, als sie gleichzeitig in den Ateliers vom Montparnasse ihre Künstlerlaufbahn begannen. Thorak türmte nun seine Monumentalplastiken zur Feier eines Regimes, deren Opfern der frühere Weggefährte ein so eindrucksvolles Denkmal setzte.

Der Vortrag von Walodja, vor sicher hundert Zuhörern, war schlecht. Es gelang ihm nicht der Schritt vom Anekdotischen zum Historischen. Die schwebende Leichtfüßigkeit seiner Plaudereien war dahin. In einem Augenblick, wo wir alle glaubten, er habe den Faden definitiv verloren, bat er mich, der ich ganz vorne, zu seinen Füßen gewissermaßen, saß, ihm doch ein Glas Wasser zu holen, was ich gerne tat. Meine Mutter fand das ungehörig. Warum? Ich half ihm, und die Situation war gerettet.

Ich hatte nahezu alles, was er vortrug, schon lange vorher aus seinem Munde gehört, nur viel besser. Unvergeßlich besonders die Szene, in der sich der Zar und der Hauptverschwörer, nach der Entdeckung des Anschlages, weinend in den Armen liegen. Ob das Publikum – Berliner Gesellschaft –, das den Vortrag Walodjas geduldig zu Ende hörte, bevor der Sekt und vorzügliche belegte Brote gereicht wurden, den Zusammenhang herstellte zwischen der verzweifelten Konspiration jener großherzigen jungen Menschen gegen Tyrannei und Alleinherrschaft und der politischen Situation ihres eigenen Landes – es wird um das Jahr 1938 gewesen sein –, ob sie in ihrem tiefsten Inneren überhaupt den Wunsch verspürt haben, so etwas möge doch auch in Deutschland geschehen, um es von dem unwürdigen Despoten zu befreien –, oder ob sie sich umgekehrt sagten, dergleichen sei eben nur in einem Lande wie Rußland möglich, vermag ich nicht zu sagen. Ich kann nur der Wahrheit gemäß berichten, daß mir eine solche Parallele damals nicht in den Sinn gekommen ist.

Bei Leo von König habe ich übrigens Reinhold Schneider getroffen – ein Freund des Hauses –, von dem damals ein eindrucksvolles Bild entstand. Auch einer dieser unerlösten deutschen Männer! Man las damals viel seinen »Las Casas«. Camões habe ich durch ihn kennengelernt und schnell vergessen, bis ich Jahrzehnte später in der Casa Mateus in Vila Real wieder auf seine Spuren stieß.

Nur aus angemessener Ferne erlebte ich die andere Figur aus der Welt des zaristischen Rußland, die zum Kreis der guten Russen gehörte, die meine Mutter in unser Haus zog. Er war nicht einer unter anderen, er war ihr Führer, ihr Vater, ihr Mittelpunkt. Ganz jung noch, mit einem Gesicht wie von Greco gemalt, bewegte er sich in seiner schwarzen Soutane wie einer, der nicht in dieser Welt zu Hause ist, gleichzeitig mit einer mädchenhaften Scheu und der Würde eines Fürsten. Das war er auch, der Priester Johannes, »Père Jean«, wie er bei uns hieß, Mönch vom Berge Athos, der das liederliche Leben eines Pariser Playboys mit der aufopferungsvollen Existenz eines Gottesmannes vertauscht hatte – das Leben, die Lust, die Freuden des irdischen Daseins mit geistigen Ekstasen, die nur die Kommunion mit dem Göttlichen vermittelt. Es genügte, in seine tiefen, dunklen Augen zu schauen, die so ernst und so unendlich gütig zugleich waren, um zu wissen, daß er anderes sah als wir gewöhnlichen Sterblichen. Aber davon wollte er Zeugnis ablegen vor den Menschen in Demut. Prince Jean Schakowskoy – irgendwann wird sein Leben dem von Walodja geglichen haben. Spuren blieben davon nicht – es sei denn der kleine Privatdruck mit russischen Übersetzungen französischer Symbolisten, den meine Mutter kostbar hatte einbinden lassen. Jetzt schrieb er Traktate über die »Hoffnung« und die »Demut«, die ich auf großen Büttenbogen mit breiter Feder in gotischen Lettern abschrieb – ich hatte Spaß an solchen Kunstfertigkeiten –, um meiner Mutter eine Freude zu bereiten.

Père Jean kam zu ihren Empfängen und Diners – es wurde dazu ein richtiges Protokoll erfunden, dem er sich lächelnd und spröde fügte. Zum Beispiel wurde für ihn gesondert gekocht. Auch mußte ich ihn im Taxi abholen. Und da saß ich dann, vor Ehrfurcht und Bewunderung erstorben, im Fond der alten Droschke neben ihm und sagte mir: »Du sitzt neben einem heiligen Mann.« Oder nein: »Du berührst hier den Rocksaum eines ganz besonderen Menschen, wie du ihm nie wieder begegnen wirst.« Ich habe mich nicht geirrt. Ich bin nie wieder einem solchen Menschen begegnet.

Was aber verspürte ich da mit so großer Stärke? Nichts Religiöses, nichts Mystisches, wie es irgendein Guru hätte ausstrahlen können, sondern die Möglichkeit der »rein geistigen Existenz«. In jedem von uns steckt irgendwo verborgen der Anachoret – der Wunsch, der Welt zu entsagen, ihr zu entkommen, um etwas Höherem willen, die Idee der Entsagung und des

Dienstes. In den Phasen meiner entfesseltsten erotischen Phantasien war es immer nur ein Schritt zum asketischen Einsiedlertum. Die Mönchskutte Balzacs ist nichts weniger als eine Pose – es ist die immer abrufbare Alternative. Diese Alternative als dem anderen Pol, Mensch zu sein, trat mir in Père Jean leibhaftig und überzeugend entgegen.

Aber das ist noch nicht alles, wenn ich mir erklären will, was mich an dieser reinen Gestalt so bewegte und faszinierte. In ihm erlebte ich, für ein Leben bestimmend, daß die große Geste des Guten das Privileg der Hochgestellten ist. »La Révolution Française est un geste généreux de l'aristocratie«, hat Lamartine gesagt. Man versteht nichts von der sozialen Ökonomie revolutionärer Veränderungen, wo sie mehr sind als krude Jacquerie, wenn man nicht die Wahrheit dieses Satzes begriffen hat. Die Chance einer Verbesserung menschlicher Lebensbedingungen liegt nicht in der Durchschlagskraft des Ressentiments, sondern in der unwiderstehlichen Wirkung der Großherzigkeit. Brüderlichkeit wird nicht von denen gestiftet, die Privilegien zerstören, sondern von denen, die sie freiwillig ablegen – wer aber ist dazu imstande?

Hinter der Gestalt des Père Jean zeichnete sich für mich die Silhouette eines anderen russischen Fürsten ab, die des Fürsten Kropotkin, der nicht als aus dem Lande verjagter *Ci-devant,* sondern als mit allen Privilegien seines Standes ins Leben eingetretener Jüngling seinen Vorrechten entsagte, um auf eigene Faust, aus eigenen Kräften die Möglichkeiten eines besseren Lebens aller in einer besseren Gesellschaft zu erforschen. Neben dem Grafen Saint-Simon eine der schönsten Figuren des 19. Jahrhunderts. Es sollte sich erweisen, daß die Figur des Irenikers, der sein Leben in den Dienst einer generösen Utopie stellt, nachhaltiger auf mich gewirkt hat als die des Hierophanten, für den die Utopie Anathema ist. Es hat an Exemplaren dieser Gattung in meiner Jugend auch nicht gefehlt.

Die große Stunde der »Guten Russen« schlug im Spätsommer 1941, nach dem Einmarsch Hitlers in die Sowjetunion. Es war eine Stunde fieberhafter Hoffnungen und tödlicher Enttäuschungen. »Reichsleiter« Alfred Rosenberg hatte nach Berlin eine Konferenz einberufen, um die Richtlinien der ideologischen Kriegsführung für den Rußlandfeldzug festzulegen. Es war damals offenbar noch nicht definitiv entschieden, ob die deutschen Armeen als Befreier oder Eroberer auftreten sollten. Da waren – teilweise sogar aus Paris – verschiedene Führer der russischen Emigration zu einer Konsultation zusammengetrommelt worden – Leute wie der ukrainische

Kosaken-Hetman Skoropadsky z. B. und der Religionsphilosoph Nikolaus von Arseniew – dazu Rußlandkenner und Rußlandspezialisten der verschiedensten Couleur.

In der Nachodstraße herrschte, wie man sich denken kann, die größte Aufregung. Man war des festen Glaubens, die Deutschen würden Rußland von der bolschewistischen Zwangsherrschaft befreien, den Bauern werde das Land zurückgegeben, die heilige orthodoxe Kirche wieder in ihre Rechte eingesetzt werden und die Emigranten aus ihrem Exil in die Heimat zurückkehren. Man packte gewissermaßen schon die Koffer.

Man muß sich erinnern, daß für diese Menschen 1917 noch gar nicht so lange zurücklag; kaum mehr als zwanzig Jahre. Es war gar nicht so absurd, sich vorzustellen, daß die Stalin-Diktatur wie ein Spuk weggefegt werden und alles wieder da anfangen bzw. weitergehen würde, wo der Leninsche Gewaltstreich die »normale« Entwicklung unterbrochen hatte: bei Kerenski und Zereteli. (Sie lebten damals beide noch, allerdings in New York.) Weitere Perspektiven eröffneten sich: eine unabhängige Ukraine, ein freies Georgien …

Wie ein Wunder verfolgte man den triumphalen Vormarsch der deutschen Armeen und erzählte sich rührende Geschichten davon, wie die russische Dorfbevölkerung den Truppen entgegenzog, Ikonen voran, um ihre Befreier mit Blumen zu kränzen. Die Illusionen waren rasch zerstoben. Gegen die Vorstellung von einem russischen Volk, das auf seine Befreiung wartete, setzte sich die Wahnsinnsidee vom »russischen Untermenschentum« durch, das nur zur Versklavung tauge. Die Ukraine würde nicht ein selbständiger Staat, sondern eine Kolonie, Siedlungsraum für den deutschen Herrenmenschen.

Das wurde schon auf dem Rosenbergschen Kongreß klar, der ja noch unter ganz anderen Auspizien zusammengetreten war. Die Teilnehmer standen fassungslos vor soviel brutalem Unverstand. Als Beleg für die Untermenschenthese wurden seltsame Statistiken und Erhebungen ins Feld geführt. Die Fähigkeit zur Bedienung mechanischer Waffen, hieß es z. B., lasse in der Bevölkerung von West nach Ost immer mehr nach. Das finge wohl schon in Ostpreußen an, wo die »ostische« Rasse dominiere. Dann kamen die Slawen, und noch weiter östlich die sibirischen, mongolischen Völkerschaften, unter denen man sich kretinistische Analphabeten vorzustellen schien. Ergebnis der Analyse: die russische Armee sei gar nicht in der Lage, einen modernen Krieg zu führen, die Zivilbevölkerung nur zu Helotendiensten zu gebrauchen. Man faßt sich an den Kopf, aber das waren die »wissenschaftlichen« Grundlagen der deutschen Kriegsführung. Es hat gar keinen Sinn, sich vorstellen zu wollen, was gewesen wäre, wenn … wenn tatsächlich der Kampf gegen den Sowjetstaat dem Ziele gedient hätte, ein freies Rußland wiedererstehen zu lassen, da gerade die Unmöglichkeit, die Unfähigkeit, eine solche Zielvorstellung auch nur zu konzipieren, für die damaligen Herren Deutschlands charakteristisch war.

Während der Tage des Kongresses ging es in unserem Hause hoch her. Besonders zur Mittagszeit trafen sich hier unsere russischen Freunde mit anderen, vor allem den aus dem Ausland gekommenen Kongressisten. Man kannte sie gar nicht, verstand oder behielt auch nicht ihre Namen, sah nur die edlen Grauköpfe mit den Hakennasen und hatte das russische Palaver im Ohr. Unter ihnen fiel ein junger Mann auf, zierlich, schlank, mit einem etwas zu großen Kopf und überhöhter Stirn über bebrillten, blitzgescheiten Augen, von dem ich erst langsam merkte, daß er Deutscher war, so fließend sprach er russisch mit den Russen. Er gehörte zu den Schnellsprechern. Er war einer der »Rußlandspezialisten« – Slawist, wie sich herausstellte, ein Sprachgenie. Er beherrschte nicht nur alle westeuropäischen Kultursprachen, sondern auch die des Ostens: polnisch, russisch natürlich, und eine Sprache, die kein Mensch kennt: finnisch. Er sprach sie alle gleich schnell. Mitgebracht hatte ihn der alte Nikolaus von Arseniew, der sein Lehrer war und ihn protegierte.

Altersmäßig stand er mir am nächsten, obwohl er gut zehn Jahre älter war als ich. Ich suchte das Gespräch mit ihm und war völlig überwältigt von seinem enzyklopädischen Wissen. Wir sahen uns auch noch nach der Konferenz, freundeten uns an. Er wußte tatsächlich alles und hatte einen ausgesprochenen Spaß daran, mich mit seinen präzisen Detailkenntnissen auf den disparatesten Gebieten zu verblüffen: die Genealogien des europäischen Hochadels – man konnte meinen, er hätte den Gotha auswendig gelernt, den »Immoralisten« von Gide bis zum »Storm-wind on Jamaica«, den ich sofort zu lesen begann, der New-Orleans-Jazz, von dem er jede wichtige Aufnahme, jeden Pianisten und Trompeter namentlich mit Biographie kannte. Das sind nur Kostproben. Plötzlich erwies er sich als genauer Kenner der australischen Schafzucht oder des Protestantismus in Italien. Er war einer von den Menschen, die alles, was sie *einmal* gelesen haben, hundertprozentig im Gedächtnis behalten. Er sprach nicht nur schnell, sondern las auch schnell, wie er mir sagte, durchschnittlich tausend Seiten am Tag. Ich hatte keinen Grund, daran zu zweifeln. Natürlich kannte und verehrte er Carl Schmitt.

Gutbürgerlicher Herkunft, hatte er gerade von einem Onkel in Ostpreußen ein Gut geerbt und fühlte sich ganz als »Mittlerer Besitzer«. So nannte man, erklärte er mir lachend, die Gutsherren, die nicht zur Kategorie der Magnaten gehörten, wie die Lehndorff, Dönhoff und Dohna, denen die halbe Provinz gehörte.

In Berlin lebte er bei seiner Mutter. Ich besuchte ihn dort. Sein sehr großes Zimmer war rundherum bis an die Decke mit Büchern angefüllt. Da die Wände nicht ausreichten, standen auch quer im Raum deckenhohe Regale, alle weiß gestrichen. Er war stolz auf seine Bibliothek (viele tausend Bände). Wie sie mir gefalle, fragte er mich. »Sie wirkt«, sagte ich, »wie eine von einer Dame geführte Buchhandlung.« Das fand er nicht so gut, nahm es mir aber nicht übel. Sein besonderes Steckenpferd war die christliche Theologie aller Konfessionen. Er kannte die Kirchenväter, die großen Scholastiker des Hochmittelalters, die russischen Religionsphilosophen, besonders Solowjow, von dem er jede Zeile (im russischen Original) gelesen hatte. Er kannte aber auch den Talmud und die großen Kabbalisten, Maimonides und Martin Buber. Selber war er Protestant, praktizierender, und, wie er ausdrücklich betonte, gläubiger Christ.

Eines schönen Tages teilte er mir mit, er habe sich entschlossen, in die Waffen-SS einzutreten. Ich mache mir wahrscheinlich falsche Vorstellungen von dieser Formation, es gebe da in den hohen Rängen hochintelligente und kultivierte Leute, die bewußt auf die Bildung einer europäischen Elite hinarbeiteten, eine Art neuen Adel, die Aristokratie der Zukunft. Den vulgären Nationalsozialismus verachteten sie, Hitler werde als Übergangserscheinung toleriert. Man bespreche in diesen Kreisen heute schon, wie er zu beseitigen sei.

Leute wie wir, sagte er, müßten jetzt da hinein, um der Entwicklung den richtigen Vektor zu geben. Ich hätte ja den Unsinn gesehen, den die subalternen Nazis verzapften, wenn man sie sich selbst überlasse. Natürlich liege die Zukunft Deutschlands im Osten. Natürlich müsse man sich die geistigen Reserven des russischen Volkes zunutze machen. Aus dieser Substanz, man brauche nur Dostojewski zu lesen, könne die Kraft für eine spirituelle Regeneration Europas kommen.

Da erstand vor meinen Augen das große europäische Reich deutscher Nation von den Pyrenäen bis zum Ural – geführt von »deutschen Männern«. Es war zu schön, um wahr zu sein. Mein neuer Freund steigerte sich immer mehr in die Idee hinein und malte mir seine Zukunftsvision in den leuchtendsten Farben aus. Ich spürte, daß es ihm wesentlich war, mich zu überzeugen und zu gewinnen. Womit unterhielt er mich? Mit Männerbundphantasmen. Ich sah mich nicht im schwarzen Waffenrock. Ich hatte andere Informationen. Für mich stand ziemlich fest, daß diese mutmaßliche Elite der Zukunft eine Verbrecherorganisation war. Ich hatte auch nicht genug Nietzsche gelesen oder Gottfried Benn, um mich für ein amoralisches Übermenschentum, jenseits von Gut und Böse, für die »blonde Bestie« zu begeistern.

Mein neuer Freund hat seine Absicht wahrgemacht und ist in die SS eingetreten. Sicher einer der gelehrtesten, gescheitesten, religiösesten jungen Menschen, denen ich begegnet bin: Peter Scheibert. Nach dem Kriege Ordinarius für osteuropäische Geschichte. Sein »Von Bakunin zu Lenin« ist ein interessantes, kenntnisreiches, hoch lesenswertes Buch. In den sechziger Jahren wurde seine SS-Vergangenheit von einer politisch engagierten Studentenschaft entdeckt und hochgespielt. Sie hat nicht verstanden, worum es ihm ging.

Wie sollte sie auch? Inzwischen hat er in New York seine Erlösung gefunden.

Die Fee Morgane

»Salon und Bibliothek« als Topos der Polarität dieser Jugend – wenn ich etwas tiefer schürfe, finde ich hinter der mütterlichen und der väterlichen Welt die Polarität des männlichen und des weiblichen Prinzips, was viel banaler ist, aber viel weniger leicht in seinen Verzweigungen und Auswirkungen zu erfassen. Ich erlebte sie nicht als ödipalen Konflikt, sondern als Kontrast zweier Lebenssphären, zweier Komponenten meines Wesens, zweier Register meiner Erfahrung. Ich saß früh an der Tafelrunde des König Artus. Aber ich wußte immer von dem See der Fee Morgane. Wie habe ich den Weg dorthin gefunden?

Aufklärung

Der erste Versuch, mich sexuell aufzuklären, mißlang vollkommen. Er wurde unternommen in der Berliner Stadtbahn, die ich mit meinen Klassenkameraden zu einem der Stadtausflüge benutzte, die wir mit unserem Klassenlehrer Patz während der Volksschuljahre regelmäßig unternahmen. Sie gehörten zum Heimatkundeunterricht und vermittelten uns eine Anschauung jener unendlich fernen städtischen Sehenswürdigkeiten, zu denen zumindest ich den Weg niemals alleine gefunden hätte. Man war oft buchstäblich Stunden unterwegs und hatte das Gefühl, in eine völlig andere Stadt zu reisen, um – sagen wir einmal – die Jungfernbrücke oder den Kreuzberg zu besichtigen, von den Müggelbergen ganz zu schweigen! Die lagen jenseits der Grenze des Vorstellbaren ...

Die Exkursionen erfreuten sich natürlich allergrößter Beliebtheit. Der normale Schulunterricht war suspendiert, Klassenlehrer Patz nicht eine unmittelbare Bedrohung (er hatte sonst immer den Rohrstock zur Hand); man konnte mit den Mitschülern – auch mit solchen, zu denen man normalerweise keinen näheren Kontakt pflegte – über alles Mögliche reden und auch allen möglichen Unfug anstellen, ohne sofort ertappt zu werden. Sie entfernten einen auch, da sie als Tagesausflüge mit mitzubringendem Stullenpaket und Taschengeld für Limonade angelegt waren, von der häuslichen Einflußsphäre, und das hieß für mich dem Regiment der Gouvernante. Es waren Vorstöße in das Reich der Freiheit!

Auf ihnen bewies das proletarische Element der Klasse – Jungen, die mit Turnschuhen in die Schule kamen, magerer und hagerer waren als die anderen und unverfälschtes Berlinerisch sprachen – eine unbezweifelbare Superiorität. Sie wußten, wie man S-Bahn fuhr, umstieg, wie man Limonade kaufte, und sie hätten auch alleine nach Hause zurückgefunden, wenn sie den Anschluß an die Gruppe verloren hätten. Ja, sie schienen es geradezu darauf anzulegen und uns zu solchen Abenteuern verführen zu wollen.

In dieser leicht subversiven Stimmung in einem S-Bahn-Waggon dritter Klasse (der irgendwo auf dem Südring durch Stationen rollte, deren Namen ich nie gehört hatte), mich an der senkrechten Stange, die zu diesem Zwecke im Stehplatzbereich angebracht war, festklammernd, wurde ich unversehens von zwei oder drei der Klassengenossen vom Halensee in eine Art von Kreuzverhör genommen, dessen aggressive Untertöne mir nicht entgehen konnten. Es war klar, sie wollten mich in Verlegenheit bringen! Ob ich wüßte, was Ficken sei. Ich hatte natürlich keine Ahnung und bekannte es. Schallendes Gelächter. Ob ich keine Schwester hätte (sie sagten sicher »Brietze«) oder 'ne Cousine. Ich solle ma' nich' so tun! Neugierig war ich nun doch. Jetzt, wo sie es erklären sollten, was »Ficken« war, hatten sie doch semantische Schwierigkeiten. Schließlich kam heraus, daß der »Typ« (aber das war damals nicht das Wort, das sie gebrauchten) den Hosenstall aufknöpft und die »Olle« den Schlüpfer runterzieht. Das Wort Schlüpfer ist mir so deutlich in Erinnerung, als sei es soeben ausgesprochen worden. Ich erriet, daß es sich um ein Stück Damenunterwäsche handeln müsse, ein »Höschen« vielleicht. Aber das Wort »Schlüpfer« kannte ich nicht. In einer Art von umgekehrtem Fetischismus ist für mich dieser Gegenstand das Attribut des Antierotischen schlechthin geblieben. Was nun aber, nach geöffnetem Hosenstall und heruntergelassenem Schlüpfer, passieren würde, blieb Sache einer manuellen Demonstration, die mit ungeheurem Gelächter begleitet wurde, also offenbar etwas sehr Komisches bezeichnete: Der Zeigefinger der einen Hand wurde in den eingekrümmten Fingern der anderen Hand hin- und hergeschoben. Was sollte ich tun: ich lachte mit, so gut ich konnte, habe jedoch überhaupt nicht verstanden, nicht einmal ahnungsweise. »Fick-Fick« blieb als Reizwort, das, wie andere *dirty words,* unfehlbar die Zugehörigkeit zur sozialen Unterschicht anzeigte. Es begegnete mir erst wieder während meiner Militärzeit unseligen Angedenkens. Da stellte ich dann auch den Zusammenhang mit dem her, auf das es verwies. Damals, in der S-Bahn, ersparten mir Ignoranz, Unschuld und totales Desinteressement eine traumatische Besudelung des Signifikats durch den Signifikanten.

Der zweite Versuch war erfolgreicher, blieb aber rein akademisch. Der Ort: das Gebüsch unter der Brücke der Bismarckallee, zu dem man, nach Überklettern der schönen Bronzegitter auf Höhe einer der vier steinernen Sphynxe, die die Brücke flankieren, gelangen konnte. Da strolchte ich mit meinem damaligen »besten Freund« (ich könnte sagen: Spießgesellen, wenn das nicht wie ein Kalauer klänge, denn er hieß Spies) auf einem der unzähligen stundenlangen, ziellosen Bummels herum, die wir gemeinsam – sei's zu Rad, sei's zu Fuß – kreuz und quer durch den Grunewald (Stadtteil und Forst) unternahmen. Wir waren jetzt Gymnasiasten. Mein Freund war »Eichkamper« – jener, mit dem ich die russische Literatur entdeckte.

Er mußte bemerkt haben, daß ich in puncto puncti von sträflicher, ja unwürdiger Ahnungslosigkeit war, und hatte beschlossen, mich aus diesem inferioren Zustand zu erlösen. Er tat es mit dem ihm eigenen wissenschaftlichen Ernst. Er war von seiner Mutter richtiggehend, medizinisch-biologisch-physiologisch, »aufgeklärt« worden. Mit einem Zweig in den dunkelgrünen Wassern des Herthasees spielend, hielt er mir also einen Vortrag, in dem von »Penis« und »Vagina«, »Penetration« und »Präservativ« die Rede war und was es der furchtbaren Worte sonst noch gibt, die allein unsere plötzlich so arme Sprache zu bieten hat, wenn es darum geht, das Zarteste, das Wunderbarste zu bezeichnen, das das Leben für uns bereithält.

Ich hörte aufmerksam zu, stellte Fragen, vermochte schließlich mir irgendwie ein Bild zu machen von dem, was da vor sich gehen könnte. Es blieb aber völlig abstrakt, wie die Beschreibung eines physikalischen Experiments durch den Physiklehrer. Irgendeine Verbindung zu meiner Person, meinem Körper, meinem Begehren vermochte sich nicht herzustellen. Immerhin besaß ich von jetzt an ein Basiswissen, das ich im Laufe der Jahre – nicht etwa durch persönliche Erfahrungen, sondern durch einschlägige Lektüre – anreichern konnte, um peu à peu meinen Vorstellungen von der Beziehung zwischen den Geschlechtern einen konkreten Inhalt zu geben.

Sehr viel weiter war ich allerdings noch nicht, als mir ein anderer Klassenkamerad, mit dem ich eine episodische Beziehung angeknüpft hatte, etwas später eröffnete, ich müsse eine »Braut« haben. Wir waren um die dreizehn. Ich fand das Ansinnen töricht. Was sollte ich mit einer Braut? Mädchen standen nicht hoch im Kurs in meiner damaligen Jungenwelt.

Der Verführer ließ nicht locker. Das gehöre einfach dazu; außerdem wüßte er auch jemanden für mich, ja, er dürfte es eigentlich nicht sagen, er sei aber sicher, daß dort eine gewisse Erwartung genährt würde – er wolle alles arrangieren. Ich ließ mich breitschlagen. Und es stellte sich heraus, daß diejenige, die mir bestimmt war, niemand anderes war als die Schwester eben jenes »besten Freundes«, Eugenie, die ich beinahe täglich sah, wenn ich ihren Bruder zu einer Radpartie abholte. Der Brautwerber war auch »Eichkamper«!

Ich fand sie nett, hatte sie aber nie weiter irgendwie beachtet. Schwestern waren *quantité négligeable* – das wurde erst viel später anders. Was ich, um Gottes willen, tun müßte? Das Szenario war fix und fertig: ich müsse sie zu einem Spaziergang in den Grunewald einladen und ihr dort einen Kuß geben. Ich glaube, ich habe das dann auch pflichtgemäß so getan, obwohl es mir vollkommen überflüssig schien. Das Mädchen war besser vorbereitet als ich. Es lief alles ohne Peinlichkeiten ab, blieb aber ohne jede Folge. Ich »entdeckte« sie erst viele Jahre danach, aber das ist eine andere Geschichte. Jedenfalls hatte ich jetzt eine »Braut«, das war allgemein bekannt und anerkannt. Die Initiationsriten waren damals streng, aber recht harmlos.

Mythologie

Nun würde ich ein völlig falsches Bild meines Verhältnisses zum anderen Geschlecht geben, wenn ich es bei diesem Karenzbericht belassen würde, der nur insofern hier einen Platz finden muß, als er einen Eindruck von dem Mißverhältnis vermittelt, in dem sich eine spätbürgerliche Jugend, wie die meine, zum Sexuellen befand. Rückblickend erscheint es mir keineswegs als Unglück. Das Nichtwissen, was diesen zentralen, geheimnisumwitterten Bereich betraf, war, so will es mir heute beinahe scheinen, die Triebfeder jenes unstillbaren Wissensdranges, jenes Wissenwollens, dank dessen sich uns die Welt erschloß. Hier hatte die große, in alle Richtungen vordringende Neugierde, die vor nichts Halt zu machen bereit war, ihren Grund. Hier wurzelt vor allem jene Kraft, die, solange sie uns erhalten bleibt, unsere Lebensmöglichkeiten ins Unendliche zu steigern vermag: die Phantasie. Wie traurig wäre das Leben ohne sie …

So war meine Beziehung zum anderen Geschlecht, soweit ich zurückdenken kann, wesentlich eine phantasmatische. Mit holden Frauengestalten, die ihn liebkosten und deren Schönheit er als beglückend empfand, schlief der Knabe ein – von ihnen träumte er, für sie baute er, in seiner Phantasie zuerst, dann auf dem Papier, herrliche Paläste. Sie hatten mit der Realität meiner Lebenswelt nichts zu tun, was aber nicht heißt, daß sie nicht einen hohen Grad von Wirklichkeit besaßen. Irgendwie flossen in sie vollkommen transfigurierte Bilder der Mutter und der Gouvernante ein, was bei der letzteren um so erstaunlicher klingen mag, als man wissen muß, daß die reale Mademoiselle Guichard, eine Bäckerstochter aus dem Kanton Vaud, eine ziemlich häßliche, dicke, transpirierende Person war. Meine Gespielinnen waren schmale, diaphane Gestalten mit langen Haaren und durchsichtigen Gewändern. Ich sehe sie noch ganz deutlich, wie sie sich da auf den von mir angelegten Terrassen im goldenen Licht der untergehenden Sonne ergingen, und ich frage mich heute, wo der Zehnjährige diese künstlerisch-kitschigen Vorstellungen überhaupt herhatte, denn ich glaube nicht, daß ich damals schon Bilder von Botticelli und Dante Gabriel Rossetti zu Gesicht bekommen habe. Genauso aber, wie die Frauengestalten dieser Maler, sahen die wunderbaren Geschöpfe in meinen erotischen Phantasien aus.

Sie haben bis heute ihre Macht über mich nicht verloren, und jedesmal, wenn ich mich in eine Frau verliebe, ist es mir, als sei eine von ihnen aus jenem fernen Paradiese in mein Leben getreten. Dann wundert sie sich, daß ich sie seit immer schon kennen will, sie wie eine alte Vertraute behandele, und es gelingt nicht immer, ihr zu erklären, was mir geschieht. Noch weniger wird sie einsehen wollen, daß es nie nur sie allein gibt und geben kann, denn sie ist ja nur die eine, die gerade jetzt herausgetreten ist aus der Schar meiner Gespielinnen. Meine erotischen Phantasien waren immer polygam. Lange bevor ich wußte, was das ist, organisierte ich die Weiblichkeit um mich zu einem Harem. Das hängt vielleicht damit zusammen, daß ich als kleines Kind schon immer über mehr als eine Bezugsperson verfügte – Mutter und Amme, Mutter und Gouvernante, und die Bonne, die mir über das Haar strich, wenn sie mir den Kakao ans Bett brachte. Ich gebe diese Hypothese zum besten, weil sie mir in der Theorienbildung der Psychoanalytiker vernachlässigt zu sein scheint. Alle Objekte sind Substitute, zugegeben, bei mir handelte es sich immer um einen Plural.

Später kam die Zeit der Tanzstunde. Eine Dame, deren Beruf dies war, arrangierte zu diesem Zweck einen Kurs, der einen Winter lang einmal wöchentlich reihum in den Häusern der Teilnehmer stattfand. Man kannte nur einen Teil der sorgfältig zusammengestellten Gruppe, alles Berlin-West, versteht sich. Ein großes Haus war Vorbedingung, und ich habe da einen Blick in viele Interieurs getan, von denen mir die wenigsten gefielen. Schon damals entwickelte ich ein allergisches Unterscheidungsvermögen zwischen vornehm und protzig, echten und falschen Persern, Kunstgegenständen und Nippes. Ein Blick auf ein Bücherregal genügte, und ich wußte, wes Geistes Kind die Bewohner des Hauses waren.

Daß ich ein besonderes Interesse für Innendekoration zeigte, hing mit meinem besonderen Verhältnis zur Architektur zusammen – eigentlich habe ich immer jedes Haus so betreten, als wäre mir die Aufgabe zugefallen, es nach meinen Angaben neu einrichten zu lassen. Das führte zu einer Attitüde, die nicht jedem Besitzer gefällt. Besonders die, die es am nötigsten hätten, sind am stolzesten auf ihren Geschmack – es ist wie mit der Psychoanalyse – wer ihrer am meisten bedürftig ist, lehnt sie ab.

Nach der eigentlichen Unterrichtsstunde gab es ein Buffet mit einer dünnen Bowle, und danach ging die Veranstaltung in eine Party über, in der das Tanzen nicht mehr das Wichtigste war, sondern das »Poussieren«, denn so muß man wohl eine recht unbeholfene Courmacherei von sechzehnjährigen Jünglingen in ihren ersten dunklen Anzügen, die meistens auch als Konfirmationskostüm gedient hatten, und den dazu passenden Backfischen in ihren dreiviertellangen, von der Hausschneiderin nach einem Ullsteinschnitt gefertigten Tanzstundenkleidern bezeichnen. Das Wort »flirten« gab es (bei uns wenigstens) nicht, viel weniger die Sache. Ein flüchtiger Kuß vor der Haustür beim Nachhausebringen – das gehörte zum Ritual. Im übrigen herrschte eine Stimmung diffuser Verliebtheit, die den Körperkontakt eher vermied als suchte. Ja, was haben wir eigentlich gemacht? Man erwartete den nächsten Abend mit größter Spannung und verließ ihn mit dem Gefühl, sich köstlich amüsiert zu haben. Immerhin fallen in diese Periode meine ersten Gedichte.

Sie galten Eva-Maria, der Schwester des damaligen »besten Freundes« Karl, der diesmal nicht aus Eichkamp, sondern aus Dahlem stammte. Ich hatte ihn im Konfirmandenunterricht kennengelernt. Mit ihm übertrat ich die Schwelle meiner Knabenzeit und »reifte zum Jüngling«. Ich will ein andermal von ihm erzählen. Hier muß ich berichten, daß ich mich, automatisch, muß ich schon sagen, in seine Schwester verliebte und ihr Gedichte machte, mit denen sie wenig anzufangen wußte. (»Ach, mit Versen ist so wenig getan, wenn man sie früh schreibt.«) Um so mehr erregten sie das Interesse von Walodja Koschewnikow, dem ich sie schüchtern zeigte. Er nahm sie ganz ungeheuer ernst, ging sie Zeile für Zeile mit mir durch, machte Änderungsvorschläge, rezitierte sie, als seien sie von Puschkin. Weil er meinte, das sei die Richtung, in der ich weitersuchen müßte, schrieb er mir die schönsten Verse von Georg Trakl auf veilchenblauem Papier ab. Und so ist die Erinnerung meiner Liebe zu Eva-Maria unlöslich verbunden mit der Entdeckung dieses unglücklichen österreichischen Poeten – im farblichen Register veilchenblau.

Die Tanzstundenatmosphäre war auch noch in einer anderen Hinsicht kreativitätsfördernd. Ich hatte die Technik des Linolschnittes erlernt und begann – im Besitz eines kompletten Satzes echter Holzschnittmesser, die ich irgendwo in einem der leerstehenden und vergammelten Zeichensäle meiner Schule entdeckt und kurzerhand konfisziert hatte – mich in dieser Kunstform zu üben. Dabei eiferte ich dem Vorbild von Masereel nach, dessen Bildergeschichten mir meine Mutter sehr früh gezeigt hatte. Die kleinen Bände des Wolff-Verlages standen in ihrer Bibliothek, die im Gegensatz zu der meines Vaters einen mehr bibliophilen Charakter mit vielen Kunstbänden hatte; eine andere, bilderfreundliche Provinz der Bücherwelt, in die ich eindrang wie in einen gepflegten Park.

So entstand eine Serie von Schnitten zu einer Novelle, die mir der Zufall in die Hände gespielt hatte: »Claas der Fisch«, eine wild-feuchte, ozeanisch-undinische Liebesgeschichte, die ich natürlich Eva-Maria widmete – ohne zu bedenken, daß die in ihren schwarz-weißen Kontrasten suggestive Nacktheit der Figuren, Fisch wie Mensch, das Mißfallen von Tante »Tönchen« hervorrufen würde, die in diesem Hause Mutters Stelle vertrat. Das wurde noch schlimmer mit einer Bilderfolge, die ich »Der Traum« genannt hatte. Deren Heroine trug ganz unverkennbar die Züge des Gegenstandes meiner Zuneigung. Zum Entsetzen der Tante war sie auf einigen Blättern ganz unverhüllt zu sehen. Das war mir gar nicht richtig bewußt geworden; arglos war ich nur meiner künstlerischen Inspiration gefolgt. Ich fiel also in Ungnade, hatte aber andernorts Erfolg mit meinen Arbeiten, die ich ganz fachmännisch und handwerksmäßig selber auf schönes Japanpapier abgezogen hatte.

Karl entstammte einer »Industriellenfamilie«, einer sozialen Kategorie, die bei meinen Eltern keinen besonders hohen Stellenwert hatte. Man supponierte Ungeistigkeit. Dabei war der Vater ein ausgesprochen kultivierter, auch schon älterer Herr, der in seinem schönen, von einem bekannten Berliner Architekten gebauten Haus eine Sammlung von holländischen Paysagisten und eine erlesene Bibliothek hatte. Dort habe ich die ersten Ruysdaels gesehen und lieben gelernt. Mit ihm fuhren wir auch, Karl und ich – manchmal kam auch Eva-Maria mit –, an zahllosen Sonntagen auf die Museumsinsel, um sorgfältig ausgewählte Sektionen der märchenhaften Sammlungen zu besichtigen. Frühe Italiener, deutsche Romantiker, die Säle, in denen Slevogt und Corinth, der »d'Andrade« und das »Ecce Homo«, hingen – immer mit den diskreten, sachkundigen, sich oft auf kleine Hinweise beschränkenden Kommentaren des väterlichen Begleiters.

Richtig war, daß diese Leute unvergleichlich viel reicher als wir, d. h. richtig reich waren – sie hatten einen großen Mercedes mit livriertem Chauffeur –, was ich durchaus genoß, mich aber als »Professorensohn«, der Gedichte machte und künstlerischen Ambitionen hemmungslos nachging, in die Position des »armen Jungen« aus intellektuellem Milieu brachte, vor dem die Töchter zu beschützen waren. Das Gefälle von der Dahlemer Villa zu unserem Haus war ungefähr dasselbe wie das von uns zum Eichkamper Reihenhäuschen meiner Freunde Spies. Eva war für mich die Prinzessin, ich der Schweinehirt – für Eugenie war ich der Prinz und sie das Gänseliesel. Der Herr Papa, ohne sich zu sehr zu engagieren, ließ durchblicken, daß er meine Linolschnittzyklen »begabt« fand. Das Gewitter, das sich über meiner Tanzstundenliebe zusammengeballt hatte, verzog sich also, ohne daß irgend jemand naß geworden wäre.

In dieser Tanzstundenzeit trat auch ein junges Mädchen in meinen Gesichtskreis, das mich durch seine Intelligenz faszinierte: Brigitte. Jungenhaft, burschikos, radfahrend, mit der man lange Gespräche an irgendeiner Straßenecke in Dahlem auf gemeinsamen Wegen haben konnte. Einmal machte ich ihr eine Szene, weil sie mir gestanden hatte, Rilke nicht zu kennen. Sie hatte künstlerische Ambitionen, zeichnete, bildhauerte. Sie interessierte sich für meine Graphiken und kritisierte sie sachkundig. Sie schwärmte damals für eine Deutschlehrerin, die ihrer Klasse unkonventionelle Aufsatzthemen stellte. Die sprachen wir gemeinsam durch. Ich erinnere mich an einen über »Hände«. Daraus machten wir eine Serie von Handbeschreibungen der Hauptfiguren von Goethes Faust. Dabei kam ein Totenkopf ins Spiel, zu dem diese Hände in Bezug gesetzt wurden. Wir beschlossen sofort, uns in den Besitz eines Totenkopfes zu setzen, am besten, ihn auf einem Friedhof auszugraben – besuchten auch zusammen Berliner Friedhöfe zu diesem Zweck und fanden schließlich ein Grab, das für unser Unternehmen besonders geeignet schien. Der Verstorbene hieß »Niemand«. Dann wurde aber nichts daraus, weil wir uns doch nicht richtig trauten, und griffen auf den Schädel mit dem eingeschlagenen Stirnbein zurück, der in der Bibliothek meines Vaters auf dem Regal lag wie die Totenmaske von Lasalle. Er hatte ihn von einer Reise in den Vorderen Orient, wo er ihn in Anatolien auf einem Feld gefunden hatte, mitgebracht.

Dann wollten wir zusammen eine Radtour durch Ostpreußen machen, ganz kameradschaftlich, ohne jeden Hintergedanken. Alles war vorbereitet, die Route festgelegt, das Datum fixiert. In letzter Minute wurde das Unternehmen durch unsere Mütter, die sich telefonisch verständigt hatten, verhindert.

Ich habe sie jetzt, als ich nach Berlin zurückkehrte, durch einen Zufall wiedergetroffen. Sie schien mir völlig unverändert; inzwischen ist sie eine berühmte Bildhauerin geworden, die zusammen mit ihrem Mann in einer einzigartigen künstlerischen Symbiose gewaltige Metallplastiken zusammenschweißt, die überall auf den Plätzen deutscher Städte vor repräsentativen Bauten stehen, auch in Berlin. Was die beiden machen, liegt mir vollkommen fern. Industriemüll in teilweise gigantischen Proportionen – aber das ist vielleicht die einzig authentische, für unsere Zeit repräsentative Kunst. Science-fiction-Dekor. Der Mensch ist total eliminiert. Ihr Erfolg zeigt, daß sie richtig liegen. Was würde ein Michelangelo heute schaffen? Sie hat ihren Mädchennamen an den Namen ihres Mannes angehängt. Ein Künstler-Doppelname, ohne Vornamen: Matschinsky-Denninghoff.

Rahel

Die erste Ahnung einer Leidenschaft verdanke ich Rahel. Ich besuchte sie nicht nur bei ihren Eltern. Sie kam auch zu mir, was ihre Eltern nicht wissen durften. Dann lagen wir nebeneinander auf meinem Diwan, ganz keusch aneinandergeschmiegt. Ich wagte nicht, sie zu küssen, streichelte nur immer ihr langes, schwarzes Haar, das sie, auf meine Bitte, geöffnet hatte. Ich habe ihr nie erzählt, daß ich durch sie darauf gekommen war, mich mit der Judenfrage zu beschäftigen – ich hätte das für undelikat gehalten.

Worüber sprachen wir? Über Shakespeare – sie wollte mich von den Vorzügen einer modernen Übersetzung (Rothe?) überzeugen und las mir daraus vor. Hörte ich ihr zu? Ich war wie gelähmt von dem überwältigenden Gefühl von Zärtlichkeit, das ich für sie empfand. Für ihre Schönheit gab es keine Worte – sie war wirklich außergewöhnlich schön, so, wie man sich ein schönes Judenmädchen vorstellt. Mit schwermütigen, etwas orientalischen Augen, in denen manchmal der Schalk aufblitzte. Immer umhüllte sie, wie ein Schleier, eine Aura tiefer Melancholie. Sie hatte die Sorge ihrer Eltern um sie, deren einziger Lebensinhalt sie war, die täglich stärker werdende äußere Gefährdung, aber nicht nur das, die säkulare Tragik des jüdischen Volkes, so schien mir, vollkommen verinnerlicht. Sie war zu einer Metapher des Schmerzes geworden.

Noch bevor ich eingezogen wurde, mußte sie Berlin verlassen, um zum Arbeitsdienst zu gehen, wo sie Unterschlupf während des Krieges finden sollte. Ich konnte mir nicht vorstellen, mich von ihr zu trennen. Als der Zug langsam anfuhr, zu dem ich sie begleitet hatte, und sah, wie diese schönen Augen sich tränenfeucht von mir entfernten, sprang ich auf ein Trittbrett des rollenden Waggons, riß die Tür auf – ich mußte mit ihr fahren, koste es, was es wolle!

Das fand sie nun ganz unvernünftig, aber schloß mich, so innig wie noch nie, ganz nah, Körper an Körper – zum erstenmal spürte ich, daß sie einen Körper hatte – in ihre Arme, und wir küßten uns besinnungslos. Der Zug war brechend voll. Wir standen dichtgedrängt im Gang, aber nichts existierte für uns – nur dieser schrecklichste Schmerz, den Geliebten verlassen zu müssen und nicht von ihm lassen zu können. Dann brach die Dämmerung herein. »Du mußt jetzt gehen«, sagte sie. Ja, ich mußte jetzt gehen. Der Zug verhielt ein wenig auf freier Strecke, und da stürzte ich mich völlig kopflos auf den Bahndamm.

Irgendwie bin ich wieder nach Hause gekommen, nach stundenlangem Marsch über die Schwellen. Ich hatte keinen Pfennig bei mir; der Schaffner des Bummelzuges, in den ich dann stieg, schien Verständnis für meine Lage zu haben. Wie selig wäre ich gewesen, wenn ich aus den Armen von Rahel nicht auf eine bucklige Grasnarbe aufgeschlagen wäre, sondern gefallen wäre, gefallen ins Nichts. Wo Eros vorübergeht, ist Thanatos nicht fern. Ich habe dann noch Briefe an eine zurückgelassene Adresse geschrieben – Briefe, auf die ich viel Zeit und Mühe verwandte und die voller illuminierter Zeichnungen und Verse waren – ohne je eine Antwort zu bekommen.

Wir haben beide den Krieg überlebt. Soll ich von unserem Wiedersehen berichten, obwohl es nicht mehr zu meiner Jugend gehört? Ich tue es zögernd, weil diese schmerzlichen Episoden auch unsere erste Begegnung in Berlin in einem ganz neuen Licht erscheinen lassen – dem wahren.

Ich traf die schöne Rahel zweimal wieder, mit fast zehn Jahren Abstand. In Heidelberg zunächst, unmittelbar nach Kriegsende, wo ich zu studieren begonnen hatte; dann 1952/53 in Paris, wo ich ein Stipendienjahr nach meiner Promotion verbrachte. Ich wohnte in einem kleinen Hotel, wie es sie heute gar nicht mehr gibt, an der Place Dauphine, schrieb an einem Roman, bereitete in der Bibliothèque Nationale ein Buch über P. S. Ballanche vor, verfaßte Schmonzetten für die deutsche Presse – vor allem aber spielte ich wie Tabe, mein Doppelgänger im »Capriccio Nr. 1«, das »große Spiel« der Stadt, mit all seinen verlockenden Möglichkeiten. Damals fing ich langsam an zu begreifen, was das Leben ist: die Odyssee des Begehrens.

In Heidelberg war Rahel die Mätresse eines etwas älteren Medizinstudenten, der mir durch seine großspurigen Allüren unangenehm aufgefallen war, dem ich aber einen gewissen Stil nicht absprechen konnte. Sie kam nur an einem Abend zu mir, war schnippisch, aggressiv und verschwiegen, was ihr Leben betraf. Nicht die geringste Spur mehr von der Vertrautheit und Verliebtheit der Berliner Tage. Ich spürte, daß sie mir irgend etwas vorwarf, ohne es auszusprechen.

In Paris kam es heraus. Ich entdeckte sie völlig unerwartet in einer Studentenkneipe des Quartier Latin, am Tisch mit ziemlich miesen Typen. Ich war an diesem Abend ganz zufällig da hineingeraten. Solche Orte mied ich geflissentlich. Sie war hier, wie sich herausstellte, jeden Abend. Ihr Haar schien mir etwas aufgelöst, ihre Züge gealtert. Die schwarzen Schatten unter den Augen, die bei dem jungen Mädchen wie ein raffiniertes Make-up wirkten, hatten sich vertieft und gaben ihr etwas Verlebt-Verworfenes. Ich begrüßte sie mit Herzklopfen und bat sie, mit mir zu kommen. Warum nicht? fragte sie spöttisch.

Damals war ich sehr arm. Ein Zufall hatte mich aber gerade in diesen Tagen in den Besitz einer Flasche Veuve Cliquot gebracht (die Prämie für einen Zeitungsartikel); die wollte ich zur Feier unseres Wiedersehens mit ihr trinken. Ich hatte sofort wieder im Banne ihrer Ausstrahlung gestanden und war sicher, daß wir diesmal zueinander finden würden. Ich war dreißig – sie Ende zwanzig. Was für ein Glück, sie so unvermutet getroffen zu haben! Von Vorlust beflügelt, stieg ich die schiefen Stiegen hinter ihr zu meinem Zimmer hinauf. »Le plus beau moment …«

Sie ließ sich küssen, sie ließ sich nicht nur ohne Umstände ausziehen, was sie in Heidelberg strikt abgelehnt hatte – sie riß sich selber die Kleider vom Leib. Zum erstenmal sah ich sie nackt vor mir, die Hüften schon üppig, die Brüste nicht mehr ganz straff gespannt, verführerisch wie die »Sünde« von Franz Stuck. So ging sie wiegenden Schrittes in meiner Bude herum, provokant, beinahe obszön – sobald ich mich aber nähern wollte, entzog sie sich, ja, stieß mich zurück. Nackt trat sie vor das Fenster, was mich bestürzte: die Vorhänge waren zurückgezogen, die Leute von gegenüber, die ich kannte, würden sie sehen. Sie bemerkte mein Entsetzen und lachte mich aus. Ich sei ein lächerlicher kleiner »boche«, ein Spießer. Da war sie wieder, die Aggressivität des ersten Wiedersehens, aber während sie mich beschimpfte, war ihre Körpersprache darauf angelegt, mich immer stärker aufzureizen.

Ich verstand, obwohl sie es sicher nicht mit soviel Worten sagte, daß sie mir vorwarf, sie als junges Mädchen in den Kokon meiner blöden, romantischen Verliebtheit eingesponnen zu haben, ohne mich um *ihre* Gefühle, *ihre* Bedürfnisse zu bekümmern. Ich hätte nichts begriffen, sie einfach nicht als Frau angenommen. Ein Idiot! Wozu, glaubte ich wohl, war sie zu mir auf mein Zimmer gekommen? Doch nicht, um sich die Haare streicheln zu lassen! Ich hatte sie verschmäht – jetzt, das fühlte ich, nahm sie Rache dafür an dem jungen Mann, den sie sinnlich aufs äußerste erregte, in der festen Absicht, sich seinem Begehren zu verweigern.

Ich wollte sie, um so mehr, um so gieriger, als ich wußte, daß sie recht hatte – es ging hier nicht um die späte Erfüllung eines glühenden Wunsches, sondern um die unverzügliche, keinen Augenblick mehr hinauszuschiebende Reparation eines unverzeihlichen Fehlers. Die letzte Chance, ein Versäumnis nachzuholen, das Nichtwiedergutzumachende gutzumachen. Jetzt, sofort. Sie kannte keine Gnade. Das Ritual meiner Kastration war für sie lustvoller, als es die Demonstration meiner Virilität je hätte sein können.

Das grausame Spiel dauerte bis zum Morgengrauen. Erst als das fahle Licht der Dämmerung das kleine Hotelzimmer entzaubert und seine triste Unbedarftheit erbarmungslos den Blicken preisgegeben hatte, zog sie sich wieder an. Ich flehte sie an, sie solle wiederkommen! Wir dürften uns so nicht trennen, wir müßten die Mißverständnisse, die zwischen uns lägen – denn es seien nur Mißverständnisse – ausräumen. Wir dürften kostbare Erinnerungen nicht so mit Füßen treten … Sie lachte. Also gut, heute nachmittag um fünf! Sie ist nicht gekommen. Ich habe sie nie wiedergesehen.

Die Erinnerung schmerzt. Ich habe mich bemüht, möglichst wahrheitsgetreu zu berichten, was mir damals in Paris widerfuhr, so, wie ich es damals erlebte. Wenn ich es mir heute überlege, so muß ich mich fragen, ob ich nicht ein zweites Mal die Situation vollkommen verkannt habe. Rahel wollte mich strafen, gewiß, mich an meiner empfindlichsten Stelle treffen, dazu kannte sie mich gut genug. Sie hatte mich durchschaut. Aber doch nicht, weil ich das junge Mädchen mit den traurigen Augen nicht verführt habe, sondern weil ich in der Selbstgefälligkeit meiner männlichen Verliebtheit die furchtbare seelische Not, in der sich dieses Kind befand, überhaupt nicht wahrgenommen habe. Ich hatte ihre Trauer ästhetisiert, ihre Zugehörigkeit zu einer stigmatisierten, verfolgten Minorität zur »Judenfrage« theoretisiert und dabei gleichzeitig im Umgang mit ihr, von allem, was sie zutiefst betraf und ununterbrochen beschäftigen mußte, abstrahiert. Nie habe ich mit ihr über ihr grausames Schicksal gesprochen, ihre Ängste, ihr Todesgrauen, die tägliche Bedrohung ihrer Familie, die Gefahr der Deportation. Nicht aus Zartgefühl, wie ich mir vielleicht einbildete, sondern auf Grund einer sträflichen Unfähigkeit, mich in ihre Lage einzufühlen. Sie kam zu mir, weil sie Trost brauchte. Bot ich ihr meinen Schutz? Habe ich sie in die Arme genommen und zu ihr gesagt: Ich verstehe deine schreckliche Not, ich teile deine Ängste. Hüllte ich sie in die Wärme meines Mitgefühls? Empfand ich auch nur die Spur eines Mitleidens? Soviel Indifferenz mußte sie nicht nur als Lieblosigkeit empfinden, sondern als Herzlosigkeit. Ich war auch nicht anders als alle die anderen, die das Furchtbare einfach geschehen ließen, die es durch ihre Verständnislosigkeit möglich machten, nicht wahr …

Rahel hatte recht. Dieser Mangel an Sensibilität war hassenswert. Ich finde für meine Insuffizienz keine Rechtfertigung. Ich hatte ja doch irgendwie begriffen, was geschah, ich wußte es. Ich mißbilligte es, aber es fehlte etwas in dem Register meiner Empfindungen: die Fähigkeit zu leiden, zu fühlen und mitzufühlen.

Wir lasen damals voller Begeisterung die Kulturgeschichte von Egon Friedell. Wir lasen darin, vielleicht in dem Moment, in dem der Autor in Wien aus dem Fenster sprang. In unser Interesse war diese Möglichkeit nicht eingeschlossen. Sie lag außerhalb unserer Vorstellungswelt.

Jetzt muß ich auch noch von Eugenie berichten. So ganz aus der Luft gegriffen war ja die »Verlobung« im Grunewald nicht. Sie ähnelte ihrem Bruder wie ein Zwilling und war, wie er, an allem interessiert, was auch mich interessierte. Sie interessierte sich auch tatsächlich für mich. Das erfuhr ich, als wir uns, an der Schwelle des Erwachsenseins, wiederbegegneten und fanden, mit dem Gefühl, zusammenzugehören. Sie hatte die slawischen Züge ihrer Mutter und eine männliche Intelligenz; dabei trat sie mir entgegen als reife Frau, die wußte, was sie wollte. Nur ich wußte es nicht. Natürlich war ich viel zu jung für sie. Wir sahen uns eigentlich nur ganz wenige Male, in der kurzen Zeit, die mir nach Abitur und Arbeitsdienst, weil mein Vater gestorben war, als Aufschub gewährt worden war. Der Bruder war schon eingerückt. Alles ergab sich ganz von selbst. Alles verlief so, als wäre es immer schon abgemacht gewesen. Alles war selbstverständlich zwischen uns. Nur meine Ungeschicklichkeit hinderte uns, das Selbstverständliche auch zu tun. So war es auch in jener letzten Nacht, die wir zusammen verlebten. Sie steht in meiner Erinnerung wie die Erinnerung an einen Traum, dessen Intensität alles übertrifft, was die Wirklichkeit an Intensität zu bieten vermag.

Es war im Jahr 1943. Unser Haus in der Humboldtstraße war in einer der ersten großen Bombennächte, am 4. November, wenn ich nicht irre, heruntergebrannt. Keiner von uns bewohnte es mehr. Meine Mutter hatte sich in unser Landhaus in Bad Kösen geflüchtet, meine Schwester war im Arbeitsdienst, ich selber war beim Militär und stand irgendwo in der Nähe von Pleskau an der Ostfront. Wir hatten das Haus einem amerikanischen Literaturprofessor mehr in Obhut gegeben als vermietet.

Warum, nach dem Kriegseintritt Amerikas, ein Amerikaner, der nicht interniert war, in Berlin frei herumlief, wüßte ich nicht zu sagen. Er gehört aber in das Bild, dieser sensible Freund der deutschen Kultur. Er hatte durchaus ein Bewußtsein davon, im Hause Werner Sombarts zu leben, und wenn überhaupt irgend etwas aus den Flammen gerettet worden ist, so verdanken wir es ihm und seiner jungen, ich glaube, deutschen Frau.

Ausgerechnet auf das Dach unserer Villa war eine Brandbombe gefallen, die ein guter Luftschutzwart schnell schadlos gemacht hätte (was in den umliegenden Häusern auch gelungen war). Das hatte unser Mieter nicht geschafft, und schon schlugen die Flammen aus dem hölzernen

Dachstuhl. Das Haus ist dann wie eine Fackel heruntergebrannt, während unser Amerikaner mit der Hilfe einiger tapferer Nachbarn aus der Brandstätte alles, was er greifen konnte, herausschaffte, teilweise buchstäblich durch das Fenster warf. Einiges war ja schon in den Kellern abgestellt worden, das konnte jetzt auf die Straße getragen werden. Ich wurde durch ein Telegramm informiert. Als ich nach zweitägiger Fahrt in überfüllten Urlauberzügen, mit der obligaten Etappe der Entlausungsstation, in Berlin eintraf, wo ich bei meinen Dahlemer Verwandten im Pfarrhaus der Jesus-Christus-Kirche Unterkunft fand, war unser Haus zu einer Ruine ausgebrannt, in deren Gemäuer noch einige kokelnde Balken zum Himmel qualmten. Davor türmte sich auf der geteerten Fahrbahn der Humboldtstraße, wie ein Haufen Gerümpel, mit Persern überdeckt, der Rest unserer Habe. Ein paar Stühle und Bilder, ein paar Kisten und Koffer. Das war's, was von einem stolzen Erbe übrigblieb. Zu allem Überfluß regnete es.

Da stand ich nun mit meiner Schwester, die ihrerseits aus dem Arbeitslager herbeigerufen worden war; da standen wir beide in unseren Uniformen, schmutzig-blau und schmutzig-grün, keine Ehrenkleider, bei Gott, sondern – so empfanden wir es – die äußeren Kennzeichen einer Zwangsvereinnahmung, und blickten auf die Bescherung. Das hatten sie also geschafft, und es war klar, daß in unseren Gedanken mit diesem »sie« nicht diejenigen gemeint waren, die die Bombengeschwader ausgesandt, sondern jene üble Kategorie von »Volksgenossen«, die sie durch ihre Untaten herbeigerufen hatten.

Nun waren wir aber nicht etwa überwältigt von einem Gefühl der Empörung und des Trotzes über das, was uns da angetan worden war, auch nicht von dem des Jammers über unser Mißgeschick, den unwiederbringlichen Verlust unseres Besitzes, nein, ich erinnere mich deutlich: wir waren erfüllt von Heiterkeit. Wir fanden das alles sehr komisch. Und wie man in einer Situation äußerster Gefährdung unversehens in Gelächter ausbrechen kann, so lachten wir. Wir hielten uns, Brüderlein und Schwesterlein, bei der Hand, und da, im Regen stehend in unseren tristen Uniformen, das Häuflein Unglück geretteten Guts vor den Augen, lachten wir – ja was soll ich sagen: wir jubelten. Hätten wir in Worten ausdrücken sollen, was wir empfanden – und wir werden es ja schließlich auch irgendwie versucht haben –, so hätten wir so etwas gesagt wie: wir sind den ganzen Plunder los!

Das war nicht nur jugendliche Leichtfertigkeit. Hier drückte sich schon ein echtes Gefühl der Befreiung aus. Irgendwie meldete sich da ein unterschwelliger antibourgeoiser Affekt, der auch in diesen Bürgerkindern steckte, ein subkutaner Anarchismus – das Lustgefühl der Zerstörung aller materiellen Fesseln, aller Bindungen an die Welt der Eltern. Beigetragen zu unserer Erleichterung hat zweifellos auch die Gewißheit, daß es so kommen mußte, früher oder später, daß das Unausweichliche eingetreten war und daß man es nun nicht mehr vor sich hatte als böse Erwartung, sondern hinter sich. Aber noch etwas anderes floß in das Lachen mit hinein: die höchst sonderbare Erfahrung, die ich frisch aus Rußland mitgebracht hatte. Ganz unabhängig von der unbedeutenden Rolle, die ich dort als deutscher Soldat, als anonymes Rädchen einer gewaltigen Kriegsmaschine spielte, hatte mich das Erlebnis der winterlichen Landschaft, der unermeßlichen Weite, die sie vermittelte, in eine Art von nihilistischen Rausch versetzt. Das alte Europa schien mir verachtenswert, der Vernichtung würdig. Die asketisch-anachoretische Komponente meiner Natur war radikal zum Durchbruch gekommen.

Erst Jahrzehnte später, als ich die »Reise durch die Zeit« von Keyserling las, begriff ich, was uns wirklich widerfahren war, was das eigentlich heißt, *sein Haus zu verlieren,* wenn man eines hat. Eine durch nichts wiedergutzumachende Amputation, mit der man leben kann, wie jemand weiterlebt, der ein Bein verloren hat, der es schließlich auch noch zum Skifahren bringt. Man bleibt aber ein Unigambist, ein Krüppel. Auch wenn man sich nicht Rechenschaft darüber ablegt, auch wenn die anderen nichts merken – die Folgen des Verlustes zeichnen ihre Spuren in die tiefsten Wesensschichten ein. Und je älter man wird, um so empfindlicher machen sich jene Schmerzen am verlorenen Glied bemerkbar, die die Ärzte als Phantomgefühl bezeichnen. Doch davon wollte ich jetzt gar nicht sprechen, sondern von meinem letzten Zusammensein mit Eugenie.

In unserer so seltsamen, die Wirklichkeit suspendierenden, exaltierten Verfassung beschlossen wir, Silvester zu feiern, und zwar mit unserem Amerikaner, der selber ganz betäubt und nicht ohne ein gewisses Schuldgefühl – *er* identifizierte sich mit den Fliegenden Festungen – aus dem Feuerofen herausgekommen war. Ihm schwante, daß er hier einen Vorgeschmack des Holocaustes bekommen hatte, der uns allen drohte. Der Untergang Europas war für ihn keine Phrase mehr.

Er hatte aus dem Keller einige Flaschen Rotwein und eine Kiste Champagner gerettet. Damit wollten wir ein tolles Fest begehen, würdig der Stunde, die uns geschlagen hatte. Das Anachoretisch-Asketische war vergessen. Was wir planten, brachte andere Register ins Spiel. Wir wollten die Welt, die uns umgab, vergessen. Wir wollten tanzen. Wir wollten lieben. Wir wollten unsere häßlichen Kleider ablegen und uns schön machen und schmücken.

Ja, wir würden uns kostümieren! Und so fuhren wir tatsächlich mit der S-Bahn durch das angeschlagene Berlin, um irgendwo in einem obskuren Masken-Verleih die geeigneten Gewänder für unsere Party zu finden. Und da zu einem Fest, wie wir es uns vorstellten, Frauen gehören, hatte ich Eugenie eingeladen. Sie war die einzige aller Schwestern von Freunden und Freundinnen der Schwester, die zu erreichen und verfügbar war. Nicht, daß ich an sie als erste gedacht hätte, aber als sie freudig zusagte, freute ich mich auf sie, als hätte es nur sie sein dürfen.

Die Idee mit den Kostümen hatte sie großartig gefunden und erschien, als es soweit war, in einem herrlichen Rokokokleid, das aus dem Fundus der Deutschen Oper stammen mußte, wo ihr Vater Ballettkapellmeister war. Die Frau des amerikanischen Freundes hatte ein Dirndl herausgesucht. Er selbst hatte sich in einen Pierrot verwandelt mit weiß gepudertem Gesicht, was seine melancholischen Züge wunderbar zur Geltung brachte. Ich hatte eine Franziskanerkutte für mich gefunden (also doch!). Wo war das Schwesterchen? Ich suche nach ihr in meiner Erinnerung und finde sie nicht, was aber nicht heißen muß, daß sie nicht auch da war in irgendeinem Kimono. Es spielt aber keine Rolle. Es gab nur Eugenie für mich. Wir tanzten, wir tranken uns zu. Pierrot füllte unermüdlich die Gläser und legte neue Platten auf. Als die Sirenen heulten, beschlossen wir, nicht in den Keller zu gehen. Wir zogen die Verdunklungsstores hoch und beobachteten aus dem abgedunkelten Zimmer die Leuchtschirme, die den Himmel erhellten. Grell fiel das Licht zu uns herein und zeichnete unsere Schatten an die Wand, wenn wir trunken durch den Raum tanzten. Dann horchten wir, ob ein Bombenteppich in der Nähe niederging. Es schien aber, als hätte man es auf ein ferneres Viertel abgesehen.

Die *mise-en-scène* war perfekt. Jeder kannte seine Rolle. Auch die Fliegenden Festungen und die Flak spielten mit. Eugenie war vollkommen auf der Höhe der Situation. Zuerst half sie sich mit etwas Koketterie über die Verlegenheit eines so seltsamen Wiedersehens hinweg, dann verhalf ihr der Champagner zu vollkommener Natürlichkeit: Als wir *cheek-to-cheek* tanzten, raunte sie mir ins Ohr, wie glücklich sie sei, hier zu sein, mit mir.

Ich spürte, wie ihr Körper den meinen durch Krinoline und Kutte suchte. Sie war schön und begehrenswert. Dann sanken wir in die Daunenpolster eines riesigen Sofas, das Mieder verschob sich, und ihre Brüste boten sich meinen Küssen dar. Es war meinen Händen leicht, die Spitzenrüschen unter der Krinoline hochzuschieben und ihr Knie zu streicheln – hingegeben lag sie an mich geschmiegt. Jetzt mußte es geschehen … Aber was geschah? Ich entzog mich entschlossen ihrer Umarmung und ging hinüber in ein anderes Zimmer, in das sich Pierrot diskret zurückgezogen hatte, um mit ihm ein Gespräch über die Dekadenz der europäischen Kultur fortzusetzen, das wir während der Festvorbereitungen begonnen hatten.

Man wird es nicht glauben. Ich kann es heute nicht glauben. Aber so war ich. Ein Schüchternheitsanfall hatte mich überkommen. Aber das ist keine Erklärung. Ich floh ganz einfach aus einer Situation, der ich mich nicht gewachsen fühlte. Ich kniff. Ein Versagen, es gibt kein anderes Wort.

Natürlich war Eugenie, meine Eugenie, am Morgen, nachdem ich sehr spät, sicher am frühen Nachmittag erst, aufwachte und sie suchte, verschwunden. Ich hatte das kostbare Geschenk, das mir das Leben gemacht hatte, nicht angenommen. Das ist die unverzeihlichste Sünde. Heute weiß ich es, aber was nützt das? Was hat es genützt, daß ich später immer wieder nur eines versucht habe: das Unwiederbringliche zurückzuholen? Solche Wunden verheilen nie ganz.

Aber wie das Leben so geht. Ist nicht, verglichen mit der Erinnerung an alle Frauen, die einem gehört haben, diejenige schmerzliche an die Eine, mit der man das Rendezvous verfehlt hat, die unauslöschliche? In allen Umarmungen bleibt sie lebendig. Der Stich im Herzen. Der bittere Nachgeschmack am Morgen. Irgendwann, wenn man alt genug wird, dämmert es einem dann, daß die Sehnsucht nach dem Versäumten schwerer wiegt in der Lebensbilanz als jedes Triumphgefühl der Erfüllung.

Juanita

Trotz aller Weltläufigkeit, trotz ihrer Zugehörigkeit zur europäischen Gesellschaft, war Helene von Nostitz eine eminent deutsche, ja preußische Erscheinung, was im Alter immer deutlicher zutage trat, wie auch das Männliche in ihren Zügen. Ganz anders meine mütterliche Freundin Juanita Binz. Kreolischer Herkunft wie Joséphine de Beauharnais, war sie herangewachsen in den Kapitalen Frankreichs und Englands. Obwohl sie sehr gut deutsch sprach (wie auch englisch), blieb doch das Französische die einzige Sprache, in der sie sich wohlfühlte – *sa langue de prédilection.* Sie zu benutzen war für sie offensichtlich ein kulinarischer Genuß, wie das Schlecken von Zitronencreme. Die Augen zu Schlitzen zusammengekniffen, wischte sie sich dann genüßlich mit der Spitze ihrer Zunge über die kleinen, rosa, etwas zur Schnute gestülpten Lippen und sah ganz aus wie eine Katze, wie sie überhaupt zu der Rasse von Frauen gehörte, die sich in entscheidenden Momenten in eine Katze verwandeln. So waren Colette und Leonor Fini. Undeutscher konnte man nicht sein.

Sie hatte meinen Vater geliebt, den sie noch während seiner ersten Ehe gekannt hatte, in der Schreiberhauer Zeit: Von ihr hörte ich, eigentlich immer nur in Anspielungen, davon, wie unglücklich diese Ehe gewesen war. Ich will darüber nichts sagen. Diese Seite des Lebens meines Vaters lag außerhalb meines Blickfeldes wie die abgekehrte Seite des Mondes.

Wußte ich nichts davon? Sicherlich, Kinder wissen immer viel mehr, als man denkt, gerade über Dinge, über die nicht gesprochen wird. Sie sind wahre Medien im Erfassen des Geheimnisses. Aus kleinen Wortfetzen, einem fallengelassenen Namen, einem Seufzer machen sie ganze Romane, und ohne das Leben auch nur im geringsten zu kennen, erfassen sie hellsichtig das Wesentliche. »Die große Liebe meines Lebens«, »Damals stand ich am Rande des Selbstmordes«, solche Sätze, hingeworfene Reden, lassen nicht indifferent.

Später habe ich mir dann alles rekonstruieren können. Später – Jahrzehnte nach dem Tode meines Vaters. Meine Halbschwestern aus der ersten Ehe, inzwischen alte Damen, haben mir, soviel sie wußten, von dem ganzen Elend erzählt. Die Krise einer Ehe durch das Auftauchen »der Anderen«, der Richtigen, aber zu spät. Die klassische Midlifecrisis. Auch meine Mutter wußte einiges, was ihr der Vater gebeichtet hatte. Aber niemand wollte je mit der ganzen Wahrheit heraus. Erst jetzt, als Sechzigjähriger, bin ich dieser mysteriösen Frau in einer wahrhaft spiritistischen Séance begegnet – in einem Gespräch mit ihrer inzwischen über achtzigjährigen Tochter. Da saßen die beiden Greise und beschworen, über ein paar vergilbten Photographien und ein paar Briefen, die Liebschaft ihrer Eltern, die nicht ein, sondern zwei Menschenalter zurücklag. Oh, es war eine außerordentliche, königliche Frau!

Ich habe ihr Bild vor mir, wie sie, als alte Dame, die Stufen zur Hofloge im Bayreuther Festspielhaus emporsteigt. So muß sie schon als schöne junge Frau aufgetreten sein und Siegfried Wagner entzückt haben. In einer ersten Ehe war sie mit einem bekannten Wagnersänger verheiratet. Damals schon, noch nicht dreißig, lernte sie meinen Vater kennen. Sie lebte in Wien oder München. Er pendelte zwischen Schreiberhau und Berlin. Man traf sich sporadisch, heimlich. Die Briefe liefen »postlagernd«. Dann war die große Liebe plötzlich frei. Der Opernsänger starb. Jetzt hätten die beiden zusammenfinden können und das neue Leben beginnen. Aber nein, der Herr Professor konnte sich zu einer Scheidung nicht durchringen, obwohl sein Freund Hauptmann ihm da ja mit gutem Beispiel vorangegangen war. Am liebsten hätte er mit beiden Frauen zusammengelebt – der Traum jedes Mannes, Ehefrau und Geliebte harmonisch vereint, unter einem Dach womöglich. Die Mutter der Kinder kämpfte wie eine Löwin, schrieb flammende, herzzerbrechende und beleidigende Briefe an die Rivalin. Die älteste Tochter mußte sie überbringen. Es war die Hölle. Da verließ die stolze Frau den unentschlossenen Mann und ehelichte einige Jahre später einen Privatgelehrten aus begüterter jüdischer Bankiersfamilie, mit dem sie sich in Berlin-Grunewald niederließ, wo sie großes Haus hielt.

Wie banal das klingt, wenn man es so erzählt, wie grausam, wie herzlos. Dieses Drama, das sich über mehrere Jahre hinzog, war aber sicher das wichtigste, tiefgreifendste Erlebnis im Leben meines Vaters. Er hat es überlebt, aber es markiert die Scheide zwischen Lebensmut und Resignation, Forderung und Verzicht. Bald wird überhaupt niemand mehr etwas davon wissen. In seiner Biographie, sollte sie einmal geschrieben werden, wird sicher nichts darüber stehen. Es gehört sich ja auch nicht, in der Lebensbeschreibung eines Gelehrten von seinem Liebesleben zu sprechen. Mein Versuch, es im Falle Max Webers zu tun, hat mir den Bannstrahl des Establishment eingetragen. Das gehört zum Begriff und zum Selbstverständnis der deutschen Wissenschaft.

Was mich heute besonders bewegt, ist der Umstand, daß diese beiden Menschen – lange nachdem sie sich in Schmerzen getrennt hatten, lange noch, nachdem mein Vater verwitwet war und sich dann wiederverheiratet hatte, zu meiner Zeit also, zur Zeit unserer gemeinsamen Spaziergänge, zur Zeit, in der ich Juanita Binz besuchte, die mir von allem erzählte – ganz nah nebeneinander, nur wenige Minuten voneinander entfernt, jeder für sich, *einfach weitergelebt* haben. Das ist wohl auch das einzige, was ein Kind nicht erfassen kann, weil es vollkommen außerhalb seiner Erfahrungsmöglichkeiten liegt – die großen Veränderungen, die die Zeit bewirkt, die Metaphern der Vergänglichkeit.

Mitzi Dernburg! Auch diese Frau gehört zu meinem Familienroman. Sie hätte meine Mutter sein können. Ich hätte sie kennenlernen können. Sie hat meinen Vater um zwanzig Jahre überlebt. Der Gedanke beschäftigt mich. Sie nicht gekannt zu haben empfinde ich als Verlust. Jetzt, nach meiner Heimkehr, bin ich in die Straße gepilgert, wo sie noch so lange residiert hat. Mit dem Rad fuhr ich als Junge in dieser Gegend viel herum. Das war das Territorium der Gespräche mit Fritz von Caprivi. Die alte Villa ist zerstört, nicht durch Kriegseinwirkung. Auf dem Grundstück prahlt schnöde unter den herrlichen Bäumen ein Nobelbungalow für sieben Parteien. Was hätte man sich zu sagen gehabt? Nein, die Botschaft dieser Frau erreichte mich, verschlüsselt, über Juanita Binz, die an dieser Liaison des Vaters vielleicht ebenso sehr gelitten hat wie seine damalige Frau. Durch sie berührte mich eine letzte Welle der Leidenschaft, die meinen Vater, als er noch ein junger Mann war, fast in den Tod gerissen hat.

So konnte ich damals ganz unmittelbar verstehen, worum es ging, als Juanita mir die Geschichte von Ricarda Huch erzählte, die, auf einer Feier, die Freunde für sie veranstaltet hatten – war sie dabei? Es klang wie ein Augenzeugenbericht –, gefragt danach, was für sie das Schönste im Leben gewesen sei, ohne zu zögern geantwortet habe:

»Die Freundschaft!«

»Und die Liebe?«

Die alte Dame zögerte. Dann sagte sie kaum hörbar:

»Nein – die Liebe ist schrecklich!«

Dem hätte ich auch heute nichts hinzuzusetzen.

Juanita hatte meine Mutter adoptiert. Sie liebte sie wie eine Tochter, vielleicht mehr als eine Tochter, und hatte ihr in den ersten Jahren ihrer Ehe die Wege geebnet, als es darum ging, der jungen Frau, der Fremden, die gebührende gesellschaftliche Anerkennung zu verschaffen. Sie hatte selber zwei Töchter, um deren Fortkommen sie rührend bemüht war. Die eine, Gisela, eine etwas elegisch-phlegmatische Natur, war Pianistin, der das *take-off* zur großen Karriere nie richtig gelingen wollte. Sie stand immer unmittelbar davor. Die andere, Tita, sportlich-fesch, machte sich als Porträtphotographin einen Namen. Von ihr stammen die weitaus besten Bilder meines Vaters aus den dreißiger Jahren; man könnte meinen, sie hätte ihn mit den Augen ihrer Mutter gesehen. Berühmt wurde sie durch die Photographien des Generals Seeckt, dessen Geliebte sie wohl gewesen ist. Sie war eine ausgesprochene *femme à hommes* und repräsentierte für mich den Typ der kessen, selbständigen Garçonne des Berlins der Goldenen Jahre.

Ein größerer Gegensatz als der zu ihrer Mutter war nicht denkbar, die so vollkommen die große Dame des Fin de siècle verkörperte, eingehüllt in Spitzenschals und eine Aura von Wohlduft und Geheimnis. Immer etwas kränkelnd, ein Tischchen mit Flakons und Pillen in Griffnähe, *une femme sans âge* mit einer unwiderstehlichen erotischen Ausstrahlung.

Ihr Mann war ein unendlich vornehmer Herr, der aussah, wie sich der kleine Moritz einen englischen Lord vorstellt. Professor der Chemie, Generationsgenosse meines Vaters, der auf seine alten Tage populäre Bücher zu schreiben begonnen hatte, nicht ohne einen gewissen Erfolg, eine Kulturgeschichte des Goldes zum Beispiel. Er war der letzte und schließlich der einzige Freund meines Vaters, sehr *homme à femme* auch er. Als sie beide siebzig waren, beschlossen sie, sich zu duzen, was nicht ganz ohne Schwierigkeiten abging.

Das Ehepaar Binz, mit jener Mischung von Diskretion und Verständnis einander zugetan, die man bei alten Paaren findet, die stürmische Zeiten überstanden haben, hatte sich ein winziges Häuschen in unmittelbarer Nähe zu dem unseren gebaut, was einen regen nachbarschaftlichen Verkehr erlaubte. Viele Spaziergänge waren mit einer Etappe in ihrem Gärtchen im Sommer, im Winter in dem mit antiken Möbeln viel zu voll gestellten behaglichen Salon verbunden. Das waren immer kleine Höhepunkte – nicht nur, weil es sicher irgendwelches Konfekt, einen Fruchtsaft, ein Glas Wein gab.

Als ich etwa fünfzehn war, begann Juanita, mich allein zum Tee einzuladen. Wenn ich jetzt zurückdenke, will es mir scheinen, als habe ich bei ihr die schönsten Stunden meiner Jugend verbracht. Aber die Erinnerung ist darin ganz charakterlos; wie ein Hund wedelt sie dort mit dem Schwanz, wo sich ihr die Aufmerksamkeit zuwendet.

Wahr ist, daß ich bei dieser Frau fand, was ich überall sonst vergeblich gesucht hätte, auch in dem nach Tee und Zigaretten duftenden, in Sepialicht getauchten Diwangemach: das Gefühl absoluter Geborgenheit. Sie beherrschte die Kunst, Männer dadurch zu fesseln, daß sie die Atmosphäre schuf, in der sie sich vollkommen entspannt fühlen konnten. Sie hielt sich völlig im Dämmer, ihre Worte erreichten einen wie Liebkosungen, ihr Schweigen war Balsam, ihre behutsamen Fragen Erlösungsküsse. Ihre Koketterie, ihr Schmollen war nie darauf angelegt, sich selber in Szene zu setzen, sondern ein Mittel der Herausforderung zur Zärtlichkeit, zu der sich der andere niemals entschlossen hätte. Man konnte sich bei ihr lustvoll zu seiner Ohnmacht bekennen, weil sie einem zu verstehen gab, daß es gerade sie sei, deretwegen sie einen liebe. Durch Juanita lernte der Knabe, wie man mit Frauen kommuniziert.

Ich war es gewohnt, von Männern umworben zu sein und mich in ihrer Bewunderung zu sonnen. Mit ihnen mußte ich und konnte ich reden. Aber das Interesse, das sie mir entgegenbrachten, war immer verbunden mit einer Forderung an meine Stärke. Ich wußte, daß ich gefallen konnte, nur solange ich exzellierte. Ich mußte immer etwas darstellen, etwas leisten, etwas Besonderes sein – das Schwert, das die Herrschaft verleiht, aus dem Baumstamm reißen.

Bei Juanita konnte ich sitzen und schweigen. Und dann würde sie das befreiende Wort finden, das es mir ermöglichen würde, ihr das Eingeständnis meiner Verzweiflung zu machen. Nicht nur wußte sie den Eindruck zu erwecken, als interessiere sie sich gerade dafür, sondern sie vermittelte das Gefühl, alles schon verstanden zu haben. *(Et parce qu'elle me comprend, mon cœur transparent, pour elle seule, hélas, cesse d'être un problème…* So einfach war das.) Auf ihre Intuition war absoluter Verlaß. Dieses Verständnis aber gab einem sein Selbstvertrauen zurück, mehr als jeder Appell an die eigene Stärke.

Ich ging zu ihr, wenn ich mich unglücklich fühlte. Oft ohne jeden besonderen Grund. Der Spleen ergriff Besitz von mir, und ich wurde von dem Gefühl überwältigt, daß es unmöglich sei, das Leben zu meistern. Denn so vielseitig beschäftigt und interessiert ich auch war, mit dem Gefühl oft, der Tag sei zu kurz, um alles zu tun, was ich unbedingt tun mußte, so hatte ich doch immer irgendwie eine Ahnung davon, daß die Welt meiner Phantasien, meiner Pläne und Projekte eine Scheinwelt war, die nichts mit der Lebenswirklichkeit zu tun hatte, die ich würde bestehen müssen – der Traum von einem Reich, das ich nie erobern würde.

Es gab auch konkrete Anlässe für meine Niedergeschlagenheit. An dem Tage, an dem mir der Schreibtisch meines Großvaters aufs Zimmer gestellt wurde z. B., hatte ich einen richtigen Zusammenbruch. Ausgelöst wurde er durch einen liebevollen Brief meiner Mutter, den sie am Abend auf dem grünen, neugespannten Filztuch deponiert hatte. Ich erkannte sofort das blaue Briefpapier – die schöne, so vertraute, geliebte Schrift. Nun begänne, schrieb sie, ein neuer Lebensabschnitt. Ich hörte nun auf, ein Knabe zu sein. Jetzt müsse ich beginnen, ernsthaft und regelmäßig zu arbeiten. Der

Talente hätte ich genug, niemand erkenne das mehr an als sie. Aber jetzt müsse ich mich konzentrieren. Genie sei Fleiß. *O le discours du père!* Ich brach in konvulsivisches Weinen aus, konnte mich überhaupt nicht beruhigen, es war ein richtiger Heulkrampf, der auch noch anhielt, als meine Mutter, ganz ausnahmsweise, zu später Stunde auf mein Zimmer kam, um mir Gute Nacht zu wünschen. Was kam da alles hoch an Ängsten, an Schuldgefühlen, an Selbstvorwürfen! Kein guter Vorsatz konnte die Zerknirschung aufwiegen, die in der Überzeugung der eigenen Insuffizienz ihre Wurzeln hatte, in dem Gefühl einer Lebensschwäche, die, ich mußte es eingestehen, so schmerzlich es war, zu meiner Natur ebenso gehörte wie mein unbändiger, oft das Unstatthafte streifender Lebenshunger.

Für Juanita war das kein Geheimnis. Sie war die Fee Morgane, die auf dem Grunde des Sees den irrenden Jüngling erwartete, um ihn zu neuem Aufbruch zu stärken. Sie war im Besitze des goldenen Helms. Ihr verdanke ich das Wissen darum, daß die wahre Macht bei den Frauen liegt. Die Männerwelt ist eine Welt der Kämpfe, der Gewalt, und letztlich immer der Ohnmacht, die Welt der unbefriedigenden Triumphe und der nie endenden Niederlagen. Macht können nur die Frauen verleihen. Nur der, dem sie ihren Zauber spenden, kann wirklich stark sein, der Held.

Grigol Robakidse

Wie kam dieser seltsame Mann in unser Haus? Rückblickend kann ich Affinitäten weder zur serenen Welt meiner Mutter noch zur redlich nüchternen Geistigkeit meines Vaters entdecken. Er war kein »guter Russe«, sondern Georgier und legte, wie alle seine Landsleute, den größten Wert auf die historische und kulturelle Differenz zwischen dem stolzen kaukasischen Bergvolk mit seiner großen eigenständigen Tradition und dem immer den Einflüssen der asiatischen Steppen preisgegebenen, irgendwie verächtlichen Russentum. Auch auf Westeuropa blickte er mit dem Superioritätsgefühl des Angehörigen der älteren und edleren, dem Urwissen näheren Rasse herab. Europa war der Herd jener unaufhaltsamen Zerstörung der Welt, die er verstand als den Prozeß der Vertreibung der Götter aus der Welt. Die »ratio« Europas hatte in Amerika schreckliche Triumphe gefeiert und war jetzt dabei – in der Abwandlung des Marxismus –, Rußland zu verwüsten.

Was wußte ich von Georgien? Mit größter Mühe hätte ich es auf einer Karte meines Schulatlasses ausfindig machen können – aber das war ohne Belang. Ein mythisches Georgien war unauslöschlich in die kulturelle – ganz berlinzentrische, mitteleuropäische – Topologie eingeschrieben, in deren Koordinaten – völlig ungestört durch jede historische Chronologie – mein eigenes, höchstpersönliches Weltbild Umrisse und Gestalt zu gewinnen begann. Fernes Land, Land der Sehnsucht! Land der Fülle! Schneebedeckte Gipfel, die sich majestätisch über fruchtbaren Tälern erheben! Wellenumspielte Küstenstriche mit subtropischer Vegetation. Heimat kühner, genußfreudiger Männer, Hirten und Fürsten, schöner, dunkeläugiger Frauen, Königinnen, Göttinnen … Wiege der Kultur, an der Grenzscheide von Orient und Okzident – aber dem Orient näher, dem alten, vorhellenischen, vorislamischen. Erbin Babylons und Ägyptens, wo urzeitlich zeitlose matriarchalische Überlieferungen nie aufgehört haben, lebendig zu sein. Hier hatte Robakidses esoterisches Wissen seine Wurzeln! Das Gilgamesch-Epos, die Mysterien des Isiskultes, die Geheimlehren Kybeles waren für ihn wie nie versiegende Quellen – Referenzen seiner kosmischen Weltschau, der er, nicht in der Sprache des begrifflichen Diskurses, sondern in der Sprache mythenträchtiger Bilder, Ausdruck zu verleihen verstand. Wenn je ich einen Dichter gekannt habe, der diesen

Namen verdient, so war er es, dieser Exote. Von ihm vernahm ich zum erstenmal die Geschichte von der stolzen Königin Thamara, der Nationalheldin Georgiens, und die Rolle, die er in meiner Jugend gespielt hat, ist sicher nicht ohne Einfluß darauf gewesen, daß ich, fünfzehn Jahre später, als junger Mann, mit größter Selbstverständlichkeit ein schönes georgisches Mädchen, das diesen Namen trug, zur Frau nahm.

Grigol hatte ein starres, bleiches Gesicht, das ganz von tiefdunklen Augen beherrscht wurde, die auch etwas Starres hatten, wie Vogelaugen, in denen das Weiße nicht sichtbar wird. Das Künstliche, holzschnitthaft Stilisierte seiner Physiognomie, zu der auch die starke, typisch georgische Nase gehörte, ein gewaltiger Zinken – man mußte unwillkürlich an eine japanische No-Maske oder die etwas schreckenerregenden Fratzen des Basler »Morgestraich« denken – bekam ihren besonderen Akzent durch eine Perücke, die nicht wie ein künstlicher Haaraufsatz wirkte, ein Toupet, sondern eher wie eine über den kahlen Schädel gestülpte Kappe, wie sie Gründgens als Mephisto trug. Sie glänzte wie schwarze Seide. Knapp bemessen hatte sie weniger die Funktion, die Glatze zu verhüllen, als sie in ihrer phallischen Symbolik schärfer hervortreten zu lassen. Dazu trug er jahrein, jahraus eine gutgeschneiderte Jacke aus schwarzem Tweed und hellgraue Flanellhosen. Ich habe ihn nie in einem anderen Aufzug gesehen. Es müssen die einzigen gesellschaftsfähigen Kleidungsstücke gewesen sein, die er besaß. Sie wirkten an ihm wie ein Stilkostüm und trugen ihren Teil dazu bei, ihn zu einer ganz unverwechselbaren Erscheinung zu machen.

Zu diesem Bild gehört natürlich auch noch die kleine Bernsteinkette, die er nach orientalischer Sitte unermüdlich mit den fleischigen Fingern seiner wohlgeformten und gepflegten Hände – die Nägel waren manikürt – bewegte, bald in der einen, bald in der anderen, dann wieder von der einen in die andere gleitend, dann wieder von der Rechten und der Linken gemeinsam geliebkost, ein stilles, nie abbrechendes Fingerspiel, dessen Lebendigkeit im Gegensatz zu der sonstigen Starre seiner Haltung gestanden hätte, wäre es nicht selber so mechanisch und automatenhaft gewesen.

Gelegentlich verzerrten sich Robakidses Züge zu einem markerschütternden Lachen, das, gewitterähnlich, ebenso schnell vorüberzog, wie es ausgebrochen war. Der Mund öffnete sich bis zum Rachen, man sah die Goldzähne blinken. Dann schnappte er zu. Es war wieder nur die unbewegliche, bleiche Maske mit dem lauernden Vogelblick.

Ja, so ungefähr würde sich der kleine Moritz einen Magier vorstellen, jemanden, der die geheimsten Gedanken seines Gegenübers errät, sich jeden durch einen Blick gefügig macht, mit Nadelstichen in eine Wachspuppe den Tod eines fernen Feindes bewirkt. Diesen Eindruck wollte er wohl auch erwecken. Es war viel Koketterie, viel Pose in seinem Auftreten, was aber seiner Erscheinung, in der sich Würde und Eleganz mit größter Einfachheit verbanden, nichts von ihrer Ernsthaftigkeit nahm.

Sein Zorn mußte furchtbar sein. Ich habe ihn nie zu spüren bekommen. Wenn er ein Magier war, so war er ein Guter, ein Weißer. Obwohl zweifellos etwas Unheimliches von ihm ausging, so herrschte doch das Vertrauenerweckende vor. In seiner Beziehung zu mir lag sehr viel Güte. Ich war »sein lieber Nicolaus«, dem er als »väterlicher Freund« entgegentrat. Ich hatte zu ihm nie ein so intimes Verhältnis wie zu Carl Schmitt oder Bruno Goetz, der mich liebte. Aber auch er behandelte mich wie einen Prinzen, nicht nur, will ich mir einbilden, weil ich der Sohn seiner Gastgeber und Wohltäter war, dazu ging er mit zuviel behutsamer Anteilnahme auf all die Fragen ein, die ich, wenn ich mit ihm alleine war, in größter Unbefangenheit an ihn stellte: er billigte mir den Status des Neophyten zu.

Mit größter Sorgfalt wählte er die Bücher aus, die er mir zu Weihnachten und zum Geburtstag schenkte, immer mit einer bedeutungsvollen Widmung. In seiner Schrift, die er mit georgianischer Kalligraphie zu vollendeten Satzbildern fügte, hatte sich das Hieroglyphenhafte der georgischen Schriftzeichen erhalten. Im Laufe der Jahre wurde daraus eine ganze Sammlung, alle aus dem Eugen-Diederichs-Verlag, der auch seine Werke veröffentlichte. (Er bekam wahrscheinlich die ganze Produktion umsonst.) Mit einer Anthologie der »Schönsten Gedichte der Weltliteratur« in hellblauem Leinen habe ich jahrelang in täglichem Umgang gelebt. Es war ganz zweifellos der Geist Robakidses, der mir hier einen privilegierten Zugang zur Poesie erschloß. Als ich ihm einmal von meiner Begeisterung für das »Trunkene Schiff« sprach, das ich gerade in der herrlichen Nachdichtung von Paul Zech entdeckt hatte, schmunzelte er nur. Auch er liebe dies Gedicht. »Nach meinem Gefühl ist das Wesensbild Rimbauds dir sehr nah.« So wurde der Knabe unverdient beschenkt. Aber solche Geschenke wirken ein Leben nach.

Er sprach wenig, mit einer tiefen, gutturalen Stimme, jedes Wort mit einem eindringlichen, suggestiven Blick begleitend. Mit der Attitüde überlegenen Wissens sagte er immer Endgültiges, vorher genau Überlegtes – Formulierungen, die man dann auch in seinen Büchern wiederfinden konnte.

Er schreckte auch nicht davor zurück, sich zu wiederholen, wenn sich eine geeignete Gelegenheit bot, um eine seiner Sentenzen anzubringen. Auch das, was in dem Munde jedes anderen banal hätte klingen können, wurde, wenn er es sagte, bedeutend. Mein gelegentlich aufkommendes, durch den väterlichen Skeptizismus ermuntertes Mißtrauen gegenüber seinen oft orakelhaften Aussprüchen beruhigte sich in der Gewißheit, daß es das Banale überhaupt nicht gibt, es sei denn als Defizienz der Einbildungskraft von Menschen, denen der Blick für das Wesentliche versagt ist, das überall, auch im geringfügigsten Detail der Alltagswelt, aufleuchtet.

Das Erstaunlichste an ihm war vielleicht die gelassene Ruhe. Weder im Wort noch im Gang zeigte er jemals Eile. »Ich habe immer Zeit«, pflegte er zu sagen. Den Mangel an Zeit, den alle anderen ständig beklagten, hielt er für eine typisch westeuropäisch-amerikanische Unsitte, ein Zeichen mangelnder Lebenskultur.

Dieser Mann lebte in Berlin, im Umkreis der Nachodstraße, unter den denkbar ärmlichsten Verhältnissen, nachdem er seine Heimat, deren Unterdrückung durch seinen Landsmann Stalin er nicht ertragen konnte, verlassen hatte. Der Bolschewismus war für ihn der Inbegriff des Bösen. Seiner Bekämpfung war sein Werk gewidmet, mit dem er sich eine kleine, aber treue Lesergemeinde gewonnen hatte. In Romanen, die immer Heimatromane waren – im Grunde Dokumente einer regionalen Ethnologie –, schilderte er eindringlich in der ihm eigenen suggestiven, sinnlich-satten Sprache – die kein deutscher Autor hätte wagen können, weil er unweigerlich in den Kitsch abgeglitten wäre – die frevelhafte Zerstörung des Menschen, die Vergewaltigung der heiligen Mutter Erde durch die kommunistische Gewaltherrschaft, in der sich westliche Rationalität mit dem Tierisch-Atavistischen in der menschlichen Natur unheilvoll verbunden hatte. Wie Chateaubriand sich als der metaphysische Gegenspieler Napoleons fühlte, so verstand sich Robakidse als der geistige Widerpart Dschugaschwilis, von dem er in seinem Buch »Die gemordete Seele« ein unvergeßliches Porträt gezeichnet hat. Nur ein Georgier konnte Stalin verstehen – der allerdings nur insoweit Georgier war, als er den Gegenpol zu Georgien konstituierte. Mit der Gewalt seines Wortes wollte er ihn, wie durch einen magischen Zauber, niederzwingen. Hier war nur Haß, eine Kraftprobe auf Leben und Tod.

Nach Deutschland war er gegangen, weil er sich da auf einem für seinen Kampf günstigen Terrain wußte. Die deutsche Geistigkeit – gerade in ihrem Widerstand gegen die Ideen der Revolution –, die *deutsche Kultur* empfand er als wesensverwandt. Auch für ihn war Goethe der »größte Eingeweihte der letzten Jahrhunderte«.

Seine Bücher schrieb er auf deutsch. Nie wieder habe ich einen Menschen gekannt, der die deutsche Sprache so vollkommen beherrschte wie er. Das war nicht eine Frage der grammatikalischen Korrektheit oder des Vokabulars. In jedem Satz, den er sagte oder schrieb, war er genuin sprachschöpferisch am Werk. Aus dem Urgrund, dem Wesenhaften, wirkte in ihm der Genius der Sprache. Das Deutsche war für ihn, wie er sagte, sakrale Sprache und darin allen anderen europäischen Idiomen turmhoch überlegen, dem Georgischen vergleichbar. Auch er sprach von der »Orakelhaftigkeit der deutschen Sprache«, der Carl Schmitt nachspürte. Wo ist solcher Respekt vor unserer Sprache noch zu finden? Im Orkus der Medien und der Semiotik verschwunden!

Man sah ihn immer allein, aber er lebte zusammen mit einer sehr viel jüngeren, hübschen, etwas vulgären, Ullsteinromane schreibenden Russin, wie es hieß, in einer Josephsehe. Ich mußte mir erst erklären lassen, was das bedeutet. Aber die Erklärungen, die ich erhielt, befriedigten mich nicht. Mochte sexuelle Askese zu seiner Lebenspraxis gehören, sie konnte nicht auf einer prinzipiellen Verneinung der Leiblichkeit beruhen. Er war kein Puritaner und kein Buddhist, sondern in jeder Faser seines Wesens ein Erotiker. Es mußte eine andere Bewandtnis mit seiner Abstinenz haben – ich fühlte das deutlich und stellte mir da so allerhand vor. Meine Knabenphantasien trogen mich nicht.

Tatsächlich war seine matrimoniale Keuschheit nicht eine Form der Absage an das Geschlecht, sondern eine besonders raffinierte Art seiner Betätigung. Er wollte das Geschlechtliche nicht abtöten, sondern heiligen. Er glaubte, daß der nicht vollzogene Beischlaf die okkulten Kräfte des Mannes vermehre, während sich im Samenerguß die Person vermindere und zerlege. Vor allem aber sah er in dem Haltmachen-vor-dem-Letzten ein Mittel der männlichen Selbstbehauptung, der Rettung des Mannes vor dem Verschlungenwerden im weiblichen Schoß, ein Triumphieren über den Tod. Es war ein salvatorischer Verweigerungsritus – eine Art gewaltloser Widerstand, der die Herausforderung zur Vergewaltigung nicht annimmt. Denn die Göttin sucht in der Hingabe den Gewaltakt, das ist die Bedingung ihrer Befriedigung. Dem todbringenden Rausch wird das ekstatische »Nein!« entgegengesetzt.

In so subtilen Praktiken männlicher Selbstzucht liegt vielleicht das Geheimnis der Wende zum Patriarchat: der Erfolg einer Abwehrstrategie. Sie beruhen auf einer tiefen Einsicht in die überwältigende Übermacht des Weiblichen. Für Robakidse lagen sie in der Logik – wenn ich das einmal so sagen darf – seiner mythischen Kosmologie, die die Welt aus der Spannung eines bipolaren Geschlechterverhältnisses versteht, dessen große Ursymbole Sonne und Erde, Samen und Schoß, Plasma und Pneuma, das Männliche und das Weibliche sind. Alles kreist um die Begegnung, den Kampf und die Vereinigung der Geschlechter – der Geschlechtsakt ist das aller Sinnerfahrung immanente Paradigma. Unsere Sexualität also, denke ich heute manchmal, das Ritual, in dem der Urmythos immer neu agiert wird? An uns ihn angemessen zu zelebrieren, was zunächst hieße, seines sakralen Charakters inne zu sein.

Warum ich darüber spreche? Ich begehe keine Indiskretion: Was ich sage, steht, etwas verschlüsselt, in all seinen Büchern. Es ist im Grunde ihr einziges Thema. Diese Bücher aber habe ich damals gar nicht gelesen. Trotzdem schreibe ich es dem magischen Einfluß Grigols zu, daß mein Zugang zum Mythos über sexuelle Phantasmen lief.

Ich muß hier noch erwähnen, daß zum Robakidseschen Hausstand auch Afi gehörte, die Tochter seiner Frau (nicht die seine), ein ausgesprochen hübsches, sehr zierliches Mädchen, von matter Hautfarbe, mit schrägstehenden Kirgisenaugen. Hochbegabt, immer die Erste in ihrer Klasse. Das oft zitierte Vorbild. Sie gehörte zu den Kindern, die meine Mutter als Spielgefährten für uns ins Haus zog. War es, weil sie für uns »die kleine Robakidse« war, war es ihre persönliche Ausstrahlung – sie war sehr frühreif –, gleichviel: Sie brachte in die Dachzimmer der Humboldtstraße eine ganz ungewöhnliche erotische Stimmung und wurde zum Mittelpunkt von allerhand heißen Projekten, die allerdings nie zu voller Verwirklichung reiften. »Ali« blieb ein in hohem Maße erregendes Reizwort.

Obwohl eigentlich ein Fremdkörper mit seinem exotischen Habitus und seiner prononcierten Mythenbezogenheit, gehörte Grigol Robakidse all die Jahre zum ständigen Inventar der häuslichen Geselligkeit. Man konnte sich eigentlich eine Veranstaltung, ob es nun ein Tee, ein großer Empfang oder ein Diner war, ohne ihn gar nicht mehr vorstellen. In der späteren Zeit zählte er so unbedingt zu dem kleinen Kreis der Intimen, die zu den sonntäglichen Mahlzeiten kamen, daß, wenn er einmal fehlte, unweigerlich die Frage gestellt wurde: »Wo ist Robakidse?«

Dann geschah das Unerhörte: Robakidse veröffentlichte ein Buch über Adolf Hitler! Ein schmales Bändchen. Ein Hymnus! Eine »Wesensschau« – da wurde aber kein Dämon beschworen, kein Unhold, kein Höllenfürst, sondern eine hehre, »helle« Gestalt mit klarem Auge! Diese Augen hatten es auch Grigol angetan, wie so vielen anderen. Das war aber ein Verstoß gegen das Protokoll unseres Kreises. Einmütiges Befremden breitete sich unter den Freunden aus. Besonders indigniert war natürlich Edith Andreae, die den Autor jahrelang finanziell unterstützt und in ihrem Haus bewirtet hatte. Mein Vater schüttelte den Kopf. Selbst Carl Schmitt hatte sich eine derartige Hitler-Schwärmerei nie erlaubt.

Für Grigol war es ein unerwarteter, für uns alle ein höchst unwillkommener Erfolg. Goebbels hatte das Buch in die Liste der von der Partei empfohlenen Bücher aufgenommen. Es wurden an die hunderttausend Exemplare verkauft. Man hörte, daß sich Goebbels den »fremden Dichter« ins Propagandaministerium hatte kommen lassen, und nun war dieser auch von den großen Augen des Joseph Goebbels fasziniert. Mehr noch, er hatte den Auftrag erhalten, ein ähnliches Buch über Mussolini zu verfassen, was er auch tat. Er wurde in Rom zur Audienz empfangen, lebte mitten im Krieg wochenlang auf Capri auf Kosten der italienischen Regierung. Das Ergebnis seiner Insel-Meditationen: Mussolini war ein »Sonnenmensch«! Auch dieses Buch wurde in die Parteibibliographie aufgenommen. Robakidse war ein gemachter Mann.

Es war ungefähr um die Zeit, in der das Buch von Hermann Rauschning »Gespräche mit Hitler« in der Schweiz erschien, eingeschmuggelt und von allen verschlungen wurde. Da stand, was man zu hören erwartete, was man sich zumunkelte, aber nie so ganz genau gewußt hatte. Der nüchterne Verwaltungsmann bestätigte das Bild, das man von Hitler hatte – der große Mythologe wollte es dementieren. Das eine war Aufklärung – das andere Apologie.

Ein anderes Buch, das in dieser Zeit allgemein besprochen wurde, waren die »Marmorklippen« von Ernst Jünger, der gelegentlich im Hause von Carl Schmitt auftauchte. (Seine Frau war mit Duschka Schmitt eng befreundet.) Kannte man seine Kriegsbücher, das »Abenteuerliche Herz«, den »Arbeiter«? Das war ohne Wichtigkeit. Man war beeindruckt von dem Mut eines Autors, die geistige und moralische Krise, in der sich Deutschland befand, in einer durchsichtigen Allegorie so dargestellt zu haben, daß jeder begreifen konnte, worum es jetzt ging: das nackte Verbrechen. Das wirkte wie ein Schock. Ich erinnere mich zahlloser erregter, mit gedämpfter Stimme geführter Gespräche. War es so schlimm um uns bestellt? Robakidse kritisierte den pseudomythologischen Apparat: Das Bild des »Oberförsters« sei falsch gewählt – der »Wald« sei, kosmisch verstanden, ein Sinnbild des integren Seins, der schöpferischen Urkraft usw. Nun gut, jeder wußte, wer gemeint war.

Was war mit Grigol Robakidse geschehen? Wir standen vor einem Rätsel. Eine Peinlichkeit? Eine Fehlleistung? War er dem Prozeß der Identifikation des Opfers mit dem Aggressor erlegen, den er in seinen Romanen, auf Stalin bezogen, so genau beschrieben hat? Ich glaube, er huldigte dem künftigen hypothetischen Befreier Georgiens vom bolschewistischen Joch! Mit seiner Wortmagie wollte er *den* Hitler heraufbeschwören, den er sich sehnlichst erhoffte. Den Tag, an dem die deutsche Flagge auf dem Gipfel des Elbrus gehißt wurde, muß er als tiefe Rechtfertigung seines Hitlerbuches erlebt haben.

Was soll ich sagen, Grigol wurde weiterhin eingeladen. Man hatte sich dahingehend verständigt, diesen Fauxpas nicht ernstzunehmen, genausowenig wie man bereit war, Hitler ernstzunehmen.

Die ganze Geschichte hatte für den Autor natürlich böse Folgen. Am Ende des Krieges mußte er sich dem Zugriff der Besatzungsmächte durch eine abenteuerliche Flucht über den Bodensee – er war im letzten Kriegsjahr in Überlingen bei Bruno Goetz untergeschlüpft – entziehen und lebte dann, bis zu seinem Tode in den fünfziger Jahren, in Genf. Wieder in emigrantischen Mansarden, es war sein zweites oder drittes Exil! Manchmal ist das Schicksal nicht nur hart, sondern grausam. Seine Frau, die in den letzten Kriegsjahren Schlimmes durchgestanden hatte, erlitt einen Schlaganfall, der sie halbseitig lähmte und ihr die Sprache nahm. »Wegen der andauernden Krankheit meiner Frau«, schrieb er, »bin ich in eine fast menschlich unmögliche Lage geraten. Ich, der in seinem Leben den Adamsfluch nicht kannte, auch in den Schulen nicht, schmecke ihn jetzt in vollen Zügen. Wahrscheinlich des Gleichgewichts willen. Ich muß Einkäufe machen. Ich muß kochen. Ich muß die Wohnung aufräumen. Ich muß außer Laken alles waschen und bügeln. Ich muß mich mit der Kranken verständigen, das heißt erraten, was sie jeweils in Gedanken hat. Ich muß sie unterhalten. Ich muß ab und zu die Masseuse ersetzen und öfters die Krankenschwester. Ich arbeite und schlafe in der Küche. Dort steht meine Schreibmaschine und: ich stehle buchstäblich die Zeit, um ein paar Zeilen aufs Papier zu bringen. Aber: im LEIDEN erst erfährt einer sein SEIN.«

Unter diesen schrecklichen Umständen entstand noch eine ganze Reihe von Werken – Essays, Romane, Dichtungen – ein »Friedrich Nietzsche Esoterisch«, ein »Georgien in seinem Weltbild«. Was ist aus ihnen geworden? »Ich glaube, viele Geheimnisse enthüllt zu haben, ohne natürlich die ›Hüllen‹ zu verletzen … In meinen Betrachtungen kommt mir zur Hilfe ganz besonders der mythische Urheber der Georgier: Kardhu … das Schaubild einer Mythe trifft das Geheimnis geradezu kosmisch, so auch der Wortsinn der Sprache«, schrieb er. Es würde sich lohnen, danach zu forschen. Es wird heute so viel über Mythen geredet. Hier war einer, der wirklich etwas davon verstand.

Ich setze an den Schluß dieser Seiten eines seiner letzten Gedichte. Er hat es mir zu meiner Hochzeit mit Thamara geschenkt. »Ich habe jenen Einblick in die frauliche Seele dank den Göttinnen, die mir gnädig sind«, schrieb er dazu. »›Gnädig‹, weil ich die Götter nicht anerkenne, wohl aber die Göttinnen. Als ich vor kurzem in Zürich im Kreise von Bruno Goetz, der die Götter ›besessen‹ anerkennt, darüber sprach, lachten erheitert alle, am heitersten ich selber. Die ›Anerkennung‹ allein genügt allerdings nicht, um die Gunst der Göttinnen in vollen Zügen zu gewinnen. Soll ich hier einen der ISIS-SCHLEIER lüften? Eine von ihnen – ich glaube die herbschöne, langbeinige Diana – verriet mir einmal das Geheimnis. ›Du mußt wissen‹, sagte sie, ›daß wir, die Göttinnen, uns einem von Euch, der uns anerkennt, sehr gerne hingeben, die Voraussetzung jedoch ist dies: daß wir in der Hingabe uns als Beute kosten.‹ ›Ich soll also auch Eroberer sein?‹ erwiderte ich. Sie gab mir als Antwort ihr Gioconda-Lächeln … Im Ernst: einem Dichter bleibt die ganze Welt verschlossen, wenn ihm die Frauen sich nicht erschließen, ich meine: innerlich.« Das ist der ganze Robakidse.

Die Blitzberührte

In langem Harren auf den Rauschgott,
der sich verweilt, geht ihr der Atem aus:
und die Mänade bricht aus ihrer wüsten Starre und
mit sprühend irrem Schwefelblick
läuft sie dem nahenden Gewitter wild entgegen
und wirft als Beute sich dem blinden Rausche hin.
Als nun der Blitz sie leckend streift
und, ihre Sehnsucht rasch geschlürft,
im Sprengschlag sich entladet,

löst sich die Blitzberührte ab vom Chaos
– wie die Lamelle aus der Lauge –
und wacht entrückt als Göttin auf.

Nichts ist schwieriger, als jetzt auf die naheliegende Frage eine befriedigende Antwort zu finden: Was hat denn der junge Sombart damals für ein Bild von Hitler gehabt? Ist es mir möglich, ohne Beschönigungen, ohne Retuschen, ohne Retroprojektionen auch nur die Zuständlichkeit zu beschreiben, in der ich mich, ein sechzehnjähriger Deutscher, befand, was mein persönliches Verhältnis zum deutschen Staatschef, zum »Führer« betraf? Ich will den Versuch wagen.

Zunächst zwei Feststellungen. Ich kann, glaube ich, ohne mich zu irren und ohne Übertreibung, behaupten, daß es in meiner näheren und ferneren Umgebung keinen Menschen gab, der Hitler und das, was er repräsentierte, bejahte. Das gab es einfach nicht. Die Einstellung schwankte zwischen zähneknirschendem Haß – das war der Fall, sagen wir, bei Bruno Goetz –, einem trotzigen Nichternstnehmen – mein Vater nannte ihn »Kasperle« (»Wenn du meinst, du hast'n, springt er aus dem Kasten«) –, bei den Caprivis war er »der Gefreite«, man sprach von »Schicklgruber«, dem »Anstreicher« usw. – und dem Ignorieren. Das Phänomen wurde verdrängt. Wenn jemand plötzlich anfing, von »unserem Führer« zu sprechen – eine meiner älteren Schwestern hatte gelegentlich solche Anfälle –, wurde ihr unwirsch über den Mund gefahren. Der Mißmut entlud sich in Witzen. Man karikierte eher, als daß man dämonisierte. Man wußte sehr wenig und wollte auch gar nicht mehr wissen. Zeitungen, Radio, Wochenschau wurden als Informationsquellen nicht anerkannt. Das war Propaganda. Was Rauschning erzählte, wurde zwar gierig aufgesogen, begegnete aber auch einigem Zweifel – nicht, weil es so schlimm war, was er zu berichten wußte, sondern weil Hitler in seiner Darstellung eigentlich bedeutender erschien, als man zu konzedieren willens war. Der einzige, der davor warnte, Hitler zu unterschätzen, war Carl Schmitt.

Hitler, das *Verhängnis!* Keine politische Figur. Als Staatsmann, als Staatschef gar nicht zu fassen. (Ganz anders als Mussolini, den man sich irgendwie vorstellen konnte.) Kein »großer Mann«, der Geschichte macht. Geschlechtslos. Amorph. Kein Mensch. Eine Unperson. Omnipräsent, aber nicht dingfest zu machen. Der Name für ein unbegreifliches Geschehen.

Hatte man Angst vor ihm? Die Angst machte sich nicht an diesem Namen fest – merkwürdigerweise. Da war die Gestapo, der Sicherheitsdienst, die SS, die Partei. Man wußte nicht genau, wie das alles zusammenhing. Das Unheil kam aus dem Dunkel. Man empfand seine Wirksamkeit als Störung des Alltags, der irgendwie »normal« weiterzugehen schien.

Das war die eine Seite. Andererseits war ich natürlich doch der Indoktrinierung ausgesetzt, die mich über die Medien und vor allem über die Schule erfaßte. Wir machten alle Rituale des totalen Staates mit, von den Flaggenparaden auf dem Schulhof bis zur Teilnahme an den großen Paraden auf der von Speer geschmückten Ost-West-Achse. Bei diesen Gelegenheiten habe ich Hitler auch einmal »gesehen«, den rechten Arm stundenlang erhoben – während die Truppen an ihm vorbeizogen, immer wieder noch eine Einheit, Panzerspähwagen, schwere Artillerie, Panzer – es wollte kein Ende nehmen.

Massenveranstaltungen – das ist das Stichwort! In ihnen wurde das Regime, das als Fremdherrschaft erfahren wurde, Ereignis und Erlebnis. Hier wurde die Gemeinschaftsmystik zelebriert, die sein eigentliches Wesen war. Ein Staatsrecht gab es nicht. Eine Verfassung gab es nicht. Nur Parolen. »Ein Volk, ein Reich, ein Führer.« Für wen galt das? Wo sich mehr als zehntausend Menschen versammelten, sollte man meinen, daß, wo nicht der Nachweis für die Realität, so doch wenigstens der Anschein der Glaubwürdigkeit dieser Dreieinigkeit geliefert wurde. Wie habe ich das damals erlebt?

An zwei Massenmanifestationen – ohne Hitler allerdings – erinnere ich mich gut: beide auf dem Reichssportfeld. Einmal waren wir hinbeordert worden, weil Goebbels eine große Ansprache halten sollte. Es herrschte eine tolle Stimmung. Zehntausende von Jugendlichen in Uniform – man mußte, wie üblich bei solchen Veranstaltungen, endlos auf das Erscheinen der hohen Herren warten. Als Goebbels schließlich vor das Mikrophon trat, erstickte brausender Applaus seine Stimme. Es war kein Jubel. Die »Heil«-Rufe waren nicht mehr zu bändigen. Er bekam einfach kein Wort über die Lautsprecher. Er wurde totgeschrien und hat dann auch – wenn ich mich richtig erinnere – auf seine Rede verzichten müssen.

Das andere Mal war noch dramatischer, schon der *mise-en-scène* wegen, diesmal nicht im Stadion selbst, sondern auf dem Maifeld. Die Kundgebung war für den späten Abend angesetzt. Hinter der großen Tribüne strahlten die Scheinwerfer in den tintenschwarzen Himmel. Flammen züngelten auf den Pylonen, Fackeln überall. Wieder waren Zehntausende zusammengeholt worden. Sie lagen auf dem Rasen und harrten der Dinge, die da kommen sollten. Diesmal wollte der Duce vor der deutschen

Jugend sprechen! Da war er, ganz fern, kaum über die Rampe ragend, ein Käppi auf der Glatze mit einer großen Quaste, die ihm während seiner – deutsch gehaltenen – Ansprache über der Stirn baumelte. Schirach brüllte ein »Duce, ich melde x-tausend deutsche Jungen zum Appell!« Der Duce brüllte irgendein »Heil! Deutsche Jugend!«, da brach das frenetische Heil-Gebrüll wieder los. Aber in diesem Fall wollte man wissen, was er da oben zu sagen hatte. Allein, er konnte kaum einen Satz zu Ende sprechen, so sehr unterbrachen ihn, wie er meinen mußte, Stürme der Begeisterung. Der Höhepunkt der nocturnen Veranstaltung, die die perfekte Verwirklichung einer politischen Großveranstaltung und ihre Verhöhnung zugleich war – ein wahrer Paroxysmus kollektiver Triebentladung, in der es unmöglich war, zwischen Übermut, Schreikrampf, Hohn und schierer Ausgelassenheit zu unterscheiden –, war der Moment, in dem der Duce den Satz in die Masse schleuderte: »Lieber ein Tag ein Löwe als hundert Tage ein Schaf!« Ich habe es noch heute im Ohr. Das war einfach unwiderstehlich. Hätte man Raketen gehabt, man hätte sie in den Himmel gejagt. Das habe ich also brav mitgemacht, ohne zu murren, ohne mich zu drücken, und, zurückgekehrt, dem Dienstmädchen einen humorigen Bericht erstattet. Ich wäre nicht auf den Gedanken gekommen, den Eltern davon zu erzählen.

Man ist nicht befriedigt. Man möchte mehr wissen. Ich versuche vergeblich, auf Hitler zu kommen. Meine Erinnerung weicht beständig aus. Ich bekomme den Mann nicht zu fassen. Ich bin z. B. ziemlich sicher, daß ich Robakidses Hitlerbuch *damals* nicht gelesen habe, auch Rauschning nicht. Die »Marmorklippen«, als ästhetisches Phänomen, Jüngers Stil, interessierten mich. Genauso ging es meinen Freunden. Mit einem Wort: Hitler war für uns kein Thema, nicht der Gegenstand einer äußeren oder inneren Auseinandersetzung. Er war da, das »Dritte Reich« war da, der Krieg war da – aber das war nicht unser Führer, unser Staat, unser Krieg. Es war aber auch nicht Anlaß zu leidenschaftlichem Protest, zu Revolte, Konspiration. So beschämend es klingen muß: eine Alternative hatten wir nicht, ebensowenig wie unsere Eltern.

Das änderte sich für mich erst schlagartig in dem Moment, in dem ich erfuhr, was mit den Juden geschah, im letzten Jahr vor meiner Einziehung, nach meiner Begegnung mit Rahel. Jetzt wäre ich bereit gewesen, zu handeln, mich zu engagieren in irgendeinem Widerstand. Ich sprach mit Männern, die mein Vertrauen hatten. Mein Vater war schon gestorben. Man winkte mir ab. Man wollte mich schützen. Als meine Einheit, die irgendwo in »Kurland« vergessen war, die Nachricht vom Attentat des 20. Juli erreichte, meinte ich: »Diesen Leuten werden noch mal Denkmäler gesetzt werden.« Ein Unteroffizier denunzierte mich. Tatbericht. Ein Kompaniechef ließ die Sache schleifen. Ich wurde zum Rapport kommandiert. Der junge Offizier, kaum älter als ich, verwarnte mich. Nicht, wie ich spürte, weil er eine andere Ansicht hatte. Ich sollte »uns«, um Gottes willen, nicht in Teufels Küche bringen. Er hat mir das Leben gerettet.

Wenn Psycho-Soziologen heute das Problem der Adoleszenz darin sehen, aus den Familienbindungen, die ihrer Natur nach konservativ sind, heraus in die Gesellschaft einzutreten, die eine »Gesellschaft im Wandel« ist, und sich da zu engagieren, also zwischen zwei Polen zu stehen, einem progressiven, auf Veränderung drängenden, und einem konservativen, die Familie reproduzierenden, so kann ich nur sagen, daß ich um den Genuß dieses Dilemmas gebracht worden bin. Was ich in meiner Familie fand, war unvergleichlich viel attraktiver als das, was die Gesellschaft zu bieten hatte. Für mich und meinesgleichen hatte »die Gesellschaft« – das politische Kollektiv, in das wir hineinwuchsen – kein irgendwie verlockendes Angebot zu machen. So schrecklich es klingt, diese Jugend hatte keinen Zukunftshorizont. Was an Zukunftsofferten von seiten der »Gesellschaft« kam, war Bedrohung, das Unausdenkbare, der Tod – oder ganz unpathetisch einfach: das Inakzeptable.

Für die – gegen alle Wahrscheinlichkeit – Überlebenden wie mich ergab sich dann später der schreckliche Nachholbedarf, der zu den Ausbrüchen der sechziger Jahre führte, die, das muß man inzwischen begriffen haben, nichts mit der Generation der damals Zwanzigjährigen zu tun hatte, sondern mit der retardierten Adoleszenzproblematik ihrer Eltern, für die sie stellvertretend agierten.

Da hatte man sie plötzlich erwischt, diese veränderungsbedürftige »Gesellschaft im Wandel«! Bloß, der konservative Bereich der Gesellschaft qua Familie war man jetzt selbst. Es blieb einem also nichts übrig, als sich in der stillschweigenden emotionalen Komplizität mit den Jungen zu bestrafen, nicht für etwas, was man getan, sondern für das, was man unterlassen hatte.

Daß dabei nicht viel herauskommen konnte, haben die Ereignisse gezeigt. Die Enkelgeneration entdeckt jetzt wieder den stillen Charme des spätbürgerlichen, apolitischen Arkadien, in dem wir die bösen Jahre überlebt haben. Als Waisenkinder treten sie in die pittoresken Ruinen einer versunkenen Welt.

Bruno Goetz und andere

Und wie kam Bruno Goetz in unser Haus? Verhältnismäßig spät, in den dreißiger Jahren, als Freund von Grigol Robakidse, glaube ich. Er trug, was damals schon ganz ungewöhnlich war, seine Haare schulterlang, wie der alte Mommsen, und dazu eine Lavallière-Krawatte. Mit ihm lernte ich, ohne zu wissen, wer mir da begegnete, einen der letzten Repräsentanten jener Boheme kennen, die vom Ende des vorigen Jahrhunderts an als Träger einer fruchtbaren Subkultur in Wien, Berlin und Schwabing grassierte – unstet, in möblierten Zimmern und billigen Pensionen hauste, den Tag im Kaffeehaus verbrachte und sich für den eigentlichen, echten und wahren Statthalter des Geistes im Lande hielt. Ein hieratischer Elitismus Georgescher Prägung, Landauerscher Anarchismus, Schulersches Mutterrecht, Freudsche Psychoanalyse, Jungsche Tiefenpsychologie brauten sich da zusammen und wurden zu Referenzen einer alternativen, gewaltfreien und lustbezogenen Lebenskultur, die in vorgeschobenen Vorposten wie Ascona experimentell erprobt wurde.

Vom Standpunkt des deutschen Kulturmandarinats mit Ordinariaten und Institutsdirektorposten, Exzellenz- und Geheimratstiteln war das natürlich eine unseriöse, windige Gesellschaft, zu der vielleicht einige persönliche Querverbindungen liefen – der eine oder andere »Kaffeehausliterat« hatte vielleicht Zugang zu den bürgerlichen Häusern, fand dort vielleicht auch gelegentlich materielle Unterstützung. Wenn es sich aber darum handelte, daß der eigene Sohn vom normalen Studium fort in diese Kreise driftete oder gar eine Tochter den Schritt von der Kunstgeschichte zur Freundin der Künstler vollzog, war das die Katastrophe. Dabei war der Zuzug von »ausgeflippten« Professorentöchtern und Comtessen für die Rekrutierung der subkulturellen Reservearmee unerläßlich. Daß natürlich die »Emanzipation der Frau« nicht nur groß geschrieben, sondern groß gelebt wurde, hätte ich beinahe zu erwähnen vergessen.

Was wußte ich damals davon? Nichts. Aber es ist erstaunlich, wieviel Information ein ausgeprägter Typus über die Lebenswelt, für die er repräsentativ ist, zu vermitteln vermag. Wie er aussah, wie er sprach, alles, was er erzählte, die persönlichen Erinnerungen, die Anekdoten, die politischen und literarischen Urteile, seine Anschauung von Menschen, die er gekannt hatte – er erzählte mir von einem Besuch bei Sigmund Freud –, alles brachte mir eine Zeit und ein Milieu, zu dem ich weder räumlich noch zeitlich die geringste Beziehung hatte, so nah, als hätte ich mitten darin gestanden. Was war korrektes Verständnis, was Intuition, was Imagination? Dem Umgang mit dem alten Bruno Goetz verdanke ich das Vorwissen, die Aufgeschlossenheit und die Neugierde, mit denen es mir später im Laufe meines Lebens möglich geworden ist, gewisse Aspekte der europäischen Kultur des späten 19. Jahrhunderts über das, was ich las und hörte, hinaus, so nachzuerleben, wie es eigentlich nur ein Augenzeuge in seiner Erinnerung vermag.

Er trug nicht nur seine weißen Haare schulterlang und eine Lavallière-Krawatte. Er trug auch, wenn er zu uns kam, einen richtigen Gehrock und dazu schwarze Schnürstiefel, Sommer wie Winter. Die Wahrheit war, daß er kaum etwas anzuziehen hatte. Dieser altmodische, fast historische Ausgehanzug war alles, was sich aus früheren Tagen erhalten hatte. Erst heute kann ich ermessen, wie arm er damals war. Er lebte, denke ich, von der Unterstützung durch Freunde, die ihm monatlich ein paar Mark überwiesen und gelegentlich einen Vortrag oder eine Lesung für ihn arrangierten. Davon hatte er stets einige parat: Über die Ballade als Kunstform, Mythos und Dichtung etc. Der Inhalt war wohl immer derselbe. Am liebsten las er aus eigenen Werken vor, und das waren, in dieser späten Zeit, endlose, mythenträchtige Balladen. Auf einem solchen Leseabend (war es bei Helene von Nostitz?) habe ich ihn kennengelernt und war überwältigt, nicht von seinen Versen – die mir eher langatmig und überladen vorkamen –, sondern von seiner ungeheuren Stimme! Mit schönstem baltischem Akzent orgelte sie in tiefen und tiefsten Registern, es war unbeschreiblich! Man hatte das Gefühl, nie vorher Deutsch gehört zu haben, oder vielmehr verwandelte sich die deutsche Sprache in seinem Munde zu einem neuen, bis dahin unbekannten Zauberidiom. Was auch immer er in ihr ausdrücken mochte, es klang gewaltig, bedeutsam und hinreißend melodiös. Dabei konnte dem Zuhörer der Kontrast zwischen dem eher kleinen, in seinem großen Ledersessel zum Gnom geschrumpften Dichter und dem raumfüllenden Volumen seines Organs nicht entgehen.

Rot und Gold, Rot und Gold
blasen die Trompeten,
Was im Dunklen loht und grollt
will zu Tage treten.

Ich höre ihn, als säße er vor mir, völlig hingegeben an die Dichtung, das Wort, das da in ihm Fleisch wurde. Es gelang mir, meine Mutter zu bestimmen, den baltischen Barden umgehend zu einer Lesung in unserem Hause einzuladen. Damit begann eine köstliche Freundschaft. Er war der erste, der mir Richard Wagner nahebrachte, indem er mir Baudelaires Tannhäuser-Analyse vorlas. Durch ihn erhielt ich meinen ersten Zugang zur Tiefenpsychologie. Durch ihn lernte ich das »I Ging« benutzen. Sein besonderes Steckenpferd war die Astrologie. Er machte mir mein erstes Horoskop, vor allem aber weckte er mein Verständnis dafür, daß die Astrologie die differenzierteste Psychologie sei. Man denke nur: zwölf charakterologische Grundtypen – nicht zwei, nicht vier wie sonst üblich – mit unbegrenzten Variationsmöglichkeiten!

Als ich ihm meine erste Novelle zeigte, eine Skizze eher, in der ich den Typus des *décadent,* natürlich unter dem Einfluß von Huysmans, darzustellen unternahm – »Hippolyte, der große Verächter« hieß das epigonale Produkt, das ich nur erwähne, weil es für meine damalige Stimmungslage charakteristisch war –, kritisierte er es streng unter dem Gesichtswinkel der schriftstellerischen Technik, eine Privatstunde, der ich wohl die erste Ahnung davon verdanke, was das Schreiben für ein schwieriges Handwerk ist.

Einen unbändigen Haß nährte er auf Hitler. Daß dessen Zeit bemessen sei, stand für ihn außer Frage. Man dürfe ihn nur auf keinen Fall umbringen! Er hatte sich eine besondere Strafe für ihn ausgedacht: In einen Käfig gesperrt, sollte er, Abend für Abend, vor einem großen Publikum, in einem Zirkus, eine Rede halten müssen! Zum Zirkus hatte er eine eigene Beziehung: Das einzig substantielle Honorar seines Lebens hatte er von einem Herrn bekommen, dem er, in einem Schwabinger Café, einen Slapstick-Sketch vorgelesen hatte. Es war ein Clown, der den Text aufkaufte, um ihn für seine Nummer zu verwenden. »Er zahlte die tausend Mark sofort in bar. Am nächsten Tag kauften wir für uns alle – Frauen, Freunde – Fahrkarten und fuhren nach Ascona!« Noch als er mir, dreißig Jahre später, davon erzählte, leuchtete in ihm die Genugtuung über diesen Exodus ins Gelobte Land. In Hitlers Herrschaft sah er so etwas wie eine Clownerie in dantesken Proportionen.

Wie konnte er lachen, mit seiner Orgelstimme! Zu seinem ständigen Unterhaltungsrepertoire gehörten Baltenwitze. Die kennt heute niemand mehr. Ich kann mir nicht versagen, hier einen zu erzählen, der mir immer wieder aus der Klemme geholfen hat: Der Herr Pastor besucht zwei uralte adlige Fräuleins, die beschlossen haben, sich zu ihrer Erbauung und seelischen Stärkung aus der Bibel vorzulesen. Sie sind hell begeistert. Der Pastor ist weniger entzückt. Ob sie denn auch alles verstünden, fragt er streng. »Aber ja doch, Hochwürden, wir verstehen alles – und *was wir nicht verstehen, das erklären wir uns!*« In dieser Antwort mit ihrem *humour noire,* scheint mir, steckt die ganze Eulenspiegelei der Hermeneutik.

Aber was erzähle ich da? Nur lauter läppisches Zeug! Was Bruno Goetz mich gelehrt hat, was ich ihm danke, war soviel mehr, etwas so Unvergleichliches, daß ich jetzt eine gewisse Scheu empfinde, darüber zu sprechen. Er öffnete mir Augen und Sinne für die beglückende Fülle einer von Göttern durchwalteten Welt!

Keine Theologie – reinstes Heidentum. Nicht Transzendenz – Weltfrömmigkeit, Weltverliebtheit. Es begann damit, daß er mir die »Götter Griechenlands« von Walter F. Otto zu lesen gab und mich lehrte, die Gestalten der antiken Mythologie im Alltag meiner Lebenswelt wiederzufinden, als die den ekstatischen Augenblick, das Aufscheinen des Außerordentlichen auslösenden Kräfte. In einem Antlitz, einem Sonnenuntergang, einer Statue, einem Gedicht, in dem beseligenden Glücksmoment einer Begegnung leuchtet das Göttliche auf. Wir müssen es nur erkennen. Von Apollo und Diana, Demeter und Dionysos ging der Weg zu Isis und Osiris, Ormuzd und Ahriman, zu Shiwa und Uma. Sie waren nichts Vergangenes, Fernes, Überholtes, Totes, keine Abstraktionen, Allegorien oder Kunstfiguren, sondern Wesenheiten, die von den Ursprüngen her das Universum gestalten – ewige Gegenwart.

Die Welt – Natur und Kultur – ist von Dämonen und Göttern beherrscht. Die Realität in ihrer Materialität nur der ärmlichste Teil einer umfassenderen geistigen Wirklichkeit – die wir darum erfahren können, weil sie auch unsere Existenz, Seele und Leib, durchdringt. In den vielfältigsten Erscheinungsformen begegnen wir dem Wirken höherer Mächte, welches auch immer die Namen sein mögen, die wir ihnen geben. Der Abscheu vor dem Niedrigen, Gemeinen, die Sehnsucht nach Selbstverwirklichung, unser Vollendungsstreben, der Wunsch nach Vollkommenheit, nach dem Schönen, Edlen und Guten sind nur Ausdruck dieser Kräfte, dieser Wesenheiten. Den Göttern nachzueifern, die Dämonen zu bannen, das macht den höheren Menschen aus, den die Dämonen fürchten und die Götter brauchen, weil sie ohne ihn selber nicht zu ihrer höchsten Verwirklichungsform gelangen können.

Das klingt jetzt vielleicht etwas trocken und theoretisch. Was Bruno Goetz mir erschloß, war der konkreteste Zugang zur Realität des Lebens, der sich denken läßt.

Ich weiß nicht, inwieweit seine pagane Dämonologie *à la lettre* zu nehmen ist. Für mich war sie eine Schule der Sensibilität, der Verfeinerung meines Wahrnehmungsvermögens, eine fast heitere Weise der Aneignung der Welt – die Absage an das Banale, selbstverständlich Vorgegebene, das blind Rationale, verbunden mit einer wachsenden Ehrfurcht vor dem Wunder des Lebens, einer unablässigen dankbaren Lobpreisung der Götter.

Unter seiner Anleitung vollzog ich den entscheidenden Schritt vom ästhetischen zu einem mythischen Verständnis der Welt. Er lehrte mich die Beherrschung des Profanen, die Ergriffenheit durch das Heilige. Die berühmte Entzauberung der Welt hat mich eigentlich nie genervt. Ich kannte ja das Geheimnis ihrer Verzauberung, die wir immer neu aus der sakralen Substanz unseres Menschentums zu leisten haben. Das, was sonst, ist Kultur.

Daß ich einem Menschen, der so viel wußte, der so Interessantes zu berichten hatte, der obendrein so liebenswürdig mit mir war, die größte Aufmerksamkeit und Verehrung entgegenbrachte, wird nicht besonders verwundern. Was aber ein alter Mann, der so vieles gesehen und erlebt hatte, dem eigentlich nichts fremd unter der Sonne sein konnte, an einem siebzehnjährigen Schüler finden konnte, das ist schon mysteriöser. Der Frage, die sich hier stellt, soll nicht ausgewichen werden.

Er war offensichtlich stolz auf mich. Er führte mich bei seinen Freunden ein – oft seltsamen Menschen –, dem Psychotherapeuten Gustav-Richard Heyer z. B., der an diesem Abend erzählte, wie er sein Über-Ich einmal beredet hätte, ihm zu erlauben, einen Vortrag zu halten. Das Lampenfieber erstickte ihn. Er somatisierte. Das Über-Ich ließ mit sich reden und gab den Vortrag frei.

So brachte er mich auch mit einem jungen Ehepaar zusammen, Wolfgang und Henriette Kühne, das in unmittelbarer Nähe vom S-Bahnhof Grunewald – am Eingang in einer ebenerdigen, geräumigen, wenn auch niedrigen Etage – lebte, die beherrscht wurde von Bücherregalen und einem Konzertflügel. Möbel gab es so gut wie keine. Er war Schauspieler am Staatstheater – seine Leidenschaft jedoch galt der scholastischen Philosophie. Sie, Pianistin, durfte keine Konzerte geben, weil sie Jüdin war. Eine von den jüdischen Schauspielerfrauen, die Gustaf Gründgens geschützt und gerettet hat.

Ich ging zu ihnen, am späten Abend, nach dem Essen (es gab Saft und etwas zu knabbern). Da saßen sie dann auf dem Sofa im goldenen Schein einer Stehlampe, mir aufmerksam zuhörend, der ihnen von seinen Regieplänen und seinen Häuserentwürfen erzählt haben wird. Der große, schlanke, etwas schlaksige Mann hielt seine zierliche kleine Frau behutsam im Arm, als müsse er sie jeden Augenblick gegen die ihr drohenden Gefahren schützen. Sie hockte an ihn geschmiegt mit einem Ausdruck, in dem Dankbarkeit sich mit einer Spur nicht zu überwindender Angst mischte, wie ein aus dem Nest gefallenes Vögelchen, das sich auch in der bergenden Hand noch nicht in Sicherheit fühlt. Beide waren sie zum Katholizismus übergetreten. Zwei kleine Mädchen, von denen nur andeutungsweise gesprochen wurde, wuchsen fern von den Gefahren Berlins in klösterlicher Obhut heran. Sie waren für mich das vollkommene Bild eines innig verbundenen Paares.

Wolfgang Kühne sprach fast schwärmerisch von der Vollkommenheit des thomistischen Systems. Mit großem Ernst ließ er das gewaltige Lehrgebäude des Aquinaten umrißhaft vor meinen Augen erstehen, und es wollte mir wie ein grandioser Architekturprospekt erscheinen, in dem Säulen, Treppen und Bögen sich schwindelerregend übereinander gen Himmel türmen. Jedesmal, wenn er davon sprach, faszinierte mich die ästhetische Qualität dieser Konstruktionen, für deren Reiz er sicherlich nicht unempfänglich war. Ich blieb aber, was den philosophisch-theologischen Gehalt betraf, die moralische Essenz, auf die allein es ihm ankam, völlig unberührt. Tief beeindruckte mich freilich sein Engagement. Das Vögelchen schaute mit seinen verstörten Augen bewundernd zu, sagte aber nie ein Wort.

Bruno Goetz machte mich auch mit Hanns Krenz bekannt, dem Antiquar in der Nettelbeckstraße. Wohnung und Ausstellungsräume, nicht getrennt, lagen im Entresol. Sie waren angefüllt mit Kostbarkeiten, meistens Ostasiatika. Eine Schatzhöhle. Dort traf sich regelmäßig ein Kreis von Männern, die eine Vorliebe für östliche Philosophie, der Abscheu vor dem Naziregime und homoerotische Neigungen dreieinig zusammenhielt. Der Großmeister dieses Zirkels, den ich leider nie getroffen habe – ich war auch sicher nicht würdig, ihm vorgeführt zu werden –, der im Geiste immer präsente *maître de pensée* der Runde, war Hans-Hasso von Veltheim, von dem mir die wunderlichsten Dinge berichtet wurden. Er machte große Reisen nach Asien, um dort, bei den tibetanischen Lamas, in die

Geheimlehren des »Totenbuches« eingeführt zu werden. In Rundbriefen teilte er seinen Freunden Eindrücke und Einsichten mit (sie wurden nach dem Krieg veröffentlicht). Man las sie damals wie Samisdat-Texte – geheime Botschaften eines geistigen Widerstands. Und das waren sie auch.

In seinem in der Nähe von Halle a. d. Saale gelegenen Wasserschloß Ostrau veranstaltete er esoterische Weekends, zu denen eine kleine Zahl auserwählter Gäste geladen wurde. Sein Gast zu sein wurde als höchstes Privileg betrachtet, obwohl das nicht ganz risikolos war. Der Baron unterwarf seine Besucher allen möglichen magischen Praktiken und Zaubern. In die verschiedenen Gästezimmer wurden sie nach der Topik eines Kraftfeldes gelegt, in dessen Zentrum der Hausherr saß wie die Spinne in ihrem Netz. Wenn da einer die falschen »Strahlungen« hatte, ein Astralleib sich dem Willenszugriff entzog, wurde der Betreffende hinauskomplimentiert, auf jeden Fall nie wieder eingeladen. Was geschah dort? Meditationsübungen? Initiationsriten? Schwarze Messen? Meine Einbildungskraft war herausgefordert. Eines war sicher: Frauen kamen dort unter keinen Umständen vor.

Nichts gab mir damals die Möglichkeit zu wissen, daß es sich um einen sehr bedeutenden Indologen handelte, der, ganz atypisch für die Klasse, der er angehörte – er muß Gardeoffizier gewesen sein –, sehr früh schon, vor dem Ersten Weltkrieg, seinen ethnologischen und religionsphilosophischen Interessen auf wissenschaftlichen Expeditionsreisen nachging. Er war ein Freund von Leo Frobenius. Von ähnlichen Impulsen geleitet wie sein baltischer Standesgenosse, der Graf Keyserling, hoffte er durch das Eindringen in die alten orientalischen Kulturen Anhaltspunkte für eine sinnvolle Lebensgestaltung zu finden, was ihm im Europa der Jahrhundertwende, im wilhelminischen Deutschland zumal, nicht mehr möglich schien. Auch er suchte im großen Orient einen Ausweg aus der »Krisis der europäischen Kultur«.

Hans-Hasso von Veltheim kommt sonderbarerweise in Armin Mohlers Handbuch der »Konservativen Revolution« nicht vor. Er hätte darin aber einen Platz verdient – am ultravioletten Flügel des breiten Spektrums dieser seltsamen deutschen Opposition gegen den Geist der Aufklärung. Von der mir immer klarer wird, daß sie zu generell war, zu tief wurzelte, um als Kuriosum abgetan werden zu können. Mit dem Blick des modernen Ethnologen kann man hier das Wesensmerkmal einer autochthonen »kulturellen Identität« sehen, das spezifische eigenständig »Deutsche«. Man kann nicht nur, man muß wohl!

War, bei Lichte besehen, diese »Krisis der Europäischen Kultur« nicht überhaupt eine Erfindung der »deutschen Männer«? Es ging doch immer um das schreckliche Unheil, das die Ideen von 1789 über die Welt gebracht haben – die böse Trinität von Freiheit, Gleichheit und Brüderlichkeit, die sie als apokalyptische Bedrohung empfanden. Warum? Freiheit hieß für die Befreiung der Frau Freisetzung der Sexualität, Libertinage; Gleichheit Emanzipation der Juden; und Brüderlichkeit die demokratische »Cochonfrèrerie«, die gesellschaftliche Anarchie, die Religion der Pöbelverehrung. Davor hatten sie Angst. Dagegen mußten sie sich zur Wehr setzen. Ihre Gegenposition ist generell antidemokratisch, antiliberal, antiparlamentarisch natürlich, im speziellen aber, und das ist viel wichtiger: antifeministisch, antisemitisch und elitär. Das ist das deutsch-konservative Syndrom. Dazu gehört als Ideologie eine mehr oder weniger esoterische, mehr oder weniger konfuse, immer obskurantistische »Kulturphilosophie«. Alles, was sie ablehnten, war »Zivilisation«, »westliches Gedankengut«, »jüdischer Geist«. Was sie verteidigten, war »Kultur«. Nur sie wußten, was das ist. Eine deutsche Spezialität. So verschieden die spekulativen Systeme im einzelnen erscheinen mögen, im Grundmuster sind sie sich alle gleich. Es sind immer nur Rationalisierungen. Dahinter steht etwas anderes, für dieses Denken Konstitutives, Exklusives, Geheimnisvolles, Eigentliches. Was ist nämlich die Gegenposition zu der perhorreszierten egalitären, libertären und demokratischen Gesellschaft? Der *elitäre Männerbund.*

Das Männerbündlerische ist das spezifisch Gemeinsame dieser deutschen Gegenkultur. Das gibt ihr in allen ihren Erscheinungsformen eine so besondere Färbung, ihr Pathos, ihre emotionelle Besetzung. Das unterscheidet die deutsche von allen anderen patriarchalischen Gesellschaften des Okzidents. Das, und nicht die Homosexualität als solche, ist *le vice allemand.* Das Männerbündlerische schafft auch den Zusammenhang zwischen ihren Repräsentanten, sosehr sie in ihren Philosophemen, Programmen und Privatmythologien auch voneinander abweichen mögen. Bündisches gesellt sich zu Bündischem. Da schlägt die Kohäsionskraft des mann-männlichen Eros durch.

Schloß Ostrau war eines der Zentren dieses weit über Deutschland gespannten Netzes. Wer einmal das Gästebuch analysiert, wird aus dem Staunen nicht herauskommen, wer sich da alles eingeschrieben hat: unser Robakidse zum Beispiel und mein Freund Bruno Goetz, aber auch Fred Schmid – *der* kommt bei Mohler vor. Wer war Fred Schmid? Wie komme ich jetzt auf ihn? Ein Stück *mémoire involontaire,* auch er hat mir vom Magus von Ostrau erzählt.

Als kleinen Beitrag zur *petite histoire* will ich davon berichten, wie ich ihn, Anfang der vierziger Jahre, erlebte, ohne die geringste Ahnung zu haben, wer mir da über den Weg kam. Eines schönen Tages erhielt mein Vater den Besuch eines ihm unbekannten jüngeren Herrn, der den Wunsch geäußert hatte, ihn zu sehen. Ich weiß nicht mehr, was er von ihm wollte. Hatte er sein Buch »Vom Menschen« gelesen und darin die verschlüsselte Botschaft erkannt? Er wäre nicht der einzige gewesen. Auch Gustaf Gründgens hatte sich, nach Lektüre dieses Spätwerkes, spontan gemeldet und sagen lassen, es stünden jederzeit für den Autor und seine Familie Karten in den Staatstheatern zur Verfügung. Mein Vater liebte solche Besuche und liebte sie nicht. Anerkennung ja – aber das waren doch oft sehr merkwürdige Leute. Die Visite von Fred Schmid ließ ihn perplex zurück. Der junge Mann war aufgefallen durch seine dandyhafte Eleganz. Er hatte ein von ihm selbst verfaßtes Buch hinterlassen – fette Fraktur, Eigenverlag –, der »Erzkönig«, das gar nicht zu ihm zu passen schien. Außerdem war er Chemiker und Schweizer. Wie reimte sich das zusammen? Es wurde beschlossen, was zu dieser Zeit schon recht ungewöhnlich war, ihn zum Essen einzuladen. Wir warteten alle gespannt. Ein immenses Blumenarrangement war vorangeschickt worden. Unter dem Arm hatte er große, aus teuren Geschäften kommende Geschenkpakete – für die Kinder. Als er meine Schwester und mich sah, war er bestürzt. Er habe nicht mit zwei jungen Leuten – ich werde siebzehn gewesen sein, meine Schwester fünfzehn – gerechnet, sondern nur vage gehört, der Professor Sombart habe zwei »kleine Kinder«. In den Kartons waren eine Puppe und ein Teddybär. Das Mißverständnis aber schaffte sofort Stimmung, und es wurde ein sehr lustiger Lunch. Auch Juanita Binz war da, mit der er französisch konversierte, und ein rumänischer Attaché, dem er Liebeswürdigkeiten über sein Land sagte. Ein Weltmann!

Verstohlen prüften wir seine Garderobe. Ich sehe sie, wie heute, ein tabakbrauner, paspelierter Einreiher, unter dem eine beige, doppelgeknöpfte Weste mit Revers auffiel, die Knöpfe, sowohl des Sakkos wie des Gilets, stoffüberzogen, die gestreiften Hosen, in der Farbe assortiert, und braune Wildlederschuhe. Das war für ein Frühstück in kleinem Kreise – es war Sommer – durchaus korrekt, nur vollkommen ungewöhnlich, weil nach der letzten Mode. Leute, die sich so kleideten, verkehrten üblicherweise bei uns nicht. Er hatte ein hübsches Gesicht mit großen blauen Augen, einer kleinen Nase und einem blonden Schnurrbärtchen à la Hitler. Sein physiognomisches Merkmal aber war der zu kleine Mund, der sich, wenn er sprach – er artikulierte etwas affektiert –, zu einem vollkommenen Kreis rundete. Ein Knopfmund. Es war bald klar, daß er sich hauptsächlich für mich interessierte. Er hatte schnell heraus, daß ich mich für Architektur passionierte. Natürlich sollte ich ein Haus für ihn entwerfen. Vorher sollte ich sein Haus in Dahlem besichtigen, damit ich seinen Geschmack kennenlernte. Er würde seine Mutter bitten, die mit ihm in diesem Haus wohnte, mich zum Tee einzuladen. Er hoffte, meine Mutter würde mir die Erlaubnis erteilen, die Einladung anzunehmen. Ich schlug vor, ihn nach dem Essen ein Stückchen zu begleiten, wie ich es gerne mit unseren Gästen tat. Das geschah. Es stellte sich heraus, daß er auf einem funkelnagelneuen, total verchromten Fahrrad gekommen war, das er jetzt brav neben sich herschob. Er erwähnte beiläufig, daß er ein eigenes Flugzeug besäße. Schon toll, der Mann!

Er legte gleich los mit einem Vortrag über seine Vorstellungen von Architektur, der in dem *statement* kulminierte, man sei kein begnadeter Architekt, wenn man nicht erkenne, daß die Zwiebelkuppel ein Schwangerschaftssymbol sei! Der Gedanke war mir nie gekommen. Ich interessierte mich auch nicht für Zwiebelkuppeln, sondern war ganz in einer Le-Corbusier-Phase, in der Glas, Beton und Rechtwinkligkeit Trumpf waren (was Bruno Goetz auf die Palme brachte: sein idealer Wohnort war eine Höhle). Nun war ich derlei Reden gewohnt – sie befremdeten mich nur im Munde dieses mondänen Herrn. Ich durchschaute nicht, daß er mir da – in den ersten Stunden des Sichkennenlernens – eine Metapher für das, was er am tiefsten verabscheuen mußte, wie einen Fehdehandschuh vor die Füße warf. Eine Provokation. Er wollte mich testen.

Die Einladung zum Tee bei Madame Mère ließ nicht auf sich warten. Ich schließe heute die Möglichkeit nicht aus, daß er es von Anfang an auf mich abgesehen hatte. Der Besuch bei meinem Vater war nur ein geschicktes Annäherungsmanöver. Der Karton mit dem Teddybären eine raffinierte Finte, um alle elterlichen Bedenken auszuschalten. Er hatte irgendwie von mir gehört. Ich habe ja später erlebt, wie das Tamtam zwischen Paris, Hamamet, New York und Taormina funktionierte, um sofort das Auftauchen eines begehrenswerten Knaben weiterzumelden, der nun, wenn er den Erwartungen entsprach, geschickt und willig war, wohlgemut von Luxusflat zu Luxusflat, von Villa zu Villa reisen konnte: überall mit offenen Armen empfangen, versorgt, verwöhnt. Das Haus war eine immense Dahlemer Villa mit Innenhof. Fred Schmid hatte es dank einiger erfolgreicher Erfindungen zu Reichtum gebracht. Die Einrichtung war luxuriös, aber konventionell. Doch da waren schon die beiden untrüglichen Attribute dieser Sorte von Junggesellenhaushalten – die würdige alte Dame (gefolgt von einem Pekinesen, der mit einem silbernen Teelöffel Kuchenstückchen in das platte Maul geschoben bekam) und (über einem mit dunkelrotem Brokat drapierten Ruhebett) das Leidensbild des Heiligen Sebastian, lebensgroß, ohne Lendenschurz, von Pfeilen durchbohrt, blutüberströmt – ein Meisterwerk des italienischen Manierismus, vielleicht nur eine gute Kopie. Ach, wie oft habe ich diesen San Sebastian noch gesehen – manchmal war es nur ein griechischer Fischerjunge. Er gehörte nun einmal zu diesem Biotop, genauso wie die Mutter, die das Spiel mitspielt, Kupplerin und Chaperon, meistens ahnungslos, durch eine spezifische Perzeptionsstörung dagegen abgeschirmt, das zu sehen, was in die Augen springt. In ihre milden Züge ist nicht das Schreckensbild der Phantasmère eingezeichnet, die Schlangen der Gorgo umspielen nicht ihre silbergraue Dauerwellenfrisur. Und doch, um sich gegen sie zu schützen, die selbst zu schützen scheint, wird das ganze fetischistische Ritual mit seiner so stereotypen *mise-en-scène,* mit seinen so demütigenden Wiederholungszwängen veranstaltet.

Handkuß. Salon-Konversation, Hausführung. Kein verfängliches Wort, keine verfängliche Geste. Für den, der den Code verstand, ein eindeutiges Angebot. Ich will gleich sagen, daß ich den Code verstand – aber die Atmosphäre gefiel mir nicht. Das war nichts für mich, bei aller Liebe für luxuriöse Interieurs. Es blieb denn auch bei dieser Antrittsvisite.

Die Pointe der ganzen Geschichte ist mir erst Jahrzehnte später aufgegangen. Ich hatte *sur le tard* einen der großen Führer der »hellenistischen« Spätphase der bündischen Jugendbewegung kennengelernt, den Kampfgenossen und Rivalen von Tusk, den Begründer des »Grauen Corps«, des exklusivsten und elitärsten der Jungenbünde. Auch er, »Fred«, hatte, das war nun zehn Jahre her, unmittelbar vor der Machtergreifung, dem irrwitzigen Traum eines Knabenaufstandes angehangen, einer Knabenrevolution, die jenseits der Welt der Bürger, der Spießer und der Philister, der »Alten«, ein deutsches Jungenreich verwirklichen wollte. Es sollte so etwas wie ein Jungenstand und -staat im Volke errichtet werden. Ein Bund der Bünde. Sein harter Kern würde ein durch strenge Auslese gebildeter, um eine Ausnahmepersönlichkeit gescharter Kreis geheimen Adels sein, persönliche Gefolgschaft ihres Führers, ein Elite-Corps jenseits von Gut und Böse, eigenen Rechts. Die Historiographen dieser Bewegung – an der ich ja im Blockhaus am Dianasee auch noch irgendwie partizipiert habe – sind sich einig darin, die hervorragende Rolle von »Fred« anzuerkennen. Sein Charisma war unbestritten. Von allen Jugendführern war er der intelligenteste und gebildetste. Seine von Nietzsche, Blüher und Spengler gespeiste Lehre, die Verherrlichung eines asketisch-ästhetischen, sadistisch-mystischen Lebensideals, in dem friderizianisches Preußentum und der *uomo virtuoso* der Renaissance eine explosive Bindung eingingen, fand ein weites Echo.

In der Dahlemer Villa war vom »Grauen Corps« nicht die Rede, eher von »Sekretären«. Die Jugendbewegung war, wie so vieles andere, von den Nazis konfisziert worden. Die Gestapo hatte scharfes Auge auf die in alle Winde zerstreuten Veteranen. (Wobei angemerkt sei, daß das Elite-Ideal des »Schwarzen Korps«, das in den Napolas der SS um diese Zeit verwirklicht werden sollte, dem des »Grauen Corps« wie ein Ei dem anderen glich!)

Fred Schmid, der um die Vierzig sein mußte, war, als ich ihn kennenlernte, in der Phase der Mauserung vom sportlich-asketischen Männerhelden mit einem chiliastischen Sendungsbewußtsein zum Typus des kosmopolitischen, eher auf ästhetisch-artistische Valeurs gestellten Pädophilen. Oder spielt mir die Erinnerung einen Streich?

Nach dem Krieg, den er in Deutschland verbracht hat, zog er sich unweit von Basel in eine komfortable Privatgelehrtenexistenz zurück. Dort ist ihm noch ein großer Wurf gelungen, ein »Traktat über das Licht« (1957), in dem naturwissenschaftliche und naturphilosophische Einsichten, positivistische Empirie und esoterische Spekulation eine faszinierende Verbindung eingehen, modernste Molekular-(Atom)-Theorien gehen nahtlos über in Reflexionen über die Symbolik der Farben, wie sie Goethe Newton entgegengestellt hat. Auch für ihn ist Goethe der große Eingeweihte des Okzidents. Er bekennt sich als Gnostiker, auch er. Heute entdeckt ihn die Avantgarde der amerikanischen Nuklearphysiker.

Rückblickend kann ich sehen, wie sehr meine Berliner Jugendzeit im Schatten dieser spezifisch deutschen Männerbundtradition stand, in all ihren Varianten – von ihrer letzten, extremsten, ekstatischen Ausformung in den Knabenbundphantasmen eines Tusk (oder Fred!) bis hin zu den sublimiertesten Visionen vom »Reich« elitärer Mystagogen. Man versteht nichts vom deutschen »Geist«, aber auch nichts vom spezifisch deutschen Politikverständnis (ich möchte hinzusetzen von »Deutscher Wissenschaft«), wenn man davon nichts weiß.

Man erinnere sich doch nur: im selben Jahre, in dem die Eulenburg-Prozesse das wilhelminische Reich erschütterten, erschien »Der siebte Ring« von Stefan George, dem deutschen Dichter, von dem man wohl mit Recht sagt, daß er für diese Zeit repräsentativ gewesen sei wie kein anderer. Im Mittelpunkt steht die Verklärung eines Pennälers zur hieratischen Kultfigur! *Gleichzeitig* zerbricht der so preußisch disziplinierte Schriftsteller Aschenbach angesichts der verführerischen Erscheinung des polnischen Knaben Tadzio. Das geht dann so weit, daß Thomas Mann 1922 in seiner erstaunlichen Rede von der deutschen Republik, angesichts des zu feiernden Gerhart Hauptmann, die einzige Möglichkeit, der deutschen Jugend die neue Staatsform – mit der sie sich nun abzufinden hatte und zu der er sich tapfer bekennen wollte – schmackhaft zu machen, darin sieht, den Nachweis zu führen, daß auch die Republik durchaus für eine libidinöse Besetzung homoerotischen Typs zu brauchen sei. Anders ging es offenbar nicht.

Der »Mythos vom Bund«, von der elitären Männergemeinschaft als geistigem Raum gegenseitiger Lebenssteigerung, männlicher Selbstverwirklichung, steckte in den Köpfen aller deutschen Männer. Er stiftete das mentalitätsprägende, tief in die Persönlichkeitsstruktur eingelassene Ordnungsmodell, von dem her die politische und soziale Realität beurteilt – und verkannt wurde. Unterschwellig rührt daher auch, so glaube ich, die Faszination der berühmten Definition des Politischen als der »Unterscheidung von Freund und Feind«, die außerhalb des deutschen Sprachraumes so merkwürdig blaß wirkt. Es ist eine bündische Devise! Man denkt zunächst automatisch an den Feind, und das leuchtet sofort ein. *Ich bin, also habe ich Feinde.* Ihre Weihe bekommt die Formel aber erst durch die gleichzeitige unbewußte Identifikation mit dem »Freund«. Wer ist das? Kein bürgerliches Subjekt, sondern eine soziologische Kategorie. Der Freund ist der »Bund«. Nur in Deutschland kann der »Freund« zu einer Kategorie der politischen Theorie stilisiert werden, er gehört hier tatsächlich zum »Staats«-Bewußtsein mit seinen männerbündlerischen Konnotationen; Freundschaft ist staatsbezogen, staatstragend, staatsschaffend. Darum ist »Politik« Männersache und misogyn.

Durch die Verbindung mit der Idee des Staates, des »Reiches«, entsteht erst die typisch deutsche, männerbündlerische Variante der Homoerotik, die im übrigen als anthropologische Konstante für jede Kultur konstitutiv ist: eine besonders perniziöse Form männlicher Unerlöstheit. Historischethnologisch gesehen handelt es sich um eine regional bedingte Pseudomorphose des Männerhauses. Inwieweit da philogenetisch Verhaltensmuster alten Ordensrittertums durchgeschlagen sind, inwieweit das eine Folgeerscheinung (Schaden) des preußischen Militarismus ist, bleibe hier einmal dahingestellt.

Ich bin überzeugt, daß man in der Persistenz des Männerbundsyndroms den vielleicht ausschlaggebenden Faktor des zähen Widerstandes, des leidenschaftlichen Affektes der deutschen Männer gegen das »Projekt der Moderne« sehen muß, d. h. den Versuch, eine Gesellschaft zu schaffen, die jedem Individuum, ob Mann oder Frau, die Möglichkeit der individuellen Selbstentfaltung bietet, was nicht nur die Gestaltung entsprechender politischer Institutionen und ökonomischer Organisationsmodelle bedeutet, sondern vor allem auch die Chance der freien Entfaltung der Sexualität. Politische und sexuelle Emanzipation sind nun einmal nicht zu trennen.

Dazu gehört nicht nur die Befreiung der Frau von ihrer rechtlichen und gesellschaftlichen Unterdrückung, sondern auch die Erlösung des Mannes von den Zwängen des Männerstaates, die Freisetzung seiner weiblichen Komponente. Dazu gehört die Aufhebung des Tabus der Homosexualität, das in Deutschland, wie in keinem anderen Land, entwicklungshemmend und repressiv auf der Ausformung und Ausbreitung eines progressiven politischen Bewußtseins gelastet hat, weil in keinem anderen Land die Homosexualität eine so große Rolle gespielt hat.

Jeder muß die Chance haben, seine Bisexualität, die männliche wie die weibliche Komponente seines Selbst, so wie es seinen speziellen Bedürfnissen gemäß ist, voll auszuleben, ohne durch die Beschränktheit der tradierten und gesellschaftlich normierten Geschlechterrollen daran gehindert zu werden. Dann erst wird auch die homosexuelle Neigung das Verständnis für das *andere* Geschlecht steigern, statt es zu blockieren, und es wird möglich sein, die Gewaltverhältnisse an ihrer Wurzel auszutilgen.

Wenn ich heute an den ganzen bündischen Spuk zurückdenke, so kann ich nur den Kopf schütteln, aber die päderastische Utopie vom Knabenstaat gehört genauso zum deutschen Sonderweg wie die elitäre Esoterik eines Hans-Hasso von Veltheim und die politische Gnosis eines Carl Schmitt. Zu den erfreulichsten Erscheinungen dieser zweiten Nachkriegszeit gehört für mich – und darin sehe ich die Chance eines wirklichen Neubeginns –, daß der archaische Mythos vom Männerbund aus den Köpfen der Jugend verschwunden zu sein scheint. Ein auch das Sexuelle einbeziehender emanzipatorischer Elan hat, so will ich glauben, die omnipräsenten, immer obskurantistischen Männerbundphantasien verscheucht. Was bis zum Ende des Zweiten Weltkrieges, bis in die Verschwörerzellen der Widerstandsbewegung, unmöglich war, ist jetzt, endlich, zu einer Selbstverständlichkeit geworden: die Möglichkeit, die Demokratie als partizipatorisches, gewaltfreies, Männer und Frauen als gleichberechtigt umgreifendes Ideal einer künftigen Gesellschaftsordnung zu *denken.*

So schlau war, wie sich leicht denken läßt, der Knabe Sombart natürlich nicht. Immer war er von Männern umworben. Er wurde von ihrer Zuneigung gebläht und in den Himmel der Größenphantasien emporgetragen, wie eine Montgolfiere, wenn Heißluft in sie einströmt. Das hatte etwas in hohem Maße Beglückendes. Gleichzeitig wußte er sich immer gegen ihre Verführung gefeit. Seine Spielart von Verleugnung und Verneinung? Sehr früh schon entwickelten sich meine »Abwehrmechanismen« in eine Richtung, die nicht auf Perhorreszierung des Weiblichen ausging und mich den Frauen entfremdete.

Mich lockte der Ruf der Göttin. Mein Weg war der des »Romanhelden«, der, wie uns eine psychoanalytische Literaturkritik gelehrt hat, durch immer neue Abenteuer zum Allerheiligsten vordringen muß. Meine »Abwehr« bestand darin, daß ich sehr früh schon das Problem der Homosexualität »theoretisiert« habe; ich las Hans Blühers »Erotik der männlichen Gesellschaft« gründlich, worauf, wenn ich mich noch recht erinnere, Bruno Goetz mich aufmerksam gemacht hat, und den »Corydon«. Ich konnte mit viel Sachkenntnis darüber sprechen, durchschaute die jeweiligen Konstellationen, rationalisierte die Emotionen. Gleichsam immunisiert, bewegte ich mich so mit größter Unbefangenheit in der Gegenwart von Männern, die meine Gesellschaft suchten, genoß ihre Zuneigung und erwiderte sie oft, ohne ihnen jedoch bis dahin zu folgen, wohin sie mich vielleicht gerne gelockt hätten. Ich war völlig frei von moralischen Vorurteilen, im Gegenteil, erkannte ihr Ansinnen als vollkommen legitim an, ließ mich lediglich von meiner persönlichen Idiosynkrasie leiten. Ich versagte mir nichts, eher versäumte ich etwas. Eigentlich war ich unfair und würde lügen, wenn ich behaupten wollte, ich wäre mir nicht meines Doppelspieles bewußt gewesen. Auch hier war ich wieder dabei und abwesend, Insider und Outsider zugleich.

So bin ich meinem Maximin-Schicksal entgangen. Das verdanke ich, will mir scheinen, der Aura meiner fremdländischen Mutter. Sehr früh, als Kind schon, war ich vom matriarchalischen Eros geprägt. Es hängt aber auch mit der Außenseiterstellung meines Vaters zusammen, der durch sein romantisches Italienerlebnis, durch seine liberal-rationale Geistesart bestimmt (er war weder Reserveleutnant noch Corpsbruder!), nie richtig zum Establishment der »Deutschen Männer« gehört hat. Zu den Gründen, die seine Professorenlaufbahn ungünstig beeinflußten, gehörte ja nicht nur seine frühe Aufgeschlossenheit für den Sozialismus – ganz davon zu schweigen, daß er zu gut schrieb für einen seriösen Gelehrten –, sondern auch sein Ruf als *homme à femmes* – in der Optik der deutschen Männer geht beides nahtlos ineinander über. Sozialismus, Liberalismus, Libertinage, Anarchie. Da steht der »Feind«! Das Ewig-Weibliche.

Doch zurück zu Bruno Goetz. Ich denke an ihn heute mit einem Gefühl großer Zärtlichkeit. Auch er wurde beflügelt vom platonischen Eros. Seine Phantasmen vom Knabenaufstand hatte er in einem skurrilen kleinen Roman »Reich ohne Raum« (1917) abgegolten. 1929 veröffentlichte er, im Otto Reichl Verlag, eine kleine Kampfschrift mit dem Titel »Der Neue Adel«. Gegen Freiheit (zu hemmungslosem Erwerb), Gleichheit (in der Angst vor dem gegenseitigen Aufgefressenwerden) und Brüderlichkeit (in der allgemeinen Miserabilität der Gesinnung) stellte er die Vision einer spirituellen Aristokratie, die, aus dem Wissen um die göttliche Herkunft des Menschen, den Untergang des Abendlandes abwendet und das *Heilige Reich* (das Dritte) heraufführt. Kein Zusammenhang mit Hitler, das Gegenteil. Das Heilige Reich ist der Leib des Neuen Gottes. Aber es geht um einen Bund, um persönliche Führung und Gefolgschaft. Im überpersönlichen Eros großer Persönlichkeiten liegt der Ursprung des Neuen Adels. Nur um den magischen Kern solcher großer Persönlichkeiten schließen sich lebendige Gemeinschaften zusammen …

Das Männerbundunwesen in seinen krassesten Formen muß ihm eher fern gelegen haben. Dazu war er zu sehr Bohemien. Letztlich stand er Landauer näher als einem »Fred«. Das Bündische sublimierte sich bei ihm zur »Gemeinschaft der verwandten Geister«. Aber auch ihm erschien im Knaben der Gott. In seiner Liebe zu ihm hielt er sich jedoch streng an die subtile Etikette der pädagogischen Provinz, die nicht nur die respektvolle Verehrung des Älteren durch den Jüngeren fordert, sondern auch den Respekt des Jüngeren von seiten des Älteren.

Obwohl sein Neuer Adel ausschließlich Sache von Männern ist, war ihm jede Misogynie, der Affekt gegen das Weibliche, fremd. Er ist eher den Adepten des Matriarchatsmythos zuzuordnen. Im Grunde gehörte er zu denen, die eine emphatische Ablehnung der patriarchalischen Gesellschaftsordnung und der sie determinierenden Gewaltstrukturen zu einer Einsicht in die fundamentale Bisexualität des Menschen geführt hat. Seine Utopie war das Reich des mit der Ewigen Erdmutter vermählten Sonnengottes.

Ach ja, ich habe ihn in Überlingen besucht!

> Wandern mußt du, mein Herz, wandern
> über die Berge hin auf verschneiten Straßen
> durch die Tore des Frühlings ans Heilige Meer.

Wie gerne möchte ich dies, sein schönstes Gedicht, hier jetzt rezitieren! Es blieb mir ein Leben lang im Ohr. Als ich es jetzt wieder las, kamen mir die Tränen. Als er nicht mehr nach Berlin kam, bin ich zu ihm in den Süden gewandert. Hinuntergetrampt bin ich, mit ein paar Mark in der Tasche, in der lyrisch-euphorischen Stimmung des »Taugenichts«. Dort wohnte ich in einer Kammer unter dem Dach, neben der winzigen Behausung, in der Bruno mit seiner Frau Liso lebte. Sie war Malerin, auch aus dem Baltikum, eine geborene Ruckteschell und seit vielen Jahrzehnten seine Lebensgefährtin. Schon in München und Ascona hatten sie zusammengelebt. Sie war ein Phänomen. Vielleicht der häßlichste Mensch, den ich gekannt habe, mit dem Gesicht einer Fledermaus, gleichzeitig aber, und das ist das Merkwürdige, von einer Liebenswürdigkeit, deren Ausstrahlung den ersten physiognomischen Eindruck total ausblendete, so daß man meinen konnte, es mit einer Schönheit zu tun zu haben. Die beiden alten Leute verwöhnten mich, als sei ich ein Sendbote des Paradieses, der Himmelslicht in ihre ärmliche Hütte bringt.

Wieso komme ich eigentlich dazu, von »alten Leuten« zu reden? Weil für einen Adoleszenten alle Menschen über dreißig alt sind? Die beiden erschienen mir damals uralt, Philemon und Baucis, wenn ich es aber bedenke, waren sie Mittfünfziger – rüstige Leute, mehr noch: In ihnen glühte die Flamme einer ewigen Jugendlichkeit, deren Geheimnis die Liebe zum Leben ist. »Nie werden wir alt«, lautet einer der frühen Verse von Bruno. Es gab in der Tat ein Altern für ihn nicht. »L'homme supérieur ne vieillit pas. Il vit des jeunesses répétées.« Wie leuchtet mir das heute ein!

Natürlich mußte ich stundenlang dem Vortrag seiner Gedichte lauschen. Ich tat es gerne, ich hörte ja seine Stimme so gern. Heute weiß ich, daß einige zu den schönsten Gedichten der deutschen Sprache gehören. Man sollte sich ihrer wieder erinnern. Abends gingen wir zu Freunden, zu

Friedrich Georg Jünger, zu dem Flötisten Scheck (Leopold Ziegler habe ich damals leider nicht kennengelernt, obwohl er zu den nächsten Freunden von Bruno Goetz gehörte – er war sein *maître de pensée.* Wahrscheinlich war ich noch nicht reif genug, um dem Meister zugeführt zu werden). Es lebte dort am See, zwischen Weinhängen und Obstgärten, mitten im Krieg, eine Gemeinschaft von glücklichen Menschen, die vollkommen in ihren geistigen Interessen aufgingen, wobei sie durchaus den Freuden eines einfachen Lebens zugetan waren. Ein kleines Arkadien. Wenn die »Große Welt« versunken ist, sind dies die letzten Refugien menschenwürdiger Existenz. Ein Krug Wein, ein Korb mit Nüssen, ein Laib frischen Bauernbrotes, ein Freundesgespräch unterm Sternenhimmel ... was braucht es mehr, um den Göttern nahe zu sein?

Am Tage meiner Abfahrt fand ich ein Stück Packpapier, mit einer Reißzwecke auf die rauhen Bretter der Tür geheftet, die zu meiner Kammer führte. Mit breitem Pinsel stand in lustigen bunten Buchstaben darauf geschrieben: »Komm wieder, Nöck, du singst so schön, wer singt, darf in den Himmel gehn ...«

Ich schließe diesen Bericht mit Auszügen aus dem letzten Brief, den mir Bruno Goetz, nach der Zerstörung unseres Hauses, ins Feld geschickt hat. Die Übersetzungen italienischer Lyrik, von denen die Rede ist – herrliche Verse von Friedrich von Hohenstaufen und dem König Enzio waren darunter –, hatte er im Auftrag des Verlegers Lambert Schneider gemacht. Der Plan für das Buch entstand dank der Vermittlung meiner Mutter in unserem Hause. Diese Nachdichtungen sind vielleicht das Schönste und Reifste, das Bruno geschaffen hat.

»Ich fürchte«, schrieb er mir, »es gibt noch lange keinen Frieden – mindestens zwei Jahre lang noch nicht. Denn es ist nicht zu ersehen, auf welcher Grundlage man sich einigen könnte. Und solange die beiderseitige Parole nur Vernichtung heißt, wird niemand nachzugeben vermögen. Selbst hier, wo wir noch relativ friedlich und still leben, liegt das Kriegsgeschehen wie ein Alpdruck auf den Herzen. Und es bedarf bei mir täglich der größten inneren Anstrengung, um den Kopf für meine Arbeit freizuhalten.

Die ganze Auflage meiner italienischen Übersetzungen ist in Leipzig verbrannt. Ein etwas harter Schlag, aber es gibt Schlimmeres. Daß Eure Berliner Wohnung mit all den Erinnerungen zerstört ist, hat mich sehr traurig gemacht.

Trotzdem: alles das hat gewiß einen Sinn. Dieser Sinn liegt nur außerhalb alles rational Feststellbaren. Und je sinnloser das Feststellbare wird, desto mehr bin ich davon überzeugt, daß sich geheim ein Unnennbares verwirklicht. Ja, es kann sein, daß dieses Unnennbare, das wächst und heranreift, plötzlich wie ein Wunder hereinbricht – und der ganze Spuk, der heute die Welt erfüllt, wie zerblasen sein wird. Wenn an irgend etwas, so glaube ich an dieses Wunder, ebenso wie ich daran glaube, daß ich nicht ins Sinnlose hineinschaffe – selbst wenn mich in diesem Geschehen irgendein sogenannter Zufall vernichten sollte. Ich glaube auch an die Gemeinschaft der verwandten Geister. Es wird heute in Europa im geheimen soviel Echtes, Gutes und Positives gedacht und geschaffen, daß es irgendwann einmal dem Totentanz des Nichts Einhalt zu gebieten vermag. Wann? Das kann niemand wissen. Wir wollen aber von Herzen zusammenhalten, lieber Nicolaus, und uns innerlich nicht vom Grauen des Nichts überwältigen lassen, denn wir wissen doch um das Geheimnis des inneren Lichts.

Leb wohl, lieber Nicolaus! Schreibe mir bald! Sehr von Herzen,

Dein Bruno«

An dem Brief mag die Zuversicht verwundern, eine adventistische Stimmung, die den Glauben an die Heiligung der Welt nicht aufgeben will. »Wir haben trotz aller Furchtbarkeiten und Fragwürdigkeiten, die uns umringen, noch eine höchste Hoffnung. Nicht an der betriebsamen und doch fauligen Oberfläche unseres Lebens, sondern in seinen Tiefen sind Kräfte am Werke, aus den Urgründen des Seins ein neues Heil zu beschwören. Es keimt und blüht im geheimen. Wir wissen als Deutsche um ein heimliches Deutschland. Wir wissen als Europäer um ein heimliches Europa, das unter ständiger Gefahr der Vergiftung durch die umgehende Fäulnis der Wiedergeburt entgegenharrt. Dieses heilige Europa wird offenbar werden, wenn es gelingt, die jungen, noch unverstrickten Seelen im Wesenskern zu erfassen und bis in alle Fasern mit dem neuen Bilde göttlichen Menschentums zu erfüllen, das in den Werken der schöpferischen Kunst unserer Zeit, seit Goethe und den Romantikern, immer klarer, immer reiner, immer hüllenloser aufleuchtet.« –

Klingt das sehr altmodisch und überholt? Wenn ich es recht bedenke, lebte in uns allen, damals, ein Funke dieses Urvertrauens. Ohne das wären wir zu Lemuren herabgesunken. Und heute?

Nach dem Krieg ging Bruno Goetz, wie sein Freund Grigol Robakidse, nach Zürich. Wir korrespondierten noch etwas, aber ich habe ihn nie wiedergesehen. Am 20. 3. 1954 ist er gestorben. Sein Landsmann Werner Bergengruen hielt ihm die seiner verborgenen Größe angemessene Grabrede.

So merkwürdig es klingen mag, so schwer verständlich: Ich bin in meiner Jugend nie einem Menschen begegnet, der mir gegenüber das Wort »Freiheit« in einem emphatischen Sinne gebraucht, niemandem, der mir die Freiheit gepriesen hätte als politisches oder moralisches Ideal, als ein unveräußerliches, höchstes Gut, als ein Menschenrecht. Dabei verspürte ich in mir selbst einen starken Freiheitsdrang, den ich allerdings nicht weiter zu definieren versuchte, ein Streben zu neuen Horizonten, ein Fernweh, eine Reiselust, ein Alles-und-jedes-in-Frage-stellen-Wollen, einen aus der Tiefe aufsteigenden transgressorischen Impuls. Das gehörte zum Jungsein, zur Dynamik des Begehrens. Echte Zwänge kannte ich nicht, und wo materielle Bedingungen meinen Wünschen eine Grenze setzten, empfand ich sie nicht als solche. Erst als ich zum Arbeitsdienst und dann zur Wehrmacht kam, lernte ich jene schweren narzißtischen Kränkungen kennen, gegen die sich alles im eigenen Innern empört und gegen die sich mit unvorhersehbarer Energie unser Stolz aufbäumt. Hier entstand ein ganz neues Selbstbewußtsein, mit dem von nun an unverzichtbaren Anspruch auf Selbstbestimmung. Ich mußte in eine Lage kommen, in der mir diese total verweigert wurde, um für mich den Sinn des Wortes »Freiheit« zu entdecken. In der radikalen Ablehnung der Zwangsanstalt, der ich ausgeliefert war, begriff ich ihn in seiner anarchischen Urbedeutung: *ni dieu, ni maître.*

Als sehr viel später dann auch für mich die Freiheit zum staatsbürgerlichen Problem wurde, konnte ich sie mühelos als ein Anrecht des *citoyen* auf Partizipation an der politischen Willensbildung interpretieren. Nie habe ich mich mit jener deutschen Freiheitsdialektik befreunden können, derzufolge der Sprung in das Reich der Freiheit auf der Unterwerfung unter eine höhere Notwendigkeit beruht, die *in concreto* immer nur die Herrschaftsgewalt des Staates ist. Freiheit und Obrigkeitsstaat passen nicht zusammen. Jeder Anspruch auf Freiheit hat etwas Ungebärdiges, Triebnahes, Lustbezogenes, Subversives, und das muß so sein. In der Exstirpation des anarchisch-emanzipatorischen Moments, die auf so fatale Weise zur geistigen und politischen Tradition der deutschen Bourgeoisie gehört, zu ihrem aseptischen Ideal staatsbürgerlicher Tugend, in dem die politische Demission zur ethischen Norm erhoben wurde (»und das Gesetz nur kann uns Freiheit geben!«), derart, daß auch die letzte Erinnerung eines republikanischen Selbstverwirklichungsanspruches darin ausgelöscht ist – in dieser Reduktion des Bildungsbürgers auf das Niveau des Untertanen muß ich rückblickend die Erklärung dafür sehen, daß in all den Jahren notorischer Unfreiheit die Freiheit in unseren Kreisen kein Thema war.

Von einer Ausnahme möchte ich berichten: In meinem letzten Berliner Jahr machte ich die Bekanntschaft eines außergewöhnlichen jungen Mannes, Jaime Quijano. Lernte ich ihn bei Carl Schmitt kennen? Brachte ihn jemand in unser Haus mit? Es war der Sohn des in Berlin akkreditierten Botschafters von Kolumbien, durchaus südamerikanisch in seiner Erscheinung, klein, zierlich, mit einem scharfgeschnittenen, schönen, schmalen Gesicht, in dem dunkle Augen glühten. Er hatte sich außerhalb der väterlichen Residenz, in der Nähe der Potsdamer Straße, eine große Wohnung gemietet, die genauso eingerichtet war, wie die Wohnungen Berliner Intellektueller heute eingerichtet sind – ohne jedes Dekor, ohne Vorhänge oder Teppiche, ohne Möbel. In allen Räumen standen an allen Wänden überfüllte Bücherregale, standen Tische, die mit Büchern und Zeitschriften bedeckt waren; Bücherstapel, Leitzordner, Zettelkästen und Aktenmappen bedeckten den Boden. Irgendwo lagen Matratzen, über die bunte Wolldecken geworfen waren. Als Sitzgelegenheiten fanden sich ein paar wacklige Korbsessel und beim Trödler zusammengekaufte Küchenstühle. Hier hauste er, um ungestört an dem großen Werk zu arbeiten, mit dem er sich habilitieren wollte.

Es handelte sich nicht um eine akademische Pflichtübung. Dies Buch mußte er schreiben aus existentieller Notwendigkeit, wie andere einen Roman schreiben. Es war für ihn nicht ein wissenschaftliches, sondern ein politisch-moralisches Anliegen, und deshalb sprach er mit Leidenschaft schon in den ersten Minuten unseres Zusammenseins davon: Er wollte eine umfassende, weltgeschichtliche Aspekte einbeziehende Biographie des südamerikanischen Freiheitshelden Simón Bolívar verfassen. Ihm war bewußt, daß er nach der Kriegserklärung Amerikas Deutschland Hals über Kopf würde verlassen müssen. Deshalb arbeitete er verzweifelt gegen die Uhr, um sein Werk so weit wie möglich voranzubringen. In seiner Wohnung hatte er alles Material aus den Berliner Bibliotheken zusammengetragen.

Jaime verdanke ich ein plastisches Bild von dieser grandiosen Figur, die in der europäischen Geschichte ihresgleichen sucht. Ich habe sie in die Galerie der großen Männer aufgenommen, an denen ich die Durchsetzungschance menschlicher Selbstverwirklichungsmöglichkeiten messe. »J'ai reculé les limites de la gloire«, sagte Napoleon von sich mit Stolz, aber er war ein Tyrann. Von Bolívar kann man sagen, daß er die Grenzen der Freiheit als konstitutives Prinzip nicht nur eines republikanischen Staatswesens, sondern einer neuen Völkerordnung weiter hinausgeschoben hat, weiter als irgendein anderer nach ihm, bis heute. Ich habe ihn nie von seinem Platz zwischen Chateaubriand und Saint-Simon zu entfernen brauchen. – Und wenn ich viel später zu denen stieß, die sich für die Sache Che Guevaras begeistern konnten, so zweifellos deshalb, weil auf den wilden südamerikanischen Partisanen ein Abglanz des rebellischen Helden von Jaime Quijano gefallen war.

Jaime versammelte in seiner wüsten Wohnung regelmäßig einen Freundeskreis. Es war eine Gesprächs- und Leserunde, die sich spätabends zusammenfand. Jeder saß da, wo er konnte, auf den Matratzen, den raren Stühlen und Sesseln. Die meisten hockten am Boden. Es gab auch etwas zu trinken, in Zahnputzgläsern von Woolworth. Man saß in der Dämmerung ohne Licht, weil die großen Fenster nicht abgedunkelt werden konnten. Es müssen diese hellen Berliner Sommernächte gewesen sein, in denen der Himmel bis Mitternacht milchweiß über den Dächern strahlt. Nur eine winzige Leselampe warf ihren Schein auf den Text, den anzuhören und zu diskutieren man gekommen war. Es herrschte eine intensive, konspirative Atmosphäre.

Nachdem sich das Auge an das Zwielicht gewöhnt hatte, konnte man die Physiognomien der versammelten Gestalten entziffern. Männer und Frauen jeden Alters – der Gastgeber und ich gehörten zu den Jüngsten. Und nicht nur, weil sie neben ihm am Boden hockte, mit ihrem Blondkopf an seine Knie gelehnt, im Lichtkreis der kleinen Lampe, deren Schimmer sie wie eine Aureole umgab, blieb mein wandernder Blick immer wieder an dem Antlitz des schönen Mädchens hängen, das mit geschlossenen Augen, oder, wenn sie die Lider öffnete, mit verklärtem Blick, hingegeben der Stimme des Vorlesers lauschte, während seine grazile, nervöse Hand in ihren Locken spielte. Sie war ganz jung, Christine, die Geliebte von Jaime, von der ich mir vorstellte, daß sie ihn in der großen Wohnung aufsuchte, wenn er allein war, und daß sie sich dann, umgeben von den Bücherbergen auf dem unordentlichen Matratzenlager, auf dem jetzt so viele Menschen saßen, zärtlich liebten.

Nach dem Kriege sollte ich ihr wieder begegnen und etwas von der Leidenschaft zu spüren bekommen, die in diesem zarten Geschöpf zum

Durchbruch drängte. Es war eine stürmische Begegnung. Sie sah mich (auf irgendeiner Dichterlesung in Frankfurt a. M.), trat auf mich zu und verführte mich – ich kann fast ohne Übertreibung sagen, daß sie mich vergewaltigte. Für einige Tage und Nächte lebten wir wie in einem Rausch, einer Art von *amour à trois.* Kein Wort, das wir wechselten (und sie sprach viel), keine Zärtlichkeit, die wir tauschten (und sie war von überschwenglicher Zärtlichkeit), die nicht Jaime gegolten hätten. Nie wieder ist mir dergleichen widerfahren. Denke ich heute daran zurück, so kommen mir jene Geschichten in den Sinn, die wir alle gehört haben, von Männern, die ein Medium heiraten, um durch dessen Vermittlung mit ihrer verstorbenen Frau kommunizieren zu können. Aber das Seltsame war doch, daß es meine Liebe zu diesem jungen Mann gewesen ist, die es mir möglich gemacht hat, so vollkommen in die mir zugewiesene Rolle zu schlüpfen.

Zurück zum Freundeskreis von Jaime: Ich kannte niemanden. Den kleinen Herrn mit dem bedeutenden Gelehrtenkopf, der ununterbrochen an einer kurzen Pfeife nuckelte, traf ich in den Nachkriegsjahren in Heidelberg wieder und konnte ihn als Karl Silex identifizieren, den früheren Herausgeber der DAZ. Es will mir auch heute so scheinen, als sei ich Ursula von Kardorff damals begegnet. Es war klar, daß es sich um Menschen handelte, die der Protest gegen die damaligen Herren Deutschlands und ihren Krieg zusammenführte. Gleichwohl erinnere ich mich an kein politisches Gespräch (was nicht heißen darf, daß solche nicht doch geführt wurden). Wohl aber erinnere ich mich sehr genau an den Text, der vorgelesen und in mir unverständlicher Weise, lang und breit und nicht ohne innere Anteilnahme, diskutiert wurde: die Enzyklika »Quadragesimo Anno«.

Wie reimte sich das alles zusammen? Wenn man hier allenfalls von der Manifestation eines geistigen Widerstandes sprechen konnte, Freiheitskämpfer waren das nicht! Ich gebe zu: Wenn mir Jaime davon erzählte, um welchen Preis Bolívar Südamerika von der Herrschaft der Spanier befreit hatte, von seinen wilden Ritten quer durch den Kontinent, der Überquerung der Anden, den unzähligen Schlachten und Gefechten, in denen sich Siege und Niederlagen ablösten, den politischen Kämpfen, in denen sich Begeisterung und Verrat, Intrige und Großmut unlösbar vermengten, so hatte der Ehrentitel, der diesem erstaunlichen Manne immer wieder verliehen, ja aufgedrängt wurde, *Libertador,* für mich einen fast exotischen Klang.

Und da muß ich an den deutschen Generalstabschef a. D. Halder denken, dessen Entnazifizierungsverfahren ich in München durch einen Zufall beiwohnte. Gereizt verwehrte sich der kleine Herr da gegen den Vorwurf, die Generalität sei Hitler willig gefolgt, statt, wozu sie die Möglichkeit hatte, zu putschen. Ohne den randlosen Zwicker von der winzigen Nase zu nehmen, schnarrte er trocken: »Wir leben schließlich nicht in einer südamerikanischen Bananenrepublik.«

Drei Freunde

Nun hatte ich durchaus auch jüngere Freunde. Altersgenossen. Immer gab es einen »besten Freund«. Und sie unterschieden sich, was den Platz betraf, den sie in meinem Leben einnahmen, sehr deutlich von den Kameraden meiner Schulklasse und der Jungengemeinschaft, der ich angehörte.

»Freundschaft – Kameradschaft« war übrigens das Thema eines großen Deutschaufsatzes, den wir nicht als Klassenarbeit schreiben mußten, sondern als Hausaufgabe bekamen, mit der wir uns mehrere Monate beschäftigen konnten. Ich hatte darüber lange Gespräche mit meinem Vater, der mir den schönen Vers von Goethe rezitierte, ohne, vermute ich, zu wissen, daß Bismarck ihn deswegen bezichtigte, die Gefühle eines Schneidergesellen zu haben. In der Freundschaft sah ich etwas Großes, Schönes, Romantisches, Privates, durchaus der Persönlichkeitssphäre Zugehöriges – ganz im Gegensatz zur Kameradschaft, in der ich ein kollektives Gemeinschaftsgefühl supponierte.

Diesen Gegensatz versuchte ich, geschichtsphilosophisch zu periodisieren. In der – seit der Schützengrabenkameradschaft des Ersten Weltkrieges immer mehr zu einem Ideal zwischenmenschlicher Beziehungen stilisierten – Kameradschaftsethik, die ja auch zum offiziellen Erziehungsprogramm des Dritten Reiches gehörte, wollte ich ein Symptom für das Heraufkommen eines kollektivistischen Zeitalters erkennen, eine Zukunftsperspektive, die mir keineswegs in den leuchtenden Farben erschien, in denen sie Ernst Jünger in seinem »Arbeiter« beschreibt. Für mich war sie eine Schreckensvision, gerade weil so viel für ihre Unausweichlichkeit sprach. Sehr beeindruckt hatten mich die Forschungsergebnisse eines südafrikanischen Zoologen, Mavais, dessen Buch »Die Seele der weißen Ameise« mir irgendwie – das richtige Buch im richtigen Moment – in die Hände gefallen war. Es untersuchte den rätselhaften Funktionsmodus dieser gefährlichen Insekten. (Die kleine Schrift von Wilhelm Bölsche, dem Freund meines Vaters, den ich mit ihm noch in Schreiberhau besucht hatte, »Der Termitenstaat«, kannte ich damals seltsamerweise nicht.)

Wo man Kameradschaft forderte, war immer so etwas Termitenhaftes, auf der Negierung der individuellen Autonomie Beruhendes, im Spiel, schien mir. Der Tod des Individuums war da Voraussetzung, und dieser Gedanke war mir gräßlich. Meine Erfahrungen als Landser während des

Krieges haben mich in dieser Auffassung natürlich nur bestätigt. Aber ich fand dort auch ganz außerhalb der Lebenssphäre des bürgerlichen Individuums, in dem stillen Widerstand meiner Leidensgenossen, immer wieder Spuren jener anarchistischen Grundbefindlichkeit des Menschen, die allen Versuchen, ihn auf den Status eines Insekts zu reduzieren, Hohn spricht. Zu den derben, gegen jede Phraseologie durchschlagenden Landserweisheiten zählte der Spruch: »Kameraden? Wer redet von Kameraden? Kameraden gibt es nicht – nicht mehr. Die letzten sind bei Stalingrad gefallen.«

Eine Welt, in der es keine Freundschaften mehr gibt, ist nicht lebenswert. Meine Jugend, ohne sie, wäre eine andere gewesen. Wenn ich jetzt hier von drei Freundschaften berichte, so soll es auch ein Lob der Freundschaft sein, das größte der äußeren Güter, die Lebensform, die uns erlaubt, in anderen die Erfüllung der eigenen Individualität zu suchen und zu finden und dadurch auch dem anderen die Erfüllung seiner Individualität zu ermöglichen, die hohe Schule der Subjektivität.

Fritz von Caprivi

Der Reichskanzler »ohne Halm und Ar« war sein Großonkel. Ich sage das, weil es durchaus zu seinem Selbst- und Familienbewußtsein gehörte.

Obwohl er ein durch und durch geistiger Mensch war, dessen Interessen jenseits seiner Standesgrenzen lagen, geradezu atypisch – eine Art weißer Rabe, ein Albino seiner Spezies, von dem man sich fragen mußte, wie er herausmendeln konnte –, wurzelte sein Selbstbewußtsein in seinem Familienstolz. Das war das untrügliche Kennzeichen der Zugehörigkeit zu seiner Klasse. Er gehörte zu einer Familie mit Familiengeschichte. Geschichte (im Gegensatz zu Geschichten) haben aber Familien nur in dem Maße, in dem sie selber zur Geschichte gehören. An der sozialen Spitze, in den Dynastien und dem Hochadel, den »Grandes Familles«, und das gilt auch für die Rockefeller und Vanderbilt, fällt beides – Geschichte und Familiengeschichte – schlechterdings zusammen. Je tiefer man auf der sozialen Skala heruntersteigt, je größer der Abstand zu den Zentren der Macht, zur politischen und kulturellen Repräsentation ist, um so mehr verblaßt das Interesse an der Geschichte der eigenen Familie. Man lernt »die« Geschichte aus den Büchern und nicht durch die Anekdoten am Familientisch. Und »die im Dunkeln stehen, die sieht man nicht« – sie sehen sich vor allem selber nicht.

Das genealogische Interesse, wo es nicht eine Marotte ist wie das Briefmarkensammeln, gehört darum zur höheren Bildung. Es ist der Hauptschlüssel zur nationalen Geschichte. Wenn man nicht weiß, daß die Geschichte eines Volkes in ihrem Kern die Angelegenheit einer Schar von Familien ist, die sich untereinander kennen, wenn sie nicht untereinander verwandt sind, wird man von geschichtlichen Vorgängen immer nur eine sehr abstrakte Vorstellung haben. In den Familiengeschichten findet man ihren konkreten Stoff. Alles andere ist Statistik, Propaganda, Mythologie.

Es scheint mir signifikant für den Lauf, den die deutsche Geschichte im letzten Jahrhundert genommen hat, zu sein, daß ich, obwohl aus bürgerlichen Kreisen, in meinem Leben mit den Enkeln respektive Urenkeln von dreien der fünf Reichskanzler des wilhelminischen Reiches freundschaftlich oder beruflich zu tun hatte. Mein Vater hat die Großväter persönlich sicher nicht gekannt. Ich sehe darin ein Zeichen für die Nivellierung der deutschen Gesellschaft. Dazu gehörten nicht nur Heio von Einsiedel, sondern auch der Ottofürst selbst, der eine Zeitlang unser regelmäßiger Gast in Straßburg war – was ich wohl hauptsächlich meiner schönen Frau zu danken habe –, Asta von Bethmann Hollweg, deren Wege sich hier in Berlin mit den meinen kreuzten, und Fritz von Caprivi (der Reichskanzler hatte, wie man weiß, keine direkten Nachkommen, er war zu arm, um zu heiraten). Von ihm, der in meiner Berliner Jugend eine ganz einzigartige Rolle spielte, will ich nun erzählen.

Das Porträt des Großonkels – von Anton von Werner – hing über dem Schreibtisch des Vaters, Major a. D., verheiratet mit einer Frau von Rosenberg, wenn ich nicht irre. Er hatte acht Kinder, von denen die ältesten Töchter schon längst verehelicht waren und Kinder hatten, als ich Fritz kennenlernte. Mit seinem jüngeren Bruder Alexander (»Lele«) bildete er eine Art von Nachkömmlingsnachhut schon sehr alter Eltern. Fast alle Männer der Familie waren Berufsoffiziere. Ein Schwiegersohn/Schwager war ein berühmter Divisionskommandeur der Hitlerschen Wehrmacht. Ein Bruder im Hauptmannsrang bereitete sich auf den Generalstab vor, fiel aber (während meiner Zeit) zweimal durch das Examen, dem Verlauten nach, weil seine jüngere Frau ihn »zu sehr in Anspruch nahm«. Sie war wirklich hübsch, außerdem die Erbin großer Güter in Westpreußen. Das war nicht ohne Bedeutung, denn die Familie Caprivi war mausearm. Sie lebte in einem kleinen Einfamilienhaus in Zehlendorf. Das Regime war patriarchalisch. Der alte Caprivi gab das Wirtschaftsgeld und das Taschengeld wochenweise heraus. Die Mutter war musisch interessiert und vollkommen unbegabt fürs praktische Leben, was von ihrem Mann und ihren Kindern wohlwollend, nachsichtig, wie eine Infirmität, toleriert wurde. Den Haushalt schmiß eine in die Familie integrierte Hausgehilfin, ein »Mädchen vom Lande«, mit der die Jungen hart umsprangen, was sie ihnen vergalt. Der Ton war rauh, aber herzlich. Ich habe das immer viel zu enge Haus selten betreten. Da war kein Platz für Gäste, außer in dem einen Raum, in dem die Familienbiedermeiermöbel standen (Erbgut der Mutter), der Schreibtisch des Vaters, und wo, als einziges Prunkstück, Anton von Werners Porträt des zweiten Reichskanzlers hing. Außerhalb dieses protegiert-privilegierten Bereiches herrschte die unwahrscheinlichste Unordnung. Man konnte die Treppe kaum benutzen, so vollgestopft war sie mit Kisten, Kasten, Skiern und Fahrrädern. Den Zustand des Küchenbereiches und der Kinderschlafzimmer, nicht jedes hatte eines für sich, kann man sich denken.

Eine preußische Offiziersfamilie. So klein und unbedeutend diese Zelle auch war, durch sie habe ich einen Einblick ins Offiziersmilieu gewonnen, z. B. etwas über die Hierarchie der Regimenter und Waffengattungen gelernt. Darüber herrschte in meiner Familie das vollkommenste Black-out, obwohl ein Onkel und zwei Neffen meines Vaters Offiziere in der kaiserlichen Armee waren. Militärs standen bei uns nicht hoch im Kurs. Mein Vater selbst hat nie eine Uniform getragen.

Das Traditionsregiment der Caprivi war das I. Garderegiment zu Fuß, das »Erste Regiment der Christenheit«, in Potsdam. Seit dem Ende der Monarchie war es zum 9. Infanterieregiment geworden, das freilich, der feudalen Zusammensetzung seines Offizierscorps wegen, den Spitznamen »Graf Neun« trug. Die Schlachten dieses Regiments, seine Kommandeure, die Regimentskameraden, die toten wie die lebendigen, gehörten mit zur Familiengeschichte. Dazu kam die »petite histoire« der Kasinositten und -gebräuche, von der ich auch so allerhand mitbekam; die Rituale der höheren Besäufnisse, wenn in die Spiegel geschossen wurde und der große Keilerkopf, der an der Wand hing, immer nach dem gleichen Zeremoniell, mit Gesang, immer an der gleichen Stelle im Hof begraben wurde. Am nächsten Morgen, früh um sechs, (fünf), war alles natürlich pünktlich beim Dienst. Auch Fritz ist zu dem alten Regiment eingerückt, als kriegsfreiwilliger Offiziersanwärter, und mußte sich von seinen Ausbildern sagen lassen, sie seien noch mit ganz anderen Starrköpfen fertig geworden, »Fürschten und Jrafen«, ein Caprivi könne ihnen gar nicht imponieren.

Dann ist er »als Soldat und brav« ganz zu Beginn des Rußlandfeldzuges gefallen. Sein Vater – er war inzwischen als Oberst reaktiviert worden, es war sein Wunsch – hat mir trocken, mit vollkommener Würde die näheren Umstände seines Todes erzählt, als ich ihm, der ich zurückgestellt war, einen Kondolenzbesuch abstattete. Ich konnte die Tränen nicht zurückhalten. Für ihn, so ließ er mich fühlen, handelte es sich um einen Akt selbstverständlicher Pflichterfüllung. Mir zu zeigen, wie zutiefst er betroffen war, hätte er als unangemessen empfunden.

Fritz erzählte viel und gerne von den Unterhaltungen im Familienkreise, in deren Mittelpunkt seit Kriegsausbruch militärisch-strategische Fragen standen. Vom höchsten Kriegsherrn wurde nicht anders als von dem »Gefreiten« gesprochen – das galt auch für den Divisionskommandeur, der zu jenen höheren Truppenführern gehörte, in deren Stäben feudale Sitten herrschten: Wappen auf den Stabsfahrzeugen, an der allabendlichen Kasinotafel – wo auch immer und bis zum bitteren Ende – Champagner. Wenn nötig, wurde ein Ordonnanzoffizier aus der Ukraine quer durch Europa nach Frankreich geschickt, um den nötigen Stoff zu besorgen. Die völlige, fast schizophrene Trennung von Nationalsozialismus und deutschem Nationalismus, von Hitlerhaß und Patriotismus war das mich Frappierende. Franzosen und Russen waren Gegner – der Feind war die Waffen-SS, besonders deren Anmaßung, eine eigene Armee sein zu wollen, wurde gehaßt. Man sprach ausführlich von ihrer Schreckensherrschaft in Polen, hinter der Front. Man betrachtete sie als reine Verbrecherorganisation. Ihre Devise: »Treue ist das Mark der Ehre« wurde kolportiert als »Mitschuld ist das Mark der Treue«. Jedes Wort, das in diesem Hause gesprochen wurde, hätte einen Prozeß des Volksgerichtshofes nach sich ziehen können. Aber auf ihre Panzerdurchbrüche und Kesselschlachten waren sie stolz.

Fritz sah das alles mit einer gewissen Distanz und nicht ohne Humor, wie ich überhaupt in diesem Milieu, das so völlig anders als das unsere war, jenen selben schnodderigen, humorigen Blödelton wiederfand, den ich von meinem Vater her kannte. Man wird darin, glaube ich, eine berlinerisch-preußische Eigenart sehen müssen, ein Spezifikum des Regionalidioms, wie es die berühmte, durch alle Klassen und Schichten gehende bayerische Grobheit auf ihre Weise ist.

Der Abstand von den preußischen Professoren zu den preußischen Offizieren war im Grunde vielleicht gar nicht so groß, wie ich mir lange Zeit einbildete. Mit den höheren Beamten gehörten sie eben doch in die gleiche Kiste. Treitschkes Bruder war kommandierender General, der von Wilamowitz-Moellendorff Oberpräsident. Ein Bruder meines Vaters war Offizier, der andere Reichsbahnpräsident. Akademiker wurden die jüngeren Söhne. Auch Fritz von Caprivi war der geborene künftige Privatdozent und Gelehrte. Kunstgeschichte, Kulturgeschichte waren für ihn nicht Interessengebiete, sondern Gegenstände seiner Leidenschaft. Als Achtzehnjähriger lebte und webte er frühreif, genialisch in jener ach so deutschen, keinem Nicht-Deutschen begreiflich zu machenden Geistigkeit, die sich in gewaltigen, Epochen und Kontinente umspannenden, geschichtsphilosophischen Systemen unerschöpflich entfaltet und erneuert. Alle strickten wir, das gehört zu diesem Alter, an einer Weltanschauung, die Gott und Erde auf den Begriff bringen sollte. Was Fritz in seinem Kopf zusammenbraute, hatte ein anderes Niveau. Mit großer Autorität und in einer vollendeten Sprache, in der er natürlich, wie konnte es anders sein, sprachschöpferisch seine eigene Terminologie schuf, entwickelte er seine Konzeption der Geschicke des Abendlandes und setzte die Akzente einer originellen Sinngebung. Dieser ganz subjektiven Durchdringung des objektiven Geistes, dem souveränen Umgang einer genialen Individualität mit dem Weltgeist, beizuwohnen war ein faszinierendes Schauspiel. Dicht beieinander, nein, untrennbar miteinander verbunden, lag höchste Konkretion und Phantastik. Hegel und Spengler waren die großen Referenzen. Marx kannten wir damals nicht, aber er gehörte auch dazu. Vielleicht war Fritz von Caprivi der letzte Vertreter einer verloschenen Tradition, der deutschen Romantik, ein jüngster Bruder der Novalis und Kleist, Brentano und Arnim, seiner Standesgenossen.

Nun wird man sich vorstellen, daß wir nächtelang zusammensaßen, beim Punsch auf unseren Buden, wo Fritz – ich, lauschend, an seinen Lippen hängend, er, monologisierend, über meinen Kopf hinweg – seine tollen Thesen und Theorien exponierte. Das war nun überhaupt nicht der Fall, vielmehr fanden unsere oft stundenlangen Gespräche (so scheint es mir heute wenigstens) auf dem Fahrrad im Freien statt. Wir trafen uns allenfalls im Hause von Karl, dem Dritten im Bunde.

Meine Erinnerung beharrt hartnäckig auf der Situation, in der wir beide an einer Straßenecke einander zugekehrt rittlings auf unseren Rädern stehen und diskutieren. Das war unser »setting«. Dabei kamen Fritzens lange Beine zur Geltung, auf die er sehr stolz war – »hochgeschlitzt, wie Hagen von Tronje« zitierte er gerne. Er stemmte sich auf den Boden und ließ die viel zu kleine klapprige Karre mit einem Hüftstoß springen wie einen Bock, den er für einen Ritt zur Walpurgisnacht einreiten wollte. Unsere Treffpunkte hingen sicher damit zusammen, daß wir sehr weit auseinander wohnten und uns auf halber Höhe, ungefähr beim Roseneck, verabredeten. Ich sehe auch tatsächlich noch das Haus, vor dem wir, in einer Seitenstraße, regelmäßig zu stehen pflegten. Wie ich heute weiß, ist es von Bruno Paul. Aber wir redeten auch, wenn wir nebeneinander herfuhren (was in der Stadt verboten war). Es wird kein Zufall gewesen sein, daß ich mit Fritz meine einzigen großen Radtouren gemacht habe.

Die erste, in Richtung Frankfurt/Oder, auf der wir, von Vater Caprivi mit Empfehlungsbriefen ausgestattet, eine Reihe märkischer und westpreußischer Güter besuchten, Junkerklitschen, wie sie im Buche stehen, Regimentskameraden natürlich. Da lernte ich diese unvergleichliche Mischung von Kargheit und Standesdünkel, von Knickerigkeit und den Resten »seigneuraler« Largesse, schlechtem Essen und großen Speisesälen, kostbaren alten Bibliotheken und einer aufs Agrarisch-Militärische, Genealogisch-Patriotische reduzierte Schrumpfkultur kennen, die schon zu Zeiten Fontanes zum Aussterben verurteilt war. Einen Stechlin hat es nie gegeben. Das war der Wunschtraum eines nostalgischen Literaten, der sich ausgemalt hat, wie, wenn es nach ihm gehen würde, ein Junker hätte sein sollen.

Wir radelten im Krieg. Die Väter und Söhne der Schlösser, in die wir kamen, waren »im Feld«. Herzlich aufgenommen wurden wir von den Frauen und Töchtern. Herbe Gestalten, auch wenn sie jung waren; oft sehr gescheit; undefinierbare Kleidungsstücke, dicke Wollstrümpfe, aber Perlen in den Ohrläppchen und Wappenring auf Händen, die zupacken können. Schöne Profile. Man konnte sich vorstellen, wie vollkommen sie ihren Familienschmuck zu der Balltoilette mit großem Dekolleté tragen würden. Ihre Großmütter waren dem Kaiser bei Hofe vorgestellt worden. Bei irgendwelchem Seydlitz stieg eine dieser jungen Damen – denn das waren sie – in unsere kulturhistorischen Gespräche ein. (Small talk gab es für Fritz nicht.) Sie hatte auch eine ganz klare Meinung über den Niedergang ihrer Familien: nach Aufhebung der Leibeigenschaft sei es mit der Kultur in Ostelbien zu Ende gewesen. Wir saßen, ich habe den Duft noch in der Nase, vor einem wunderschönen Orangeriebau des 18. Jahrhunderts, dessen von Glasfenstern durchbrochene Fassade dicht von gelben Kletterrosen überwuchert war, die in überschwenglicher Blüte standen.

Die zweite große Radtour, die ich mit Fritz unternahm, führte nach Süddeutschland und zog sich über mehrere Wochen hin. Es war eine Reise in den süddeutschen Barock. Ein Lieblingsthema von Fritz, der die Route festgelegt hatte – Bamberg, Banz, Vierzehnheiligen, Pommersfelden, Würzburg. Jede Etappe brachte eine neue Überraschung, war ein neuer Schritt der Initiation in eine bisher unbekannte Kulturepoche, deren künstlerische und metaphysische Dimensionen mein Reisekamerad in inspirierten Kommentaren beschwor.

Für Fritz war Barock mehr als der übliche, relativ limitierte Stilbegriff der Kunsthistoriker. Er war die grandiose Ausdrucksform des abendländisch-faustischen Geistes, der zuerst in der Gotik zum Durchbruch kam, weitgehend das geprägt hatte, was man als »Renaissance« bezeichnet, und auch noch im 19. Jahrhundert die eigentlich stilprägende Kraft blieb. Es durfte kein Zweifel bestehen: im Barock hatte die europäische Kultur ihren absoluten, nie wieder erreichten Höhepunkt erlebt. Damit bezog Fritz eine Position, die diametral der von Jacob Burckhardt entgegengesetzt war, der die Renaissance überbewertet und von Gotik und Barock überhaupt nichts verstanden hatte. Nein, man mußte sehen, daß von der späten Gotik, dem *style flamboyant* zumal, der Übergang zu den raumsprengenden Konstruktionen des Barock nahtlos war. Hier manifestierte sich der Genius der nordisch-germanischen Rasse, der dann auch die Brücken, Bahnhöfe und Türme des späten 19. Jahrhunderts möglich machte. Von den kühnen Spitzbogen-Gewölben, den Strebepfeilercrescendos gotischer Kathedralen über die geschwungenen Treppen barocker Schlösser, die hochgeschraubten Hochaltäre barocker Kirchen zum Eiffelturm und den Wolkenkratzern von Manhattan führte eine gerade Linie, ein gemeinsames Wollen: die Schwerkraft überwinden, sich von der Last des Materials befreien, grenzüberschreitende, unbegrenzte Räume schaffen. Hier war es dem Menschen gelungen, seine Beschränktheiten, seine Kondition zu transzendieren, über sich hinauszuwachsen und so seiner eigentlichen Bestimmung zu folgen, *mehr* als ein Mensch zu sein. Fort von der Erde – der Sonne zu!

Als konträre, den großen Elan ständig konterkarierende Gegenbewegung mußte man die antikisch-mediterrane Tradition sehen, die über die Säulenordnungen eines Vitruvs, über Palladios Mikroharmonien im bourgeoisen Ideal des Klassizismus erstarrte. Der andere Pol der europäischen Kulturentwicklung, gewiß aber der schwächere, der dem Genius des Abendlandes fremde. Die italienische Renaissance, da konnte Burckhardt sagen, was er wollte, Bramante, Bernini, waren reiner Barock. Und

Michelangelo? Gab es großartigere Werke der Plastik als seine späte Pietà, um den Beweis dafür zu erbringen, daß die Gotik unmittelbar zum Barock hinüberführt? Unnötig zu sagen, daß Fritz Michelangelo hundertprozentig für seine Barocktheorie mit Beschlag belegte, wobei es ihm um den Nachweis ging, daß künstlerisches Wollen auf höchstem Niveau auch die Grenzen zwischen den einzelnen Kunstsparten und Ausdrucksformen aufhebt. Zwischen der Kapelle der Mediceer und den Sonetten war kein Unterschied mehr: sie waren Emanationen desselben Geistes … Soviel von den Theorien des jungen Caprivi, deren Echo mir heute noch deutlich in den Ohren hallt.

Die erste Etappe unserer Reise war Dresden. Die zweihundert Kilometer von Berlin in einem Stück mit dem Rad zu bewältigen, war eine Parforceleistung, die meine Möglichkeiten bei weitem überstieg. Lange vor dem Ziel erklärte ich, daß ich keinen Meter mehr weiterfahren könne, bog von der Straße in eine Schneise ein und legte mich total erschöpft auf den Waldboden. Ein euphorisches Gefühl ergriff von mir Besitz. Ich hätte sofort sterben wollen. Fritz ließ mich wenige Minuten ruhen, dann brachte er es fertig, ich weiß nicht mit welchen magischen Mitteln, einfach durch die Ausstrahlung seiner Autorität, mich wieder auf das Rad zu hieven und zum Weiterradeln zu bewegen. Er blieb hinter mir, schob mich gewissermaßen mit seinem Willen, und tatsächlich sind wir am späten Abend zusammen in Dresden angekommen. Das sollte aber auch ein absoluter Rekord in meinem Leben bleiben. Wir zelteten und kochten auf den Uferwiesen der Elbe, unterhalb der Stadt. Mit ihren zahllosen Türmen leuchtete sie über uns wie eine Vision des Gelobten Landes.

Jetzt war alle Müdigkeit, die schreckliche Pein der physischen Anstrengung, von mir abgefallen, und in dem goldenen Licht eines wahrlich barocken Sonnenuntergangs sprangen wir in den breiten Fluß und schwammen, durchflutet von Seligkeit. Nichts kann verglichen werden mit dem Glücksgefühl, in einem großen Strom zu schwimmen, und nichts bezeichnet vielleicht besser die Distanz zwischen dem Leben, das wir damals führten, zu dem Leben heute, als daß man in Flüssen nicht mehr schwimmen kann.

Unsere Radtour hatte ganz den Stil einer »großen Fahrt«, so, wie ihn die Jugendbewegung geprägt hat. Bis an die äußerste Grenze gehende Kargheit, vollkommene Offenheit für das Erleben dessen, was zu entdecken man ausgezogen war. Unsere gemeinsame Reisekasse war für mehrere Wochen geringer als das, was man heute für eine Übernachtung im Hotel braucht. Das Merkwürdigste an dieser Tour war sicher der Kontrast zwischen unserer spartanischen Lebensführung und unseren opulenten Gesprächen, die ganz und gar zum Register einer bürgerlichen Bildungsreise gehörten. In unserer Jungenkluft, kurzhosig, mit offenem Hemdkragen, standen wir ergriffen und entzückt vor den luxurierenden Fassaden und Altären, schauten bewundernd in die Endlosigkeit der Deckenhimmel und führten dabei Reden, die zwei gestandenen Kunsthistorikern Ehre gemacht hätten. Was unser »Bildungserlebnis« mit jedem anderen verband, war die Begeisterung, die sich immer neu an dem Geschauten entflammte und die wir mit unseren Worten einzuholen versuchten.

Fritz lieferte den gedanklichen Überbau. Er war ein Mann der großen Zusammenhänge. In mir dominierte das Interesse des Architekten. Eine Architektur der Kurven und Lichteffekte – darauf angelegt, das Auge zu überlisten, optisch ein Raumgefühl der Unbegrenztheit und Schwerelosigkeit zu suggerieren! Das Einbeziehen der Sonnenstrahlen in die Perspektive, die Verwendung der Malerei, des *trompe l'œil,* als Mittel einer ad absurdum geführten raumtranszendierenden Dreidimensionalität, das waren die Lehren, die ich mitnahm. In Vierzehnheiligen hatte ich physisch das Erlebnis einer Levitation, die mich in die Unendlichkeit des Deckenhimmels emporhob. Es war klar, daß, um so zu bauen, es noch etwas anderen bedurfte als eines begnadeten Architekten.

Das war eine Architektur genialer Bauherren! Und ich fand meine Theorien vom Binom Architekt-Bauherr bestätigt, jene Symbiose des einen, der die Mittel und die Macht hat, der vor allem aber auch eine klare Vorstellung von dem hat, was er will, was er zu seiner Selbstverwirklichung braucht, und des anderen, der in der Verwirklichung der Phantasien dieses einen die Chance der Entfaltung seiner eigenen künstlerischen Aspirationen und Visionen findet. Und da ließ mich Fritz nicht im Stich. In seiner kulturmorphologischen Sicht des Barock spielte der Fürst die zentrale Rolle. Er belehrte mich, daß praktisch alles, was wir sahen, das Werk von fünf Brüdern (oder waren es Vettern – oder auch nur drei?), von fünf Grafen Schönborn war, die ungefähr gleichzeitig als regierende Fürstbischöfe die geistlichen Fürstentümer Süddeutschlands beherrschten, alle fünf von dem Ehrgeiz besessen, sich beim Ausbau ihrer Residenzen an Pracht zu übertrumpfen. Das war nach meinem Geschmack.

Immer wieder fand unsere Fahrtenaskese eine willkommene Unterbrechung durch die großzügige Aufnahme, die wir für einige Stunden oder Tage bei den ehemaligen Regimentskameraden des alten Caprivi fanden, der mit entsprechenden – ich stelle mir vor militärisch-knappen – Postkarten unsere Ankunft vorausgemeldet hatte. Zu einem unerwarteten Höhepunkt geriet der Aufenthalt bei einem Baron von Falkenhayn (Neffe des Generalfeldmarschalls, Cousin der in unserem Hause verkehrenden Freiin von Gebsattel), der sich in Wimpfen im Tale ein entzückendes Rokokoschlößchen ausgebaut hatte. Das war ein Liebesnest für ihn und seine junge zweite Frau, die, kaum älter als wir, mit sehr viel Grazie die Honneurs machte. (Fritz diagnostizierte sofort, daß sie eine »gewisse« und keine »geborene« sein müsse; »Wieso bitte schön?« »Das sieht man sofort.«) Der Baron, Mitte Fünfzig, als hohes Tier bei BMW mit der Entwicklung von Kriegsgerät befaßt (jetzt einem winzigen offenen, von einem einzigen Gummireifenrad gesteuerten Panzerkettengefährt, das er uns in einer wilden Geländefahrt vorführte, in der ich hundertmal befürchten mußte, von meinem luftigen Sitz hinter ihm herunterzufallen), war von unserer altklugen Gelehrsamkeit offensichtlich entzückt. Er bestand darauf, uns in einem sehr komfortablen Hotel in Wimpfen am Berge, »injeladen« versteht sich, unterzubringen. Und aus dem, was ein Teebesuch hätte sein sollen, wurden sehr gemütliche drei Tage, zu deren Gelingen der stille Charme der nicht standesgemäßen jungen Frau nicht unerheblich beitrug. Sie mußte das Gefühl haben, in so viel Jugend etwas Beistand, vielleicht auch etwas Abwechslung zu finden. Das Leben in dem Puppenheim hatte vielleicht schon begonnen, leicht langweilig zu werden. Hier fühlte ich mich nun wie ein Fisch im Wasser. Wenn wir in den tiefen, bequemen, mit großblumigem Kreton bespannten Sesseln saßen – sei es Tee, sei es Drinks, sei es Champagner trinkend, je nach der Stunde des Tages oder der Nacht –, sog ich Salonluft in meine Nüstern und konnte mit Qualitäten aufwarten, die radelnderweise und im reinen Bildungsgespräch schlecht zur Geltung kommen. Ich brauche wohl nicht zu sagen, daß Fritz sich überhaupt nicht in seiner *assiette* fühlte und ungeduldig auf Abreise drängte.

Das Ende dieser unvergeßlichen Reise war auch das Ende meiner Freundschaft mit Fritz. Nicht daß wir uns irgendwie überworfen hätten. Wir sahen uns einfach danach nicht mehr. Auf dem Frankfurter Hauptbahnhof trennten wir uns. Ich fuhr nach Bad Kösen, wo mich Celibidache erwartete, er auf die mecklenburgischen Güter seiner frivolen Schwägerin. Unmittelbar danach wurde er eingezogen (er war ein Jahr älter als ich). Aber die Trennung war nicht herzzerreißend. Im Grunde waren wir doch ein seltsames Paar. Bei allem, was uns vereinte, war das, was uns trennte, vielleicht doch stärker. Beide kehrten wir zurück in unsere Welten, er ohne großen Enthusiasmus – vielleicht wäre er lieber mit mir gekommen; ich, das muß ich gestehen, mit Ungeduld.

Karl

Fritz von Caprivi habe ich durch Karl kennengelernt. Beide besuchten sie das Arndt-Gymnasium, eine Konkurrenzschule zum Grunewald-Gymnasium mit Internatsbetrieb, in das die märkischen Junker ihre ungebärdigen Söhne steckten. Damit hatten meine Freunde nichts gemein. Wichtig war die Figur des Direktors der Anstalt, ein außerordentlicher Schulmann und Pädagoge, der auf der Oberstufe selber Griechisch und Latein lehrte und ganz im Gegensatz zu unserem Waldvogel alles tat, um sein Institut, den Absichten der Nazis zum Trotz, auf hohem Niveau zu halten. Das gelang. Ende der dreißiger Jahre war das Arndt-Gymnasium zweifellos besser als unsere heruntergewirtschaftete Grunewaldpenne. Der große Mann – klein von Gestalt, fast ein Gnom – hieß Kappus, Doktor Carl. Prinz Louis Ferdinand gedenkt seiner in Dankbarkeit. Er war, vor 1918, sein Hauslehrer. Damals und jetzt noch, als alter Herr, beseelte ihn der pädagogische Eros. Er lehrte mit Leidenschaft. Dank seiner waren Fritz und Karl glänzende Lateiner, was ich von mir leider nicht sagen konnte.

Noch ein anderer Lehrer dieser Schule war bemerkenswert: Oberstudienrat Dr. Wachsmuth, der Deutschunterricht gab. Nach dem Krieg war er lange Jahre Generalsekretär der Goethe-Gesellschaft. Am Mittwochabend veranstaltete er für ältere Schüler in seiner Wohnung einen »literarischen Zirkel«, in den ich, auf Bitten der Freunde, als Hospitant aufgenommen wurde, was eine große Ehre war.

Meine Beziehung zu Karl entstand während des Konfirmationsunterrichts, den ich bei meinem Schwager, dem Pastor Röhricht von der Jesus-Christus-Kirche am Thielplatz, genoß. Durch diese verwandtschaftlichen Bande bin ich überhaupt nur aus dem alten Grunewald hinaus ins ferne Dahlem gekommen!

Der Konfirmandenunterricht wurde für uns zu mehr als einer Einweisung in die Dogmen und Riten des evangelischen Glaubens – wir erlebten ihn als ein außerordentliches religionsphilosophisches, kulturhistorisches Privatseminiar à deux. Das Absingen der strophenreichen Kirchenlieder, das Schwager Röhricht einfühlend auf dem Harmonium begleitete, das

Auswendiglernen und Abfragen des großen und kleinen Katechismus waren lästige Pflichtübungen, die man geduldig ertrug, weil man wußte, daß darauf die langen Gespräche mit dem neuen Freund folgen würden. Auf sie freute man sich die ganze Woche, wenn einem vielleicht auch nicht ganz klar war, was einen in die Stimmung süßer Erwartung versetzte. Der Beginn einer Freundschaft ist aufregend wie der Anfang einer Liebesgeschichte.

Karl war ein Jahr älter als ich, ein ausgesprochen schöner Junge mit einem klassischen Profil und dunklen, leicht nach unten gezogenen melancholischen Augen. Er war gut gewachsen, hatte nur ein wenig kurze Beine, was ihn sehr bekümmerte und sicher dazu beitrug, daß er den Kopf immer etwas in die Höhe reckte und das Kinn leicht nach vorne schob, was seinem Ausdruck etwas Kokett-Herrisches verlieh. Wie wir alle trug er das Haar kurzgeschnitten und gescheitelt. Wenn er sich die Haare in die Stirn strich und den bewußten kleinen Schnurrbart auf die Oberlippe malte, konnte er aussehen wie »Adolf«. Er konnte auch reden wie dieser. Das mußte er, zur allgemeinen Erheiterung, immer wieder vormachen und tat es auch mit einem gewissen Vergnügen. Er genoß den blasphematorischen Akt der Hitlerverspottung. Ansonsten hatte er mit dem Unhold nichts im Sinn. Er war ganz und gar »junger Herr«, dem man ansah, daß, wo auch immer er aus seiner soignierten höheren Lebenssphäre heraustrat, er hinabstieg. Als er mich zum erstenmal in die große Villa mitnahm, in der er lebte, hatte ich den Eindruck, ein Schloß zu betreten.

Das war etwas anderes als unser Professorenhaus mit seinem eher beliebigen Ameublement. Besonders beeindruckten mich ein ovaler Speisesaal, seegrün mit weißen Stukkaturen, ein chinesischer Teesalon mit roten Lackmöbeln und schwarzgoldener Tapete, sodann aber die zweistöckige Bildergalerie, in die das Licht gedämpft durch geraffte Sonnenstores aus einem hohen Atelierfenster einfiel. Hier hing eine kostbare Sammlung holländischer Paysagisten. Hier stand auch, wie ein Stück *object art,* diese große Harfe, mit der ich nichts Rechtes anzufangen wußte. Der einzige Gegenstand, von dem nicht eindeutig klar war, warum er dastand. Das störte mein Stilempfinden. Karl selber bewohnte sein eigenes Appartement. Der Wohn- und Arbeitsraum, in dem bequeme Sessel standen, war von seinem Schlafzimmer getrennt. Dazu gehörte noch ein eigenes, mit italienischen Keramikplatten ausgestattetes Bad.

Ich sehe das so deutlich vor mir, als hätte ich gestern dort einen Besuch gemacht. Alles war perfekt. Kein Staub, kein Geruch, kein Geräusch. Keine herumliegenden Zeitungen. Nichts lag herum. Alles war wie geleckt. In den Toiletten immer saubere Handtücher, wie in einem Luxushotel. Trotzdem, da fehlte etwas: Was war es nur? Heiterkeit? Atmosphäre? Ein *je ne sais quoi*. Man konnte nicht richtig warm werden.

Hier herrschte mit dem Status einer gehobenen Hausdame eine Tante, eher gefürchtet als geliebt (Tante »Tönchen«). Dutt, hochgeschlossener Kragen, Perlen im Ohr. Sie ließ sich besonders die Erziehung der beiden Schwestern, Eva-Maria und Barbara (Bärbel) angelegen sein, mit denen sie in einem Flügel des Hauses wohnte, den ich nie betreten habe (sie hätte es nicht geduldet).

Im Souterrain regierte, durchaus an ihrem Platz, komplementär – das Gartentor, das nur sie öffnen konnte, überwachend –, eine calibanische Mamsell, die »dicke Bertha«, die jeden Besucher des Hauses als einen Eindringling und persönlichen Feind betrachtete. Ihr gleich tat es ein immer hochgetrimmter Drahthaarterrier, mit dem man besser nicht in Berührung kam.

Es gab auch noch einen anderen Bewohner des Hauses, der allerdings nie in Erscheinung trat: die schon erwachsene Tochter der Tante. Mit ihren diaphanen Zügen und langem, fein gesponnenem Haar wirkte sie auf mich wie ein Komparse aus einem anderen Stück. Wie ihre Mutter schien sie mir nicht richtig in dies Haus zu gehören, in dem die drei schönen Geschwister wie Königskinder residierten. Man bekam sie nie wirklich zu sehen. Begegnete man ihr zufällig in den Korridoren, verschwand sie sofort in eine Tür, als träte sie durch einen Spiegel. Was tat sie hier?

Ich wollte nicht fragen. Dann fand ich den Schlüssel selbst. Eines Tages – während ich mit Karl in seinem Zimmer ins Gespräch versunken saß – hörte ich, ganz von ferne, Saitenspiel herüberklingen, geisterhafte Klagelaute, süß, wehmütig und unheimlich zugleich, wie aus dem Jenseits. Kein Zweifel: das mußte die Tochter der Tante sein, die auf der Harfe spielte, die ich in der Galerie gesehen hatte. Und schlagartig wurde mir der Zusammenhang klar. Die Harfe, das geheimnisvolle Mädchen – welches auch immer die realen Gründe ihres Hierseins sein mochten –, es war ihre Aufgabe, der Trauer Ausdruck zu verleihen, die wie ein Bann über diesem Haus lag, von dem ich inzwischen wußte, warum es so seltsam unbeseelt war. Es fehlte die Mutter.

Ja, aber da war doch wenigstens ein Vater? Gewiß, aber auch der Vater war die meiste Zeit abwesend. Er tauchte nur sporadisch an den Wochenenden auf. Hauptsächlich war er in Hannover, wo er eine große chemische

Fabrik leitete. Dabei hatte er sich schon frühzeitig in die Schweiz zurückziehen wollen, wo er, ein vermögender Herr, das geruhsame Leben eines Privatgelehrten zu führen beabsichtigte, das seiner Veranlagung so viel mehr entsprach als das Industriellendasein, zu dem Primogenitur und bürgerliches Pflichtbewußtsein ihn in seiner Jugend verurteilt hatten. Ein »Aussteiger«, würde man heute wohl sagen – für damalige Zeit ein schönes Zeichen innerer Unabhängigkeit. Es spielte vielleicht auch etwas Politisches mit hinein: dem liberalen Mann gefielen die Verhältnisse im neuen Deutschland nicht.

Mit großer Liebe hatte er sich am Bodensee ein geräumiges Haus in einem parkartigen Garten ausgebaut. Hier wollte er, mit seiner zwanzig Jahre jüngeren Frau, die ihm drei schöne Kinder geboren hatte, den Traum vom glücklichen Leben verwirklichen! Aber das Schicksal hatte es anders bestimmt. Die junge Frau verließ ihren netten, wahrscheinlich zu fürsorglichen, vielleicht etwas pedantischen, sicher zu sehr mit seinen Büchern und Sammlungen beschäftigten Mann und ihre drei kleinen Kinder. Sie wird ihre Gründe gehabt haben. Leicht ist es ihr sicher nicht gefallen, denn leichtfertig war sie nicht.

Der Vater hat diesen Schlag nie verwunden. Gebrochenen Herzens ist er in seine Dahlemer Villa zurückgekehrt und hat seine Tätigkeit in der Industrie wieder aufgenommen. Das Leben hatte für ihn jeden Reiz verloren. Er machte den Eindruck eines Witwers, der mit Erinnerungen lebt, die er zu vergessen sucht.

Von der Mutter durfte in Gegenwart des Vaters nie gesprochen werden. Nur einmal im Jahr war es den Kindern erlaubt, sie, während der Ferien, einen Monat zu besuchen. Aber sie, die fortgegangen war, war das Idol, das schwärmerisch verehrt und geliebt wurde. Ihr Photo stand in einem großen silbernen Rahmen auf dem Schreibtisch meines Freundes – das Bild einer Schönheit, so wie sie Feuerbach gemalt hat, mit dunklen, zu einem Chignon geschürzten Haarmassen. Die Züge hatten etwas mädchenhaft Madonnenhaftes. Der Blick war nach innen genommen und in die Weite verloren zugleich.

Dies Photo – ein retuschiertes, gelecktes Hofphotographenphoto, wie man sie damals noch machte, ohne natürlichen Hintergrund – war das heilige Zentrum des Hauses, der Mittelpunkt, um den alle Sehnsüchte kreisten, auf den auch, in meiner Vorstellung zumindest, das geheimnisvolle Saitenspiel der mysteriösen Harfenistin stimmungs- und schicksalsmäßig bezogen war. Eine Ikone.

Immer war in unseren Gesprächen von der Abwesenden, Fernen, Verfemten, über alles Geliebten die Rede, und ganz selbstverständlich partizipierte ich an der Liebe, die ihr entgegengebracht wurde. Auch mir erschien sie als das mit allen Atttributen der Vollkommenheit ausgestattete Ideal einer Frau. Ihr Kult gehört zu den Ritualen unserer Freundschaft, was ein verehrungsvolles Verhältnis zu dem Vater nicht ausschloß. Es spielte freilich immer ein bißchen das Gefühl mit hinein, etwas Verbotenes zu tun, was den Reiz der Sache natürlich noch steigerte. Man kann sich vorstellen, was für ein großer Moment es für mich war, als Karl mir die Nachricht überbrachte, seine Mutter hätte mich eingeladen, die Sommerferien mit ihm und seinen Schwestern bei ihr zu verbringen. Oh Seligkeit!

Was soll ich sagen: ich hatte in der Dahlemer Villa den idealen Rahmen gefunden, in dem ich meinen allfälligen Familienroman in Szene setzen konnte. Alles gefiel mir dort besser als daheim – es war schöner, ungewöhnlicher, geheimnisvoller… Mit allen Poren saugte ich den Luxus ein, der dort herrschte, oder das, was mir dort als Luxus erschien: der gepflegte Lebensstil einer höheren Einkommensklasse. Dazu gehörten die Meißener Tassen, in denen ein Dienstmädchen mit Spitzenschürze und -häubchen uns den Kaffee brachte, ebenso wie die komfortablen, breiten Sofas in den Wohnräumen mit ihren Daunenpolstern, die erlesenen Lederrücken in der Bibliothek, die prachtvollen Blumenarrangements überall und das flauschig-zarte Toilettenpapier – von dem großen Mercedes mit Chauffeur und dem gärtnergepflegten, terrassierten Garten mit seinen Rosenbeeten, Staudenrabatten und blühenden Büschen ganz zu schweigen. Gleichviel, ich war öfter dort, als der strengen Tante und der dicken Bertha genehm war. Den Foxterrier lasse ich hier gerne unerwähnt.

In Karl begegnete mir ein Typus in Reinkultur, der mir bis dahin vollkommen unbekannt geblieben war, vor allem darum, weil er unter meinen Altersgenossen, in meinem Umkreis wenigstens, nicht existierte: der Ästhet und Dandy. Allenfalls wußte ich aus den Erzählungen von Walodja, daß es so etwas in England gab. Er kultivierte, schon als Fünfzehnjähriger, bewußt die Kategorie des Erlesenen. Er schrieb nicht auf gewöhnlichem, sondern einem büttenartigen Papier. Er las nicht in Reclam-Heften oder irgendwelchen billigen Volksausgaben, sondern in den Prachtbänden, die in der Bibliothek seines Vaters standen. Er war der Auffassung, daß man große Literatur, besondere Gedichte, nur in edlen Editionen lesen durfte – der Einband, die Qualität des Papiers und des Schriftbildes gehörten, so sagte er, zu dem Genuß eines Werkes unabdingbar dazu, der, um vollkommen zu sein, nicht nur ein geistiger, sondern auch ein sinnlicher sein müsse.

Auch ich wußte etwas von dem Zauber eines schöngebundenen Buches: durch meine Mutter. Sie besaß eine kleine Sammlung von Luxuseinbänden – eine Liebhaberei, die sie ihren Freunden Margerie und Andreae abgeguckt hatte, mit denen sie auch den gleichen Buchbinder teilte, Bruno Scheer, ein Künstler, der wahre Wunderwerke schuf. Er wohnte irgendwo hinter dem Nollendorfplatz, und ich begleitete meine Mutter manchmal, wenn sie zu ihm ging, um unter den getönten, hauchzarten Ziegenhäuten die richtige für den nächsten Einband auszuwählen. Das Vergnügen, einen Maroquin-Band, glatt und glänzend, aus seiner Hülle, die wie ein Futteral innen mit flauschigem Filzstoff tapeziert ist, mit den Fingerspitzen behutsam, genüßlich herauszuziehen und ihn dann zu öffnen, das Vorsatzpapier erst – und die Vorsatzpapiere sind ein anderes Reich, in dem man sich schwelgerisch bei der Auswahl des richtigen ergehen konnte –, dann die ersten, noch weißen Blätter des handgeschöpften Papiers mit dem nur geahnten Wasserzeichen, dann der Titel, verheißungsvoll – das waren schon Freuden höherer Ordnung, kleine Vorwegnahmen auf die Seligkeit des Paradieses. Die Kollektion meiner Mutter war klein, im wesentlichen Pressedrucke. Doch gehörten dazu auch einige *chefs-d'œuvres* des katalanischen Buchkünstlers Louis Jou, der in seinen Editionen der Idee des Gesamtkunstwerkes huldigte: er machte alles selbst. Die Papiere, die Schriften, den Satz, wobei jede Seite ihr eigenes Gesicht hatte, die Illustrationen, und schließlich den Einband. Im Hause Andreae aber habe ich das Schönste gesehen, was es auf diesem Gebiete auf der Welt überhaupt gab: darunter Unikate, ganze Bücher, die eigens für sie geschrieben und illustriert waren. Sie waren das Werk eines der Söhne von Ferruccio Busoni, von dem es hieß, daß er zu vielseitig begabt sei, als daß etwas Gescheites aus ihm hätte werden können – ein hingeworfenes Wort, das mir im Ohre blieb, weil ich es auf mich bezog. Ich konnte also Karl nur bestätigen in seinen bibliophilen Ambitionen, und er war mir dankbar dafür, in mir einen Menschen gefunden zu haben, der überhaupt wußte, wovon er sprach. Mein Einverständnis mit ihm hinderte mich aber keineswegs, mit meinem anderen Freunde, Konstantin Spies, russische Romane in ausgefledderten Reclambroschuren zu lesen. Mir war es total wurscht, in welcher Ausgabe ich »Krieg und Frieden« las – nur gekürzt durfte sie nicht sein.

Was ich nie ergründet habe, ist, woher mein Karl eigentlich die erstaunliche Sachkenntnis hatte, die hinter seiner Marotte für kostbare Bücher steckte.

Natürlich machte auch er Gedichte, aber auf lateinisch. Er schrieb sie mit farbiger Tinte auf farbige Papierbögen. Ich begnügte mich damit, die meinen mit einem gewöhnlichen Füllfederhalter auf weißes Schreibpapier zu fixieren.

Ein Snob war er nicht – überhaupt nicht, aber ein echter *décadent.* Ganz im Gegensatz zu mir hatte seine Liebe zu den schönen Dingen, von denen er so erstaunlich viel verstand, einen morbiden Zug. Alles, was ihn anrührte und was er berührte, wurde von einer aus den Tiefen seines Wesens aufsteigenden Todessehnsucht verklärt. In seiner Gegenwart kam ich mir immer etwas unbedarft, primitiv-grobschlächtig, naiv vor, was mich nur darum nicht bedrückte, weil ich ihn uneingeschränkt bewunderte. Er wußte so viel mehr als ich, und er hatte so komplizierte, feingesponnene Gefühle, so originelle, vom Landläufigen abweichende Gedanken! Dabei pflegte er nicht bewußt das Paradox; ganz natürlich sah er an allem das, was dem ersten Blick entgeht. Sein Fort war die Nuance, nicht die brillante Formulierung. Er war so preziös wie die Orchidee, die auf seinem Schreibtisch stand.

So konnte man sich den jungen Hofmannsthal vorstellen, dem er auch irgendwie ähnlich sah und den er ständig zitierte. Ja, da gehörten wir überhaupt hin, in das Wien des Fin de siècle. Was, um Gottes willen, hatten wir im Berlin der dreißiger Jahre verloren?

Das Leben in dieser rauhen und rüden Zeit wurde Karl dadurch etwas leichter gemacht, daß er – was auch zu seinem Bild gehört – ein glänzender Sportler war. Als Sprinter gewann er die ersten Preise der Sportfeste seiner Schule. Um ihn begleiten zu können, lernte ich schlecht und recht reiten: er nahm an Turnieren teil. Er nahm Florettstunden. Für ihn lag darin kein Gegensatz zu einer ganz auf geistige und künstlerische Interessen gestellten Existenz. Wenn man ihn im Reitdreß oder in der weißen Kluft des Fechters sah, die Schutzhaube unter dem Arm, das Rapier spielerisch in der freien Hand, von seinen Leibesübungen zurückkehrend, dann fühlte man, daß seine sportlichen Betätigungen Ausdruck eines narzißtischen Kultes der Schönheit waren – *mens sana in corpore sano* – ebensoweit entfernt von einer schwindsüchtig-neurasthenischen Untüchtigkeit wie von dem in diesen Jahren geförderten frisch-fromm-fröhlichen Kraftmeiertum. Sie gehörte zum aristokratischen Ideal einer vollkommenen, auf allen Gebieten exzellierenden Lebensführung. Da liebte er es, sich auf D'Annunzio zu berufen, dessen Leben uns mehr faszinierte als seine Dichtungen.

Was verband uns? Die Leidenschaft des Entdeckens und des subtilen Genusses. Gemeinsam durchstreiften wir in unseren Gesprächen die Räume und Zeiten und verhielten mit Staunen und Begeisterung vor den grandiosen Leistungen des menschlichen Geistes. Wir hatten uns kennengelernt über den Erörterungen religiöser Fragen. Aber wir waren keine Gott-Sucher. Eher Satanisten. Unser Verständnis der Weltreligionen, auch der christlichen, mit einer unverhohlenen Vorliebe für den Katholizismus »als große Form«, war rein ästhetisch. Wir verstanden sie als höchste Repräsentanzen der Kunst. Was war uns die Welt? Faule Existenz, soweit sie nicht Gestalt gewann im Reich der Kultur. Dabei waren wir kosmopolitisch, elektrisch und amoralisch. Das Schöne ging uns über das Gute und Wahre, auch wenn, ja weil es sich mit dem Bösen vermählte – von dem wir allerdings keine Ahnung hatten.

Wir schwärmten aus, wie Bienen, in die vier Himmelsrichtungen, um den Honig aus allen Blüten zu saugen. Wie Schatzsucher zogen wir aus, um alle nur erreichbaren Kostbarkeiten in unsere Höhle zu schleppen, die von Schätzen so überquellen sollte wie die von Ali Baba. Welch sonderbarer Trieb lebte sich da aus? Ich denke daran, wie ich als kleiner, neun- oder zehnjähriger Junge in unserem Bad Kösener Haus eines schönen Tages alles, was ich an Gegenständen, die irgendwie blinkten und blitzten, in eine Grotte zusammengetragen habe, die ich mir mit Decken und Teppichen unter einem Tisch eingerichtet hatte – Vasen, Messingschalen, silberne Leuchter, Onyx-Aschenbecher, elfenbeinerne Brieföffner, kleine Bronzen, weiß der Henker was noch alles, und im Halbdunkel, von diesen Schätzen umgeben, stundenlang in einem seltsamen Zustand meditativer Seligkeit kauerte. Das Verschwinden aller Preziosen des Hauses wurde bemerkt, nicht aber mein Refugium. Es entstand eine kleine Panik im Küchenzimmer. Man vermutete einen Einbruch.

Das Glücksgefühl, sich im Besitze von Kostbarkeiten zu wissen – dieses Glücksgefühl mit dem Gefährten zu teilen, das war der eigentliche, positive Inhalt unserer Freundschaft. Wir kommunizierten in dem Entzücken über einen schönen Vers, ein Bild, ein Buch, eine Rose. Dabei ging der gemeinsamen Freude die Freude voraus, dem Freunde etwas zu zeigen, was man zuvor schon alleine, wenn auch in Gedanken an ihn, entdeckt hatte. Dieser kleine Vorsprung war dramaturgisch von größter Wichtigkeit. Er ließ Platz für die Genugtuung, es ebensogut, ja vielleicht besser zu machen als der andere, aber auch für die Vorfreude auf sein Erstaunen. Keine Idee davon, irgendwie triumphieren zu wollen, den anderen zu übertrumpfen, sondern die Hoffnung, seine Anerkennung zu finden, ihn zur Bewunderung dessen zu verführen, was man selber so liebenswert fand. Dieser Wettstreit beflügelte die Entdeckerlust. Jedesmal, wenn wir uns trafen, hielten wir neue Überraschungen füreinander bereit. Er hatte ein kostbares Kunstbuch in der Bibliothek seines Vaters gefunden, und wir sahen es uns jetzt gemeinsam an. Ich hatte etwas gelesen, von dem ich wußte, daß er es noch nicht kannte. Jetzt würde ich ihm den Inhalt erzählen, und erst in diesem Bericht, in meiner Nacherzählung, in der ich alle meine Fähigkeiten der Darstellung entfalten würde, angespornt durch seine Fragen und Einwände, animiert durch seine Neugierde, würde ich selber das Gefühl der endgültigen Inbesitznahme, der inneren Aneignung verspüren. In dieser Beziehung habe ich wohl zum erstenmal erfahren, daß man alles dann erst richtig erlebt, wenn man es für jemanden erlebt.

Die Suche nach Neuem führte uns notwendigerweise ab von den ausgetretenen Wegen – ein seltener Fund war immer etwas Ausgefallenes. Was auf der Hand lag, interessierte nicht, reizvoll war das schwer Zugängliche, Verborgene, das Verbotene. Das war damals die offiziell verpönte Kunst und Literatur. Wir hätten sicher Opium gegessen, wenn wir Zugang dazu gefunden hätten. Aber nicht jeder hat das Glück, in einer Apotheke großzuwerden.

Was unseren Dandyismus von seinen historischen Vorbildern unterschied, war, daß er kein Publikum hatte. Wir spielten unsere selbsterfundenen Rollen vor einem leeren Saal. Unser einziges Publikum waren wir selbst, wir hielten uns gegenseitig den Spiegel hin. Eine Art von Narzißmus auf Gegenseitigkeit. Der kleine Kreis bewundernder Schwestern, staunender Schulkameraden, wohlwollender Lehrer und »väterlicher Freunde« reichte nicht aus, um eine Bezugsgruppe zu bilden, von deren Anerkennung oder Ablehnung man sich hätte getragen fühlen können. Die Figur des Dandy ist aber undenkbar ohne die »Gesellschaft« im engeren Sinne des Wortes, einer tonangebenden, führenden Schicht, die er herausfordern und verachten und mit seinen Tricks übertrumpfen kann. Von ihr nicht beachtet zu werden ist für ihn tödlich.

Zurückschauend scheint mir das Charakteristikum unserer Position zunächst in dieser Bezugslosigkeit zu liegen. Natürlich ist es ein Leichtes zu zeigen, daß das mit der politischen Situation unserer Familien zusammenhing. In dieser Zeit, in der die offizielle Rhetorik die »Volksgemeinschaft« auf immer neue »Höhepunkte der Geschichte« verpflichtete, waren sie definitiv aus der Geschichte ausgestiegen und lebten, nicht unkomfortabel, im historischen Abseits. Das war zu einem gewissen Grade Tradition der deutschen Bourgeoisie, schloß aber früher ein leidenschaftliches Engagement für die nationalen Geschicke nicht aus. Jetzt war das anders. Was mit Deutschland geschehen war, war so hanebüchen, daß es nicht mehr möglich war, sich damit irgendwie, und sei es auch in der Opposition, zu identifizieren. Das war wirklich die Herrschaft der Minderwertigen, wie deutsche Kulturkritik sie sich in ihren bösesten *cauchemars* nicht schlimmer hätte ausmalen können. Es lag etwas Demokratisches, Sozialistisches darin, aber von der schlimmsten Sorte. Und wieder war der nationale Gedanke konfisziert worden und stand in der Botmäßigkeit nicht eingestehbarer Zwecke. Wir waren Zeugen der schrecklichen Demütigung unserer Väter, die erleben mußten, daß ihr Deutschland auf diese Weise vor die Hunde ging, und die nach der Formel suchten, in dem unheilvollen Geschehen doch irgendwie etwas Positives zu sehen. Das war unsere Sorge nicht. Unsere Standortbestimmung war ganz klar: es geschah dort etwas, über unsere Köpfe hinweg, in großer Ferne eigentlich, mit dem wir nichts zu tun hatten und nichts zu tun haben wollten. Wir wußten lediglich, daß der Tag kommen würde, an dem uns die Nemesis ereilt. Wir würden eingezogen und als Kanonenfutter verheizt werden. Diese fatalistische Todeserwartung war unsere einzige Beziehung zum »Politischen«. Es war nicht so, daß der Krieg, als nationales Geschehen, in uns die Empfindung eines Sinnes und einer Weihe des Todes ausgelöst hätte. Ganz im Gegenteil, dieser Krieg, der uns nichts anging, steigerte das Wissen um seine Sinnlosigkeit.

Und doch wurden wir nicht zu Nihilisten. Unser Ästhetizismus stand gegen die allgemeine Verrohung, Verpöbelung, die Herrschaft des Mediokren, Häßlichen, Infamen, als dessen Inbegriff das nationalsozialistische Regime erschien. Auf dieses Syndrom all dessen, was wir als menschenunwürdig empfanden, reagierten wir mit unserem emphatischen Kulturbewußtsein. Nicht sein wie diese! Irgendwo hatten wir also doch unseren Bezugspunkt. Wir waren so, wie wir waren – weil wir nicht so sein wollten, wie man gewollt hätte, daß wir wären. In dem uns verbliebenen Freiraum zelebrierten wir unsere Glasperlenspiele in dem sicheren Gefühl, daß wir gegenüber all dem, was um uns geschah, im Recht waren. Nicht als Deutsche, nicht als Angehörige einer Klasse, als »gute Europäer« vielleicht – als eigenverantwortliche Ausnahmemenschen.

Die Lektüre verbotener Literatur, einer Vorliebe für »entartete« Kunst waren eine Art Ehrensache, das Nicht-Lesen der empfohlenen Bücher, der Grimm, Kolbenheyer, Beumelburg ebenso. Im Deutschunterricht konnte das zu kleinen Scharmützeln führen. Im literarischen Zirkel des Arndt-Gymnasiums wurden überhaupt nur solche Autoren gelesen, die nicht auf dem offiziellen Programm standen: Strindberg, Sudermann, Heinrich Mann. Es waren immer kürzere Texte, was man allerdings vom »Traumspiel« nicht sagen kann, die Dr. Wachsmuth teils vortrug, teils zusammenfassend referierte, dann wurde diskutiert. Erst innerhalb des Zirkels, unter dem Dach eines der Internatshäuser, dann setzten Karl und ich das Gespräch allein fort, zwischen Dahlem-Dorf und dem Wilden Eber, die Haltestellten des Omnibusses »M« entlang, hin und wieder zurück, bis auch der letzte Wagen vorbeigefahren war und ich schließlich den langen Weg nach Grunewald zu Fuß antreten mußte.

Eigentlich fanden wir ja alle Bücher, die wir lesen wollten, zu Hause; trotzdem durchstreiften wir die Berliner Antiquariate, in denen allerlei verbotene Literatur zu finden war, wenn man sich nur die Mühe machen wollte, auf der Leiter, in den höher gelegenen Reihen der Regale, danach zu suchen. Das waren Exkursionen, in denen wir unseren privaten Neigungen folgten, ohne jeden politischen Hintergedanken.

Etwas anderes war es schon, wenn wir in die Buchhandlung Buchholz in der Leipziger Straße gingen, in deren zweitem Stock in einem verschlossenen Zimmer expressionistische Graphik, Heckel, Macke, Pechstein usw., aber auch Aquarelle von Nolde, Klee und Gilles zu sehen (und auch zu kaufen) waren. Dort hatte mich Duschka Schmitt eingeführt. Der Staatsrat sammelte moderne Kunst. Weiß Gott kein subversiver Akt, eher ein Privileg! Das Bewußtsein, etwas eigentlich »Verbotenes« zu tun, trug allenfalls dazu bei, unsere Aufnahmebereitschaft zu erhöhen. Die Ausstellung »Entartete Kunst« hatte auf uns wie eine Offenbarung gewirkt und ein Interesse geweckt, das die Betrachtung von Monographien, die zu Hause in der Bibliothek standen, allein vielleicht nicht in demselben Maße ausgelöst hätte.

Unsere Freundschaft dauerte, in nicht nachlassender Intensität, drei bis vier Jahre. Wir durchliefen zusammen die wichtigsten Etappen der sekundären Sozialisation, nach der Konfirmationsstunde kam die Tanzstunde, nach der Tanzstunde der »Literarische Zirkel« und die Besuche auf der Museumsinsel mit dem Vater. Es gab immer etwas, das wir regelmäßig gemeinsam unternahmen. Einmal die Woche. Und das blieb, wie im Konfirmandenjahr, der besondere Tag, den man nicht abwarten konnte. Aber wir sahen uns häufig auch dazwischen, telefonierten stundenlang. Zu dem sozialen Gefälle der Beziehung gehörte es, daß ich zu ihm ging, er nie – oder nur ganz ausnahmsweise – zu mir kam. Ich hätte es nicht anders gewollt.

Aus Knaben wuchsen wir zusammen zu Jünglingen heran. Wir kannten uns jetzt so gut, daß wir gegenseitig mühelos unsere Gedanken erraten konnten. Wir lachten, bevor die Pointe heraus war. Es kam vor, daß wir gleichzeitig zum Telefon eilten, um uns anzurufen.

Dann tauchte Fritz von Caprivi auf. Doch ich will erst noch von jenen gemeinsamen Ferien erzählen, die der frühe Höhepunkt dieser Beziehung waren.

Ich weiß nicht, warum, aber ich liebe das Salzkammergut nicht besonders. Ich weiß, es gibt viele Menschen, für die es das Ideal einer Landschaft ist, die richtig schwärmen können von den Seen, von denen jeder seine eigene Färbung hat, von den dunklen Waldhängen, von den silbergrauen Bergen, die sich im Licht der untergehenden Sonne rötlich verfärben, von den fernen Schneegipfeln, die manchmal nichts anderes sind als kühne Wolkenformationen. Mich läßt das alles kalt. Meine Traumlandschaft, als Junge, waren die Weinhänge und Obstgärten an den Ufern des Bodensees, eine nördliche Landschaft, in die der Süden hereinstrahlt. Dorthin bin ich gepilgert, nach Überlingen, zu Bruno Goetz. Später dann, etwas in Europa herumgekommen, habe auch ich gefunden, daß es keine vollkommenere Landschaft gibt, keine, in der Kultur und Natur eine so vollkommene Einheit eingegangen sind, als die Toskana. (Nicht sehr originell, aber das steht hier nicht zur Debatte.) Dennoch, die Wochen, die ich am Traunsee verbracht habe, gehören zu den schönsten meines Lebens. Nicht Landschaften sind wichtig, sondern die Menschen, die man liebt.

Da begegnete ich nun endlich der wunderbaren Mutter. Sie hatte ein Bauernhaus unweit des Sees gemietet. Da wohnten wir alle: die Mutter, die Geschwister und ihre mitgebrachten Freunde und Freundinnen, und auch ein kleines Töchterchen, das aus der neuen Ehe stammte, mit einem Kindermädchen, das auch nicht viel älter war als wir, aus dem nächsten Dorf.

Das war ein lustiges Leben – Baden, Bootsfahrten, Spaziergänge, Wanderungen, abendliche Besuche bei den Großeltern, die unweit in einer kleinen Villa ein bescheidenes Pensionärsdasein führten. Da gab es wunderbare Bowlen, die die Hausfrau, eine quicklebendige, zierliche Greisin, nach irgendwelchen Geheimrezepten braute und den jungen Leuten, die wie ein Schwarm von Unruhestiftern in das stille Häuschen einfielen und von ihm Besitz nahmen, unermüdlich in die alten, bauchigen Henkelgläser nachschenkte. Auch die Mutter gehörte da zu den Jungen.

Wenn ich mir Photos aus dieser Zeit anschaue, so kann ich nicht umhin festzustellen: das waren doch richtige Kinder! Schlaksige Knaben, Backfische in Dirndlkleidern. Wir kamen uns freilich ungeheuer erwachsen vor – das heißt, der Gedanke an unser Alter beschäftigte uns überhaupt nicht, wir legten gar keinen Wert darauf, jung zu sein. Wichtig waren unsere Gefühle und unsere Gedanken. Von den einen sprach man nicht, die anderen waren der Treibstoff eines ewigen Gesprächs ...

Im Zentrum des intellektuellen Interesses stand ein Buch, das die Mutter aus der Schweiz mitgebracht hatte und aus dem allabendlich vorgelesen wurde. Der erste Band der Josephs-Geschichte von Thomas Mann, in der Stockholmer Ausgabe, die in Deutschland verboten war. Das war ein Ereignis! Wir waren alle »Zauberberg«-Kenner. Jetzt diese verschmitzt-humorige Travestie der biblischen Geschichte, wohlbekannt aus dem Konfirmandenunterricht. Das war leichte Kost, das ideale Vorlesebuch. Auch wenn das nicht ganz den Absichten des Autors entsprochen haben mag, lasen wir die Episoden wie Geschichten von Wilhelm Busch. Wir krümmten uns vor Lachen.

Ich war in die Mutter verliebt, das stand von vornherein fest. Sie spürte das natürlich und spielte damit, ganz behutsam, aber das erlaubte ihr auch, der Beziehung zu dem geliebten Sohn eine flirtive Note zu geben. Sie nannte uns die Dioskuren, und wenn sie dem einen etwas Liebenswürdiges, Schmeichelhaftes sagte, galt es auch für den anderen.

Da war aber noch die Schwester, Eva-Maria, mein Tanzstundenschwarm, der ich Gedichte und Holzschnitte dedizierte! Sie war ihrem Bruder wie eine Zwillingsschwester verbunden, sie vergötterte ihn. Es wäre nicht mit rechten Dingen zugegangen, wenn ich mich nicht auch in sie verliebt hätte. So verbrachte ich diese Wochen in einem beseligenden Zustand diffuser erotischer Erregung, der auch die kleine Tochter, die wie eine Miniaturausgabe ihrer Mutter aussah, mit einschloß, so daß ich stundenlang mit diesem Kind spielen konnte, so wild, daß dem Kindermädchen ganz angst und bange wurde. Ich denke, daß die Mutter genau wußte, was da vor sich ging, wenn sie mit ihrem Madonnenlächeln vom Balkon auf uns herunterschaute.

Jetzt sehe ich das alles ganz deutlich. Aber damals? Er hatte es nicht leicht, der liebe Junge. Alles war unklar und bedrängend. Die Glücksgefühle waren immer durchsetzt von Beklommenheit. Unerlöstheit, das ist das Wort. Nur in der Gesprächssituation entstanden kleine Atempausen, Oasen der Ruhe. Worte gaben Sicherheit. Da lag er nachher lange in seiner Dachstube wach, an Schlaf war nicht zu denken, und fand keinen anderen Ausweg aus seiner süßen Not als sich einzubilden, todunglücklich zu sein.

Zum Abschluß der Ferien lud uns die wunderbare Mutter allesamt nach München ein, wir sollten die große Ausstellung im »Haus der Deutschen Kunst« besuchen, die soeben eröffnet worden war. Vier Jahreszeiten, Englischer Garten (ich kannte München nicht), dann die Prozession durch die hohen Säle des Kunstpalastes, in dem uns gezeigt werden sollte, was im Dritten Reich Kunst sei. Die vorgefaßte Meinung, das negative Vorurteil war so stark, daß wir nicht einmal entrüstet waren, sondern nur lachten. Armes Deutschland, wenn das seine Kunst war! Gleichzeitig wußten wir aber, daß das nicht Deutschland war, nicht unser Deutschland. Hitler in der Ritterrüstung, als Parceval oder Jeanne d'Arc, es lohnte überhaupt nicht, sich darüber aufzuregen.

Der Schmerz des Abschieds – man lernt es erst langsam im Leben, damit fertig zu werden, mit dem *mourir un peu.* Oder lernt man es nie? Der Versuch eines Briefwechsels. Die wunderbare Mutter hatte eine außergewöhnlich schöne, ausdrucksvolle Schrift. Aber was konnte in solchen Briefen stehen?

Ja, und dann tauchte plötzlich Fritz von Caprivi auf… Karl hatte ihn in der Parallelklasse entdeckt (oder war er, durch Sitzenbleiben, neu in seine Klasse gekommen?) und fing an, von ihm zu sprechen, seinen tollen kulturphilosophischen Theorien, seinen unglaublichen historischen und kunsthistorischen Kenntnissen. Ein Genie! Es war klar, er interessierte sich nur noch für ihn. Wir sahen uns seltener, und ich litt darunter. Der Liebesentzug, so empfand ich es, der auch eine Einschränkung des Zugangs zu dem schönen Haus bedeutete, schmerzte mich stärker als der Triumph des Rivalen, dem ich ohne Neid alle die herrlichen Eigenschaften zuzubilligen bereit war, die der Freund an ihm so bewunderte.

Aber Karl hatte nicht aufgehört, mich zu lieben. Unseren Spielregeln gemäß brachte er Caprivi als Entdeckung in unsere Freundschaft ein, und so versuchten wir es mit dem probatesten Mittel gegen jede Eifersucht: wir arrangierten uns in einer *ménage à trois.* Ich lernte Fritz kennen, wir mochten uns, mit kleinen Vorbehalten. Mich störte seine Burschikosität und Ungepflegtheit, die mir so wenig zum Ästhetentum von Karl zu passen schien, ihm mußte es verdächtig erscheinen, daß ich mich offensichtlich für Mädchen interessierte, aber wir konnten uns ohne Schwierigkeiten als Gleiche anerkennen, sobald es darum ging, zu geistigen Höhenflügen abzuheben. Wir waren schon ein recht merkwürdiges Trio, in dem ganz eindeutig Fritz geistig dominierte, Karl aber gesellschaftlich die führende Rolle hatte. Er war der *arbiter elegantiarum,* während ich, mit einem leicht mondänen *touch* und meiner stets zum Widerspruch aufgelegten, zu herausfordernden Fragen neigenden, die pointierte Formulierung suchenden intellektuellen Disposition die Gespräche der Dreierrunde stimulierte. Beide fühlten sich durch meine Gegenwart angeregt, in ihrem Wesen gesteigert. Sie wurden erst sie selbst, wenn ich dabei war, sahen sich in mir wie in einem Spiegel. Sie brauchten mich, so wie ich sie brauchte, um meine besondere Fähigkeit zur Entfaltung zu bringen, die darin liegt, anderen zur Höchstform zu verhelfen. In dieser Rolle habe ich mich immer wieder im Leben gefunden.

Das Glück zu dritt dauerte nicht lange, denn Karl wurde zur Wehrmacht eingezogen, d.h. er meldete sich freiwillig wie wir alle, um die leidige Arbeitsdienstzeit auf das Minimum zu reduzieren. Da waren wir, Fritz und ich, aufeinander angewiesen und trösteten uns miteinander, eigentlich immer in Gedanken an den abwesenden Dritten – ein Kult. Als Karl sehr früh, einer kleinen Verwundung wegen, ins Lazarett nach Glogau eingeliefert wurde, war es selbstverständlich, daß wir ihn besuchen würden (das war das eigentliche Ziel jener Radtour, die uns über die märkischen Güter führte!). Das kleine Lazarett – wohl ursprünglich ein Hospiz – wurde von Schwestern geführt. Diese hatten Verständnis für den Freundesbesuch und schoben zwei Notbetten in das geräumige Einzelzimmer, in dem Karl untergebracht war. Das wurde eine sehr sonderbare Nacht des Sich-Wiederfindens, intensiv genossenen Freundschaftsglücks. Wir hatten sie zu einer kleinen Feier gestaltet, Kerzen angezündet und lasen uns Gedichte vor. Karl hatte einen ganzen Stoß von Insel-Bändchen auf seinem ungetümen Krankenzimmernachttisch – diesen von irgendwelchen hygienischen Nützlichkeitsvorstellungen bestimmten, so außergewöhnlich häßlichen und unpraktischen Möbeln. Rilke natürlich, die Neunte Duineser Elegie, Sonette an Orpheus, Hofmannsthal – dann aber kam der Clou. Fritz zog aus einem Brotbeutel ein rotes, goldbeschriftetes Bändchen hervor und begann mit ergriffener Stimme einen Gedicht-Zyklus vorzutragen, dessen Autor uns bisher völlig unbekannt war: »Zwischen Göttern und Dämonen« von Josef Weinheber. Das klang überwältigend. Es entsprach genau der Stimmung der Stunde. Der Eindruck, es mit ganz großer Dichtung zu tun zu haben, vermittelte sich uns aber, glaube ich, weniger durch die klingenden Verse selbst als durch die grandiosen Kommentare, mit denen Fritz sie begleitete.

Und jetzt geschah etwas sehr Merkwürdiges – mich überfiel eine unwiderstehliche Müdigkeit. Ich konnte dem Gespräch nicht mehr folgen. Ich mußte schlafen und drehte mich zur Wand, während die beiden ihre Unterhaltung fortsetzten, ohne weiter von mir Notiz zu nehmen. Ich fühlte mich ausgeschlossen, aber ich suchte wohl dieses Gefühl, das ich wehleidig auskostete, bis ich wirklich einschlief.

Am nächsten Morgen herrschte eine gewisse Verlegenheit, so, als sei, ohne mich, etwas ganz Außergewöhnliches, Großartiges geschehen, das ich nun leider versäumt hätte. Das Unwiederholbare, Unwiederbringliche versäumt zu haben und daran selber schuld zu sein. Das ist eigentlich das schlimmste Gefühl, das man haben kann.

Der Besuch war zu Ende. Die Radtour mit Fritz ging planmäßig weiter. Danach habe ich Karl nie wiedergesehen, wir korrespondierten noch etwas, zuletzt von »Ortsunterkunft« zu »Ortsunterkunft«; auch ich war inzwischen eingerückt.

Dann hat ihn der Tod ereilt, woran er nie einen Moment gezweifelt hatte. Soll ich sagen, daß er es sich so gewünscht hat? Ich wage es nicht. Aber das Charakteristische unserer Jugend war es, daß wir mit dem Rücken zur Zukunft gelebt haben, in dem Gefühl, die letzten zu sein, die noch eine Ahnung davon hatten, was das Leben lebenswert machen könnte. Mühelos bezogen wir auf uns die Verse des Dichters:

> Je suis l'Empire à la fin de la décadence
> Qui voit passer les grands barbares blancs

In die stolze Klage über die Unwiederbringlichkeit einer Welt, von der wir fühlten, daß sie mit uns, die wir noch keine zwanzig waren, dem Untergang ausgeliefert war, mischte sich in den letzten Kriegsjahren die Sehnsucht nach einer geistigen Verwandlung, einer spirituellen Wiedergeburt, die eine Erlösung sein würde. Ein Gedicht, das ich damals im Felde schrieb, vermittelte etwas von dieser Stimmung, die mich zum erstenmal durchströmte, als ich mit meiner Schwester auf den Trümmern unserer Habe in der Humboldtstraße stand.

Spleen

Der Freund, der blieb im Feld.
Mit ihm versank das Königreich,
Dem wir uns kühnlich vorgestellt.
Sein Widergänger hat sich bleich
Mir nächstens zugesellt.

Die Schönen, deren Huld
Und Küsse ich mir einst gewann,
Vergessen mich in Ungeduld.
Doch bleiben sie in meinem Bann
Und ich bin ohne Schuld.

Mein Haus ist abgebrannt.
Was sich in Jahren angesetzt
An falschem Gut und buntem Tand,
Ist fort. Der Purpur ist zerfetzt,
Ich steh im Mönchsgewand.

Die Tage fließen grau.
Doch in den hellen Stunden glüht
Die Welt in wundersamer Schau.
Die Chrysanthemen sind verblüht,
Im Ostwind reift der Tau.

Konstantin Spies

Ganz unabhängig von meinen Freundschaften mit Karl und Fritz von Caprivi, die eine der anderen folgte, war ich gleichzeitig auch immer noch mit Konstantin Spies befreundet. Ihn kannte ich, seitdem ich als Sextaner ins Grunewald-Gymnasium eingeschult worden war, seit meinem zehnten Lebensjahr also. Zusammen haben wir schließlich das Kriegsabitur gemacht. Zusammen waren wir auch noch im Arbeitsdienstlager in Grutschnow an der Weichsel. Die Freundschaft mit ihm war aus einem anderen Stoff als die mit den beiden anderen, nicht nur wegen ihrer langen

Dauer, wobei ja, wie wir wissen, die spezifische Dauer einer Beziehung als ein wesentliches Ingredienz zu ihrer Substanz gehört. Es herrschte zwischen uns die Intimität von Brüdern, die wissen, daß sie schicksalsmäßig aneinandergebunden sind. Diese Brüderlichkeit ist alles andere als eine Garantie ungetrübter und dauerhafter Harmonie, sie erweist sich aber schließlich als stärker denn jede Krise, jede Trennung, jedes Zerwürfnis. So kannte unsere lange Beziehung ihre Höhepunkte und Tiefpunkte. Phasen der Unzertrennlichkeit wurden von Phasen abgelöst, in denen wir uns in bitterempfundener Feindschaft gegenüberstanden, bis neue Pakte das alte Bündnis wiederherstellten.

Konstantin Spies war ein Jahr älter als ich, stämmiger, kleiner, sportlicher, ehrgeiziger. Mit seinem kleinen Kopf auf breiten Schultern, hoher Stirn über einer eingedrückten Stupsnase, sah er nicht gerade schön oder edel aus. Nur in seinen Augen glühte der heilige Funke.

Er war ebenso vielseitig begabt, aber es genügte ihm nicht, seine Talente auf vielfältige Weise zu erproben, er mußte auch der Beste sein, der Beste in der Klasse, und das gelang ihm auch, ohne übermäßig zu arbeiten. Wir wurden nicht nach unseren Leistungen in der Schule »gesetzt«, der »Primus« war keine Institution mehr, kein Titel, der einem offiziell verliehen werden konnte, aber man hat ja in jeder Schulklasse ein ganz genaues Gefühl für die Leistungshierarchie, weiß, wer die Besten und wer die Schlechtesten sind, wie es auch dieses untrügliche Gefühl für die Nuancen der sozialen Stratifikation gibt. Konstantins Stärke war die Kombination von Spitzenleistungen in sehr verschiedenen Fächern wie Zeichnen, Deutsch, Fremdsprachen *und* Sport; er war eigentlich schwach auf keinem Gebiet, während ich mich damit begnügte, in Zeichnen und Deutsch zu exzellieren, und mich, was die anderen Fächer betraf, nur um diejenigen zu kümmern, die mir des durchgenommenen Stoffes oder des Lehrers wegen gerade interessant schienen. Das konnte einmal Geschichte, einmal Biologie, ja sogar einen Winter lang Mathematik sein. Für diese Fächer arbeitete ich dann gerne, unter Vernachlässigung des Restes, was zu katastrophalen Abstürzen führen konnte. Konstantin war selbstverständlich, bis zum Abitur, immer unter den Ersten. Zum Klassensprecher wählte man farblosere, bravere Figuren, denn ein Musterschüler war er nicht. Dafür war er über die Klasse hinaus berühmt für seine Fähigkeit, Gedichte eindrucksvoll zu deklamieren, und wurde dazu für Feierstunden und Flaggenparaden herangezogen. Er hatte eine schöne, dunkle Stimme, die er zu gewaltiger Stärke anschwellen lassen konnte. Dazu blähte sich sein

Brustkorb, die Halsadern schwollen gefährlich an, und seine Augen traten etwas heraus. Ich fand das eher komisch. Er war unbändig stolz darauf.

Er gehörte zu einer Künstlerfamilie, die in Eichkamp, jenseits der Stadtbahn, in einem der kleinen, bunten Reihenhäuschen zwischen Birken lebte. Wenn uns dieser Stadtbahndamm, den man nur am Bahnhof Grunewald durch einen Tunnel unterqueren konnte (wobei man das Fahrrad zu schieben hatte – ein Gebot, das hundertmal übertreten und hundertmal geahndet wurde), sozial trennte, so verband uns die gleiche künstlerische Grunddisposition, ein Hang zum Abenteuer, eine ganz unreflektierte Mißachtung bürgerlicher Konventionen, vor allem aber jene schönste Leidenschaft der Knabenjahre: eine unbändige Neugierde. Wir wollten alles wissen.

Natürlich waren die beiden Dreizehnjährigen, die unter der Brücke saßen und das Einmaleins der sexuellen Aufklärung buchstabierten oder in den Tümpeln des Grunewaldes Salamander fingen, andere als die beiden Sechzehnjährigen, die zusammen in die Oper gingen oder in kleinen Kinos die letzten amerikanischen Filme aufspürten, die in Berlin noch gezeigt wurden. Aber der Grundton unseres Einverständnisses blieb derselbe, der einer – ich möchte sagen provinziell-kleinstädtischen – Knabenfreundschaft mit ihrem unausgesprochenen Ehrencodex und romantischen *touch*. Wenn wir auch Balzac und Dostojewski zusammen lasen, wir lösten uns nie völlig von Tom Sawyer und Huckleberry Finn. Mit einem Wort: Diese Freundschaft war von einer erfrischenden, problemlosen Natürlichkeit und blieb völlig unbeeinflußt durch die Stilelemente, die meine anderen gleichzeitigen Freundschaften prägten. Weder die Rituale der Bündischen Jugend färbten auf sie ab, noch, in späteren Jahren, der *décadence*-Kult, der mich mit Karl verband. Die Beziehung zu Konstantin Spies konstituierte eine Welt für sich, neben anderen Welten, und war von ihnen monadenhaft abgeschlossen. Ich war mir dessen bewußt und genoß auch hier wieder den Kontrast, ohne Widersprüche als störend zu empfinden. Es war *mein* Spiel, von der einen in die andere überwechseln zu können, in jeder ganz dabei zu sein, immer mit dem Rumpelstilzchen-Triumph: »Ach wie gut, daß niemand weiß ...«

Es ging mir mit meinen Jugendfreundschaften so wie später in den Beziehungen zu den Frauen. Immer konnte ich mehrere gleichzeitig lieben, ohne daß es für jede einzelne einen Verlust bedeutet hätte. Sie mußten nur recht verschieden sein. Für mich lag ein Mehrwert an Lustgewinn in dem besonderen Vergnügen, den ich in dem Wechsel von der einen zur anderen empfand und der weder an die eine noch an die andere gebunden war, zu dessen Produktion es aber beider bedarf. Seine Intensität ist umgekehrt proportional der Zeitspanne des Hinüberwechselns.

Damit ist ein wichtiges Stichwort gefallen: Frauen, Mädchen. Ganz im Gegensatz zu meinen anderen Freundschaften verband uns die gleiche Faszination für den weiblichen Teil der Menschheit. Hier waren wir Komplizen. Irgendeine »Liebesgeschichte« gehörte zu unserem Programm, ein Gegenstand, an dem sich unsere erotische Phantasie entzünden konnte, der aber vor allem als Auslöser für Gespräche und gemeinsame Unternehmungen diente. Das Abenteuer als Erlebnisfigur. Dieses Objekt des Begehrens konkretisierte sich im Laufe der Jahre.

Wenn wir in einer ersten Phase in leidenschaftlicher Liebe zu Natascha Rostow entflammten, so waren es später Geschöpfe aus Fleisch und Blut, lebendige Mädchen, so wie unsere Schwestern, wobei die seine und die meine natürlich auch an die Reihe kamen. Die Distanz zu unseren literarischen und leibhaftigen Lieben war, was physische Kontakte betraf, etwa gleich groß, der Intensitätsgrad umgekehrt proportional zum Annäherungskoeffizienten. Doch haben diese Abenteuer, die sich wesentlich im Reich der Phantasie abspielten, unauslöschliche Spuren hinterlassen, die auch heute noch in der Erinnerung brennen, lebhafter als das Nachbild so mancher voll ausgekosteter Affäre. Natascha, ich stehe damit sicher nicht allein, habe ich wirklich leidenschaftlich geliebt und liebe sie heute noch. Ihre Gestalt gehört fest zum Bestand meines emotionalen Haushaltes, so sehr, daß, wenn ich in irgendeinem lebenden Wesen, das mir begegnet, den Widerschein dieser frühen Geliebten sehe, einer unwiderstehlichen Anziehung erliege und mich, trotz aller Einwände meiner Vernunft, die ja sowieso einen schweren Stand hat in solchen Fragen, an die Betreffende mit der ebenso törichten wie ernstgemeinten Frage wenden werde: »Wir kennen uns doch, nicht wahr?« Vielleicht hängt man ja überhaupt sein ganzes Leben seinen Jugendlieben nach und könnte, wenn man – wozu man im Alter dann Zeit hat – seine Erinnerungen etwas ordnet, sicherlich distinkte Serien aufdecken, die jede auf ein solch unvergeßliches Urerlebnis zurückgeht. Alle Objekte sind, wie schon gesagt, Substitute, aber das ist vielleicht die einzig solide Basis unserer Identität.

Für unsere Abenteuer hatte sich eine feste, stereotype Rollenverteilung eingespielt. Konstantin war der perfekte Leporello, wozu gehörte, daß er, der Ältere, Unternehmungslustigere, Realitätsbezogenere, meine

Don-Juan-Haftigkeit mittragen mußte, die er, einer vorgegebenen Komplementarität der Verhaltensmuster gehorchend, ständig erfand und mir, ob ich wollte oder nicht, als Part aufnötigte. So erzählte ich ihm einmal, daß ich in der Straßenbahn 76 (die einzige Straßenbahnlinie, die ich benutzte) ein wunderschönes rothaariges Mädchen gesehen hätte, dessen herrliches Haar, dessen weiße Haut, dessen blaßblaue Augen, dessen Sommersprossen, dessen schlanke Hände ich nicht müde wurde ihm zu schildern. Sie hatte, in einem Trenchcoat mit hochgeschlagenem Kragen, eine Schulmappe lässig unter dem Arm, auf der Plattform gestanden und mich natürlich keines Blickes gewürdigt. Ich war ihr, wie sie aus der Stadt kommend, bis zur Endstation nachgefahren (das war der Hagenplatz). Dann war sie leichtfüßigen Ganges, Richtung Hundekehle, entschwunden. Konstantin beschloß sofort, ihr nachzustellen, und hatte auch einen Plan. Sie ist Schülerin, wohnt im Grunewald, geht irgendwo Richtung Ku'damm auf die »Penne«, also, schloß er messerscharf, mußten wir sie morgens am Hagenplatz abpassen, mitfahren, die Schule herausbekommen, den Stundenplan ihrer Klasse erkunden, alles Weitere würde sich dann finden. Gesagt, getan. Da standen wir beide um sieben Uhr früh fröstelnd am Hagenplatz und warteten. (Der Kiosk steht ja noch unverändert, nur war damals da, wo heute ein italienisches Restaurant ist, ein Wartesaal mit schmutzigen roten und grauen Fliesen und schweren Holzbänken.) Wir warteten also, und tatsächlich, da kam sie, im Trenchcoat mit hochgeschlagenem Kragen, die Schulmappe lässig unter dem Arm, in dem wunderbaren, fülligen, tizianroten Haar ein Band, das eine schön gewölbte Stirn freigab. Sie sprang sofort auf die Plattform der wartenden Straßenbahn (stadtwärts war es die 176).

Elegant hingeschmiegt, lehnte sie in einer Ecke, ein Knie hochgezogen, den Fuß an der Wand. Schottenrock. Blaue Kniestrümpfe. Wir hatten uns hineingesetzt, so daß wir sie sehen konnten, ohne, so meinten wir, von ihr gesehen zu werden. Wir waren die drei einzigen Fahrgäste. Was nun? Alles verlief programmgemäß. Wir bekamen heraus, daß sie am Wittenbergplatz auf eine bekannte »Presse« ging. Konstantin drang so weit vor, daß er auch ihre Klasse herausbekam, und, weiß der Teufel wie, ihren Stundenplan. Jetzt konnten wir sie auch abholen. Am anderen Ende hatten wir sie hinter dem schweren Eisentor eines Villengartens der Griegstraße verschwinden sehen. Wir sind sicher zehnmal den Kurfürstendamm mit ihr rauf- und runtergefahren, in einem Zustand süßer Erregung, den Gegenstand des Begehrens im Auge, uns ausmalend, wer sie sei, was für

Eltern und Geschwister sie haben könnte. Wir hatten kein Wort mit ihr gewechselt, aber es war ein aufregendes Erlebnis voller Geheimnis. Das genügte aber nicht, fand Konstantin. Man müßte sie ansprechen. Wie aber? Wir beratschlagten, dann sagte er: »Das ist ganz einfach, ich werde dich ihr vorstellen!« Der Gedanke war mir furchtbar peinlich, aber ich konnte nicht zurück. Am nächsten Morgen blieben auch wir auf der Plattform, und kaum hatte der Schaffner uns die Fahrscheine verkauft (15 Pfennig – sie hatte natürlich eine Schülerkarte), trat Konstantin vor sie hin und sagte in deklamatorischem Ton: »Darf ich Ihnen meinen Freund Nicolaus vorstellen?« – Verlegenheit. Kein Lächeln. Es kam aber doch ein Gespräch in Gang. »Jetzt mußt du allein fahren!« Wir trafen uns zwar am nächsten Morgen noch am Hagenplatz, aber er ließ mich alleine mit der Schönen einsteigen. (An ihren Namen erinnere ich mich nicht mehr.) Nachdem ich sie dann einmal bis an das Tor ihres Gartens begleitet hatte, war die Geschichte auch zu Ende. Der Grund dafür war nicht etwa, daß sie kalt und abweisend gewesen wäre – sie plauderte schließlich ganz lustig daher –, vielmehr der Umstand, daß ich tatsächlich gar keine Vorstellung davon hatte, wie das überhaupt weitergehen sollte. Ein wildfremdes Mädchen! Man kannte die Eltern nicht. Die Schwester kannte sie nicht. Was sollte man mit ihr machen? Mit ihr ins Kino zu gehen, sie ins Café einzuladen lag vollkommen außer dem Bereich meiner Möglichkeiten.

So waren wir damals, die Grunewalder. (Bei den Halenseern war das anders, vermutlich.) Aber warum erzählte ich diese Geschichte? Weil sie zu meiner Freundschaft mit Konstantin Spies gehört? Gewiß. Es gibt aber auch noch einen anderen Grund. Ich habe das schöne rothaarige Mädchen wiedergetroffen. Ich habe mit ihr im Kiosk am Hagenplatz bei dem kleinen Italiener gegessen. Jetzt, als ich wieder nach Berlin zurückgekommen bin. Inzwischen habe ich gelernt, wie so eine Geschichte weitergehen kann. Sie trug keine blauen Kniestrümpfe mehr und keinen Schottenrock (so was tragen Berliner Mädchen nicht mehr, um das zu finden, müßte man nach Hamburg gehen), aber sie hatte ein Stirnband in ihren wunderschönen roten Haaren. Ich habe auch keine Schwierigkeiten gehabt, sie anzusprechen – ich brauchte nur zu sagen: »Wir kennen uns doch, nicht wahr?«

Konstantin hatte sehr junge Eltern. Sein Vater war Komponist, ein langer, schmaler, ja hagerer junger Mann damals, mit einer Habichtnase und einem ausgesprochen prononcierten Adamsapfel an seinem langen Hals. Er hatte die natürliche Grazie und Eleganz eines Jungen aus gutem Hause.

Sein Geld verdiente er als Ballettkapellmeister an der Charlottenburger Oper. Sobald er nach Hause kam, setzte er sich an den Flügel, um zu komponieren. Er gehörte nicht zu denen, die am Schreibtisch Musik machen, sondern schlug die Noten und Akkorde an, bevor er sie mit Bleistift in das Partiturblatt eintrug, pfiff auch dazu und sang. Das konnte man beobachten, wenn man in das kleine Eichkamper Haus zu Besuch kam, eigentlich nie, um dort zu bleiben, sondern um Konstantin zu irgendeiner Unternehmung abzuholen.

Leo Spies ist ja dann später ein berühmter Mann geworden, Mitglied der Akademie der Künste – drüben. Er war immer freundlich, kameradschaftlich mit uns, auch wenn wir ihn störten. Kameradschaftlich unfreundlich war die Mutter, die ich ja schon – kettenrauchend, Romane lesend auf dem Diwan ausgestreckt – vorgestellt habe. Sie war so klein, wie ihr Mann groß war, und wenn an ihm alles spitz und eckig war, so war an ihr eher alles rund und biegsam. Von ihr hatte Konstantin seine kleine Stupsnase. Er hätte sicher lieber die scharfe Hakennase seines Vaters geerbt. Konträrere Nasen als die im Hause Spies konnte man sich nicht vorstellen, und sie müssen als ein Gegenbeweis meiner Theorie gelten, daß dauerhafte Beziehungen, vor allem glückliche Ehen, nur dann gewährleistet sind, wenn die Partner das gleiche Nasenprofil haben. Die berühmten Ausnahmen, die die Regel bestätigt, denn die Ehe der Eltern Spies war zwar stürmisch und kannte dramatische Auseinandersetzungen – wie konnte das in so winzigen Räumen anders sein –, erwies sich aber als widerstandsfähig und hat bis ins hohe Alter der beiden gehalten.

Die Mutter war launisch und kratzbürstig und befleißigte sich uns gegenüber eines leger-burschikosen Umgangstones. Wo es ging, verwickelte sie uns in Gespräche. Sie war ganz der Typ der hochpolitisierten Intellektuellen, die auf Haushalt und Hausfrau spuckt, ein Typ, der in der Boheme der Jahrhundertwende, im Berlin der zwanziger Jahre und dann später im Berlin der sechziger Jahre mit Erfolg eine eminent wichtige Rolle gespielt hat, der nur in diesen dreißiger Jahren überhaupt keine Entfaltungsmöglichkeiten fand und etwas ganz Ungewöhnliches war. So litt sie doppelt: unter dem Faktum, mit Mann und Kindern geschlagen zu sein, und unter dem verschärfend wirkenden Umstand, ein politisches Regime erdulden zu müssen, in dem für ihre anarchoemanzipatorischen Selbstverwirklichungsvorstellungen so gar kein Platz war. Ein Ventil für ihre Frustration fand sie darin, den baldigen Untergang des »Dritten Reiches« vorauszusagen und seinen Zusammenbruch in den schwärzesten Farben auszumalen.

Ein ständiger Topos dieser apokalyptischen Prognosen war der *Einmarsch der Russen in Berlin,* lange bevor Hitler Stalin den Krieg erklärt hatte, und es war nicht sicher, ob diese Russen die berühmten Kosaken waren, die seit de Maistre und Donoso Cortés dazu aufgerufen sind, das Schicksal eines selbstvergessenen Europa zu besiegeln, oder die Rotarmisten, die die werktätige Klasse vom kapitalistischen Joch befreien kommen. Auf jeden Fall sagte sie nicht »Bolschewiken«, sondern Russen, und weil deren Erscheinen für uns so völlig außerhalb des Bereichs des Vorstellbaren lag, hörten wir ihr amüsiert zu, ohne zu widersprechen. Sie ist die einzige von uns, die mit einer konkreten Voraussage recht behalten hat.

Die Russen in Berlin als Befreier von der Naziherrschaft – das war ein origineller Gedanke für jemanden, der eigentlich zu hören gewohnt war, daß Hitler die Russen vom Bolschewismus befreien würde. Beide Perspektiven, muß ich gestehen, ließen mich gleich indifferent. In welchem Maße mein Freund Konstantin damals schon von den politischen Ideen seiner Mutter beeinflußt worden ist (wir sprachen untereinander darüber nicht), kann ich nicht sagen. Er machte brav seinen Arbeitsdienst und seinen Militärdienst und besuchte mich auch noch (als er schon eingerückt war und ich noch in Berlin studierte), ganz stolz in Unteroffiziersuniform. Das war die Zeit, in der ich seine Schwester Eugenie, meine »erste Braut«, wiederentdeckte. Tatsache ist, daß er, wie seine Eltern und seine Schwester, nach Kriegsende für den Osten optierte, sich aktiv am Aufbau der DDR beteiligte und heute dort eine wichtige Position in der Nomenklatura innehat.

Für mich war das sehr schmerzlich. Wir trafen uns noch einmal in der Zeit kurz vor dem Mauerbau – die unzertrennlichen Jugendfreunde. Ich drang in ihn, er sollte mir doch erklären, wie für ihn, einen unabhängigen Geist, ein totalitäres Regime ertragbar sei. Ich sollte doch nicht so dumme Propagandaausdrücke benutzen, antwortete er mir. Hier hätte er das Gefühl, seine Fähigkeiten für die Verbesserung der Lebensbedingungen seines Volkes einsetzen zu können, und dann fügte er treuherzig hinzu, in dem Ton, den wir als Jungs untereinander hatten – er war mir ja immer etwas voraus, der ältere Bruder: »Du kannst dir doch sagen, daß, wenn ich, dein Freund Konstantin, das für richtig halte, es schon seine Richtigkeit haben wird!« Für meine Alternative, ein geeinigtes Europa, hatte er nur ein müdes Lächeln.

Vielleicht wird er recht behalten wie seine Mutter, aber die Verhältnisse haben es mit sich gebracht, daß ich ihn genauso verloren habe wie jene

Freunde, die im Krieg gefallen sind. Ich mußte meinen Weg ohne ihn gehen.

Was für eine begabte Familie! Da war nicht nur der Vater, sondern auch dessen Schwester Daisy, die Primaballerina an der Deutschen Oper! Um sie bewundern zu können – sei es in den Balletteinlagen der großen Operninszenierungen oder, noch besser, an besonderen Ballettgala-Abenden –, besorgte Konstantin uns über seinen Vater Freikarten. Das war sein Atout, mit dem er das Eichkamp-Grunewald-Gefälle jederzeit wieder ins Gleichgewicht bringen konnte. Es gab Perioden, in denen wir mehrere Male in der Woche in der kleinen, mit gelbem Samt ausgeschlagenen Loge im zweiten Rang saßen, wo wir immer die für uns bestimmten Plätze fanden, als gehörten sie uns. Aus dieser Zeit stammt eine Passion für den Tanz, die nie nachgelassen hat, und wenn das Vorbild der Familie Spies auch nicht ausgereicht hat, um in mir Sympathien für die DDR zu wecken, so hat es sicher seinen Teil daran, daß ich, ohne jedes Vorurteil, ja freudig, den in der Perspektive meiner Familie doch recht ungewöhnlichen Wunsch meines Sohnes Alexander billigen konnte, Tänzer zu werden.

Da gab es aber nicht nur die Tante Daisy, sondern den fernen Onkel Walter! Der war Maler und lebte seit vielen Jahren in Bali. Später habe ich erfahren, daß er nicht nur ein Künstler von Weltruf war, sondern auch in der ganzen Welt als großer Kenner der grünen Südsee-Insel galt, die mit ihrer einzigartigen landschaftlichen Schönheit und ihrer schönen, sorglos lebenden, künstlerisch hochbegabten Bevölkerung Reisende, Forscher und Filmemacher aus allen Himmelsrichtungen magisch anzog – ein letztes Reservat paradiesischer Unschuld auf Erden. Hans-Hasso von Veltheim hat ihm in seinem Asienbuch einige schöne Seiten voller Bewunderung und Anerkennung gewidmet. Als Deutscher wurde er, erst einundvierzigjährig, ein Opfer des Krieges. Das Schiff, das ihn mit anderen Kriegsinternierten nach Kalkutta bringen sollte, wurde am 19. Januar 1942 durch japanische Fliegerbomben vor Sibolga an der Nordwestküste Sumatras versenkt. Walter Spies fand den Tod in den Wellen.

In der Zeit, von der ich hier spreche, war er in dem Eichkamper Häuschen die ständig präsente, vergötterte Bezugsperson und trug selbst wesentlich zu seiner Anziehungskraft bei. Große Photos seiner Bilder, auf denen die Landschaft Balis mit ihren Vulkanen, gestuften Reiskulturen und idyllischen, zwischen Bäumen gekuschelten Dörfern und grazilen Menschen etwas eigenartig traumhaft Schwebendes, Irreales bekam, standen überall herum. Vor allem aber wurden seine Briefe, ausführliche Schilderungen des Lebens in Bali und der balinesischen Kultur, der religiösen Tänze, der Gamelan-Musik, der magischen Rituale, gierig gelesen und wiedergelesen. Bali wurde zum Ziel unserer Sehnsüchte, unserer Lebensneugier, unserer Abenteuerlust. Und wenn ich irgendwo gesagt habe, daß ich mit meinen Freunden damals ohne gemeinsame Zukunftspläne lebte, so stimmt das nur mit der einen Ausnahme, der nämlich, daß Konstantin und ich – als ständigem Thema phantastischer Gespräche – mit dem Projekt lebten, eine gemeinsame Reise nach Bali zu unternehmen, um seinen Onkel dort zu besuchen – »sobald der Krieg zu Ende war«. Nicht als Touristen, als Pilger! Dort wollten wir leben! Das war unsere Utopie, unser Katmandu!

Ich entwarf natürlich ein Haus für uns, das dem des Onkels, von dem ich Beschreibungen gelesen hatte, nachempfunden war. Nicht *ein* Haus, sondern eine Vielzahl von Pavillons, die sich um Innenhöfe und Terrassen gruppieren und auch aussehen sollten wie ein kleines balinesisches Dorf. Alles im heimischen Material, versteht sich. Grün überall, Vogel- und Affenkäfige und Raum für zahllose Dienerschaft, ein eigenes Gamelan-Orchester. Mit diesen Plänen spielten wir herum, dies und das ändernd, hinzufügend, vergrößernd, verkleinernd, wie ein junges Ehepaar, das seinen Bausparvertrag einzulösen beschlossen hat und Fertighausprospekte studiert. Auch dieses Haus ist nie gebaut worden.

Sergiu Celibidache

Immer gab es in unserem Hause einen jungen Rumänen »vom Dienst«. Sie entstammten jenen wohlhabenden Familien, die ihre Söhne zum Studium nach Berlin statt nach Paris schickten. Sie waren meiner Mutter empfohlen, meistens waren sie sogar um sechs Ecken herum mit ihr verwandt. Sie studierten, oder belegten wenigstens, bei meinem Vater, gehörten zur Sonntagstafel, machten sich aber auch als *chevalier servant* der Dame des Hauses verdient. Kurz, sie gehörten für die Zeit ihres Aufenthalts zur Familie. Immer elegant, sahen sich alle zum Verwechseln ähnlich.

Eines Tages tauchte ein völlig anderer Typ auf. Er war nicht ein Schüler meines Vaters, sondern studierte Musik. Wenn auch der Freund eines Cousins, stammte er aus den einfachsten Verhältnissen. Er sollte eine große Rolle in meinem Leben spielen.

Auch er hatte seine vestimentären Ansprüche. Im Gegensatz zu allem, was man, wenn man ihn kannte, hätte erwarten können, trug er sich im extremen »Zazou«-Stil – allerdings besaß er nur eine Garnitur des Anzugs, den er sich nach seinen Angaben hatte anfertigen lassen: eine kurze Tweedjacke mit überbreiten, steil abfallenden Schultern, dazu eine Flanellhose, die über den Knöcheln ganz eng zusammenlief. Hohe, schmale Hemdkragen mit bindfadenschmalen Krawatten. Die Schuhe zeichneten sich durch dicke Kreppsohlen aus. Das hatte ich noch nie gesehen. Die überbreiten Schultern ohne jede Wattierung habe ich für mein Leben übernommen. Gleich zu Anfang stellte mir Cili, so nannten wir ihn, eine architektonische Aufgabe: ich sollte ihm ein Haus entwerfen mit variablem Grundriß, sowohl was die Disposition der Räume wie die Geschoßhöhe betraf. Er mußte Konzerte geben, aber auch ganz intim darin leben können. Ich löste das Problem spielend.

In der Mitte einer Kreisfläche von neun Metern Durchmesser erhob sich eine etwa neun Meter hohe Metallsäule, um die sich eine schmale Wendeltreppe wand. Von ihr aus hatte man Zutritt zu den hydraulisch bewegten kreisausschnittförmigen Plateaus, die zwischen der runden, durchgehenden Fensterwand und der Mittelsäule auf- und abgleiten und je nach Bedarf auf verschiedene Höhen gestellt werden konnten.

Man konnte zwei geschlossene Etagenflächen aus ihnen bilden, sie unter der Decke zusammenfahren und nun über einen einzigen großen Saal verfügen oder eine Vielzahl tortenstückförmiger Kabinette in verschiedenen Höhen bilden. Sie wurden von radial eingesetzten, von der Decke die ganze Höhe herunterfallenden Vorhängen getrennt. Die Vorhänge konnten aber auch gegen die runde Fensterwand zurückgeschoben werden, die selber mit Vorhängen geschlossen werden konnte. Das alles funktionierte elektrisch auf Knopfdruck. Der Besitzer sollte mit dem Haus spielen wie mit einer technisch perfekten modernen Bühne! Seine Interieurs, ob groß oder klein, würden wirken wie Innenräume eines Zeltes. Ich schlug schwere, in verschiedenen Farben aufeinander abgestimmte Veloursvorhänge vor, so daß die variablen Raumeinheiten auch farblich variiert werden konnten. Badezimmer, Toiletten, Küche, zwei Gästezimmer waren in zwei kurzen kleinen Flügeln angeordnet, die das Haus, den Eingang in die Mitte nehmend, zur Straße hin einfaßten, so daß der Eindruck eines Schlößchens entstand. Cili war sehr zufrieden.

Das proteische Haus! Das war Post-Moderne *avant la lettre!* Wir diskutierten die Farbenskala der Vorhänge, und ich merkte bald, daß er mich über das Koloristisch-Ästhetische hinausführen wollte. Wir studierten die Rungesche Farbkugel und die Farbtabellen von Oswald, aber auch die Duftorgel von Des Esseintes wurde in Betracht gezogen. Ein ganz unbekannter Goethe trat in mein Gesichtsfeld: der Autor der Farbenlehre, der Gegner Newtons.

Gemeinsam spürten wir der Verwandtschaft von Farben und Tönen, von Farben und Buchstaben, von Farben und Zahlen nach. *A rouge, E vert…* wurde überprüft. Warum hatten die Vokale für ihn und mich andere Valeurs? Wie stand es mit der Chromatik, den Farb- und Tonreihen, welches waren die optischen Äquivalenzen der Tonarten, von Dur und Moll? War alles nur subjektives Assoziationsspiel, oder gab es ein System der Entsprechungen, der Beziehungen und Bezüge, das einer kosmischen Ordnung entsprach und das nicht durch Syllogismen erschlossen werden konnte, wohl aber mit Hilfe von Analogien? Cili führte mich in das Reich der Korrespondenzen ein wie in ein Spiel. Es kam aber einer Initiation gleich in eine mir noch ganz unbekannte Weise der Welterkenntnis, jenseits der positivistisch-empirischen, die mir irgendwie anerzogen und selbstverständlich war, im Gegensatz aber auch zu der aristotelisch-idealistischen Identitätsphilosophie, die mir in meinem Vater begegnete. Zusammenhänge, die ich dunkel ahnte, Erfahrungen, die ich nicht auf den Begriff zu bringen vermochte, organisierten sich plötzlich wie Kristalle, die sich um den Knoten bilden, den man in die gesättigte Lauge hängt. Die Möglichkeit, alles mit allem in Bezug zu setzen und hinter den Phänomenen das Sinnmuster aufzuspüren, mußte mich faszinieren gegenüber jeder Theoriebildung, die immer einen nichtverstehbaren Rest läßt, die Kontingenz oder den Zufall. Aus dieser Zeit stammt sicher meine Überzeugung, daß es einen Zufall nicht gibt, daß Innen- und Außenwelt unseres subjektiven Erlebens und die Welt des Faktisch-Vorhandenen miteinander in einer Weise verwoben sind, die keine stringente Begrifflichkeit erfassen kann – die sich uns aber darbietet als eine Chiffre, für die es den Schlüssel gibt.

Den ersten Kriegssommer verbrachten wir in unserem Bad Kösener Landhaus. Zum erstenmal eigentlich war die ganze Familie für die Ferien versammelt. Wir waren mit dem Berliner Personal gekommen, und jeder hatte Freunde mitbringen dürfen. Cili gehörte auch zur Partie. Wir teilten ein Zimmer.

Es herrschte eine rechte Tschechow-Atmosphäre. Irgendwo, fern in der Türkei, schlugen die Heere aufeinander. Da waren die gemeinsamen Mahlzeiten an dem großen Eßzimmertisch, so wie ich es liebe, mit zehn, zwölf Personen. Der Tisch, am Anfang so säuberlich gedeckt, mit Blumen geschmückt. Nachdem der letzte Esser sich erhoben hat, stehen die Gläser mit den Resten darin unordentlich herum, Weinflecke und Brotkrümel, die hingeworfenen Servietten auf dem verschobenen Tischtuch … Danach der Kaffee, »Mocca«, eingenommen in den Korbstühlen auf der Terrasse, wo man aufpassen muß, nicht den zu erwischen, der einen gebrochenen Fuß hat. Die schon etwas trockenen Rosensträucher mit letzten, welkenden Blüten. Spaziergänge in kleinen Gruppen durch den abendlichen Garten. Das Lied der Amsel. Jeder ist frei zu tun, was ihm beliebt. Jeder sitzt an irgendeiner Arbeit. Das sind dann die stillen Stunden am offenen Fenster, während der Sommerhimmel majestätisch über den Feldern leuchtet.

Ich hatte mich der durchaus azyklischen Tageseinteilung von Celibidache angeschlossen, ohne zu ahnen, auf was ich mich da einließ. Wir standen um vier Uhr früh auf und verließen das schlafende Haus auf Zehenspitzen zu einem einstündigen Gang durch den nahen Wald. Schweigend gingen wir unter den hohen Buchen hintereinander her. Das war nicht als Frühsport gedacht, auch nicht als Spaziergang, sondern eine Meditationsübung. Man mußte auf seine Atmung achten, tief einatmen, langsam, im Rhythmus der Schritte, ausatmen. Vor allem aber durfte man an nichts denken. Das fiel mir besonders schwer. Das Frühstück bestand aus Müsli und Milch, wie Cili sich überhaupt vegetarische Kost erbeten hatte. Nach diesem Morgenimbiß, den wir lange vor den anderen Hausgenossen im Küchenzimmer einnahmen, setzten wir uns zur Lektüre gegenüber an die beiden Tische, die wir zu diesem Zweck in unserem Zimmer zusammengerückt hatten. Immer noch herrschte absolutes Redeverbot.

Erst zu einer späteren, genau festgesetzten Stunde würde Cili mit mir sprechen. Diese Gespräche hatten dann den Charakter der Unterweisung. Ausgehend von Erklärungen über seine mir so ungewöhnlichen Lebenspraktiken, an denen ich nun teilnehmen durfte, führte er mich jetzt behutsam in die Anfangsgründe eines Wissens ein, das sich aus fernöstlichen Quellen speiste. Er hatte in Berlin einen Guru, einen deutschen Lama, mit einem ganz ordinären Namen, so etwas wie Schulz, der einmal Mönch in einem Himalaja-Kloster gewesen war und den er jetzt regelmäßig konsultierte. Ich fragte mich, ob er nicht vielleicht überhaupt seinetwegen in unsere Stadt gekommen war.

Im Mittelpunkt seiner Lehren stand die für mich völlig neue, und ich muß gestehen, befremdliche Lehre von der Seelenwanderung. Cili war überzeugt, daß sein Guru eine Reinkarnation von Immanuel Kant war. Meinen Vater, den er sehr verehrte, hielt er für eine Reinkarnation Goethes. Auf jeden Fall hielt er diese Möglichkeit nicht für ausgeschlossen. Das war eine große Ehre, denn Goethe war der große »Eingeweihte«. Auch meine so enge Beziehung zu ihm deutete Cili metempsychotisch. Wir seien Weggenossen aus einem früheren Leben. Vielleicht sei ich die Reinkarnation Eckermanns. Ich nahm das nicht sehr ernst. So sehr ich meinen Vater bewunderte, für einen »Eingeweihten« hielt ich ihn nicht.

Den »Eingeweihten« kannte ich auch schon von Carl Schmitt. Doch er gebrauchte den Ausdruck in einem mehr metaphorischen als esoterischen Sinne, so wie man von Zauberern sprechen kann, ohne sagen zu wollen, daß es sich um *richtige* Zauberer handelt. Beiden war aber die Überzeugung gemeinsam, daß es Menschen gibt, die mehr wissen als die anderen, die den großen Überblick, den »Durchguck« haben. Beide ließen erkennen, daß jedes wahre Wissen den Charakter eines »Geheimwissens« hat, zu dem der Neophyt Zugang nur durch die Unterweisung des Meisters erhalten kann.

Was mir ohne Schwierigkeiten einleuchtete und ganz neu war, war die Weise, in der Cili meinen alten Herrn (wie alle Menschen übrigens) ansah. Hinter dem konventionellen Habitus, hinter dem Rollenspiel, versuchte er vom Physiognomischen her das »Wesen« zu erfassen, er sagte wohl »erschauen«. Wir müssen nur lernen, die Aura zu sehen, die jeder Mensch ausstrahlt. Ist sie trüb, ist sie klar? Besonders wichtig war es, den Ausdruck der Augen richtig zu deuten, die Augen hinter der Maske des Gesichts zu sehen.

So danke ich Cili meinen ersten direkten Zugang zu jener anderen, der »esoterischen« Tradition der abendländischen Kultur, von der ich durch Robakidse zum erstenmal etwas vernommen hatte. Jetzt konnte ich verstehen, was mit »Wesensschau« gemeint war, was da geschah. Nicht nur, daß alles mit allem zusammenhängt, lernte ich, sondern vor allem auch, daß es zusammenhängt auf eine zwar geheimnisvolle, aber durchaus enträtselbare Weise, von der unsere Schulweisheit sich allerdings nichts träumen läßt. Ein anderes Register im Glasperlenspiel.

Mein Vater hielt das alles für Aberglauben und Humbug. Und doch berührte sich seine positiv-szientistische, im Grunde agnostische Weise, sich die Welt zu erklären, mit dieser Art von Gnosis in einem Punkt: dem tiefen Mißtrauen gegen die Macht der Triebe, das Sinnlich-Animalische im Menschen, das Hand in Hand ging mit der Überzeugung von der Notwendigkeit der Disziplinierung des Leibes durch geistige Übung. Was mich betraf, so erfuhr meine anachoretisch-asketische Wesensseite in der neuen Lehre eine tiefe Bestätigung, was aber nicht genügte, um die hedonistisch-erotische dauerhaft zu suspendieren.

Die große Leidenschaft meines spirituellen Mentors galt der Musik. Er war nach Berlin gekommen, um Musik zu studieren. Seine außergewöhnliche Begabung hatte die Aufmerksamkeit von Wilhelm Furtwängler auf sich gezogen, der den jungen Rumänen in seine Meisterklasse aufnahm und bald als Repetitor des Philharmonischen Orchesters verwendete. Als er sich gegen Ende des Krieges in die Schweiz absetzte – preußischer Staatsrat, von Görings Gnaden, auch er, wie Gustaf Gründgens und Carl Schmitt –, blieb Celibidache, wenn nicht de jure, so de facto, als Hausdirigent der Philharmoniker in Berlin zurück. Diese Position behielt er auch nach dem Kriege, bis in die fünfziger Jahre, inne. Dann wurde, zu seinem größten Leidwesen, Herbert von Karajan auf diese Stelle berufen. Er hat diese Wahl, die er als einen Akt der Untreue empfand, nie ganz verwunden. Es kann nicht meine Aufgabe sein, hier seine spätere, wechselvolle Laufbahn nachzuzeichnen, schon deswegen nicht, weil ich dazu vollkommen inkompetent bin. Gerne aber will ich denen glauben, die ihn für einen der größten heute lebenden Dirigenten halten.

Manchmal stelle ich mir vor, welchen unendlich viel größeren Gewinn ein Junge mit musikalischer Begabung und musikalischen Interessen aus dem Umgang mit diesem genialen Musiker gezogen hätte. Gerne erzählte er von seiner Probenarbeit mit dem Maestro, von den Auseinandersetzungen, die er mit ihm über die Interpretation bestimmter Passagen hatte. So glaubte er ihn einmal wegen eines »Accelerandos« kritisieren zu müssen, das er durch eine nicht partiturgetreue Tempoänderung erzielte: Toscanini hätte das nie getan, es einfach nicht nötig gehabt! Furtwängler zeigte sich über diese Bemerkung sehr ungehalten. Solche Details, aus dem Zusammenhang gerissen, haben sich meiner Erinnerung eingeprägt. Welche Willkür der Selektionsmechanismen! Und doch, im Zweifelsfall, findet sich in diesem mikroskopischen Erinnerungssplitter der ganze Celibidache: seine Beherrschung des Metiers, sein Perfektionismus, seine Intransigenz – seine Nichtbeachtung menschlicher Schwächen, der Konventionen, der sozialen Rollen. Eine Erklärung vielleicht dafür, warum der große Dirigent nicht den Platz einnimmt, der ihm gebührt, nicht die Notorietät hat, die viel Geringere genießen. Von den Orchestern, mit denen er arbeitet, wird er wegen seines pädagogischen Genius geliebt, von den Intendanten gefürchtet, weil er doppelt soviel Probenarbeit fordert wie jeder andere. Er duldet keine Nachlässigkeit, nur das Vollkommene genügt seinen Ansprüchen.

Unser Haus – eigentlich ungewöhnlich für das Bildungsbürgertum, für das es sonst repräsentativ war – war ein Haus ohne Musik. Da stand zwar ein Blüthner, und die Kinder bekamen auch ein paar Jahre den obligatorischen Klavierunterricht; der wurde dann aber, vernünftigerweise, mangels Begabung und Interesse eingestellt. Mein Vater liebte es, den Simplizissimus-Ausspruch zu zitieren (ein dickbäuchiger Philister wird von einem Unterteufel in die flammenzüngelnde Hölle eingeführt, die Zeichnung ist von Th. Th. Heine): »Keine Kinder und kein Klavier, ich bin im Himmel!« Wenn Musik, dann Oper. Wenn Richard, dann Wagner, wenn Strauß, dann Johann – pflegte er zu sagen, wenn er sich über Richard Strauss äußerte, doch war das *cum grano salis* gemeint: Er liebte Wagner überhaupt nicht. Wenn schon, dann Verdi. Sein Schönstes war Rigoletto und La Traviata. Obwohl er im Alter nicht mehr ins »Spektakel« ging, hörten wir zusammen noch einmal den Rigoletto im Deutschen Opernhaus. Mein Vater war zu Tränen gerührt.

Mit Richard Strauss hatte er lange Jahre hindurch regelmäßig Skat gespielt. Beide zeichneten zusammen, mit Hofmannsthal und dem Breslauer Kunsthistoriker Richard Muther, als Herausgeber der Zeitschrift »Der Morgen«. Das war aber mehr *for show* und hat nicht sehr lange gedauert. Das letztemal trafen sie sich, in den dreißiger Jahren noch, auf einem

Diner bei »Lili« Deutsch, der Freundin Rathenaus und Gerhart Hauptmanns, die sich in der gleichen Zeit wie mein Vater ein Haus in Schreiberhau hatten bauen lassen. Man müsse auch eine Speisekarte komponieren können, habe Strauss immer gesagt. La Traviata? So etwas könne er alle Tage machen. Würde er doch, meinte mein Vater. Die Beziehung meiner Mutter zur Musik war geheimnisvoll. Sie sprach nie darüber, ging aber allein in Kirchenkonzerte, am liebsten, oder nur, wenn dort Cello gespielt wurde. Zur weichen Tonalität dieses Instrumentes hatte sie ein erotisches Verhältnis. Pablo Casals war für sie ein »Zauberer«. Sie liebte Zauberer. Obwohl sie mich sonst überall mit hinnahm, zu Vernissagen, in Ausstellungen, auf Gesellschaften, in den »Wintergarten«, um Grock zu sehen und Tino Rossi zu hören, niemals habe ich sie in ein Konzert begleiten dürfen. »Die Katze geht ihre eigenen Wege«, sagte mein Vater. Dies Zitat aus den Tiergeschichten von Kipling gehörte zum festen Bestand der Familiensprache. Man weiß nichts von dem Leben seiner Eltern. Und wenn man soweit ist, daß man ihnen Fragen stellen könnte, sind sie tot.

Nein, meine erste intensive Begegnung mit der Musk verdanke ich nicht dem späteren Dirigenten philharmonischer Orchester, sondern einem bescheidenen Klassenkameraden, der sehr spät als »Neuer« in unserer, in den letzten zehn Jahren so gut wie unveränderten Klassengemeinschaft auftauchte, von dem ersten Moment seines Auftretens an mit dem Stigma des Außenseiters gezeichnet; er sollte es bis zuletzt, bis zum Abitur, nie verlieren. Ich erinnere mich so deutlich an diesen ersten Auftritt, als wäre es gestern gewesen. Der erste Tag des neuen Schuljahres! Es herrscht eine Stimmung erregter Erwartung. Die Plätze im neuen Klassenraum wurden in Besitz genommen (wir hatten noch hölzerne, oft schon ramponierte Pulte, die, fest aneinandergeschraubt, in drei Reihen hintereinander standen). Die Sitzordnung war ja von Jahr zu Jahr immer mehr oder weniger dieselbe geblieben.

Vorne rechts, unter dem Katheder, saß unverrückbar Dieter Weiss. Er war dazu verurteilt, ein guter Schüler zu sein, weil er nur aufgrund eines Stipendiums die Schule besuchen konnte. Sein Vater war Eisenbahnbeamter des unteren Dienstes. Kinderreiche Familie. Wohnsitz Halensee. Er trug das Klassenbuch zum Pförtner und war der unermüdliche Sammler all der Spenden, die uns ständig abgeluchst wurden: für das Deutschtum im Ausland, für die Kriegsgräberfürsorge, für den Kolonialbund, für die Winterhilfe. Wer hätte das sonst machen wollen?

Keiner hatte bemerkt, daß sich auf der letzten Bank, den Rücken gegen die Wand, einer niedergelassen hatte, den niemand kannte. Erst als der Klassenlehrer die Namen aufrief, um sie ordnungsgemäß in das Klassenbuch einzutragen, und plötzlich aufblickend feststellte: »Ach, da ist ja ein Neuankömmling« und ihn aufforderte, seinen Namen zu nennen, wendeten sich alle wie auf ein Kommando zurück und starrten neugierig auf den schmalen, hochgeschossenen Jungen, der jetzt neben sein Pult trat, Haltung annahm, und mit unverfälschtem österreichischem Akzent ganz schnell, etwas näselnd, daherschnurrte: »Kurt Kaschnitz, Freiherr vom Weinberg.« Es kam wie aus der Pistole geschossen und hatte etwas Automatenhaft-Künstliches, als spräche eine aufgezogene Puppe oder ein Papagei.

Ein brüllendes Gelächter war die allgemeine Reaktion. Alles wirkte so komisch: der als fremdländisch empfundene Tonfall, der ungewöhnliche Name und gewiß auch der mausgraue Gabardineanzug mit seinen Knickerbockerhosen und der mit einem Bund an der Taille geschlossenen Jacke, die nicht ganz bis an die Hose reichte, dabei, wohl wegen der aufgesetzten Taschen, nach Uniform aussah (ich habe ihn übrigens nie in einem anderen Anzug gesehen und auch nie herausbekommen, ob er auf dieses Kostüm stolz war oder schrecklich darunter litt). Er trug dazu, winters wie sommers, Bundschuhe und weiße Wollstrümpfe. Der arme Junge, der obendrein noch ausgesprochen bläßlich und ein wenig sommersprossig war, wurde knallrot. »Danke, Sie können sich setzen«, sagte der Lehrer, ohne die Klasse wegen ihres ungehörigen, xenophoben Verhaltens zu tadeln. Damit war der Zwischenfall erledigt, von dem sich der »Neue« nie richtig erholt hat.

Er war tatsächlich völlig anders als wir: katholisch, adelig, Österreicher und fleißig. Ich lud ihn noch am ersten Tag zu mir nach Hause ein, und sehr schnell wurden wir Freunde. Ich stellte ihn auch, was ganz ungewöhnlich war, meinem Vater vor, und er ist, wenn ich mich recht erinnere, der einzige meiner Altersgenossen gewesen, mit dem mein Vater längere Gespräche geführt hat. Er fand in ihm die fromme Denkungsart, die Fähigkeit zur wohlgesetzten Rede, die Ausgewogenheit des Urteils, kurz, die »Reife«, die seiner Vorstellung nach zu einem Gymnasiasten der Oberstufe gehörte. Er empfand genau das als positiv, was meine Kameraden vom Grunewald-Gymnasium als etwas merkwürdig und altmodisch empfanden. Dazu gehörte auch eine mysteriöse Tante, die Gedichte machte und Romane schrieb, die auch veröffentlicht wurden, von der er gelegentlich mit großer Verehrung sprach, was aber auf keinerlei Verständnis stieß. Im Gegenteil. Man fand auch das eher komisch.

Was hatte ihn nach Berlin verschlagen? Der »Anschluß«? Sein Vater hatte in irgendeinem Reichsamt oder Ministerium eine Stellung bekommen und war von einem Tag auf den anderen mit seiner Familie aus Kärnten in die Reichshauptstadt übergesiedelt. Sie bewohnten in Halensee, in einem Hinterhaus, eine bescheidene Wohnung. Ich habe nie versucht zu erfahren, welche Position der Vater einnahm, über den überhaupt nie gesprochen wurde. Ich habe ihn, glaube ich, auch nie zu Gesicht bekommen. Rückblickend ist leicht zu vermuten, daß er ein schlimmer Nazi gewesen sein muß, aber davon war bei seinem Sohn nichts zu spüren, im Gegenteil: Seine Diskretion in puncto Vater enthielt eine Nuance von Mißbilligung. Auch nichts Verdächtiges bei der gütigen, reines Wienerisch sprechenden und Apfelstrudel zur Jause bereitenden Mutter und einer immer etwas mürrischen, offensichtlich unter den beengten Verhältnissen leidenden, sich zu Höherem bestimmt fühlenden, einige Jahre älteren Schwester, die, wenn ich kam, meistens am Klavier saß, dann aber sogleich aufsprang, ihre Noten ostentativ zusammenschlug und verschwand.

Kurt hatte ein winziges Zimmer – eine Kammer –, in dem kaum ein schmales Bett, ein engbrüstiger Schrank und der kleine Tisch Platz fanden, vor dem er in einem Korbsessel arbeitete. Er verfügte aber über zwei Arbeitsinstrumente, deren Gebrauch mir unbekannt war: eine Schreibmaschine und ein Grammophon, beides uralte Modelle, die indessen noch funktionierten. Wenn ich zu ihm kam, mußte ich auf dem Bett sitzen, weil es einen zweiten Stuhl nicht gab.

Bei ihm lernte ich etwas kennen, was mir so völlig neu war: Er arbeitete methodisch und gewissenhaft. Nicht nur hielt er es für selbstverständlich, alle Schularbeiten rechtzeitig und sorgfältig zu erledigen, er absolvierte nebenher eine Art von Privatstudium, dessen Pensum er sich in einem alle freien Nachmittage und Abende füllenden Stundenplan zurechtgelegt hatte, von dem er nur ungerne abwich. Das beeindruckte mich natürlich, denn ich war es anders gewohnt: Schularbeiten wurden schlecht und recht in letzter Minute hingehauen, wenn es nicht gerade um einen Aufsatz ging. Im übrigen betrachteten wir die Zeit außerhalb der Schule als Freizeit, in der wir machen konnten, woran wir Spaß fanden. Die Aneignung von Wissensstoff mußte immer etwas Spielerisches behalten, mußte mühelos sein, und im Grunewald herumzuradeln oder auf dem Halensee zu rudern, im Dianasee zu schwimmen, endlose Gespräche zu führen, Romane zu lesen, am Zeichenbrett zu sitzen hatte immer den Vorrang vor einer Art von Betätigung, die man rechtens als »Arbeit« hätte qualifizieren können. Genau das war es auch, was mein Vater mir unausgesprochen zum Vorwurf machte und was ihm meinen neuen Freund so sympathisch erscheinen ließ.

So lernte Kurt Geschichte ganz in der Art meines Vaters. Eines Tages überraschte er mich mit einem säuberlich auf der Maschine getippten Opus: einer vollständigen Auflistung sämtlicher Herrscher des Abendlandes, nach Reichen und Dynastien chronologisch geordnet, jeweils mit dem Geburts- und Todesdatum und den Daten der Regierungszeit, angefangen bei den byzantinischen Kaisern und aufgehört mit den Habsburgern und Hohenzollern. Ich kam aus dem Staunen nicht heraus, denn ich entdeckte Reiche, die mir bis dahin völlig unbekannt waren, Trapezunt und das burgundische Reich oder auch das provençalische Königreich mit seinem Roi René oder das lateinische Kaisertum … Es fehlte natürlich nicht eine vollständige Liste der Päpste und jeweiligen Gegenpäpste, wie überhaupt die Gleichzeitigkeit von Kaisern und Gegenkaisern, das Nebeneinander sich ausschließender oder überschneidender Herrschaftsansprüche den besonderen Reiz dieser Tabellen ausmachte. Eine unglaubliche Fleißarbeit, die ich sofort meinem Vater zeigte. Ich fand, daß sie unbedingt gedruckt werden müßte.

Doch wenn sich Kurt auf seine Weise intensiv mit der Geschichte beschäftigte, so war das nicht sein Hauptinteresse. Sein Hauptinteresse galt der Musik und der Musikgeschichte. Und da eröffnete er mir Welten. Zu dem alten Grammophon gehörte eine Sammlung ebenso alter Schallplatten, in Papierhüllen, die auf der Vorderseite eine kreisrunde Öffnung hatten, durch die man die prächtigen Aufschriften mit ihren oft goldenen Lettern auf den meist dunkelblauen oder dunkelroten runden Etiketten lesen konnte. Es waren vor allem Symphonien, Brahms und Reger. Seine besondere Vorliebe aber galt – da besaß er eine vollständige Serie – dem Werk von Gustav Mahler. Das war ein Name, den ich noch nie gehört hatte.

Obwohl unser überaus tüchtiger Musiklehrer Protz (er sah aus wie ein Posaunenengel, trug das Parteiabzeichen und arbeitete an einer Dissertation über barocke Blasinstrumente) da schon einige Vorarbeiten geleistet hatte, war es Kurt, der mich lehrte, was eine Symphonie ist, und mich mit den kompositorischen Grundgesetzen dieser musikalischen Kunstform vertraut machte: der Abfolge der Sätze mit ihrem je eigenen Charakter, dem Wechselspiel der Themen, der Persönlichkeit der Instrumente und ihre Rollen in der Orchestrierung. Er lehrte mich, das Schicksal einer Klangfigur in ihren Metamorphosen, den Durchführungen, Variationen und Auflösungen zu verfolgen und auch noch in der äußersten Travestie das Motiv wiederzuerkennen.

Wir saßen dicht neben dem Grammophon. Er hatte eine Hand an der Kurbel, weil er den Kasten immer wieder aufziehen mußte, die andere am Tonarm, um den Tonabnehmer mit der Schalldose jederzeit von der Platte abheben zu können, was nötig wurde, sobald er meine Aufmerksamkeit auf eine besonders schöne Passage lenken wollte, indem er sie mir, durch einen Neueinsatz der Abtastnadel (die dauernd gewechselt werden mußte), ein zweites, drittes oder viertes Mal zu Gehör brachte. »Da, hör nur ... das Klarinettensolo, Fis-Dur!« (oder was immer es war). Und noch einmal diese sieben Takte! Verzückung zeichnete seine Züge. Das Lustgefühl, das ihn durchströmte, vibrierte in dem liebevollen, fast zärtlichen Umgang seiner Hände mit dem Gerät und der Platte, die es ihm vermittelten, nach. (So ging ich nur mit schönen Büchern um!) Aber es gelang ihm tatsächlich, durch einen Vorgang, den ich mir nur als eine Art psychomimetischer Übertragung erklären kann, mich zu einem authentischen Hörerlebnis zu bringen. Ich perzipierte die Klangfülle, die da auf mich eindrang, nicht bloß als akustisches Panorama, sondern trat, unter seiner Führung, in eine Tonlandschaft ein, in der ich lustwandeln konnte wie in einem Park, dessen Wege mir vertraut geworden waren, in der Erwartung, daß hier eine Statue auftauchen würde, hier jetzt, hinter den Trauerweiden, ein kleiner Tempel verborgen lag, dort eine Ruine kunstvoll angelegt wurde, dort eine Wasserfläche, in der sich Blutbuchen spiegeln. Ich habe, wie man sieht, eine rein eidetische Phantasie und kann nur hören, was ich auch sehen kann! Das, was ich *sah,* fand ich überwältigend schön.

Ich erlag uneingeschränkt dem melancholischen Timbre des Mahlerschen Euphon. Zum Inbegriff kompositorischer Vollendung, zum Inbegriff von Musik überhaupt wurde mir damals das »Lied von der Erde« – unzählige Male gehört, nicht in einem Konzertsaal, aufgeführt von einem weltberühmten Orchester, nicht übertragen durch eine technisch hochperfektionierte Hi-Fi-Anlage, wie sie heute eine Selbstverständlichkeit ist, nein, abgespielt von der alten Schellackplatte auf dem alten Grammophon, im Zimmerchen von Kurt. Dann vollkommen vergessen. Jahrelang, jahrzehntelang vergessen bis auf den Namen des Komponisten. Die Wiederentdeckung ist eine Geschichte für sich. Über Freud, über Reik, über die unglückliche Liebe zu einer Frau, die plötzlich in mein Leben einbrach und, weil sie sich dafür interessierte, mein Interesse unwiderstehlich auf das Wien des Fin de siècle zog.

Da tauchte dann auch wieder die Erinnerung an jenen Schulkameraden auf, und ich konnte zu meiner Überraschung feststellen, daß er damals nicht allein ein Verständnis für die Musik Mahlers in mir erweckt hatte – für diese unverwechselbare Tonalität (von dem Komponisten und seiner Biographie war kaum die Rede, nur ganz andeutungsweise, im Flüsterton gewissermaßen, sotto voce, sagte mir Kurt, daß Mahler Jude sei) –, sondern daß er eigentlich auch derjenige gewesen ist, der den Keim eines zukünftigen, möglichen Vertrautwerdens mit dem, meinem Berlin, so unendlich fernen Kakanien in mich gesenkt hat: der Welt Klimts und Musils, von Schnitzler und Karl Kraus, jenem anderen Deutschland, jenem anderen Pol deutsch-jüdischer Geistesdurchdringung, dem ich in einer späten Phase meines Lebens eine so entscheidende Wende meines Kulturbewußtseins, den Durchbruch zu einem völlig neuen Lebensgefühl verdanken würde.

Wir sprachen damals überhaupt nicht davon. Mich erreichte nicht mehr als der melodische Tonfall der österreichischen Mundart, der Ausdruck einer ganz anderen Sensibilität, einer fast als fremd empfundenen Gefühlswelt. Diese Sprache, fühlte ich, war liebenswürdiger, wärmer, menschenfreundlicher als die unsere, war gütig, nachsichtig, verglichen mit der aggressiven Schnoddrigkeit, die den hochdeutsch-berlinerischen Sprachduktus charakterisiert. Mich erreichten Stimmungsschwingungen … das Heimweh, die Trauer, in einem Exil zu leben …, die ich verspürte, wenn mein neuer Freund mir von dort erzählte, was selten geschah.

Es ging dann gar nicht einmal um Wien, sondern um Villach (was schon wieder an der Grenze des Komischen lag). Ich sehe uns da an der Straßenbahnhaltestelle stehen, gegenüber der Eisdiele Berkel, jenem äußersten Punkt an der Grenze zwischen dem Reich der Grunewalder und dem Revier der Halenseer, zu dem man sich gerade noch vorwagen durfte (Kurts Wohnung war für mich extraterritorial); die Laternen brannten schon, in der Eisdiele herrschte das rege Treiben von Halbstarken, unter die man sich nicht hätte mischen wollen, wir warteten auf die »76«, die mich nach Hause bringen sollte; Kurt sprach von Villach, von dem See, von den Bergen, seiner Schule – dem Gymnasium mit den »Professoren« – irgendwelchen Bubenstreichen und harmlosen Liebeleien … er war so glücklich, und mich machte das so traurig: Ich fühlte, wie einsam er hier in dieser Stadt, in meiner Stadt, war.

Muß ich sagen, daß er Dirigent werden wollte, Komponist? Nicht Historiker, wie ich zuerst meinte. Es hat nicht sollen sein, das Leben hat es wieder einmal anders gewollt. Unsere Wege trennten sich nach dem Abitur. Ich sollte später die geheimnisvolle dichtende Tante und ihre schöne Tochter Iris, seine Cousine, kennenlernen. Sie wußten kaum etwas über ihn. »Ja, der Kurt, ein so begabter Junge! Aber dieser schreckliche Vater. Nach dem Krieg, wissen Sie...« Ich habe ihn nie wieder gesehen, weiß aber, daß er mit Frau und Kindern als wohlbestallter Studienrat heute wieder in Österreich lebt, jetzt allerdings in Graz. Salut!

Theatralische Sendung

Musik, nein. Theater, ja, und wie! Das Theater spielte in meiner Jugend eine unerhörte Rolle. Das fing in der Schule an. Unser Deutschlehrer Rochocz lehrte uns, Gedichte zu deklamieren – wir mußten vor der Klasse auf das Podium treten, wie auf eine Bühne. Genau so wurden klassische Dramen in verteilten Rollen gelesen. Das Wort, pflegte er zu sagen, will laut werden. Ganz früh auch begann der regelmäßige Theaterbesuch mit den verbilligten Karten eines Schülerabonnements.

Dann waren da die Stegreifaufführungen während der jährlichen Aufenthalte im Landheim unserer Schule in Werder, die wochenlang sorgfältig vorbereitet wurden. In der Klasse bildeten sich zwei oder drei Gruppen, die im edlen Wettstreit ihre Stücke zur Darstellung brachten. Kriminalstorys waren besonders beliebt. Die Aufführungen zogen sich oft über mehrere Abende hin. Ich war mit meinem Freund Konstantin Spies der Animator einer der Truppen. Mir oblag die Regie, er war der Hauptdarsteller. Als besonders gelungen ist mir eine Transposition von Puschkins »Pique Dame« in Erinnerung geblieben, die wir mit Elementen aus der Novelle »Der Spieler« von Dostojewski verschnitten hatten. Das war unsere russische Periode. Einen Text hatten wir nicht – nur ein Szenario.

Einige Jahre später, schon als Kriegsabiturienten, wagten wir uns an »Die Räuber«. Daraus wurde ein regelrechtes Inszenierungsprojekt, das wir außerhalb der Schule, in einem gemieteten Saal, verwirklichen wollten – Schülertheater, aber auf eigene Rechnung. Das ging sehr weit: Regiebuch, Bühnenbilder, Kostüme, alles wurde bis ins Detail vorbereitet. Wir hatten auch Schauspieler für die wichtigsten Rollen und begannen *in camera caritatis* mit den Leseproben. Gleich mehr darüber.

Die Beschäftigung mit dem Theater, die Absicht, selber Theater zu machen, nahm zeitweise völlig überhand, so daß keine Zeit mehr für die Romanlektüre und das Zeichnen blieb. Nur mein Interesse für die Architektur konnte sich dagegen behaupten. Das Theater färbte auf die Architektur ab: Ich entwarf Pläne für ein ideales Theater. Die alte Obsession des modernen Theaters: die Überwindung der Guckkastenbühne, die Aufhebung der Distanz zwischen dem Schauspieler und dem Zuschauer, das »Raumtheater« wurde auch für mich zur fixen Idee. Das lag in der Luft. Ich kannte die Pläne von Gropius für Piscator damals noch nicht, wußte aber, was sich auf den Berliner Bühnen und vor allem in den Köpfen der Theaterleute der zwanziger Jahre abgespielt hatte. Ich stieß auf alte Programmhefte, im Bücherregal des Gästezimmers, wo derlei ja zu enden pflegt. Der Vater erzählte davon …

In dem geschenkten Jahr, nach dem Tode meines Vaters, zwischen Arbeitsdienst und Einberufung zur Wehrmacht – 1941/42 also –, wurde das Theater dann unversehens zum Mittelpunkt all meiner Aktivitäten. Ich hatte mich am Institut für Theaterwissenschaften eingeschrieben. Dort bereitete ich unter anderem mein Referat über die jüdische Theaterkritik vor, indem ich nicht nur Kritiken las, sondern auch die Theaterstücke, die besprochen wurden – ein Gutteil der deutschen Theaterliteratur von Lessing bis zu den Expressionisten.

Das Theaterwissenschaftliche Institut von Berlin hatte damals einen seltsam hybriden Charakter. Es sollte dem Schüler nicht nur Wissen über die Theatergeschichte vermittelt werden, sondern auch Zugang zur Theaterpraxis, zum Handwerk des Schauspielers, Bühnenbildners und Regisseurs verschaffen. Soviel ich erinnere, wurde kein regelrechter Schauspielunterricht gegeben, wohl aber gab es Regiekurse. Das Wichtigste für mich war die Möglichkeit, an der Probenarbeit der Berliner Theater teilzunehmen. Zu diesem Zweck wurde eine »Probenkarte« ausgegeben, die uns wie ein Dietrich die Türen aller Bühneneingänge öffnete. Die Probenzeiten waren am Schwarzen Brett des Instituts angeschlagen, und wer wollte, konnte Abend für Abend im Dunkel eines Theatersaales hinter dem Regiepult sitzen und zuschauen, wie ein Inszenierungseinfall von den Steh- und Leseproben bis zur Generalprobe langsam Gestalt annahm, konnte partizipieren an dem Mysterium der Verwandlung eines Textes in eine farbige dreidimensionale Lebenssimulation, die alles Leben transzendiert.

In der Intimität der Probearbeiten erlebte ich nicht nur Gründgens selber, sondern auch Fehling und Stroux. Unvergeßlich haben sich mir die Proben zur Aufführung eines Strindbergstückes mit der Flickenschildt in der Hauptrolle eingeprägt. Dekadenz und Hysterie. Das Bühnenbild und die Kostüme waren nur schwarz und weiß. Munchsche Holzschnitte. Als einziger Farbtupfen: eine rote Rose, die in einer *scène à faire* die entscheidende Rolle spielte. Die Inszenierung wurde dann allerdings auf Intervention des Reichsdramaturgen zurückgezogen. (Oder irre ich mich?)

Berlin – die Stadt ohne »Gesellschaft« – war immer eine Theaterstadt. Wenn es so etwas wie eine Berliner »Gesellschaft« gab, so war es die der

Theaterpremieren. In den dreißiger Jahren war Berlin eine Theaterstadt wie nie wieder. Man hat das vergessen, weil das nicht in das Bild paßt, das man sich vom Hitler-Deutschland macht. Was in Berlin auf den Bühnen geschah, stand als kulturelle Leistung im krassen Gegensatz zu der Verödung, die in Literatur und bildenden Künsten eine notwendige Folge der offiziellen Kulturpolitik, der Gleichschaltung, der Vertreibung der Juden, der regressiven Abkehr vom deutschen Expressionismus sein mußte. In Berlin wurde nach wie vor das beste Theater der Welt gemacht – oder sagen wir vorsichtiger: Nirgendwo auf der Welt wurde damals besseres Theater gemacht als in Berlin. Jeder Theaterhistoriker wird das heute bestätigen.

Für dieses seltsame kulturhistorische Phänomen gibt es gute Gründe. Ein Zusammenspiel von mindestens drei Faktoren hat hier Ausnahmebedingungen geschaffen, die jeder Gesetzmäßigkeit spotten; es hätte alles auch ganz anders kommen können!

Zunächst einmal gab es eine erstaunliche Fülle großer schauspielerischer Begabungen, die in der hohen Schule der alten Berliner Theatertradition herangezogen und abrufbar waren. Die Emigration führte nicht zu einem Bruch. Die Zensur mochte das Repertoire einschränken, es gelang ihr nicht, die Qualität der Aufführungen zu mindern: Die Substanz an schauspielerischem Können und Theatermetier erwies sich als zu stark. Was in Berlin zurückgeblieben war und sich aus den Reserven der zahllosen Stadt- und Landestheater regenerieren konnte, genügte, um auch weiterhin das höchste Niveau zu garantieren.

Sodann zweitens: die Konstellation Göring-Gründgens, die in der alten Hauptstadt des Reiches, im Widerstand zu deren sozialrevolutionären Gauleiter Goebbels, die postume Verwirklichung eines deutschen Nationaltheaters ermöglichte; der eine schuf dafür – aus welchen Gründen auch immer – den politischen Freiraum, der andere wußte ihn zu nutzen. Einer allein hätte nicht genügt. Es bedurfte beider.

Heute will es mir so scheinen, als ob das, was es den beiden ermöglichte, ein einzigartiges Tandem zu bilden, das Preußische in ihnen war. Ist der Gedanke so abwegig? Man wolle sich bitte daran erinnern, daß der Satrap mit dem »Pour le Mérite« in diesem Bereich als Preußischer Ministerpräsident agierte; rechtlich handelte es sich um die Schutzherrschaft über die preußischen Staatstheater, ehemals eine Prärogative der Krone. Wirkte Preußen hier, wie in gewissen Teilen der Armee, als geistige Gegenkraft, die der Herrschaft der Dämonen ihren Widerstand entgegensetzte (als Katechon, wie Carl Schmitt behauptete)? Die enge Beziehung der preußischen Militärmonarchie zum Theater ist ja immer eine Eigentümlichkeit Preußens gewesen und hat wesentlich zur Tradition Berlins als Theaterstadt beigetragen. Der Intendant in Gardekürassieruniform ist eine nur in Berlin denkbare Figur – daß es zuletzt einer in der Uniform eines Flakfeldwebels sein würde, ist ein Witzchen der Weltgeschichte.

Es ist vielleicht auch kein Zufall, daß Gründgens aus den preußischen Rheinprovinzen stammte. Man mag sagen, die Rheinländer hätten nichts mit den Preußen gemein: ein Sachse war er nicht. In seinem Pflichtbewußtsein, in seiner extremen Selbstdisziplin und seiner erstaunlichen Organisationsgabe steckte jedoch essentiell Preußisches. Man versteht, glaube ich, mehr von ihm, wenn man ihn in dieser Perspektive sieht, als in bengalischer Beleuchtung à la Klaus Mann. Man wird viel Aufschlußreiches dazu in den Memoiren seines Dramaturgen Eckart von Naso finden – einem Neffen übrigens des letzten königlich-kaiserlichen Intendanten, Graf von Hülsen, der seine Theaterlaufbahn bei diesem begann und unter Gründgens beendete. Es wurde ihm vorgeworfen, ein Nazi zu sein, was sicher so nicht stimmt. Auch er gehörte zur Konstellation.

Soviel scheint mir gewiß: Gründgens war nicht der »Zwillingsbruder« von Goebbels, wie René König in dem sonst überaus lesenswerten Berlin-Kapitel seiner Memoiren (1980) meint, vielmehr dessen Gegenpol und Gegenspieler. Es standen sich damals, so muß man es sehen, die Exponenten zweier konträrer Ausdrucksformen der kulturellen Selbstdarstellung eines Volkes gegenüber – der alten, aristokratisch-bürgerlichen (heute sagt man gern »elitären«) und jener neuen, die der Herr über Presse, Rundfunk und Film so virtuos zu manipulieren verstand und welcher, wie wir heute wissen, die Zukunft gehören sollte, jene der Massen und Medien.

Der Kampf war damals noch nicht definitiv entschieden. Die Anekdote, derzufolge Gründgens, dazu gezwungen, eine Rolle in einem Goebbelsschen Propagandafilm zu übernehmen, sich im Dienstwagen des preußischen Staatsrats zu den Dreharbeiten fahren läßt, um dort Regieanweisungen nur über einen Adjutanten als »Befehl« entgegenzunehmen, zeigt deutlich, mit welch subtilen Methoden gekämpft wurde. Das waren tapfere Rückzugsgefechte.

Doch auch der preußische Staatsrat, und damit komme ich zu dem dritten Faktor meines Erklärungsversuches, hätte den Kampf nicht bestehen können, hätte er nicht einen stärkeren Verbündeten gehabt als den Reichsmarschall: das in seiner Art wohl einzigartige Berliner Theaterpublikum – eben jenes vielgescholtene deutsche Bildungsbürgertum, das, von einem politischen Geschehen überrollt, ohne recht zu begreifen, was ihm geschah – was keineswegs ausschließt, daß es dieses, sein Schicksal, mitverschuldet hatte –, nun selig war (und auch kompetent), seine ästhetisch-moralischen Bedürfnisse in einer politik- (d. h. NS-)freien Enklave befriedigen zu können. Der Gegenbegriff zur Tyrannis war für dieses deutsche Bürgertum eben nie die Freiheit, sondern die Kultur. Es litt unter der nationalsozialistischen Herrschaft, weil sie die deutsche Kultur zu einer merkwürdig atavistischen Massenangelegenheit umfunktionieren wollte. Hier, im Berliner Theater, wurde sie ihm unverfälscht, in der besten Tradition und auf höchstem Niveau geboten. Es war kaum zu glauben, aber wahr. Die Chance, sich zu ihr zu bekennen, wurde demonstrativ wahrgenommen. Es ist billig, heute die Alibifunktion eines solchen Verhaltens zu kritisieren. Eine Alternative gab es nicht. Von diesem Plebiszit *de tous les soirs* wurde Gründgens getragen.

Ich erinnere mich an eine Nacht, die ich in der Menschenschlange verbrachte, die sich auf dem Gendarmenmarkt um den Schinkelbau herumlegte, um auf die Öffnung der Theaterkassen am nächsten Vormittag zu warten. Ich wollte Billetts für die neue Faust-Inszenierung buchstäblich »erstehen«. Es herrschte eine ganz sonderbare Stimmung: die Vorlust auf das große Ereignis; das Außergewöhnliche der Stunde, in der die mitternächtliche Aufgekratztheit langsam hinüberwechselte in die Schlaftrunkenheit des frühen Morgens; die Verdunkelungsfinsternis zuerst, das diesige Zwielicht sodann; die Anonymität, verbunden mit dem Gefühl, ein gemeinsames Abenteuer zu bestehen – all dies trug dazu bei, um zwischen den zahllosen Unbekannten, vielen Hunderten, die da vermummt dicht beieinander standen (oder kauerten), eine seltene Atmosphäre von Intimität und Solidarität zu erzeugen, in der die übliche Zurückhaltung zwischen Fremden suspendiert war und einer spontanen Kommunikationsfreudigkeit Platz machte. Ein nächtliches Volksfest, hätte man meinen können, doch ohne jeden Rummel und ohne jeden Lärm. Man hörte es nur raunen und murmeln. Gelegentlich stieg ein Gelächter auf wie ein Leuchtfeuer. Lebensgeschichten wurden im Flüsterton erzählt, Witze gerissen hinter der Hand. Der Inhalt von Freßkörben – Stullenpakete und Weinflaschen – machte die Runde, Drops und Pfefferminztabletten wurden im Umkreis verteilt. Die ständige nervöse Erwartung, daß die Sirenen losheulen würden, verstärkte die Genugtuung darüber, daß sie es nicht taten; das Gefühl der Erleichterung, ja der Dankbarkeit schließlich, als der heraufdämmernde Tag die Gewißheit mit sich brachte, nun sei die Gefahr überstanden. Die Zeit verging wie im Fluge.

Ich selber hatte zur Unterhaltung meiner Umgebung dadurch beigetragen, daß ich mit der Geschwätzigkeit eines orientalischen Märchenerzählers die Geschichte von der Katze, »die ihre eigenen Wege geht«, zum besten gab, mit Erfolg offenbar, denn ich mußte sie wiederholen. Ein jüngeres Paar, dessen gute Gesichter ich erst identifizierte, als wir schon dicht vor der Kasse standen, wollte mich unbedingt zum Frühstück mit zu sich nehmen. Ich ging nicht darauf ein, akzeptierte aber eine Einladung zum Tee an einem der darauffolgenden Nachmittage (es stellte sich heraus, daß wir gemeinsame Bekannte hatten). Das brachte dann natürlich eine arge Enttäuschung: Man hatte nichts mehr miteinander gemein. Der Zauber der nächtlichen Stunde war verflogen.

Keinem der Theaterfans, die sich da für zwei Eintrittsbilletts für Gründgens' Faust-Inszenierung eine Nacht um die Ohren geschlagen hatten, kam, ich bin dessen gewiß, ins Bewußtsein, daß nur wenige hundert Meter von Schinkels Prachtbau, im Prinz-Albrecht-Palais, gleichzeitig Unmenschliches geschah.

Was Gründgens im Herzen Berlins, im Zentrum von Hitlers Deutschland, machte, war der bewußte Versuch, dem Werk der nationalen Selbstzerstörung Paroli zu bieten. Sein Theater war die letzte Bastion einer Kulturtradition, die sonst überall aufgekündigt wurde.

Merkwürdigerweise ist ausgerechnet das Theater nach dem Kriege, im Klima einer prosperen und friedfertigen Restauration, zu dem Ort geworden, an dem der Zerstörungsprozeß seine symbolische Fortführung fand. Dort wurde nachvollzogen, was Hitler nicht gelungen war. Der Kampf gegen den Bildungsbürger – denn darum ging es jetzt – wurde zum reinen Terrorismus. Die antihumane, antihumanistische Grundeinstellung, die jetzt auf der Bühne Triumphe feierte, fand ihren Ausdruck in einer dreifachen Verachtung: der Verachtung des Autors, und sei es Shakespeare, Schiller oder Goethe, der Verachtung des Publikums, das nur noch gequält werden soll, und der Verachtung des Schauspielers, dem, rücksichtslos bis zur Selbstaufgabe, das Unmögliche zugemutet wurde! Der Regisseur war kein Demiurg mehr, sondern ein Frankenstein, der seinen Roboter, seinen Golem, in die Welt entläßt, ein größenwahnsinniger Diktator, ein Thomas Müntzer, der seine Omnipotenzphantasien verwirklicht. Ins Theater zu gehen, wurde lebensgefährlich. Man wußte nicht, ob man an Leib und Seele unbeschadet heil herauskommen würde. Angeschlagen zu werden war aber die dezidierte Absicht, der Zweck des Unternehmens. Auch das kühnste Experiment eines Jessner oder Fehling überschritt jene Grenze nie, die durch die dreifache Ehrfurcht vor dem Autor, vor dem Schauspieler und vor dem Publikum gezogen ist. Das theatralische Kunstwerk entstand am Berühungspunkt dieser drei Elemente, als Kulturzeremonie, als kultisches Ereignis. Jetzt hatte man den Eindruck, als solle jede neue Inszenierung die Wirkung einer Explosion haben, in der das Stück, die Akteure und die Zuschauer in die Luft gejagt werden.

Natürlich sind wir hier Zeugen später Auswirkungen eines Klassenkampfes gewesen. Man kann, was in den sechziger und siebziger Jahren auf dem Theater geschah, als die späte Rache der Komödianten verstehen, die, jahrhundertelang gedemütigt, mit dem Status besserer Dienstboten vor den Exponenten der herrschenden Schichten spielen mußten, die da in ihren bequemen Fauteuils saßen, Applaus spendeten oder ihr Mißfallen manifestierten. Jetzt waren plötzlich die jungen Leute vom Theater die Herren, und es hing von ihrem *bon plaisir* ab, ob der Zuschauer (als notwendiges Übel jeder Performance) überhaupt auf einem Stuhl sitzen durfte oder zwölf Stunden lang am Fußboden kauern mußte, ob er etwas verstehen darf oder auf keinen Fall verstehen sollte. Die Menschenverachtung kannte keine Grenzen mehr. Die postume Exekution des Bildungsbürgers wurde zum sadomasochistischen Erniedrigungszeremoniell. Das geheime Grundmuster jeder Inszenierung war das Ritual des Menschenopfers.

In einer durch und durch demokratisch-bürokratisierten Welt, in der weder die Politik noch das Kriegswesen charismatischen Talenten Spielräume zur Verwirklichung ihrer Größenphantasien gibt, ist offenbar der Beruf des Regisseurs der letzte, der einem Individuum die Chance bietet, seine Ideen uneingeschränkt, mit gesellschaftlicher Billigung obendrein, auf Kosten anderer zu realisieren. Die Frage ist nur: Warum lassen die Zuschauer es widerspruchslos mit sich geschehen? Offenbar sind die Todeswünsche des aus säkularer Hörigkeit entlassenen, zutiefst verunsicherten Subjekts stärker als seine Sehnsucht nach Schönheit, sein Unterwerfungsbedürfnis größer als sein Drang nach Freiheit.

Der Verlockung, als Regisseur machen zu können, was man will, habe auch ich meinen Tribut entrichtet, und dies in einer Zeit, in der die Götterdämmerung von Staats wegen inszeniert wurde. Ich weiß genau, worum es geht. Es ist ein berauschendes Gefühl, der Verwirklichung seiner Idee alles zu opfern, was ihr entgegensteht, etwas Neues, noch nie Dagewesenes in die Welt zu setzen. Worum handelt es sich? Um das Projekt, Schillers »Räuber« zu inszenieren – ich sprach schon davon.

Das Stück – zunächst Klassenpflichtlektüre – hatte, während ich mich damit beschäftigte, wachsend an Faszination gewonnen. Schließlich ist es ja ein Adoleszentenstück, in dem sich ein Jüngling seine Sozialisationsprobleme von der Seele geschrieben hat. Jeder junge Mensch muß darin alles finden, was ihn selber bewegt: die Fragen nach Liebe und Tod, nach Gott und Welt, nach gesellschaftlichen Konventionen und sozialer Gerechtigkeit, nach Zwang und Freiheit.

Der Witz liegt nur darin, daß alle Antworten zweimal gegeben werden – schwarz und weiß, gut und böse. Doch liegen die Dinge so einfach nicht. Ich merkte auch sehr schnell, daß das gräfliche Brüderpaar einem siamesischen Zwilling vergleichbar war, dessen beide Hälften die zwei Seiten ein und derselben Grundsituation zum Ausdruck brachten, die beiden Aspekte einer komplexen, in sich selbst widersprüchlichen, zerrissenen Individualität, eines schizophrenen Subjekts, Figurationen spiegelbildlicher, komplementärer Neurosen. Zwei Seelen, ach, in meiner Brust! Davon wußte ich ein Lied zu singen.

Karls Primitivität, Naivität und Direktheit machten aus ihm zunächst den »positiven« Helden – aber war er nicht auch lächerlich und bemitleidenswert in dem Maße, in dem er nur edel und gut war? Die Raffiniertheit, Verquältheit und Grausamkeit machten aus Franz ein Monstrum – war er aber nicht in dem Maße bewundernswert, in dem er konsequent der Logik des Bösen folgte bis zur Selbstzerstörung? War er nicht im Grunde sensibler, intelligenter – die interessantere Figur? Vordergründig der »negative« Held, war er als der Anti-Held der wahre Held des Stückes! Eine genaue Lektüre der großen Monologe der beiden Protagonisten, eine Analyse der Intrige, besonders die Beziehung zu Amalie, ließ viel Raum für subtilere Interpretationen.

Franz – ich sah ihn im Seidenkostüm mit Spitzenjabot, Armbänder an den Handgelenken, Ringe an den Fingern – war die Gestalt aus einem Roman von de Sade, ein vollendeter Cortegiano, der aber Nietzsche, Baudelaire und Wilde gelesen hatte, ein *décadent.* Sein Diskurs war der eines radikalen Nihilisten, in sich vollkommen stimmig und ehrlich, mindestens so sehr wie der seines Bruders, der sentimentalisch den Diskurs der Revolte hält, wenn er nicht – und nur das macht ihn sympathisch – seine intimen Zweifel daran reflektiert und agiert, und das tut er ja reichlich.

Mein Interesse an Franz nahm in dem Maße zu, in dem das für Karl erblaßte. Doch liebte und »verstand« ich beide.

Karl und seine Freunde sah ich als eine Art Männerbund mit chiliastischen Vorstellungen. Ich nahm sie aus dem Wald heraus – und versetzte sie ganz in die Wirtshausstube, in der sie redeten, redeten, redeten. Don Quichotte, der zu den Hirten vom Goldenen Zeitalter spricht – das war das Bild, das ich vor Augen hatte. Der Stich von Doré sollte auch an der Wand hängen. Ich ging so weit, eine Passage von Cervantes einzublenden. Dafür rezitiert Franz, den ich in eine Boudoiratmosphäre versetzte, Verse von Baudelaire.

Und wie stand es mit Amalie? Die reine Jungfrau, der pure Edelmut? Man muß ihren Part genauer lesen! Sie stand zwischen diesen beiden jungen Männern, eine prekäre Situation. Es war ausgeschlossen, daß sie sich der Faszination von Franz völlig entziehen konnte. Steigerte sie sich nicht darum so sehr in ihre schwärmerische »Liebe« zu Karl hinein, weil ihre Sinnlichkeit sie zu Franz hinzog, haßte sie ihn nur darum, weil sie fühlte, daß sie ihm längst verfallen war? Verteidigte sie eine Virginität, die sie ungeduldig loswerden wollte? Steckte hinter der Tugendhaftigkeit von Amalie, wie hinter jeder Tugendhaftigkeit, eine verhaltene Perversität? Waren ihre Invektiven nicht reine Hysterie? Die große Verführungsszene, in der sie Franz, der sie leidenschaftlich begehrt, zur Vergewaltigung provoziert, konnte durchaus so gespielt werden, daß sie als die wahre Verführerin erschien. Man brauchte am Text nicht viel zu ändern. Man mußte ihn nur so einrichten, daß er im Kammerton eines intimistischen Konversationsstückes ausgespielt werden konnte, die »Räuber verkehrt«.

Ich hatte einen wunderbaren Schauspieler für meinen Franz gefunden, einen Schauspielschüler, etwas älter als ich, den Christiane uns zugeführt hatte. Sie selber, eine Freundin meiner Schwester, sollte die Rolle von Amalie übernehmen. Der junge Mann war an und für sich überhaupt nicht mein Fall und stammte offensichtlich aus kleinsten Verhältnissen. Seine Gesichtszüge waren eher grob, doch war er gut gewachsen. Auf den ersten Blick überhaupt nicht so, wie ich mir Franz vorstellte: feingliedrig, mit einem schmalen Gesicht und schmalen Händen. Aber es erwies sich, daß er außer einem phänomenalen Gedächtnis die mediale Verwandlungsfähigkeit des geborenen Schauspielers hatte, jene Plastizität, die es der formenden Hand des Regisseurs erlaubt, ihm jede gewünschte Gestalt zu geben.

Um die Zuschauer gleich zu Beginn auf den subjektivistisch-psychologischen Grundton der Inszenierung einzustimmen, wollte ich den ersten Monolog von Franz (»Ich habe große Rechte, über die Natur ungehalten zu sein …«) ganz an den Anfang ziehen, ihn also vor den Auftritt mit dem Vater stellen, was mir auch dramaturgisch ein Gewinn zu sein schien. Franz, der Einsame, bewegte sich da, unbeobachtet, in seiner Intimsphäre, einem luxuriös ausgestatteten Kabinett, zwischen Stehpult und Ottomane.

Es war vorgesehen, daß Karl in einem großen Lehnstuhl – einem der grünen Sessel aus unserer Bibliothek –, von Folianten umgeben, seine Weltverbesserungsmonologe über die Köpfe seiner Spießgesellen hinweg schmettern sollte. Als Accessoire für Franz hatte ich einen winzigen, schweinsledergebundenen Duodezband herausgesucht – wenn ich mich recht erinnere, »L'Homme Machine« von La Mettrie –, in dem er zerstreut blättern sollte, wenn er im Selbstgespräch flüsternd vor sich hin philosophierte. In der letzten Szene des zweiten Aktes lag er rücklings auf dem Ruhebett, die Beine senkrecht an der Wand (dort würde ein Gobelin hängen), und formulierte, den Kopf über den Rand zurückgeworfen, aus der Horizontalen ganz leise seine mörderischen Ideen, als handelte es sich um Assoziationen, die durch seine Lektüre angeregt waren und die sich nur mühsam in Worte fassen ließen.

Mein Mann schien vollkommen erfaßt zu haben, worauf ich hinauswollte, ja er übertraf alle meine Erwartungen. Er identifizierte sich so sehr mit dem Rollenkonzept, das ihm eigentlich ganz fremd sein mußte, daß er, intuitiv und spontan, durch kleinste Gesten, eine Intonation in der Stimme, das Setzen einer Pause, das Charakterbild, das mir von Franz vorschwebte, ergänzte und vervollständigte. Es hörte auf, ein Produkt meiner Imagination zu sein. Die Figur, die mir da entgegentrat, wirkte vollkommen natürlich und plausibel. Ich brauchte nichts »dazu zu erfinden«, wurde vielmehr durch die Entdeckung neuer Züge, die mir nur noch nicht aufgefallen waren, überrascht. Ich war entzückt!

Christiane war auch nicht gerade der Typ meiner Amalie. Im Grunde ein gesundes Sportsmädchen, hatte sie sich in den Kopf gesetzt, Schauspielerin zu werden. Sie war etwas überkandidelt und genug höhere Tochter, um die Spannungen, auf die es mir ankam, im eigenen Leibe zu haben. Von meiner Regiekonzeption war sie begeistert. Für sie hatte ich, vor dem ersten Gespräch mit Franz, eine große *scène à faire* vorgesehen, in der sie sich, selbstverliebt, vor einem Toilettenspiegel umzieht – auszieht. (Ich ging damals noch nicht so weit, von ihr zu verlangen, sich gänzlich zu entkleiden, was heute selbstverständlich wäre, aber der Gedanke war natürlich da, sie wußte es!) Franz sollte ihr, unbemerkt, dabei zuschauen. So probten wir die tolle dritte Szene im ersten Akt. Die innere Ambivalenz der Rollenprosa war derartig überwältigend, daß ich mich zu fragen begann, ob Schiller das am Ende nicht überhaupt so gemeint hatte, wie ich es ihm unterstellen wollte. Man lese das, bitte schön, noch einmal nach.

Den Karl wollte Konstantin Spies übernehmen, und es bereitete uns keinerlei Schwierigkeiten, eine Art Raskolnikow aus ihm zu machen – allerdings einen aristokratischen, denn der »Räuber« Moor gehört ja zu jenen Weltverbesserern, die nicht das Ressentiment, sondern die Generosität auf die Barrikaden treibt.

Obwohl ich für eine Zeitlang völlig in diesem Inszenierungsprojekt aufging, habe ich nicht einen Augenblick daran gedacht, ich könnte selber einmal zum Theater gehen, Regisseur werden. Es war ein Spiel, das ich da spielte, wie ich deren viele spielte.

Vor mir liegt die Mappe mit den Figurinen, die ich für unsere Aufführung entworfen hatte. Christiane, die noch während des Krieges einen reichen Industriellen geheiratet hat, hat sie mir vor kurzem erst geschickt – ich hatte sie völlig vergessen. Der Mode nach etwas zwischen Directoire und Empire. Elegant, erotisch. *Philosophie dans le boudoir.*

Mit meinem Franz war ich der Verführung des Bösen bis an die Grenze seiner Verherrlichung erlegen. Das lag auf der Linie des *décadent,* für den ich mich damals hielt. Es ging mir ausschließlich um ästhetische Valeurs. Daß zwischen meinem Immoralismus und dem Zerstörungswerk Hitlers und seiner Leute (zu dessen Opfern ich und die Meinen schließlich auch gehörten) ein Zusammenhang bestehen könnte, kam mir nicht in den Sinn.

Ja, Schillers »Räuber« ist ein geheimnisvolles, vielschichtiges, zutiefst deutsches Stück. Es war das letzte, das mit Gründgens in der Rolle des Franz im Berliner Staatstheater gespielt wurde, bevor dieses dem totalen Krieg zum Opfer fiel. Ich habe diese Aufführung nicht mehr sehen können. Bemerkenswert scheint mir, daß »Die Räuber« auch das letzte Stück war, das das Königlich-Preußische Staatstheater im Ersten Weltkrieg gespielt hatte.

Spaziergänge mit Carl Schmitt

Über keinen Menschen habe ich in meinem Leben mehr nachgedacht als über Carl Schmitt. Auch über meinen Vater nicht. Vielleicht werde ich über die Resultate dieses Nachdenkens noch einmal ein Buch schreiben. Hier will ich jetzt über die Anfänge dieser Beziehung berichten. Ich tue es mit dem Gefühl, eine Dankesschuld abzutragen.

Man sucht sich nichts aus im Leben. Weder seine Eltern noch sein Volk, noch die Epoche. Und so geht es weiter. Man wählt seinen Beruf nicht und nicht seine Frau. Immer sind es Fügungen, die wir akzeptieren müssen. Wir entscheiden nichts. Nicht die Illusion der souveränen Entscheidung hilft uns das Leben bestehen, sondern der *amor fati.*

Auch Carl Schmitt habe ich mir nicht ausgesucht. Er war ein integrierender Bestandteil dieser Jugend in Berlin, wie unser Haus, wie meine Schule, wie meine Eltern. Er gehörte zu ihrem Freundeskreis in einer Zeit, in der ich noch ein Kind war. Er muß meine Mutter geliebt haben – auf seine Weise. In ihrer Bibliothek standen viele Bücher, die eine Widmung von ihm trugen – Benjamin Constant, Stendhal. Sie hat einen Aufsatz von ihm ins Rumänische übersetzt. Die beiden waren altersmäßig ungefähr die gleiche Generation. Zu meinem Vater schaute Carl Schmitt auf wie zu einem Lehrer. Er verehrte ihn als Repräsentanten der »deutschen Wissenschaft«, der ja auch er sich verschrieben hatte. Und da wuchs nun dieser Knabe heran, der *sein* Sohn hätte sein können. Als ich so um die fünfzehn, sechzehn war, zog er mich in seinen Bannkreis. Wie ein Falter flog ich, unwiderstehlich angezogen, in das Netz, das er ausgespannt hatte. Seine Frau war mit meiner Mutter befreundet. Seine Tochter Anima, zwar um einige Jahre jünger, gab Geburtstagsgesellschaften – es fehlte nicht an Berührungspunkten. Er telefonierte zu Hause an: »Nicolaus, das Wetter ist so schön, wollen wir nicht etwas im Grunewald spazierengehen?«

Ich ließ alles stehen und liegen, nahm den Omnibus »M«. Und da stand er, an der Haltestelle Thielplatz, der kleine Herr mit Hut und Stock, auf mich wartend, und los ging es. Das Gespräch begann, wenn ich den Fuß noch nicht vom Trittbrett genommen hatte.

Die Gespräche, von denen ich hier berichten will, fielen in die Zeit nach dem Ausbruch des Zweiten Weltkrieges. Ich war Abiturient und dann, nach dem Tode meines Vaters (er starb, während ich im Arbeitsdienst war), Student. Auf Antrag meiner Mutter hatte man meine »Freiwilligenmeldung« für ein Jahr zurückgestellt, eine unerwartete Galgenfrist, geschenkte Zeit. Ich hatte mich an der Technischen Hochschule und an der Friedrich-Wilhelm-Universität eingeschrieben und »hörte herum«, ohne richtigen Plan. Für Anfangssemester das einzig Vernünftige! Ich ging in die Vorlesungen von Eduard Spranger, Nicolai Hartmann, Wilhelm Pinder, Ernesto Grassi. Was sie sagten, interessierte mich, betraf mich aber nicht.

Nur bei Carl Schmitt, den ich außerhalb der Universität traf, hatte ich das Gefühl: alles, was er sagt, geht mich unmittelbar an. Auch bei meinem Vater hatte ich dieses Gefühl eigentlich nie. Die Welt, die er für mich repräsentierte und im täglichen Zusammensein durch viele Jahre so eindrücklich zu vermitteln versuchte, blieb für mich doch immer irgendwie unbelebt. Es fehlte jene aufregende Gegenwartsbezogenheit, die aus jedem Satz sprach, den ich aus dem Munde von Carl Schmitt vernahm. Dabei haben wir nie ein Gespräch über politische Tagesereignisse geführt.

Ich hatte damals keine genaue Kenntnis seines bis zu diesem Zeitpunkt entstandenen Werkes als Staatsrechtler und auch nur eine sehr ungenaue Vorstellung von der Rolle, die er in den ersten Jahren des Hitler-Regimes gespielt hatte, kannte nicht »Staat, Bewegung, Volk«, nicht »Der Führer schützt das Recht«, seine Apologie der blutigen Ereignisse des 30. Juni 1934 – man sprach von der »Reichsmordnacht« –, auch nicht seine Rede über deutschen und jüdischen Geist auf der Tagung des NS-Rechtswahrerbundes. Das alles steckte natürlich dahinter, wenn es hieß, »Carl Schmitt ist ein Nazi«. Das war der Grund dafür, daß meine Eltern einige Jahre mit ihm nichts zu tun haben wollten. Jetzt war Carl Schmitt in das Lager der Regimegegner übergetreten. Was das in concreto bedeutete, wußte ich nicht, wie ja überhaupt diese Gegnerschaft in unseren Kreisen nie eine politische, sondern eine stimmungsmäßig-viszerale war.

Wie auch immer, er war preußischer Staatsrat, Berliner Ordinarius für öffentliches Recht, ein berühmter und berüchtigter Mann. Ich erlebte ihn in der Atmosphäre vertraulicher Privatheit, als einen Menschen, der leidenschaftlich um das Verständnis des überwältigenden Geschehens rang, das unser Volk unaufhaltsam ins Verhängnis trieb – daran bestand auch für ihn kein Zweifel.

Er war der einzige, wenn ich Robakidse einmal beiseite lasse, der Hitler *ernst nahm* – und zwar, auch er, als mythische Größe. Je kleiner wir Hitler machen, um so kleiner machen wir uns selbst, pflegte er zu sagen. Er ist ein Golem. Man muß den kleinen Zettel, der unter seiner Zunge liegt und auf dem die Chiffre seines Geheimnisses steht, in die Hand bekommen. Dann hat man ihn in seiner Macht. Diesen Zettel, diese Chiffre, wollte er finden. Dann sagte er wieder: »Bei Hitler ist das anders als beim Golem, er hat unter seiner Zunge nicht einen Zettel. Wenn man da sucht, findet man den ganzen Papierkorb des 19. Jahrhunderts!«

Ich war damals um die achtzehn, Carl Schmitt noch keine fünfzig. Ich sah ihn alterslos. Sein kleiner Wuchs störte mich nicht. Ich stand völlig im Bann seiner großen, wunderbar ausdrucksvollen Augen. »Alle Genies sind Zwerge« – das war so einer der Sprüche meines Vaters, was auch heißen sollte, daß er, mit seinen eins fünfundachtzig eigentlich keines sein konnte. Ludwig XIV., Napoleon, Lord Byron – die einzige Ausnahme: Bismarck!

Es bedarf einer großen Anstrengung, das Wissen, das ich über diesen Mann in vierzig Jahren einer intensiven Beschäftigung – dazu gehörte in den ersten Jahren nach dem Krieg eine herzliche Freundschaft und ein ausgedehnter Briefwechsel – gesammelt habe, beiseite zu räumen, um nur denjenigen zu sehen, der mir damals, als ich ein Jüngling war, entgegengetreten ist, und zu versuchen, ihn heute so zu sehen, wie ich ihn damals gesehen habe.

Es wird nicht ganz möglich sein. Ich will mich aber dieser Mühe unterziehen. Sie könnte sich insofern lohnen, als ich, aus der Warte meiner heutigen Kenntnis, der Überzeugung bin, daß diese Jahre wirklich der Scheitelpunkt dieses Lebens nicht nur in einem biographisch chronologischen, sondern in einem schicksalmäßigen Sinne gewesen sind. Es waren die Jahre einer großen Krise, einer intellektuellen und moralischen Midlife-crisis, wie man heute sagen würde. Die entscheidende Wende in seinem Leben und Denken, das Ende großer Erwartungen, der Einbruch echter Verzweiflung, aber auch die Revision von Irrtümern und Fehleinschätzungen, eine Rückkehr zum Ursprung. Nur wenn man weiß, was in diesen Jahren im Kopf des seltsamen Mannes vorgegangen ist, kann man hoffen, einen Schlüssel zum Verständnis seines für das deutsche Geschichts- und Politikverständnis exemplarischen Œuvres zu finden.

Vom Thielplatz ging es am Dahlemer Waldfriedhof vorbei in den Grunewald, der damals noch ein Kiefernwald war. Ihn beschäftige jetzt, so fing er das Gespräch zum Beispiel an, das Wort *Raum.* Ob ich mir schon einmal überlegt hätte, was das für ein erstaunliches Wort sei? Der Doppellaut *au,* flankiert von dem *R* und dem *m?* Er machte mit dem Spazierstock eine große Bewegung, als wollte er einen Kreis in die Luft zeichnen. Was mir dazu einfiele? Schaum, Frau, Aue, Blau… Das ist ja sehr interessant. Er tat so, als hätte er selbst noch nicht daran gedacht. Weißt du, die deutsche Sprache ist da unübertroffen! Mir fiel das französische *espace* ein, lateinisch *spatium.* Ja, das ist etwas ganz anderes – das ist römisch, mediterran. Das *S* – das grenzt einen Bezirk aus. Es ist »separativ«. Mir kam in den Sinn: das südländische Haus, mit seinem Patio nach innen gewendet, schirmt den Bewohner gegen die Außenwelt ab. *Raum* ist die offene Fläche unter dem Baum, wo die germanischen Herzöge ihre Mannen versammelten. Offenheit, das war es. Aber wie ist es mit dem Wort *Rom?* Rom und Raum, das gehört doch zusammen, das fände ich doch auch?… und so fort, auf den trockenen Sandwegen, im Schatten der Föhren. Das ging stundenlang. Dann nahm er mich zu einer Jause zu sich nach Hause.

Frau Schmitt begrüßte uns, die zwei müden Wanderer, und stellte einen Krug jugoslawischen Landweines auf den Tisch, dazu Brot und frische Zwiebeln. Carl Schmitt zeigte mir, wie man die Zwiebeln ißt: man muß herzhaft in sie hineinbeißen, ohne sie vorher zu zerschneiden. Der Wein schmeckte nach dem scharfen, süßlichen, den Atem verschlagenden, in die Nase steigenden Wurzelaroma doppelt gut. Dann sagte er zu Frau Schmitt: »Der Nicolaus hat eine geniale Erfindung gemacht: das *S,* das separative *S* in *espace* und *spatium* – nun weiß ich erst richtig, was *Raum* ist.«

Jetzt mußte ich noch das Aquarell von Gilles bewundern, das er besonders liebte. Ein Reiter auf einem Esel in einem Positano-Dekor, nicht figurativ, nicht abstrakt, es war schon ein Esel zu erkennen, der da trottete, wenn auch in einer gewissen Aura. Das war der *Raum* des Esels, der dieses Bild zu einer Raummetapher machte, so kommentierte Carl Schmitt. Und wenn nicht in dem Bild, so war in seinen Worten, seiner runden, die Luft wie eine Eselskuppe kosenden Handbewegung, seinem Blick, diese Raumidee als etwas Wesenhaftes, Mythisches, Plastisches spürbar.

Dann durfte ich nach Hause gehen. Aber nicht, ohne daß er mir etwas zu lesen mitgegeben hätte. Er verschwand in seinem Arbeitszimmer. »Da, nimm das mit! Vielleicht kannst du etwas damit anfangen.« Es waren zwei flexible Leinenbände, grün, Dünndruckpapier. »Das Nordlicht« von Däubler. »Da wirst du viel finden! Laß dich nicht irritieren, wenn dir etwas mißfällt. Däubler ist ein großer Strom, der alles mit sich führt: Schlamm, Baumstämme, tote Katzen, aber auch Goldkörner… Es lohnt sich auf alle Fälle!« Schon im »M« begann ich mit der Lektüre.

Immer hatte er etwas Neues, Interessantes. Gestern war es »Die große Parallele« – morgen das »Katechon«. Er war berühmt dafür. Ein Faible für das Außergewöhnliche. Woher hatte er das? Ich habe nie ergründen können, wie er zu seinen Funden kam.

Er sprach oft von der unsichtbaren Macht, die unsere Hand zu den Büchern lenkt, die wir in einem bestimmten Moment brauchen, die uns die Seite aufschlagen läßt, auf der das entscheidende Wort steht. Wenn er einen, wie er meinte, wichtigen Text gefunden hatte, propagierte er ihn in seinem Freundeskreis – ließ Abschriften machen, verschenkte das ganze Buch, wenn nötig, in zahlreichen Exemplaren. Immer mit bedeutungsvollen, anspielungsreichen Widmungen, die Winke, Signale für den Empfänger waren. Er verfügte zu diesem Zweck über einen unerschöpflichen Schatz an außergewöhnlichen, seltenen Zitaten. Immer war mit diesen Zueignungen ein Überraschungseffekt verbunden, der ein »Aha«-Erlebnis auslöste. Das war der typische Carl-Schmitt-Effekt.

Es gibt wohl keinen prominenten deutschen Autor – Gelehrten, Schriftsteller oder Dichter –, von dessen Faszination so einmütig die Rede ist. Wie auch immer man zu ihm steht, ob man ihn bewundert oder verurteilt, immer wird es heißen, der Mann ist faszinierend. Niemand kann dieser Faszination mehr erlegen sein als ich. Die erste, die mir von dieser Faszination gesprochen hatte, war meine Mutter.

Man kann sich über Carl Schmitt kein Urteil bilden, ohne auf die Frage eine Antwort gefunden zu haben, worauf diese Faszination eigentlich beruht. Es handelt sich um mehr als um ein spezifisches Begabungsbündel, eine Kombination persönlicher Eigenschaften, die den undefinierbaren Charme eines Menschen ausmacht. Er war nicht ein Charmeur wie Walodja. Sein Zauber lag in der Ausstrahlung einer besonderen Art von Geistigkeit, ihrer tief wurzelnden Ambivalenz.

Sein Lebenszuschnitt war der eines deutschen Professors, der ohne Luxus in einem geräumigen Haus wohnt, das mit Büchern vollgestopft ist. Eine dominierende Rolle spielte darin seine Frau, »Frau Schmitt«, wie er sie nannte. Sie nannte ihn »Herr Schmitt«, und die beiden siezten sich, was zu allerhand Witzeleien Anlaß gab. Frau Schmitt war eine imposante Erscheinung, gut einen Kopf größer als er, eine Jugoslawin bäuerlicher Herkunft. Sie trug das schwarze Haar glatt und glänzend um den runden Schädel, zu einem kleinen Dutt zusammengezogen, was ihr großflächiges Gesicht in seiner rundlichen Fülle plastisch zur Geltung brachte; ein immer strahlendes Mondgesicht. An den Schläfen kringelten sich zwei streng stilisierte Locken (was die Franzosen *accroche-cœur* nennen). Sie liebte es, ihren voluminösen Körper in weite, knöchellange Pelerinen zu hüllen, und wirkte, wenn sie so dastand, wie eine Statue des Gautama-Buddha. Wenn sie sich in den Straßen bewegte, war sie sehr beeindruckend und zog die Blicke auf sich. Sie nahm mich manchmal in Galerien mit. Ihr Auftritt war immer sensationell, wie der einer Königin. Sie war nicht die erste Frau von Carl Schmitt. Aber auch schon die erste war eine Jugoslawin. Er hatte ihren Namen an den seinen gehängt. Er nannte sich damals, wie man weiß, Schmitt-Dorotić. Das hat nicht sehr lange gedauert und ist eine dunkle Geschichte, über die ich hier nicht sprechen will. Nur soviel sei gesagt, daß »Frau Schmitt« sich, auch in meiner Gegenwart, rühmte, »diese Hochstaplerin, die behauptete, eine Gräfin zu sein«, entlarvt – sie verfügte als Landsmännin über die nötigen Informationen – und »Herrn Schmitt« von ihr befreit zu haben. Die beiden hatten eine Tochter, die sie abgöttisch liebten. Sie hatten ihr den Namen Anima gegeben. »Frau Schmitt« hieß Duschka. So nannten sie alle ihre Freunde, so hieß sie auch bei uns. Duschka bedeutet Seelchen.

Mutter und Tochter, Seelchen und Seele – Anima wird zu meiner Zeit ungefähr zwölf Jahre gewesen sein – behandelten den großen Staatsrechtler, bei allem Respekt, wie mir schien, mit einer gewissen Ironie, als ob sie ihn nicht so ganz ernst nehmen würden. Dieses familiäre Nicht-ganz-ernst-Nehmen kannte ich von zu Hause, obwohl es mir nie im Traum eingefallen wäre, so mit meinem Vater umzuspringen, wie Anima mit dem ihren. Das schien ihn aber gar nicht zu verdrießen, im Gegenteil, er spielte mit, indem er so tat, als ob seine Probleme und Theorien überhaupt nur Themen für Gesellschaftsspiele seien. Da wurde ich dann mit hineingezogen. »Nicolaus und ich haben uns gerade überlegt, was die beste Definition für *Elite* sei. Was meinst du, Anima?« Anima überlegte. »Elite sind diejenigen, die bei dem höchsten Einkommen die geringsten Steuern zahlen«, schlug er vor. Ich: »Pareto meint, Elite seien die, die bei einer Zehnpunktbewertung ihrer Leistungen die beste Zensur bekommen.« – »Hm, hm, das läßt sich hören, Anima, was meinst du dazu?« – »Das ist ganz einfach«, sagte Anima, »Elite sind wir.« – »So, so, du meinst also, wir sind die Elite? Daß du dich mal nicht irrst!«

Das waren so unsere Scherze nach den Spaziergängen, wenn wir beim Wein gemütlich um den Eßtisch saßen. Frau Schmitt stand im Hintergrund und schmunzelte geheimnisvoll.

Ich saß also im »M« und freute mich. Was würde er heute bringen? Ich selber hatte mich »vorbereitet«, gelesen, was er mir mitgegeben hatte, dies und das in Meyers Konversations-Lexikon nachgeschlagen. (Das gehörte zu den Ratschlägen meines Vaters: »Wenn du was nicht weißt, schlag im Meyer nach, da findest du alles, zumindest den Hinweis auf das Buch, in dem alles steht.« Auch heute noch steht Meyers Konversations-Lexikon, in der Ausgabe von 1906 – der, die in der väterlichen Bibliothek war – in meinem Arbeitszimmer, und ich muß sagen, es vergeht fast kein Tag, an dem ich das wilhelminische Kompendium bürgerlicher Bildung nicht benutze.) Ich war vielleicht auch in die Staatsbibliothek gegangen, um irgend etwas nachzuprüfen, einem Titel oder einem Autor, der im letzten Gespräch Erwähnung gefunden hatte, nachzuspüren, mir zum Beispiel »The Pirates' Who's Who« von Philip Gosse zu holen, den mir Carl Schmitt dringend empfohlen hatte, für den Fall, daß ich Näheres über die Eroberung der Weltmeere erfahren wollte.

Er schrieb gerade, wie sich herausstellen sollte, an seinem Büchlein »Land und Meer«, sein, ich sagte es schon, schönstes Buch. Nein, ich bin sicher, auch sein wichtigstes Buch, denn es birgt in nuce die Quintessenz seiner gnostischen Geschichtsphilosophie. Der Form nach ist es ein romantisches Märchen: »Meiner Tochter Anima erzählt«. Wer die Bedeutung kennt, die Widmungen für Carl Schmitt haben, findet hier einen wichtigen Hinweis. Es markiert den Wendepunkt in seinem Leben. Er verläßt das feste Land und wagt sich hinaus aufs freie Meer. Er kündigt den Vätern den Gehorsam auf und bricht auf in das Reich der Mütter.

Jetzt passionierte er sich (und mich) für das weltgeschichtliche Ereignis der großen »Seenahme«, die *merchants adventurers,* die Walfischfänger, die Filibustier und *buccaneers* und die Freibeuter mit einem Patent der englischen Königin in der Tasche.

»Das war etwas Unerhörtes, das mußt du dir einmal vorstellen, die Herausforderung der sich öffnenden Weltozeane! Ein glänzendes Beispiel übrigens für Toynbees ›Challenge and Response‹. Das hat er von Collingwood, das ist die ›Question-Answer-Logik‹ – auf die Geschichte übertragen. Nur so kannst du Geschichte überhaupt verstehen!«

Die Insel England löst sich plötzlich vom Lande ab und wird zu einem Schiff, das auf die Ozeane hinausfährt. »Ein Schiff«, sagte er geheimnisvoll, »ein Piratenschiff.« Die Insel England und ihre welterobernde Seefahrt bedurfte weder der absoluten Monarchie noch eines stehenden Landheeres, noch eines gesetzlichen Rechtssystems, wie es für das kontinentale Europa zu einer Notwendigkeit wurde. Nachdenklich fügte er hinzu: »Das englische Volk hatte einen Staat einfach nicht nötig und wurde trotzdem Weltmacht ... Das englische Volk, verstehst du, hat sich gegen den Staat entschieden – für *das freie Meer*!« »Wir sind Landtreter, Nicolaus«, sagte er, während wir durch den märkischen Sand im Grunewald stapften, und stieß unwillig mit dem Stock auf. »Wir können gar nicht begreifen, was das heißt: das freie Meer!

Tja, die englische Weltherrschaft! Das, mein Junge, ist die fundamentale, alles beherrschende Tatsache der modernen Geschichte! – Eine Weltherrschaft, die auf einer maritimen Existenz beruht, die sich vom Lande abgelöst hat und die Ozeane der Welt umfaßt. Das ist dasselbe wie Zivilisation und Menschlichkeit, das ist der Friede und das Völkerrecht selbst. Meer und Menschheit gehören zusammen wie Land und Staat – wie Meer und Freiheit. Deutschland ist nie etwas anderes gewesen als ein mittlerer europäischer Kontinentalstaat. Das ist unser Schicksal, ein Landrattenschicksal! Das Deutsche Reich ist ein Witz gegen das englische Empire. Aber damit hat England aufgehört, zu Europa zu gehören. Seitdem die Königin von England die Kaiserin von Indien ist, ist England eine asiatische Macht.« Er blieb stehen, schaute über den See – der Gedanke schien ihn zu begeistern. Dann sah er mich mit großen Augen an, die sagen wollten: »Da staunste!«

Und ich staunte! Klar, Carl Schmitt testete an mir seine Formulierungen. Er brauchte solche Testpersonen, um ihre Wirkung zu erproben. Aber so machte Geschichte Spaß. Der Übergang von den Korsaren-Abenteuern meiner Jugendbücher zu den *arcana* der Weltgeschichte, von Tausendundeine Nacht zum Mythos, vollzog sich mühelos. Das war ein anderer Geschichtsunterricht als der, den ich durch meinen Vater genossen hatte. Dort wurde mir ein solides Gerüst von Fakten vermittelt, Chronologie – hier bekam ich schwindelerregende topographische Gesamtüberblicke. Nicht mein Gedächtnis wurde trainiert, sondern meine Einbildungskraft auf die Probe gestellt. Das war keine Belehrung, nicht die Vermittlung von »Informationen«. Das war »Wissen« anderer Art.

Offenbar gab es, soviel hatte ich schon begriffen, zwei Arten von Wissen und zwei Arten der Erkenntnis. Beide hatten sie ihre Regeln, ihre Methode, ihre Evidenz. Die eine kannte ich durch meinen Vater, die andere, von der mein Vater nichts hielt, war mir durch meine Freunde Robakidse und Bruno Goetz, aber auch durch meinen Mentor Celibidache vertraut.

Es handelte sich offensichtlich um zwei völlig verschiedene Mentalitäten, zwei ganz unterschiedliche Denkstrukturen. Die eine operierte mit Begriffen und Fakten, die andere mit Symbolen und Bildern.

Der entscheidende Unterschied lag wohl in ihrem Begriff von Wahrheit. Für meinen Vater ging der Weg der Erkenntnis über ein Wissen, das allen allgemein und jederzeit zugänglich war. Jeder Mensch guten Willens konnte es sich aneignen und damit den Weg zur Wahrheit betreten. Die Wahrheit war die Summe dessen, was man wissen konnte, natürlich immer nur ein Annäherungswert gegenüber einem absoluten Wissen, aber soweit allgemein verständlich, verifizierbar, übertragbar. Jedem zugänglich, der das Wissensniveau seiner Zeit erreicht hatte, immer einsehbar und aussprechbar.

Für den anderen Denktypus lag nun alles genau umgekehrt. Die Wahrheit ist das, was man nie aussprechen kann und darf. Sie ist ihrer Natur nach »geheim«. Das Wissen, das mit ihr verbunden ist, kann nicht ohne weiteres vermittelt werden. Was öffentlich ausgesprochen und gewußt werden kann, ist nicht wert, gewußt zu werden. Man erschließt sich die Wahrheit nicht durch logisch-diskursives Denken, sondern »erschaut« sie, wenn man den nötigen Reifegrad erreicht hat. Darüber in der Öffentlichkeit zu sprechen, ist ein Sakrileg. Sie ist das streng gehütete Geheimnis-Monopol einer kleinen Zahl von »Eingeweihten«, der Zugang zu ihr »Initiation«, die nicht jedem gewährt wird. Man muß dazu berufen, »auserwählt« sein. Das Medium der Verständigung darüber (der Vermittlung des Unaussprechbaren) ist das mythische Bild.

So weit, so gut. Das hatte ich ungefähr kapiert. Hie ein System positiven Wissens, die Grundlage dessen, was wir »Wissenschaft« nennen – dort ein okkulter Traditionszusammenhang mystischer Gewißheiten und Sinndeutungen, der offenbar so lange zurückgeht, wie man menschliches Denken zurückverfolgen kann. Der Name dafür ist Gnosis.

In Carl Schmitt war mir nun eine sonderbare Mischform dieser beiden so konträren, wie man denken sollte, völlig inkompatiblen Denktypen begegnet. Er war ein Mann der Wissenschaft, des begrifflichen Denkens – ein Professor wie mein Vater, dem rationalen, diskursiven Denken verpflichtet, ein Meister des Syllogismus, der logischen Deduktion. Gleichzeitig aber war er auch der schauende Myste, der Epopt, der seine Einsichten nicht in Begriffen faßt und vermittelt, sondern in Symbolen und Bildern. Er beherrschte beide Register.

Er machte perfekte Wissenschaft – Staatstheorie, Verfassungslehre,

Völkerrecht, immer mit einem leichten Vorbehalt, was die Positivität betrifft, aber mit einer emphatischen Betonung der »Wissenschaftlichkeit«. Dahinter stand seine Privat-Mythologie. Er maskierte seine Mythologeme mit einem Anschein von Theoriebildung. Seine Begriffe sind immer bildhaft, suggerieren Symbolisches, evozieren Archetypen. Er spielt mit dem Doppelsinn der Worte, die er als Zeichen benutzt, mit denen er aber Emotionen mobilisiert, die aus der Tiefe aufsteigen. Seine berühmten Formulierungen sind nie einfache »Sätze«, sondern Beschwörungsformeln. Wenn er auch nicht gerade von »Dämonen« und »Wesenheiten« sprach, so war doch so etwas im Spiel, wenn er die Mächte beschwor, die die Geschichte bewegen. Mit der griechischen und asiatischen Mythologie hatte er nichts im Sinn. Er bevorzugte die Gedankenfiguren der christlichen Theologie und Gnosis bis hin zu ihren hegelianischen Spätformen. Mit ihrer Hilfe mythologisierte er das ganze 19. Jahrhundert.

Aber seine Theoriebildung ist immer Dämonenbannung. Es handelt sich immer um suggestive Kundgaben, die dazu bestimmt sind, in empfängnisbereiten Zuhörern (Adepten) Zustände zu erzeugen, aus denen – wissenschaftlich nicht falsifizierbare – Gewißheiten hervorgehen. Wenn man ihn im Sinne positiver Wissenschaftlichkeit beim Wort nimmt, ist man einfach der Dumme.

Was er die tiefe geistesgeschichtliche Bewußtheit nennt, ist die Partizipation an einem esoterischen Wissen, zu dem er allein den Schlüssel hat. Er fühlte sich als Geheimnisträger, als »Eingeweihter« im gnostischen Sinne. *Arcanum* war eines seiner Lieblingsworte, das immer wieder vorkam. Das gab all unseren Gesprächen eine Aura von Geheimniskrämerei, die mein Mißtrauen erweckte. Wenn das Wort *arcanum* kam, wußte ich, daß es hier nicht weitergeht. Das Oszillieren zwischen begrifflichem Diskurs und Bilderzauber, das ständige, natürlich nicht so zu Bewußtsein kommende Doppelspiel von manifestem und latentem Wortgehalt produzierte eine Art von *double-talk,* dessen Wirkung – anregend, aufregend, erregend – die eines *double-bind* ist: es hat die Wirkung eines Köders am Widerhaken.

Diese Duplizität und Doppelzüngigkeit macht die Faszination von Carl Schmitt aus. Sie ist so, rein formal bestimmt, die notwendige Folgeerscheinung einer existentiellen Ambivalenz, einer eigentümlichen geistigen Zwitterhaftigkeit, wenn ich das vorläufig schon einmal so sagen darf. Ich werde darauf noch zurückkommen müssen.

»Du willst dich also mit den Juden befassen. So, so!« sagte er, als ich ihm davon berichtete, daß ich das Referat über jüdische Theaterkritik im Theaterwissenschaftlichen Seminar übernommen hatte. Das klang wie Spott. Na, denn mal los! Viel Vergnügen! Dann drehte er sich mir zu, schaute mit vorgeschobenem Kinn zu mir herauf und sagte zornig: »Weißt du überhaupt, worauf du dich da einläßt?« Ich sah: er war richtig verärgert. Ich wußte es nicht. Von Rahel sagte ich nichts. Er konnte sich gar nicht beruhigen.

»Kennst du das Buch über die Judenfrage von Marx?« Ich kannte es natürlich nicht. »Ich werde es dir geben. Das ist eine Antwort an Bruno Bauer. Ein Linkshegelianer – einer der klügsten Köpfe des 19. Jahrhunderts. Merk dir den Namen! Der hat aus seiner hegelianischen Konzeption der Weltgeschichte richtig erkannt, daß es nicht um Emanzipation, sondern um Säkularisation ging. Aber, bitte schön, ordentlich der Reihe nach! Da kann man nicht so ohne weiteres aus dem Ghetto in die Neuzeit hereinspazieren. Da mußte man erst einmal die Etappe des Christentums passieren. Du wirst sehen, was Marx darauf erwidert. Marx hat recht behalten! Die Juden haben recht behalten!«

Das war die Frage, die ihn beschäftigte. Es ging darum, wer in der Interpretation der Weltgeschichte das letzte Wort hätte. Darin war auch er ganz Hegelianer. Aber die Frage nach dem letzten Sinn der Weltgeschichte war für ihn keine akademische, sondern eine existentielle Frage – sein Seelenheil hing daran.

Das 19. Jahrhundert war für ihn das große Feld der Auseinandersetzung zwischen Juden und Deutschen um die Sinndeutung der Weltgeschichte. Wer recht behielt, war der Sieger. Und da hatten die Juden für ihn zweifellos die bessere Strategie. Sie hatten verstanden, daß es darum ging, die Reste des tradierten christlichen Ordo zu liquidieren. Mit genialer Intuition hatten sie die Parolen der Zersetzung ausgegeben. Marx hat die Idee des Klassenkampfes lanciert, der keine gesellschaftliche Ordnung widerstehen kann. Freud mit seiner Psychoanalyse die Dignität der Seele, das Kernstück der christlichen Anthropologie, zerstört. Einstein mit seiner Relativitätstheorie das alte, anthropozentrische Weltbild endgültig aus den Angeln gehoben. Nichts vermochte dem standzuhalten. Am gefährlichsten aber war Disraeli mit seiner Theorie: die Geschichte sei ein Kampf der Rassen. »Ja, ja – die Rassentheorie stammt von Disraeli, damit du es weißt. Und sie will besagen, daß es ein Volk gibt, das allen anderen überlegen ist: die Juden. Es gibt nämlich nur eine Rasse, die jüdische. Blut und Geist sind da eins. Das kann ihnen keiner nachmachen!«

»Kennst du überhaupt Disraeli?« Keine Ahnung, kam im Geschichtsunterricht nicht vor! (Oder doch, »Berliner Kongreß«, aber da war er nur einer dieser Namen, mit denen sich keine Vorstellung verband.) »Du kennst also nicht einmal Disraeli, und du beschäftigst dich mit den Juden?« und er war wieder richtig ungehalten.

Am Ende des Spaziergangs holte er wieder ein Buch hervor und drückte es mir in die Hand. »Da, lies das! Es ist ganz unerhört, daß ihr (›jungen Leute‹) nicht wißt, wer Disraeli ist.« Er schüttelte den Kopf. »Wenn du das gelesen hast, kannst du über die Juden mitreden.«

Ich konnte es nicht abwarten, in meinem Omnibus zu sitzen, um festzustellen, was das für ein Buch war. Eine Biographie, dachte ich mir, und freute mich schon. Es war ein Roman. »Tancred oder der neue Kreuzzug«, von Benjamin Disraeli, Earl of Beaconsfield. Der Herr hat also Romane geschrieben! Meyers Konversations-Lexikon half mir auf die Sprünge.

Ich verschlang das Buch in einer Nacht. Es war eines meiner größten Leseerlebnisse. Alle Bücher, die Carl Schmitt mir gab, waren interessant, aber sie wurden doppelt, dreifach so interessant, weil er sie mir gab. Die Frage nach der Faszination von Carl Schmitt muß auch immer die Frage nach der eigenen Verführbarkeit implizieren.

Als ich jetzt, vierzig Jahre später, nach Berlin zurückkehrte, fand ich, zu meiner Freude, in einem Katalog von Magister Tinus dies Buch wieder. Genau in der Ausgabe, die mir Carl Schmitt damals in die Hand gedrückt hatte, übersetzt und bearbeitet von Julius Elbau, 1936 in der Jüdischen Buchvereinigung in Berlin erschienen. Ich las es mit größtem Entzücken wieder. Der Zauber, der mich bei der ersten Lektüre ergriffen hatte, war wieder in voller Stärke präsent, ja er war gesteigert durch das Glück der Wiederbegegnung. Während sich Städte und Landschaften, die wir in unserer Jugend geliebt haben, sehen wir sie wieder, oft bis zur Unkenntlichkeit verändert haben, wenn wir mit Mühe nur in den Zügen eines Menschen das damals geliebte Antlitz wiederfinden können, so haben Bücher den Vorteil, daß sie genauso sind, wie wir sie verlassen haben. Sie altern nicht, ja, sie altern nicht nur nicht, sie verjüngen sich.

Es fiel mir nicht schwer, in die Gestalt des jungen Lord Montacute zu schlüpfen, der in einer eigenen Yacht mit einem stattlichen Gefolge ins Heilige Land fährt, weil er hofft, dort, an dem Ort, wo die göttliche Offenbarung der Menschheit schon öfter den Weg gewiesen hatte, einen Fingerzeig dafür zu finden, welches die Sinnbestimmung seines Lebens in einer Zeit der großen Veränderungen sein könnte, in der alles Sinnempfinden vor die Hunde gegangen war.

Ich brauchte mich auch nicht extra in die schöne Eva zu verlieben, die Rose von Saron, denn ich liebte ja meine Rahel, und sie bedeutete mir damals genau das, was Eva für Tancred war: In ihr, in der Gestalt eines wunderbaren Mädchens, trat mir das Geheimnis des jüdischen Volkes entgegen. Sie sprach wohl nicht in so artig gesetzter Rede wie Eva von der weit- und heilsgeschichtlichen Bedeutung ihres Volkes. Aber in der enigmatischen Ausstrahlung ihres Wesens, in der Trauer und Stolz, Resignation und ein unauslöschbares Superioritätsgefühl sich mischten, wirkte sie in ihrem Schweigen auf mich nicht weniger stark.

Das war kein Roman, sondern ein Märchen, eine Mischung von Tausendundeiner Nacht, einem Wildeschen Konversationsstück und Karl May, und wer es liest, macht, wie sein Held, selber einen Initiationsprozeß durch. Mehr als alles andere, was ich über die Judenfrage gelesen habe, hat mir dieses Buch eine Antwort auf die Frage gegeben, was es mit der weltgeschichtlichen Rolle dieses Volkes für eine Bewandtnis hat. Oder war es gar nicht das, was ich in diesem Buch las, sondern das, was Carl Schmitt damals vor meinen Augen daraus machte?

Als ich ihm den »Tancred« zurückbrachte, fragte er sofort ungeduldig: »Hast du den Schlüsselsatz gefunden?« Nein. Ich hatte viele interessante Sätze gefunden. Darauf, daß man in jedem Buch *den* Schlüsselsatz finden muß, war ich damals noch nicht trainiert. Carl Schmitt schmunzelte. »Dann werde ich ihn dir sagen« – er machte eine Kunstpause, die meine Spannung natürlich erhöhte –, *»Christentum ist Judentum fürs Volk!«* Er guckte an mir hoch, um zu sehen, ob ich auch richtig verstanden hätte. »Das ist ungeheuerlich! Dieser Hochmut! Dieses Überlegenheitsgefühl! Das mußt du dir mal vorstellen, was das heißt! Damit werden zweitausend Jahre abendländischer Geschichte auf den Kopf gestellt!« Er war offensichtlich empört, aber es war nicht zu verkennen, daß ihm diese kühne Behauptung imponierte.

Jetzt waren wir bei dem Kern der Sache! Es ging nämlich darum, ob das christliche Dogma von der Erbsünde und der Unerlösbarkeit des Menschen im Diesseits die für die Geschichte unumstößliche letzte Wahrheit sei – es Erlösung also nur im Jenseits in einem eschatologischen Horizont gab – oder ob es vielmehr stimmte, daß die Menschheit sich progressiv auf ein fernes, zukünftiges, aber diesseitiges Friedensreich hin bewegt – auf das »Neue Jerusalem«. Eschatologie gegen Utopie. Das war schon das Thema der großen Polemik zwischen Mendelssohn und Hamann, dem Magus des Nordens.

Das »Friedensreich der Zukunft«, das war die große jüdische Idee, in deren Dienst alle Völker der Erde gezwungen werden sollten! Das war nicht der Heilsplan eines christlichen Erlösergottes, dessen Reich nicht von dieser Welt ist, sondern der Weltherrschaftsanspruch einer superioren Rasse, einer allen anderen Völkern überlegenen Menschheitselite, die sich im Besitz eines höheren Herrschaftswissens befand. »Verstehst du, mein Junge?«

Wenn die Juden recht hatten, dann war das christliche Äon ein Irrtum. Ja, man mußte sich ernsthaft fragen, ob das Christentum nicht überhaupt von Anfang an ein von den Juden initiiertes und gesteuertes Betrugsmanöver war, das dem Endziel der Verdummung und Entmachtung der anderen Völker diente. In diesem Lichte gesehen waren englischer Deismus, deutsche Aufklärung und französisches Freidenkertum nur ebenso viele Verfahren der langsamen Durchsetzung dieses hybriden Weltherrschafts-Projektes. Ab 1789 schien es entschieden, daß die führenden Kulturvölker Europas die Frage nach dem Sinn der Geschichte öffentlich im Sinne des Judentums beantwortet hatten. Seitdem ging der Kampf darum, sie definitiv an ihren traditionellen Überzeugungen irre werden zu lassen. Die geistigen Waffen dieses Kampfes waren Liberalismus und Rationalismus. Menschheit, Freiheit, Friede – das waren jüdische Worte.

»Aber aufgepaßt, Nicolaus!« Das alles wäre nicht so schnell gegangen, hätte sich nicht eines ereignet: die Kombination des jüdischen Universalismus mit der englischen Herrschaft der Meere. Das war die ideale, »weltgeistgemäße« Symbiose. Jüdische Weltreich-Visionen und englische Seemacht vereinigten sich zu einem unwiderstehlichen Menschheitsprojekt, dem sich niemand entziehen konnte. Das britische Empire, die Kaiserkrone von Indien, war die geniale Idee eines Juden. Damit konnte die Bismarcksche mitteleuropäisch-kleindeutsch-preußische Reichsgründung nicht konkurrieren. Was war der deutsche Kaiser gegen die Kaiserin von Indien! Was war das deutsche »Mit Gott für König und Vaterland« gegen den Fortschrittsglauben einer zivilisierten Menschheit! Bismarck wußte um diese Überlegenheit. Es half ihm nichts, gegen Humanitarismus, Pazifismus und Zivilisationsgläubigkeit mit seinen Sarkasmen anzukämpfen. »Der alte Jude hat recht«, pflegte er zu sagen. Dabei ist es geblieben. Er nannte ihn seinen Freund – eine Auszeichnung, die er niemandem sonst zugestand, auch nicht »seinem« König.

Die Frage, die Carl Schmitt beschäftigte, war offensichtlich die: Wie hat der alte Jude das gemacht? Die Juden besitzen das Geheimnis über den Umgang mit dem Leviathan – sie verstehen ihn zu zähmen und, wenn es soweit ist, zu sezieren. Ohne Gewalt. Durch Magie? Durch Zauberei? Durch die Macht des Geistes!

Nicht eine Theorie der Souveränität und des Souveräns, der Macht und des Machthabers würde das Geheimnis lösen, sondern die Aufdeckung der okkulten Praktiken, der Techniken der indirekten Herrschaft. Das Problem verlagerte sich von einer Definition der Souveränität zur Erforschung des »Vorhofes« der Macht, des Zuganges zum »Ohr« des Machthabers.

Damals hatte er sein Buch über den »Leviathan« schon veröffentlicht. Ich hatte es nicht gelesen. Ich weiß heute aber, wie man es lesen muß. Als einen melancholischen Abgesang auf den Glauben an den »Souveränen Staat«, in den das Zugeständnis einfließt, daß die Juden in Sachen Staat die Schlaueren gewesen sind. Mit richtigem Vergnügen erzählte er mir die Geschichte von dem Gott der Juden, der täglich mit dem Leviathan spielt, und den Juden, die ihn schließlich, in kleine Stücke geschnitten, auf einem ewig währenden Laubhüttenfest verspeisen. Das müßte ich wissen, wenn ich mich mit den Juden beschäftigte. War das nun Antisemitismus? Wenn Carl Schmitt mich in dieser Art darüber aufzuklären versuchte, was es mit der Judenfrage auf sich hatte – ich sollte ja mein Referat vorbereiten –, so geschah es ganz unverhüllt aus der Überzeugung, daß, wenn man das 19. Jahrhundert als das Feld eines Kampfes um die geistige Suprematie in der Welt verstand, in dem es letztlich um die offene Frage nach der Nachfolge Gottes ging, diejenigen – wer auch immer für den Tod Gottes verantwortlich zu machen war –, die auf den *sterblichen* Gott gesetzt hatten, sich geirrt haben. Die jüdische Idee eines die ganze Erde und Menschheit umfassenden universalistischen Weltprinzips war, daran konnte kein Zweifel sein, dem Übertritt in die globale Ära, die die englische Seenahme vorbereitet hatte, angemessener.

Der deutsche Staat war darum auch schon vom Augenblick seines Entstehens an ein Anachronismus. Der wilhelminische Traum von Reich und Seemacht kam hoffnungslos zu spät – von dem, was heute geschah, ganz zu schweigen. Was war ein Kaiser gegen eine Kaiserin, was war ein preußischer Junker gegen einen jüdischen Magier?

Was auch immer seine Absicht gewesen sein mag – von der Faszination Carl Schmitts für Disraeli übertrug sich auf mich nicht der Affekt der Entrüstung, sondern die Komponente uneingeschränkter Bewunderung.

Dieser Eindruck war so stark, daß ich mich mitunter des Verdachts nicht erwehren konnte, der geheimste Wunsch, der letzte Ehrgeiz meines peripatetischen Lehrmeisters sei kein anderer als der, selber Jude zu sein.

Disraelis Porträt hing über seinem Schreibtisch, wie das Photo Rommels über dem Kartentisch von Montgomery. Er hatte eine Zeitlang vielleicht geglaubt, ihn besiegen zu können. Er wußte jetzt, daß er der Besiegte war. Freund oder Feind? Immer wieder zitierte er: »Der Feind ist unsere eigene Frage als Gestalt.« Ich glaube, ich weiß, was er damit meinte.

So hab ich das damals erlebt. Als Zauberlehrling sah ich den alten Hexenmeister in seinem Mythenlaboratorium am Werk. Er probierte und experimentierte. Es war manchmal richtig unheimlich – immer atemberaubend interessant. Ich wußte ja, worum es ihm ging. Er suchte die magische Formel, die es ihm, der mehr wußte von der Geschichte als irgendein anderer, erlauben würde, das Unheil, das über die Welt gekommen war, zu bannen.

Immer wieder stellte er sich (und mir) die Frage: Was ist das für ein Krieg, in den wir da verwickelt sind? Dieser Krieg, der mir so seltsam fern und gleichgültig war! Hatte er nach der Niederwerfung Polens und Frankreichs überhaupt noch einen Sinn? Die Revision des Versailler Diktates, das war Hitlers historischer Auftrag. Das waren konventionelle Landkriege. Aber jetzt? Was sollte man davon halten? »Im Osten führen wir einen ideologischen Vernichtungskrieg, im Westen einen weltweiten Seekrieg. Dem sind wir überhaupt nicht gewachsen. Aus der Perspektive der angelsächsischen Seeherrschaft sind wir Piraten – *hostes generis humani,* Feinde der Menschheit. Pirat, das weißt du jetzt schon, ist nicht der einzelne Seeräuber, sondern das Schiff und seine ganze Mannschaft, vom Kapitän bis zum letzten Kajütenjungen. Wird das Schiff gekapert, werden alle aufgehängt – mitgefangen, mitgehangen – mit Ausnahme der in den Ketten liegenden Gefangenen. Pardon wird da nicht gegeben …

Aber auch im Osten haben wir die Regeln des Landkrieges gebrochen und wollen keinen Gegner mehr anerkennen, sondern eine ›minderwertige Rasse‹ ausrotten. Das mußte unausweichlich gegen uns zurückschlagen. Das *ius publicum europaeum* gilt nicht mehr!

Das ist überhaupt kein normaler Krieg mehr. Was sich da abspielt, ist eine Neuordnung des Planeten. Irgendwie geht es um die Nachfolge der englischen Weltherrschaft. Aber die war ja schon auf Amerika übergegangen. Das Bündnis von Churchill und Roosevelt hat die *translatio imperii* besiegelt.

Die eigentlichen Konkurrenten sind jetzt Rußland und die Vereinigten Staaten. Europa ist ausgeschlachtet. Das hat Tocqueville schon vor hundert Jahren gesehen. Aber auch mit der Idee der universalen Weltherrschaft ist es zu Ende. Was sich da anbahnt, ist ein neuer Nomos der Erde, eine neue Raumordnung. Man muß planetarisch denken, in den Dimensionen einer planetarischen Raumrevolution. Was entsteht, ist eine Ordnung der ›Großräume‹. Der gegenwärtige Krieg ist ein Raumordnungskrieg…« Er hielt inne. »Großraum, wie gefällt dir dies Wort? Das ist etwas anderes als Reich oder Empire.« Er war stehengeblieben und schaute zu mir herauf mit seinem strahlenden, triumphierenden Blick.

War das die magische Formel, mit der man Sinn in ein absurdes Geschehen bringen konnte? Hier lag die letzte Chance Deutschlands als geistige Führungsmacht. Nicht ein deutsches Weltreich – nach dem Vorbild des englischen –, nicht ein mitteleuropäischer »Staat« in der Nachfolge Bismarcks, sondern Europa als Großraum auf einer in kontinental zusammenhängende Großräume sinnvoll eingeteilten Erde.

Das war Carl Schmitts letztes Theorie-Angebot an die Mächte der Welt. Seine Suggestionen erreichten ihr »Ohr« nicht. »Sie sind zu dumm, um das zu verstehen.«

Was mich ergriff, war das Gefühl der Ohnmacht, das aus allen seinen Worten sprach. Er war gleichzeitig derjenige, der überzeugt war, das überlegene Wissen auf seiner Seite zu haben, der die Geschichte durchschaute, der titanische Herausforderer aller Weltmächte und der im Grunde doch ahnungslose deutsche Professor, der ohnmächtig von der Macht träumt, die er nicht hat, und für den immer noch der Vers von Heine galt:

> Wir besitzen im Luftreich des Traums
> die Herrschaft unbestritten.

Er war der *little fellow,* der das Kunststück versucht, durch List und Dreistigkeit seinen gewaltigen Gegner zu unterlaufen und zu Boden zu werfen. So sahen ihn auch seine konservativen Freunde (Johannes Popitz, der seine Theorien in der »Mittwochsgesellschaft« zum besten gab), die ihm den Spitznamen gegeben hatten: »Das schlaue Carlchen«.

Inzwischen hat sich herausgestellt, daß das Carl Schmittsche Großraum-Konzept die einzige tragfähige Basis einer künftigen polyzentrischen Welt-Raum-Ordnung sein kann. Aber inzwischen hat man auch vergessen, daß er der gedankliche Urheber dieser Konzeption ist. Man entdeckt heute den falschen Carl Schmitt wieder, plündert das Arsenal des Konstrukteurs der Junggesellenmaschine »Staat«, statt dem Pionier der Raumrevolution in das offene Denken einer planetarischen Weltordnung zu folgen.

Mit seiner Abkehr vom Staat und seiner Hinwendung zum Weltreich, der Wendung vom festen Land zum freien Meer, vollzog sich im Denken Carl Schmitts eine Veränderung, die weit mehr ist als eine Akzentverschiebung, als eine Kurskorrektur, obwohl es auch nicht ein totaler Neueinsatz ist, sondern gleichsam die Manifestation von etwas Verborgenem, das immer schon da war, etwas, das nur verdrängt war und nun in sein Recht tritt, eine Art von »Wiederkehr des Verdrängten«. Trotzdem handelt es sich um einen echten Paradigmenwechsel. Wie weit die »Kehre« von Heidegger, die späte Humanisierung von Ernst Jünger analoge Veränderungen von Generations- und Schicksalsgenossen sind, braucht uns hier nicht weiter zu interessieren.

Eine wirkliche Parallele für einen ähnlich radikalen Wechsel der Prämissen eines großen wissenschaftlichen Werkes bei scheinbarer Kontinuität finden wir in der Geistesgeschichte des 19. Jahrhunderts: den Wechsel Auguste Comtes vom »Cours de philosophie« (1830–43) zum »Système de politique positive« (1853–54). Alles scheint dasselbe, alles ist vollkommen anders. Der szientistische Positivist hat sich in den Stifter einer Menschheitsreligion verwandelt, die Soziologie der Geschichte mausert sich zu einer Geschichtsmythologie, an die Stelle eines dezidiert rationalistischen, virilen, phallokratischen Duktus der Gedankenführung tritt ein affektbestimmtes, gefühlsbezogenes, »weibliches« Denken. Man hat vom *devenir-femme* von Auguste Comte gesprochen. Was ist geschehen? Man kennt die historischen Umstände, das Scheitern der 48er-Revolution, den Staatsstreich von Louis Napoléon, die Etablierung der Bonapartistischen Diktatur – sicherlich Zeiten einer politischen Krise, die bei einem hochsensiblen Intellektuellen schon eine psychische Krise auslösen können. Aber es waren offenbar nicht zeitgeschichtliche Ereignisse, die für die Wandlung des Auguste Comte den Ausschlag gaben, sondern intime Erfahrungsprozesse, die in seine Lebensgeschichte eingebettet sind. Man darf nicht fragen: was ermöglichte es ihm plötzlich, die Kategorie des Weiblichen als entscheidenden Faktor der geschichtlich-gesellschaftlichen Entwicklung zu sehen. Vielmehr muß man fragen: was hat ihn so lange daran gehindert? Es gibt Antworten, Vermutungen. Der jugendliche Schüler von

Saint-Simon hatte Probleme mit seiner Bisexualität. Er mußte, um sich dem Lehrer gegenüber zu profilieren, seine weibliche Komponente verdrängen und in seinem mentalen Verhalten eine prononcierte Virilität zur Schau stellen. Darüber hinaus hatte er schwer unter dem Verhalten seiner Frau zu leiden, die nicht willens war, ihrer Vergangenheit – sie war Prostituierte – in dem Maße abzuschwören, wie er als junger Ehemann glaubte fordern zu müssen. Ein richtiges Trauma. Sein Verhältnis zum »Weiblichen« war doppelt gestört, nach innen und nach außen.

Dann – nach dem Tode dieser bösen Frau, geschieht das Wunder. Eine Art von Befreiung. Er findet in der reinen Liebe zu Clothilde de Vaux die Möglichkeit, sich mit dem Weiblichen auszusöhnen. Die ahnungslose Dame wurde für ihn zum Symbol all dessen, was die »große Mutter« in ihren archetypischen Erscheinungsformen sein kann – keusche Jungfrau, reife Frau, alterslose Weise. Er machte sie zur Madonna. Er stellte sein Werk in ihren Dienst, d. h. er stellte sein Denken vollkommen um. Kein Zweifel allerdings ist möglich: der Comte der Spätphase ist der wahre Comte. Doch was erzähle ich da! Ich komme schrecklich von meinem Thema ab!

Carl Schmitt reiste in dieser Zeit öfter nach Paris, um dort Vorträge zu halten. Da traf er dann seinen Freund Ernst Jünger. Man kann das in den »Strahlungen« nachlesen. Für seine Fahrt zum Bahnhof bestellte sich der Herr Staatsrat nicht einen Dienstwagen mit Adjutanten, auf den er ein Anrecht gehabt hätte (der Staatsrat Gründgens benutzte ihn nur einmal: als er zu einem Verhör bei der Gestapo vorgeladen war). Er fuhr mit der Stadtbahn (I. Klasse), begleitet von Frau Schmitt, in schwarzer, knöchellanger Pelerine. Mich nahm er mit, um ihm beim Koffertragen zu helfen.

Einmal hatte er seinen Vortrag französisch zu halten und arbeitete in Paris mit einer französischen Sekretärin an der Übersetzung. »Du kannst dir nicht vorstellen, was für ein Unterschied das ist, in dieser Sprache denken zu müssen. Die Gedankenführung ist eine ganz andere als im Deutschen. Ein deutscher Text marschiert auf einer Straße, ein französischer gleitet auf einer Schiene.«

Er liebte seine deutsche Sprache und hatte zu ihr ein sinnlich-mystisches Verhältnis, kannte ihre Untiefen und Abgründe, ihre Schwächen und Schönheiten. Immer wieder sprach er mir von ihrer »Orakelhaftigkeit«, der man sich anvertrauen könne. Sein *double-talk,* die Gleichzeitigkeit des begrifflichen Diskurses mit dem Oszillieren zwischen manifesten und latenten Inhalten der Worte, wäre in einer anderen als in der deutschen Sprache *so* gar nicht möglich.

Ein Wort über seinen Stil. Carl Schmitt schrieb nie im Fachjargon. Dabei entwickelt er auch kein Privatidiom wie Heidegger – er hat eine Scheu vor Neologismen –, auch keine dichterische Kunstsprache wie Ernst Jünger. Er ist ebenso weit entfernt von der wissenschaftlichen Amtssprache eines Max Weber wie von den Sprachschwierigkeiten eines Alfred Weber, ganz zu schweigen von dem toxischen Kauderwelsch eines Benn.

Man findet bei ihm keine Deutschtümelei. Er überprüft sein deutsches Vokabular ständig an den romanischen Sprachen. Das gibt seinem Stil die berühmte lateinische Klarheit, die indessen nicht darüber hinwegtäuschen darf, daß er ein durch und durch deutscher Geist ist, der sich in seiner Vieldeutigkeit und Hintergründigkeit nur mit den von ihm scheinbar verspotteten Romantikern vergleichen läßt. Eine Interpretation Schmittscher Texte muß immer damit beginnen, gewisse Schlüsselbegriffe zu isolieren und auf ihr semantisches Umfeld, ihre poetische Aura hin, zu überprüfen. Man wird sich dann bald davon überzeugen, daß sein Vokabular aus Chiffren besteht, deren Auflösung im Lexikon des Unbewußten nachzuschlagen ist. Der angemessene hermeneutische Zugang zum Werk von Carl Schmitt ist nicht der eines erklärenden Verstehens, sondern der einer dechiffrierenden Mantik.

Eines schönen Tages stand plötzlich »Benito Cereno« im Mittelpunkt unserer Gespräche. Man kennt die Situation: das stolze spanische Kauffahrteischiff, das steuerlos und verwahrlost dahertreibt, der Kapitän, der ohnmächtig in der Hand der meuternden Neger steht, der Amerikaner (der ausgerechnet Delano heißt!), der nichts kapiert von dem, was sich da eigentlich abspielt. Dann diese furchtbare Szene, in der der Neger Babo Benito Cereno rasiert, die Klinge an seiner Gurgel, jederzeit bereit, den tödlichen Schnitt zu führen, aber in der Attitüde der Loyalität, ja der Freundschaft – als Rasiertuch dient die spanische Staatsflagge. Ein Bündel von Symbolen. Carl Schmitt brillierte in seinen Interpretationskünsten. Der Sklavenaufstand, die Ahnungslosigkeit Amerikas vor der tragischen Resignation des Europäers, die Profanierung des Sakralen, die Ohnmacht des Herrschers. Da könnte ich einmal sehen, was eine »Situation« ist, was er meinte, wenn er von situationsgebundenem Denken spräche. Situation und Mythos gehören zusammen. Man kann keine Situation erklären, aber man kann einen Mythos deuten.

Das also war die Lage des heutigen Europa, zwischen der Ahnungslosigkeit Delanos und der Rachsucht der entfesselten Unterwelt! Das war Deutschland, das waren wir! So sah sich Carl Schmitt! Hitler war dieser Babo. Die nationalsozialistische »Revolution« bedeutete nichts anderes als ein Sklavenaufstand, die letzte Welle jener gegen die heiligsten Güter des Abendlandes entfesselten Menschheitsdemokratie –, die unfähig ist, ein Schiff zu manövrieren. Also wird der Kapitän am Leben gelassen, um in den Besitz seiner Sachkunde, seines technischen Wissens zu gelangen –, man hält ihm aber das Rasiermesser an die Gurgel. Das war der Terror, die Diktatur des Dolches.

Carl Schmitt sprach in größter Erregung, als spürte er das Messer auf der eigenen Haut. Dieses Messer war sein Trauma! Der Dolchstoß von 1918, das Messer, mit dem der Leviathan in kleine Stücke geschnitten wird, die vergiftete Waffe der Legalität, die eine Partei der anderen in den Rücken stößt, das Messer der Macht- und Rechthaber seines Zeitalters, in das er nicht laufen wollte... Der Dolch als Metapher des Bürgerkrieges! Das war der Moment, um seinen geliebten Donoso Cortés zu zitieren: »Vor die Wahl gestellt, zwischen der Diktatur des Dolches und der Diktatur des Säbels zu wählen, wähle ich die Diktatur des Säbels.«

Wenn man heute bedenkt – der »Benito Cereno« war vor hundert Jahren und ausgerechnet von einem Amerikaner geschrieben worden! Die Geschichte hätte von einem Zeitgenossen, der nach einem Paradigma für das deutsche Verhängnis gesucht hätte, nicht besser erfunden werden können. Es hat übrigens kein Zeitgenosse auch nur annähernd etwas so Treffendes und Tiefgründiges geschrieben. Jüngers »Marmorklippen« verhalten sich dazu wie eine Kitschpostkarte zu den Capriccios von Goya. Aber man mußte diesen verschollenen Text erst einmal finden! Wie hatte Carl Schmitt das nur wieder fertiggebracht? Sein untrüglicher Spürsinn für das mythische Bild hatte ihn auch hier nicht im Stich gelassen. Inzwischen gibt es eine Literatur über die Novelle von Melville, Deutungen aller Art, komparatistische, historische, psychoanalytische. Ich berichte hier nur, was mir Carl Schmitt 1941 darüber erzählte, was ich aus seinem Munde gehört habe.

Wir kennen das Ende. Don Benito rettet sich durch einen Sprung von Deck in das Boot des amerikanischen Kapitäns, dem jetzt erst ein Licht aufgeht über das sonderbare Verhalten, das ihn an Bord der »San Dominick« befremdet und sein höchstes Mißtrauen gegen den geweckt hatte, den er für den Kapitän halten mußte. Babo springt hinterher, um seine

Geisel zu töten, die jetzt die Wahrheit enthüllen kann. Er wird überwältigt, das in die Hand der Meuterer gefallene Schiff geentert. In Lima wird den Rädelsführern der Prozeß gemacht, und sie werden geköpft. Aber Benito Cereno hat seine Rettung nicht wirklich genossen. Der Neger, sein dämonischer Widerpart, sein Zwillingsbruder, sein Feind – den er nicht zu bannen vermocht hatte – wirft seinen Schatten über ihn. Nur unwillig gibt er das Nötigste zu Protokoll, dann zieht er sich zurück in das Asyl des Schweigens, in ein Kloster auf dem Berge Agonia …

Carl Schmitt hat sich nach dem Krieg nicht in ein Kloster zurückgezogen wie Don Benito, was er sicher hätte tun können, sondern in das Städtchen Plettenberg in Westfalen, den Heimatort seiner Kindheit – sein Vater war preußischer Bahnbeamter –, und führte dort, im Hause seiner Haushälterin, der Nanny von Anima, das beschauliche Leben eines alten Domherrn. Das Häuschen nennt er geheimnisvoll San Casciano. Er fand sein Asyl nicht im Schweigen, sondern im Mythos. Aber von den zahllosen Mythologemen, Mystifikationen und Identifikationen, mit denen er seine Einsamkeit drapierte – und das war jetzt seine einzige Lieblingsbeschäftigung, wobei es passieren konnte, daß seine Schüler den Schabernack nicht merkten, den er mit ihnen trieb –, ist seine Deutung des »Benito Cereno« unübertroffen die vollkommenste Metapher seines exemplarischen Schicksals geblieben. Keine noch so großen hermeneutischen Künste konnten tiefsinnigere Interpretationen dieses Lebens bringen als die, die in der immanenten Symbolik der Melvilleschen Parabel eingeschlossen ist. Es ist unheimlich. Hören wir nur!

»Wenn es vorkam, daß des Spaniers Trübsinn bei manchen Gesprächsgegenständen zu völligem Verstummen führte, so gab es auch andere Punkte, zu denen er überhaupt nie sprach. Hier schien seine (frühere) Zurückhaltung (noch) ganz ungebrochen. Vom Schlimmsten wollen wir nicht reden; nur der besseren Aufklärung halber sei der eine oder andere Punkt erwähnt. Das Gewand, jenes sorgfältige und kostbare Gewand, das er an dem Tag der hier berichteten Ereignisse getragen hatte, war nicht freiwillig von ihm angelegt worden. Auch der silberbeschlagene Degen, dieses vermeintliche Symbol seiner schrankenlosen Herrschaft, war in Wirklichkeit kein Degen, nur das Gespenst einer Waffe. *Die Scheide, künstlich gesteift, war leer.*« Es gibt kein besseres Bild, um begreiflich zu machen, was es mit dem säbelrasselnden diktatorischen Dezisionismus Carl Schmitts für eine Bewandtnis hatte.

Etwas muß ich nun noch berichten, eine Szene, die sich mir unvergeßlich eingeprägt hat. Sie gehört nicht zu unseren Spaziergängen, dem Tête-à-tête des Zauberlehrlings mit dem Hexenmeister, sondern spielt sich im Hause der Eltern ab – mein Vater lebte noch.

Es war wohl an einem der bewußten Sonntagsfrühstücke – jedenfalls nicht abends, kein Diner. Ich sehe die Sonnenstrahlen schräg durch die weitmaschigen Gardinen in die immer etwas dämmerige Bibliothek einfallen und helle Flecken auf die Afghanenteppiche werfen, die an diesen Stellen blutrot aufleuchten. Anwesend waren, wenn ich mich recht besinne, Viktor Emil von Gebsattel, Grigol Robakidse, Romano Guardini. Carl Schmitt erschien etwas verspätet mit einem ziemlich voluminösen Buch unter dem Arm und legte es auf den runden Tisch, der zwischen den Sesseln stand. Da! Das sei gerade erschienen. Das sei unglaublich, das müsse man lesen!

Was war es? Eine Edition der Fragmente und Vorträge von Alfred Schuler, aus dem Nachlaß herausgegeben und mit einer umfänglichen Einführung versehen von Ludwig Klages. Klages? »Der Geist als Widersacher der Seele« – soviel wußte ich (damals), mehr nicht (Klages lebte noch). Schuler? Nie gehört. Ich glaube mich nicht zu irren, wenn ich sage, daß auch mein Vater diesen Namen nicht kannte. Wer kannte ihn überhaupt? Wer hat ihn überhaupt je gekannt?

Ein skurriler Sonderling der Münchener Szene vor dem Ersten Weltkrieg, der vollkommen zurückgezogen mit einer alten Mutter und einer Katze lebte. Homosexuell, Affären mit Burschen aus dem Volk, die möglichst eine Uniform tragen mußten – Feuerwehr oder Post –, weste er in einer seltsamen Wahnwelt zeitlos-kosmischer Wesensschau. Sein »Reich« war ein imaginäres Rom der Cäsaren. Abwechselnd hielt er sich für eine Inkarnation Neros und der Magna Mater. Den kranken, verstummten Nietzsche wollte er durch ekstatische Jünglingstänze wiedererwecken. Jahrelang tüftelte er an einem Projekt, um die Kaiserin Elisabeth, in der er ein lebendes Gefäß unvermischten kosmischen Feuers sah, davon zu überzeugen, das neue Äon des Lichtes zu eröffnen! Ja, wer kannte ihn? Carl Schmitt kannte ihn!

Während des Ersten Weltkrieges und auch kurz danach noch hatte er im Hause von Hugo und Elsa Bruckmann (sie war eine phanariotische Prinzessin) schwer verständliche Vorträge gehalten, dem Stile nach nicht unähnlich den Elukubrationen, die Thomas Mann in seinem »Besuch beim Propheten« persifliert. Ich vermute, daß Carl Schmitt ihn in jener

Zeit in München erlebt hat (wo er eine Art von zivilem Kriegsdienst ableistete – er war zu klein zum Dienst bei der Truppe), und ich halte es nicht für ausgeschlossen, daß er wie Adolf Hitler in dem Bruckmannschen Salon gesessen hat, in dem eine perplexe Gemeinde Münchener Schöngeister den, wie man hört, sehr eindrucksvollen und suggestiven Kundgaben des Kosmikers lauschte.

Jetzt knallte er das Buch, in dem die Texte dieser seltsamen Vorträge erstmalig veröffentlicht wurden – er mußte es gerade entdeckt haben –, dieser Versammlung würdiger Herrschaften, die sich, sonntäglich gestimmt, im Hause Sombart zusammengefunden hatten, nicht viel anderes im Sinn als ein gutes Essen, auf den Tisch. Das möchten sie, bitte schön, einmal zur Kenntnis nehmen!

Er war sichtlich erregt. Das Außergewöhnliche der Situation hat sich mir weniger optisch als affektiv ins Gedächtnis geschrieben durch den Eindruck der Szene – der *little fellow,* der da versucht, eine Schar von Männern, die ihn umringt, alle viel größer als er, von der Bedeutung seines Fundes zu überzeugen. Ich war betroffen von seiner Erregung. Warum, um Gottes willen, regte ihn dieses Buch so auf? Das konnte ich damals nur dunkel ahnen. In späteren Jahren wurde diese »Situation« für mich zum Schlüsselerlebnis meines Carl-Schmitt-Verständnisses.

Was steht denn da drin in diesem Buch? Es lohnt sich wirklich, es nachzulesen. Klarer, deutlicher, als Carl Schmitt es je zu sagen gewagt hat, steht dort alles, was sein Denken bewegte. In der Polemik Alfred Schulers und Ludwig Klages' gegen Stefan George und Karl Wolfskehl war tatsächlich alles gesagt, was zum Thema Juden und Deutsche zu sagen war: »Ans Herz des Lebens schleicht der Marder Juda.« Die Geschichte des Okzidents war die Geschichte eines globalen Manövers der Menschheitsversklavung durch den jüdischen Geist – und auch das Christentum nichts anderes als eine demagogische Mystifikation. Aber das alles ist erst der Vordergrund; liest man genau, so erkennt man, daß die Judenfrage, so zentral sie zu sein scheint, für sie doch nur an der Oberfläche von Bedeutung ist, nur die Metapher einer viel tiefer liegenden Problematik des vieltausendjährigen Menschheitsgeschicks. Dringt man zu den tieferen, tiefsten Schichten vor, so stößt man bei ihnen auf den eigentlichen Gegensatz, der alle Oberflächenkonflikte determiniert, den Gegensatz von Patriarchat und Matriarchat, den Ur-Dualismus des männlichen und des weiblichen Prinzips.

Wer wissen wollte, was sich in Deutschland und in der Welt abspielte, wissen, wo die wahren Fronten liefen, wo Freund und Feind standen, wer

Freund und Feind überhaupt war, brauchte sich nur die Mühe zu machen, dieses Buch zu lesen. Er, Carl Schmitt, hatte nichts erfunden! Er schleppte uns das Buch damals an wie eine Katze ihr Junges, nein, wie eine Katze die tote Maus. Er brachte es vor das Tribunal von Männern, die ihn verurteilt hatten, als eine Art von Beweismaterial, das ihn entlasten sollte. Zu diesem Zeitpunkt setzt die nicht mehr abreißende Kette seiner Selbstrechtfertigungsversuche ein.

Männlich, weiblich, mit anderen Worten das anthropologische Problem der Bisexualität des Menschen, das war die Lebens- und Schicksalsfrage dieser Generation deutscher Männer. Es war auch die Lebens- und Schicksalsfrage für Carl Schmitt; darum zu wissen war sein *arcanum.*

Erinnern wir uns: Die patriarchalische Männergesellschaft hatte im wilhelminischen Reich mit seinem Militarismus, mit seinem Staatsfetischismus, mit seiner Misogynie einen letzten, im Grunde schon anachronistischen Höhepunkt erreicht. Es gab nichts Vergleichbares mehr in der zivilisierten Welt. Die Sozialisation, der gesellschaftliche Erfolg forderte die radikale Absage an das Weibliche. Ein grausames Opfer. Es blieb dieser Generation letzten Endes nichts anderes übrig, als sich für diesen Männerstaat zu entscheiden. Aber diese Entscheidung hat sie krank gemacht.

Das Mythologem vom Matriarchat, das wir bei Klages und Schuler in seiner extremsten Ausformung finden, muß verstanden werden als die Projektion einer Art von Gegenutopie, deren Produktion und Rezeption nur verständlich ist, wenn man den Leidensdruck dieser zur Nur-Männlichkeit gezwungenen Männer in Anschlag bringt.

Um sich von diesem Leiden eine Vorstellung zu machen, braucht man nur ein anderes Dokument derselben Zeit, 1907 erschienen, zu konsultieren, die zu Recht berühmten »Denkwürdigkeiten« des Präsidenten Schreber. Wenn man nicht Schuler und Schreber, Biographien und Werk, im Hinterkopf hat, versteht man wenig von dem, was sich politisch und geistesgeschichtlich in Deutschland im letzten halben Jahrhundert abgespielt hat, nichts von diesem merkwürdigen, spezifisch deutschen Geschichts- und Politikverständnis, das nie auf einer abgewogenen Einschätzung der Realitäten, sondern immer nur auf Projektionen beruht hat. Umgekehrt aber kann man ahnen, was es mit den paranoiden, antisemitischen Menschheitsversklavungsplänen, Einkreisungsphantasmen, Dolchstoßlegenden und Untergangsängsten für eine Bewandtnis hat und welche Bedeutung einem bestimmten Typus sogenannter wissenschaftlicher »Theoriebildung« beizumessen ist, derjenigen eines Carl Schmitt zum Beispiel.

Inwieweit gehörte er nicht zu der Schwabinger Subkultur, in der vor dem Ersten Weltkrieg, in stiller Opposition zum militanten Männerstaat und seiner Kapitale, Berlin, der Matriarchatsmythos sekretiert wurde? Unter dem Eindruck der Niederlage des Deutschen Reiches, über deren traumatische Wirkung wir uns kaum noch eine richtige Vorstellung machen können, hat sich der junge Schmitt freilich für diesen Männerstaat entschieden, mit dem Ziel: Berlin, Staatsrechtslehrer, Nachfolger von Hegel. So ehrgeizig war er!

In seinem Theodor-Däubler-Buch hat er versucht, sich von den Verlokkungen der »Unmittelbarkeit« eines mythischen Denkens loszusagen, um gleichzeitig mit der »Politischen Romantik« den Männlichkeitsnachweis anzutreten, der ihn für den Eintritt in das Männerhaus qualifizierte. Er hat auf die Utopie eines Paradieses auf Erden verzichtet, um sich der »wissenschaftlichen« Konstruktion des vollkommenen Staates zu widmen, der natürlich der »totale Staat« sein mußte.

Der Theoretiker des Politischen war aber trotzdem immer auch der unpolitische Romantiker geblieben: Obwohl er sich für eine Karriere als Wissenschaftler entschieden hat, hat er sich nie vom imaginativ-intuitiven Denken gelöst, er ist seiner Freundschaft mit Theodor Däubler immer treu geblieben. Auch dann, wenn seine Sprache die Stringenz des *discours scientifique* anstrebt, bleibt in ihr sein Wissen vom Wesen und der Kraft der Bilder im Spiel. Der Schritt von der dezisionistischen Begrifflichkeit zur gnostischen Ikonographie, den er in seiner zweiten Phase vollzog, konnte ihm darum mühelos gelingen. Er lag in der Kontinuität seiner inneren Zwiespältigkeit.

Freilich, das »Ewig-Weibliche« – das war zunächst der Feind. Seine berühmten Distinktionen sind immer Ausgrenzungen, Operationen einer männlichen, angstbesetzten Abwehrstrategie. Hinter dem *distinguo* von Staat und Bürger, von Staat und Nicht-Staat, staatsbeherrschter und staatsfreier Gesellschaft, Autorität und Anarchie, Ordnung und Chaos, Land und Meer, bleibt jedoch immer das tiefe Wissen um die eigentlich fundamentale Dichotomie lebendig: die Polarität von männlicher Gewaltherrschaft und einer anderen, »matriarchalischen« Gesellschaft, in der das weibliche Prinzip zu seinem Recht kommt. Seine Doppelzüngigkeit spiegelt die Duplizität eines Denkens an der Grenze. Sein Dezisionismus ist im Grunde nichts anderes als der zum Rang einer wissenschaftlichen »Theorie des Politischen« stilisierte Ausdruck seiner nie wirklich überwundenen Unentschiedenheit. Er hat versucht, das Weibliche zu verdrängen, es zu bannen. Dazu brauchte er den Apparat der Wissenschaft. Ohne »Wissenschaft« hätte er diese Verdrängungsleistung überhaupt nicht ausgehalten. Der Staat wurde der Fetisch seiner Männerphantasien. So emphatisch er auch immer auf die Erkenntnis der »konkreten Wirklichkeit« pocht, seine politische Theorie beruht doch immer auf einer neurotischen Verkennung der Realität. Sie ist ein trotziges Festhalten an Positionen, deren Unhaltbarkeit besserer Einsicht, auch der seinen, längst evident ist. Die Perzeption der Außenwelt war durch die paranoide Verfremdung der Innenwelt gestört, der »Entscheidungszwang« produzierte Feindbilder, die gleichzeitig mit der Sehnsucht nach dem besetzt waren, was man sich versagen mußte, aber am liebsten haben oder sein wollte.

Im Spannungsfeld des interiorisierten Kampfes hat er nun eine großartige *trouvaille* gemacht, deren Würdigung noch aussteht: An der Grenze nämlich zwischen Männlich und Weiblich hat er die »Scheide« als Topos politischer Theoriebildung entdeckt.

Ich habe ihn in dem Moment erlebt, in dem, unter dem Eindruck einer politischen, von ihm (wie all den anderen) mitverschuldeten Katastrophe, seine intellektuelle Widerstandskraft zusammengebrochen war und das Verdrängte sich seiner wieder zu bemächtigen begann. *Le retour à la mer* war *Le retour de la mère.* Er ist den Weg nicht zu Ende gegangen. Immer wieder wurde er rückfällig. Die inneren Zwänge waren zu groß – er hat bis heute davor zurückgeschreckt, sein Geheimnis preiszugeben. Nur seiner Tochter Anima hat er es verraten. Sein Potential an Unentschiedenheit war zu stark. Er hat die Kaiserin geschaut, aber das »Tabu der Königin« nicht verletzt.

Deutlich sehe ich die beiden vor mir, den kleinen Herrn im korrekten grauen Anzug mit Stock und Hut, den schmalen Jungen im weißen, offenen Hemd, die Jacke über dem Arm, einen Kopf größer, auf den sandigen Wegen gemächlich dahinschreitend – immer wieder bleiben sie stehen. Der kleine Herr stößt mit dem Stock in den Sand und schaut irgendwie herausfordernd-fragend, triumphierend zu dem Jüngling auf. Jetzt neigt er den Kopf und schaut in seine Handfläche, als enthielte sie etwas, das er aufmerksam studieren müsse, einen Kiesel, eine Muschel, eine Kristallkugel. Er überlegt, dann schaut er wieder empor, die Hand wirft die Kugel fort. Es leuchtet aus den großen, strahlenden Augen, heiter beglückt: »Ja, Nicolaus, du hast recht!« und da gehen sie wieder und sind bald, ganz klein, zwischen den Föhren und Birken verschwunden.

Ich hoffe immer, ihnen zu begegnen, wenn ich um den Grunewaldsee einen Spaziergang mache – es ist noch derselbe See. Was würde wohl, frage ich mich, der rote Jogger von ihnen denken, wenn er sie keuchend überholt, oder das Mädchen, das, einen *walkman* in den Ohren, mit dem töricht-verklärten Blick einer Schwangeren, ihren Weg kreuzt? Vielleicht werden sie dieses Buch lesen. Es ist für sie geschrieben.

Ich weiß, daß es Leser geben wird, die mir nicht werden vergeben wollen, daß ich von dem Freund meiner Eltern und meiner Jugend gesprochen habe, ohne den Stab über ihn zu brechen. Manchmal stelle ich mir vor, daß einer der jungen Leute, denen ich meine Geschichte erzähle, mir auf den Kopf zusagt: »Du hast einen Mörder verherrlicht. Weißt du denn nicht, daß …« Natürlich weiß ich. Ich habe viel darüber nachgedacht und auch darüber geschrieben. Aber das steht auf einem anderen Blatt. Hier wollte ich davon berichten, was ich *damals* erlebt habe. Seine Schuld und meine Ahnungslosigkeit waren Kehrseiten ein und derselben Medaille.

Beruf und Berufung

Was sind Erinnerungen, die selbst längst zu Erinnerung an Erinnerungen geworden sind? Sie kommen mir vor wie die aus dem brennenden Elternhaus geretteten Trümmer, *souvenirs,* denen ich mit sehr geteilten Gefühlen gegenüberstehe. Sie sind so fremd und natürlich auch wiederum so vertraut, haben aber die Qualität jener Erinnerungsfetzen aus Träumen, die sich in das Gedächtnis eingeschrieben haben und von denen man immer weniger weiß, auf welcher Wirklichkeitsebene sie angesiedelt sind. Familienerbstücke, die aber zu einem anderen Leben gehören als dem meinen heute. Ich habe sie mit einer gewissen Anhänglichkeit aufbewahrt, wie man die Haarlocke, ein paar Photos und einen Packen Briefe von einer längst verstorbenen und in ihrer singulären Leiblichkeit längst vergessenen Geliebten aufhebt. Ist es nicht immer wieder erschreckend, wie schnell wir gerade das vergessen, was im Feuer der Leidenschaft das Allerwichtigste, das Unverzichtbarste war, den Hautgeruch, jene Ekstasen auslösende Stelle hinter dem Ohr, zwischen den Schulterblättern? Reliquien, die man dann wohl auch an einem regnerischen Samstagnachmittag hervorholt, um sich etwas längst Vergangenes zu vergegenwärtigen, immer mit dem schmerzlichen Gefühl, daß das Vergangene unwiderruflich aus dem gegenwärtigen Leben ausgeschieden ist, daß man leere Hülsen in seinen Fingern hält, die nichts mehr mit dem heutigen Leben zu tun haben. Nichts.

Trotzdem habe ich das Gefühl, daß mir diese Erinnerungen anvertraut sind wie ein Vermächtnis. Es wird vielleicht nicht ganz glaubwürdig klingen, aber so ist es, ich sage es ohne Koketterie: Der, der da heute über einen jungen Menschen schreibt, der in Berlin zwischen 1933 und 1942 gelebt hat, tut es mit dem Empfinden, nicht über sich selbst zu berichten, sondern über einen ganz anderen, den er seinerzeit gut gekannt hat, der aber nicht mehr lebt – einen sehr geliebten, frühverstorbenen jüngeren Bruder zum Beispiel, einen gefallenen Freund. Nicht ohne Zärtlichkeit, vor allem aber doch mit wachsendem Erstaunen bin ich den Spuren dieses vielbegabten Knaben nachgegangen. Wie unendlich reich sind diese kurzen Jahre gewesen! Das ist nicht ein Leben gewesen, das sind viele Leben gewesen. Wie reimt sich das alles zusammen? Französische *décadence* und bündische Fahrtenromantik, chinesische Philosophie und englische Präraffaeliten, Holzschneiderei und Theaterleidenschaft, süddeutscher Barock und Baudelaire und was noch alles. Die eigentliche Schwierigkeit einer Rekonstruktion dieses kurzen Daseins lag darin, aus der plethorischen Fülle von Möglichkeiten, die da zur Entfaltung drängten, ein Bild zu gewinnen, das einigermaßen vollständig ist, ohne ganz unglaubwürdig zu sein. Warum eigentlich? Immer dieser Zwang, alles auf einen Nenner bringen zu wollen! Eine Identität vorzutäuschen, die es nicht gibt, nicht gegeben hat! Meine Hypothese: das Subjekt als Vielheit. (Ich zitiere.) Wenn das mehr ist als eine Redensart, dann muß sich das doch besonders in jener Lebensphase erweisen, in der die experimentelle Erprobung von Rollen zwangsläufig zu einer Gleichzeitigkeit des Widersprüchlichsten führt. Man bezichtigt die Adoleszenz ihrer Größenphantasien – aber es sind immerhin Phantasien, Triumphe der Einbildungskraft, der kostbarsten Fähigkeit des Menschen. Wann, wenn nicht in der Periode der zweiten Sozialisation – dem ominösen psychosozialen Moratorium –, soll die polymorphe Perversität, der abzuschwören der Preis ist, der uns abgefordert wird, um zu Kulturmenschen zu werden, noch einmal zu ihrem Rechte kommen? Wir zahlen ihn, wie die kleine Seejungfrau, die ihre Zunge hergibt, um schöne Beine zu bekommen. Sie verzichtet auf ihren mythischen Unterleib. Was sie damit einhandelt, ist Sprachlosigkeit. Man lehrt es uns anders.

Was ich erzählt habe, ist das eine. Was ich alles nicht erzählt habe, ist das andere, der ungleich mächtigere Teil des Eisberges. Was dabei herausgekommen ist, ist Stückwerk, ein Puzzle nostalgischer Fragmente. Dabei habe ich eigentlich nie über meinen jungen Freund selber gesprochen, sondern immer nur über die Menschen, die für ihn wichtig waren, seine Eltern, seine Lehrer und Freunde, die Mädchen – ach die Mädchen, ein trauriges Kapitel. Man muß den Eindruck gewinnen, als interessierten mich heute all diese anderen mehr als er selbst. Da ist etwas dran. Es ist klar, daß jetzt noch etwas kommen muß, nicht um irgendeiner Vollständigkeit willen, die es nicht geben kann, sondern weil es schlechterdings unmöglich ist, nicht, und sei es auch nur andeutungsweise, von dem zu berichten, was in diesem kurzen Leben das Wichtigste war. Ich bin es meinem Helden einfach schuldig.

Merkwürdig nämlich ist, daß sich im Zentrum der zahllosen Existenzen, die dieser Knabe damals simultan geführt hat und die sich in ebenso vielen Bezugspersonen und Bezugsgruppen spiegelten, eine verbarg, die, hätte man ihn gefragt, die für ihn einzig wesentliche war, die einzige, die ihm so etwas wie das Gefühl einer eigenen Identität vermittelte. Alle übrigen waren Spiele für ihn, Kostüme, Verkleidungskünste. Nur die eine, den meisten unbekannte, für die es einen Partner nicht gab, war ihm ernst. Hier war er derjenige, der nicht die Anregung der anderen aufnahm, sondern derjenige, der die anderen anregte. Hier war er ganz auf sich selber gestellt. Aber wie seltsam – gerade dieses für ihn Wichtigste wurde von all den anderen, mit denen er umging, nicht ernst genommen. Daß er zeichnete, Gedichte machte, Theater spielte, schien normal, fast selbstverständlich. Das wollte man gerne akzeptieren. Aber keiner wollte recht Notiz von dem nehmen, dem seine Leidenschaft galt: Keiner – mit Ausnahme seiner Mutter und seiner kleinen Schwester – liebte ihn deswegen mehr. Er wäre für sie alle derselbe gewesen, ohne diese Passion. Aber sie war es, die einen großen Teil seiner Energie und seiner Zeit verzehrte: Von einigen – ich denke an seinen Freund Karl – wurde sie überhaupt nicht wahrgenommen. Sie wurde als Kuriosität behandelt, als etwas, das eigentlich gar nicht zu ihm gehörte und wofür man sich darum auch gar nicht zu interessieren brauchte: eine Marotte, ein nervöser Tic, über den man besser nicht spricht. Worum ging es denn?

Er wollte Architekt werden und hat von seinem fünfzehnten Lebensjahr an bis zu seiner Einberufung kontinuierlich, gradlinig, zäh und hartnäckig, ganz im Gegensatz zu seiner sonstigen Sprunghaftigkeit und proteischen Allrounddisposition, sich alles und jedes anzuverwandeln, jedem Einfluß zu erliegen, jeder Neuigkeit nachzujagen, dieses Ziel verfolgt. Teils war es eine knabenhafte Fixierung auf ein scheinbar verlockendes Berufsbild (Lokomotivführer-Syndrom), teils ein aus den Tiefen einer originären, echten Begabung aufsteigendes Sendungsbewußtsein. Er war, aus mysteriösen Gründen, von der festen Überzeugung durchdrungen, dies sei sein Lebensauftrag, und hatte daran auch nie einen Zweifel. Meine Erinnerung trügt mich in diesem Punkt nicht.

Architekt werden, Architekt sein! Wie kam ich auf diese absonderliche Idee? Wie kommt man überhaupt dazu, etwas Bestimmtes werden zu wollen? Wie kam mein Sohn auf die seltsame Idee, Tänzer zu werden? Er wird die Geschichte erzählen können, wie Serge Lifar ihn als Achtjährigen bei der Hand nahm und ihm die Grundfußstellungen des klassischen Balletts vormachte und ihm sagte: »Ich fühle, du könntest ein großer Tänzer werden!« Ich bin nie einem großen Architekten begegnet, der mir von seinem Beruf erzählen und mich dafür hätte begeistern können. Ein Mendelssohn, ein Kaufmann, ein Mies van der Rohe – diese Männer hätten im Hause meiner Eltern verkehren können, sie taten es aber nicht.

Der einzige große Architekt, der in meiner Jugend auftauchte, hatte damals noch keine Ahnung von seiner künftigen Berufung. Er hat sich für Architektur als etwas, das er selbst machen könnte, als Metier, erst zu interessieren begonnen, als er schon um die Vierzig war. Dann hat er es allerdings sehr schnell, zu seinem eigenen Erstaunen, zu Weltruf gebracht. Es gibt Kritiker, die ihn für einen der größten Architekten unserer Zeit halten.

Als ich ihn kennenlernte, befand sich die Familie auf Sommerfrische in Sankt Andreasberg im Harz. Meine Mutter hatte dort ein außerhalb des Ortes gelegenes, zwischen düsteren Tannen verstecktes, etwas verwunschenes Haus gemietet. Man mußte sich wohl von den klimatischen Vorzügen des Ortes einiges versprechen, wie ja überhaupt klimatologische Gesichtspunkte für die Wahl von Ferienaufenthalten damals eine viel größere Rolle spielten als heute. Der Tannenduft der deutschen Mittelgebirge, der Jodgehalt der Nordsee, die Trockenheit der Luft in einer bestimmten Höhenlage gaben den Ausschlag vor jedem touristischen oder ästhetischen Anreiz. Man hatte ganz bestimmte Vorstellungen davon, was für Kinder, je nach dem Alter, gut war. Die Akklimatisation an den gewählten Ort spielte eine große Rolle. Dahinter stand eine humane Medizin, die nicht Medikamente verschrieb, sondern Luftwechsel. Da waren wir also in Sankt Andreasberg. Mein Vater behielt seinen Lebensrhythmus, die Uhr in der Hand, natürlich bei. Arbeit am Schreibtisch und Spaziergänge. Wir Kinder schlugen die Zeit in einem primitiven, ländlichen Schwimmbad tot.

Während einer längeren Regenperiode (ach, diese endlosen Regentage während der Sommerfrischen! Aber auch sie mußten gesundheitsfördernd sein) beschloß ich, mein geräumiges Schlafzimmer auszumalen, tapezierte es mit Packpapier und haute breitpinselig mit Plakatfarben ein riesiges Fresko an die Wände: der Parnaß mit allen Göttern der griechischen Mythologie, die mir einfielen, alles im Stil der »Neuen Wilden«, was nicht allgemeinen Beifall fand, vor allem, weil es von Nuditäten wimmelte.

Plötzlich kam ein Telegramm aus Berlin. Aufregung! Es wurde vom Postamt telefoniert. Ein unbekannter Herr aus Amerika meldete überraschend seinen Besuch an. Das war eine Sensation, und am Tage, an dem er eintreffen sollte, stellten meine Schwester und ich, dreizehn und fünfzehn, uns am Eingang des Ortes auf, um ihn als erste zu begrüßen. Er hatte angekündigt, daß er in seinem Auto kommen würde. Und wir hatten uns nicht getäuscht – der riesige Straßenkreuzer war nicht zu verkennen. Der Amerikaner! Wir winkten. Der Wagen hielt an. Ein gutaussehender junger Mann im karierten Sportjackett mit offenem Hemdkragen, alles sehr

»amerikanisch«, lud uns ohne weitere Umstände in sein Cabriolet, und wir konnten ihm erklären, wie das verwunschene Haus und mein Vater zu finden seien.

Auf keinen Fall wollte er ihn gleich bei der Arbeit stören, und so gingen wir erst einmal mit ihm spazieren, und er erzählte fabelhafte Dinge aus Amerika und aus seinem Leben. Er hatte eine neue Partei gegründet, die »Silberhemden«, und mußte viele Reden halten, Volksreden. Um uns zu zeigen, wie er das machte, stellte er sich auf einen Baumstumpf und hielt eine Rede, ohne Worte, nur mit Gesten. Das war sehr lustig, und wir lachten mit ihm.

Ihn interessierte die Politik, die Nationalökonomie und die Soziologie, und er hatte, weil er Spaß daran fand, einen Aufsatz meines Vaters übersetzt: »Weltanschauung, Wissenschaft und Wirtschaft« und wollte darüber mit ihm sprechen, um die Rechte für eine amerikanische Ausgabe zu bekommen.

Erst später erfuhr ich, daß er zu jener East-Coast-Aristokratie gehörte, wie die Vanderbilt, Rockefeller und Harriman, die Elite der WASP (White Anglo-Saxonian Protestants), die damals Amerika noch beherrschte. Immens reich, mit dem Problem, ihr Geld zu verwalten und sinnvoll auszugeben, war er einer der Mitbegründer des »Museum of Modern Art« in New York, eine Pioniertat – ein rein mäzenatisches Unternehmen, wie man weiß. Als junge Männer, »Playboys« in dem Sinne, daß sie alle Spiele des Lebens zu spielen lernten, Golf, Sex, Ski und Bridge, lieber in Paris und an der Côte d'Azur lebten als in ihren Häusern am Park und in Long Island, und überhaupt erst, wenn es auf die Fünfzig zuging, an so etwas wie eine ernsthafte Tätigkeit dachten – dann wurden sie Gouverneur oder Senator oder, wie der unsere, Architekt.

Das Gespräch mit dem Vater verlief zufriedenstellend für beide Teile. Der Kurzbesuch in Sankt Andreasberg hatte nach dem Krieg seine wohltätigen Folgen, als nämlich die Care- und Kleiderpakete aus den USA bei meiner Mutter eintrafen. Ich möchte an dieser Stelle dem großzügigen Spender meinen aufrichtigen Dank dafür aussprechen. Ich bin jahrelang in seinen Jacken, Hosen und Hemden herumgelaufen. Ich habe ihn später auch einmal in seinem berühmten Glashaus in New Canaan besucht. Er erklärte mir, Besucher gewohnt, alle die technischen Raffinements seines erstaunlichen Luxuspavillons, eine echte *folie du prince.* Aber da war ich an Architektur schon nicht mehr richtig interessiert. Wer war's? Philip C. Johnson.

Es begann so. Der sechsjährige Bub saß am Strand von Scharbeutz – dem Ort zahlloser klimabedingter Sommeraufenthalte – an einem jener regnerischen Nachmittage, an denen die Trennungslinie zwischen Himmel und Meer in undurchsichtigem Grau verfließt, saß im Strandkorb der Mutter und fand die Zeit lang. Im Strandkorb, mit seinem feinen Sandgeriesel und seinem Wachstuchgeruch, eng an die Mutter gelehnt, war Geborgenheit, die sich öffnete auf die große weite Fläche, auf der es, auch wenn sie so grau war wie heute, immer viel zu beobachten gab – Bewegungen, Formen, Farbschattierungen und dann alles, was einem so durch den Kopf geht. Man saß wie im Inneren einer *camera obscura.* Plötzlich möchte der kleine Junge einen Zeichenblock haben, er will ein Haus malen. Die Mutter findet das eine gute Idee. Sie läßt ihn einen Moment alleine im Winkel des Strandkorbes, geht zum nahen Basar hinüber, kauft einen Skizzenblock mit steifem Leineneinband und hartem Zeichenpapier, dazu einen weichen Bleistift. Nun kann das kleine Brett, das an der Innenseite des Strandkorbes angebracht ist, hochgeklappt werden, und mit großem Eifer, den langen Bleistift mit den Fingern ganz unten an der Spitze gefaßt, beginnt der kleine Junge, auf der weißen Fläche des ersten Blattes in dem schönen neuen Block seine Striche zu ziehen.

Die Mutter träumte mit geschlossenen Augen, sie war weit weg und traurig, in Rumänien. Ihre Traurigkeit übertrug sich wortlos auf das Kind. Der Junge wußte es nicht, was in ihr vorging, aber spürte eine große Zärtlichkeit. So, wenn er diese Traurigkeit fühlte, war er ihr am nächsten.

Hier! sagte er. Aber das ist ja gar kein Haus! Nein, das ist der Plan eines Hauses. Das ist *unser* Haus. Hier ist Papas Zimmer, hier ist dein Zimmer, hier ist mein Zimmer, hier ist Mademoiselles Zimmer, hier ist Ninettas Zimmer, hier ist die Küche, hier ist Josephas Zimmer. Es war an alles gedacht, auch an Badezimmer und Toilette und eine Treppe, die in den Keller führt. Der Plan war ganz einfach, ein langes Rechteck, von zwei parallelen Strichen der Länge nach zweigeteilt, das ist der Korridor, an dem rechts und links die Zimmer liegen, verschieden groß, je nachdem, wer sie bewohnen soll. Es war der Ur-Plan eines Hauses gewissermaßen, der sich zu allen möglichen und denkbaren Plänen, die je gemacht wurden und je gemacht werden können, zu all den Hunderten von Plänen, die der kleine Junge von nun an bis zu seinem zwanzigsten Lebensjahr ersinnen und zeichnen wird, so verhält wie die Ur-Pflanze zu allen Erscheinungsformen der Flora. Das war das Ur-Haus, die Idee des Hauses.

So ungelenk die Zeichnung war, so primitiv der Grundriß, so trapezoid das Rechteck – sie stellte, gemessen an dem Anschauungs- und Erfahrungsmaterial, das ein sechsjähriges Kind in seinem Kopf gespeichert haben kann, einen phantastisch hohen Abstraktionsgrad dar. Wie ist er überhaupt darauf gekommen, nicht ein Haus zu zeichnen, wie Kinder das tun, denn Häuser kennt er ja, mit Dach und Schornstein und Fenstern (mit einem Fensterkreuz), sondern den Plan eines Hauses? Einen Plan hatte er nie gesehen. Wie kommt die Idee eines Planes in einen solchen Kinderkopf?

Die Mutter war mit Recht erstaunt und wußte, daß hier etwas Besonderes passiert war. Es gibt ja Kinder, die plötzlich an das Klavier gehen und die Tasten so drücken, daß es eine Melodie ergibt. Dann stellt sich plötzlich heraus, daß sie das absolute Gehör haben, eine Begabung gibt sich zu erkennen. Und mit dieser Begabung verbindet sich ein obstinater Wille, diese Fähigkeit zu entwickeln, etwas daraus zu machen, ihr sein ganzes Leben zu weihen.

Ja, so hat es begonnen. Von diesem Augenblick im Strandkorb an wußte ich, daß ich Häuser entwerfen, Pläne für Häuser zeichnen, Architekt werden wollte. Kannte ich das Wort überhaupt schon? Die Mutter wird es mir gesagt haben. Sie hat die Erinnerung an diesen Augenblick in ihrem Herzen bewahrt und mir immer wieder davon erzählt. Vielleicht ist es überhaupt nur die Erinnerung an ihre Erzählung, die jetzt zu meiner Erinnerung geworden ist.

Da war nie ein Zögern, nie ein Zweifel, nie ein Erlahmen. Ich wollte Architekt werden. Das Entwerfen von Häusern wurde eine Manie, eine Obsession, die mich von jenem ersten Grundriß zu technisch perfekten, am Reißbrett ausgeführten Plänen und Rissen führte; von jenem Ur-Einfamilienhaus zu den kühnsten Entwürfen von Kirchen, Universitäten, Hochhäusern, ganzen Stadtanlagen. Ich zeichnete Grundrisse in meine Schulhefte, auf die Vorsatzblätter der Bücher, die ich las, auf die Tische der Gasthäuser, in denen ich einkehrte. Rückblickend scheint mir das Erstaunlichste die Zähigkeit, mit der ich ohne fremde Hilfe die technischen Fertigkeiten erwarb, um meine Phantasiegebilde in die richtige, fachgemäße Form zu bringen.

Eine wichtige Etappe auf diesem Weg war die Entdeckung der Architektenzeitschrift »Der Baumeister«. Ich weiß nicht mehr, aus welchem Anlaß ich, als Zehnjähriger vielleicht, in Begleitung von Mademoiselle, meiner Gouvernante, im Büro eines Grundstücksmaklers war und dort ein Exemplar des »Baumeisters« auf dem Tisch liegen sah. Ich begann, darin zu blättern, und konnte mich nicht losreißen vom Anblick der Pläne. »Interessiert dich das?« fragte der nette Herr. »Ja, sehr!« – »Dann kannst du das alles mitnehmen«, und er zeigte auf vielleicht hundert Hefte der Zeitschrift, die, nach Jahrgängen geordnet, auf dem untersten Brett eines Regals standen, das ansonsten mit Leitzordnern gefüllt war. »Du kannst sie mitnehmen«, sagte er noch einmal. So ein Geschenk überstieg mein Fassungsvermögen, aber schon hatte der nette Herr ein Taxi bestellt, und eine halbe Stunde später war der Schatz in meinem Zimmer. Mein Architekturstudium hatte begonnen.

Der nächste Schritt war der Erwerb von Neuferts »Bau- und Entwurfslehre«. Meine rumänische Tante schenkte es mir, weil ich darum bettelte. Ich weiß noch genau, wo. In einer Buchhandlung für deutschsprachige Bücher, in Klausenburg (Cluj) in Siebenbürgen, auf dem schönen, mittelalterlichen Marktplatz. Dorthin hatte uns eine der Autotouren geführt, die meine Verwandten während eines meiner Rumänien-Aufenthalte organisiert hatten, um mir das Land zu zeigen.

Dann kam die Zeit, in der ich das Zeichnen am Reißbrett mit Winkel und Schiebelineal erlernte. Es gab, für die höheren Klassen, einen Nachmittagskurs für technisches Zeichnen, an dem ich teilnehmen durfte. Ein besonderes Vergnügen hatte ich an der Konstruktion der gewagtesten und kompliziertesten Perspektiven. Die Sicherheit, mit der ich die Aufgaben löste, frappierte meine Lehrer. Woher hatte ich das? Mit schlafwandlerischer Sicherheit fand ich die nötigen Fluchtpunkte. Es war für mich ganz leicht, mir Räume und Volumen vorzustellen. Meine Einbildungskraft operierte mühelos dreidimensional. Dabei war ich zahlenmathematisch ganz unbegabt. Da steckte in dem Jungen ein anderer, der das alles einmal gelernt und lange geübt hatte und dessen Wissen und Fähigkeiten in meine Intuition einflossen.

Als nächstes fing ich an, auf Baustellen herumzustreichen. Das war sehr schlimm, weil ich das nach der Schule tat und unpünktlich zum Essen erschien. Einen ganzen Sommer lang habe ich täglich an der Ecke Caspar-Theyss-Straße / Humboldtstraße den Bau eines kleinen Einfamilienhauses, von den Ausschachtungsarbeiten bis zur Übergabe an den Bauherrn, begleitet. Er war Jude, und der Architekt war Jude, und alle Handwerker waren jüdisch. Sie hatten mich alle ins Herz geschlossen, antworteten geduldig auf meine Fragen, gaben mir die Blaupausen mit, in denen die Wasserleitungen und die Verlegung des elektrischen Stromes eingetragen waren. Ich sah zu, wie die Wände gemauert, die Balken verlegt, die Treppen eingesetzt, das Dach gedeckt wurde. Es war eine richtige Lehre. Ich war keine fünfzehn Jahre alt. Bei der Einweihung des Hauses war ich auch dabei. Es war ein bißchen um die kostbaren Möbel des Besitzers herumgebaut, der in einer Vierhundert-Quadratmeter-Wohnung am Kurfürstendamm gewohnt hatte. Das Haus war natürlich viel zu klein und wirkte wie ein Möbelmagazin. Seine Lebensgefährtin, eine ältere jüdische Dame, die Zigarillos rauchte, machte mir Vorhaltungen, daß ich keinen Blumentopf zur Einweihung mitgebracht hätte. Das gehöre sich so. Sie hatte recht. Das war ein schlechter Punkt. Sie wußte aber nicht, daß ich mein bißchen Taschengeld dafür ausgegeben hatte, für die Handwerker Bier zu kaufen, bevor ich mittags auf ihrer Arbeitsstelle erschien.

Meine Leidenschaft hatte mich auch dazu gebracht, in Berlin die interessanten Bauten moderner Architektur aufzusuchen – die Kirchen am Hohenzollerndamm und am Hohenzollernplatz, die Jesus-Christus-Kirche in Dahlem. Da konnte ich sogar die Pläne einsehen. Mein Schwager Röhricht war dort Pfarrer – der Nachfolger von Pastor Martin Niemöller, der im Konzentrationslager saß. Aber auch das Shell-Haus, das Kino am Lehniner Platz von Mendelssohn, in dem heute die »Schaubühne« ist, das Rundfunkgebäude an der Masurenallee. Die Villen und Theater von Kaufmann, deren elegantes Rokoko mir gefiel. Große Mode war damals ein Architekt, der sich auf kleine Villen und Landhäuser spezialisiert hatte, Breuhaus. Ich kannte ihn, weil er für die Andreaes ein nierenförmiges riedgedecktes Sommerhaus am Starnberger See gebaut hatte. Sie hatten mir das luxuriös mit Photos ausgestattete Buch geschenkt, das sie darüber hatten machen lassen.

Als ich mich 1941 an der Technischen Hochschule einschrieb und mich in der Zeichenklasse von Professor Merkel vorstellte, schaute sich der aufsichtführende Assistent die Mappe mit meinen Arbeiten an, die ich mitgebracht hatte. Ob ich das selber gemacht hätte, wollte er wissen. Dann könnte ich mir die nächsten zwei Semester die Zeichenklasse sparen. Hier würde ich nichts dazulernen. Ich ließ es mir gesagt sein – so hatte ich die Nachmittage frei und konnte an der Universität hören.

Als eine Art von permanentem Auftrag betrachtete ich die Planung *meines* Hauses. Dann fragte ich meine Freunde, aber auch Freunde meiner Eltern, nach ihren Häuserwünschen. Jeder Mensch trägt in sich die Vorstellung seines Hauses, und sein Leben ist nicht erfüllt, wenn er es nicht gebaut oder gefunden hat. Die Wünsche konnten mir gar nicht individuell und originell genug sein. Darin sah ich die Herausforderung für den Architekten. Später entwarf ich Häuser für die Mädchen, in die ich oder meine Freunde verliebt waren, und schenkte ihnen dann, reich mit Vignetten und perspektivischen Skizzen geschmückt, die ganz auf ihren Charakter zugeschnittenen Pläne. Sie waren weitaus besser als meine Gedichte.

Das schönste dieser Häuser war das »Castell Salviati«, das ich für ein mysteriöses junges Fräulein entworfen hatte, von dem ich eines schönen Tages einen viele Seiten langen Brief in einer schönen, perlenden Mädchenschrift erhielt. Das war ein paar Monate nach meiner Einberufung, und ich lag als Kanonier der Flak in Neunkirchen im Saarland, um die gewaltigen Industrieanlagen des weiland »König Stumm« gegen Luftangriffe zu schützen. Damals gab es noch keine größeren Luftangriffe, und wir hatten eine ruhige Zeit, Wache schiebend. (Immer dieses Wacheschieben!) Ich hatte viel Zeit zum Briefeschreiben, Zeichnen und Träumen. Da erreichte mich der Brief dieser Unbekannten, die wollte, daß ich sie »Marion« nannte – ihr richtiger Name gefiel ihr nicht (sie hieß Irma, glaube ich). Sie hatte mich in Berlin kennengelernt, schrieb sie, auf irgendeiner Tanzerei, vielleicht bei den Töchtern von Leo von König, vielleicht im Hause Gebsattel, und seitdem liebte sie mich und war von der Überzeugung durchdrungen, daß ich ihr zum Lebensgefährten bestimmt sei. Das sagte sie alles mit viel Poesie, Sensibilität und Offenheit. Wie hätte ich dem widerstehen können?

Damals waren ja solche Briefwechsel zwischen Unbekannten durchaus üblich, eine Form von Wehrbetreuung, zu der die jungen Mädchen geradezu angehalten wurden. Sie aber hatte sich spontan meine Adresse besorgt – wie, wollte sie nie sagen. Im allgemeinen bekam man, in ungelenker Schrift, ebenso rührende wie nichtssagende Schreiben, mit denen auch gar nichts anzufangen war. Der Brief von Marion war etwas anderes, es war die Botschaft aus einer Traumwelt. Ich war hell entzückt. Das war genau das, was ich zutiefst ersehnte, was ich erwartete. Es war auch ein kleines Bildchen beigelegt, ein Ausschnitt aus einem Amateurphoto, auf dem nicht viel mehr zu erkennen war als langes blondes Haar, große Augen und ein Pelzmantel. Die Adresse war irgendein Kaff in Schlesien. Ihre Familie mußte dahin geflüchtet sein. Darüber schrieb sie nichts, wie ihr Alltag in ihren Briefen nicht vorkam, sondern nur ihre Träume. Das Schönste schien mir aber ihr Name zu sein: Salviati.

Obwohl ich den Palazzo Salviati am Canale Grande in Venedig damals überhaupt noch nicht kannte, umstrahlte sie sofort die Aura jenes mythischen Italien, nach dem jeder Deutsche die Sehnsucht in sich trägt. Ich beschloß sofort, ein Haus für sie zu entwerfen. Es mußte ein Schloß sein, natürlich, und an einem der oberitalienischen Seen, dem Gardasee oder dem Lago Maggiore, liegen, die ich auch nicht kannte, von denen mir aber meine Mutter oft schwärmerisch berichtet hatte. Unsere Korrespondenz wurde so die Korrespondenz eines Architekten mit einer kapriziösen Bauherrin. Sie ging, als hätte ich ihre geheimsten Wünsche erraten, auf meine Ideen ein, korrigierte die Pläne und Skizzen. Wir besprachen die Stoffe für die Vorhänge, die Farbe des Marmors für den Bodenbelag, die Einrichtung der einzelnen Räume. Das Spiel schien auch sie zu begeistern.

Castell Salviati! Eine sternförmige Anlage, fünfflügelig, der Stern der Magier und Alchimisten. Die Spitze war landwärts gerichtet. Hier betrat man das Haus, das sich von dieser Seite wie eine einstöckige Villa präsentierte. Da das Grundstück aber zum Wasser hin steil abfiel und das Haus bis in den See hineinragte, bildeten die beiden Flügel, die sich nach dieser Seite hin öffneten, eine mehrstöckige Fassade, die so behandelt war, daß in der schmalen Wandfläche, die sie verband, lediglich ein Balkon mit schmiedeeisernem Gitter vor einer Fenstertür und darunter, auf der Höhe des Wasserspiegels, über flachen Stufen, ein zweiflügeliges Tor eingelassen war, das den Zugang zu den Booten ermöglichte. Ein perfektes Bühnenbild. Hier lag eine Gondel an zwei Haltepfählen, wie sie zum Bild von Venedig gehören, spiralenförmig blau und gelb bemalt. Die Farben Salviati.

Im Innern des Sternes befand sich ein fünfeckiger Hof. In seiner Mitte ein fünfeckiger Brunnen. Mit diesem Brunnen hatte es seine besondere Bewandtnis, denn seine Fläche war kongruent mit dem Oberlicht eines darunter gelegenen zentralen, runden Raumes, den wir als Hausbar einrichten wollten. Das Wasser in dem Becken sollte nicht mehr als zwanzig Zentimeter Tiefe haben. Goldfische würden darin schwimmen. Wir stellten uns vor, wie die Sonnenstrahlen, durch das Wasser gebrochen, geheimnisvoll in den unteren Raum einfallen würden, in dem man über seinem Kopf die Fische schwimmen sah. Ein transparentes lebendiges Deckengemälde. Hollywood.

Obwohl es an Salons, einem chinesischen Teezimmer und sogar einem zweistöckigen Saal nicht fehlte, war dieser runde, zentrale Raum mit seinem Deckenaquarium, das nachts natürlich auch künstlich beleuchtet werden konnte, unser Lieblingsaufenthalt. Hausbar war eigentlich eine falsche Bezeichnung dafür, denn da standen, in die Rundungen eingeschmiegt, große, mondsichelförmige Kanapees mit riesigen seidenen Daunenkissen und luden zum Träumen ein. Am Boden lagen Pelze, die gewölbten Wände waren mit auberginenfarbenem Lack behandelt. Die Türen unsichtbar. Hier hatten wir unsere Rendezvous. Hier führten wir lange Gespräche, erzählten uns selbsterfundene Märchen, lasen uns unsere Gedichte vor; das Protokoll dieser intimen Séancen wurde zum Inhalt unserer Briefe, nachdem das Haus erst einmal gebaut und eingerichtet war. Hier spielten wir Schach, und es war natürlich das Schachspiel der Märchenprinzessin mit ihrem Anbeter, dessen Ausgang darüber entscheidet, ob sie ihm angehören oder ihn in die Verbannung schicken würde. Wir haben diese Partie nie zu Ende gespielt, sondern sie immer wieder unterbrochen, um hinaus auf die Terrasse zu treten, um in den zahllosen Zimmern Versteck und Fangen zu spielen, um mit dem Motorboot (denn die Gondel war eigentlich nur zur Dekoration da) auf den See hinauszubrausen.

Ich wußte eigentlich gar nichts von Marion. Sie schwärmte für ihren Vater, der ein hoher Offizier sein mußte, ein eleganter Mann, der unter seiner maßgeschneiderten Uniform schwarze Seidenhemden trug und nur englische Zigaretten rauchte. Sie konnte überhaupt nicht verstehen, wieso ich nicht Offizier sei. Aber ihr war egal, was ich war. Sie war Geheimnis und Verheißung, ein Geschöpf, genauso, wie ich es mir ausgedacht hätte, das es aber wirklich gab, irgendwo, und das ich einmal sehen würde, das auf mich wartete, fest davon überzeugt, mir durch das Schicksal bestimmt zu sein. Auch als ich dann nach Rußland kam – Stalingrad war schon gefallen, ich habe keine Vormärsche, sondern nur Rückzüge mitgemacht –, spann sich unser Briefwechsel fort, und wir tummelten uns in unserem Schloß. Die Stunden in der behaglichen Höhle, in die grünes Licht durch das Brunnenfenster hereinsickerte, wurden immer vertraulicher, zärtlicher, verwegener, frivoler – die Briefe wurden zu *billets doux*. Dann brach die Katastrophe über Deutschland herein, unsere Verbindung riß ab.

Nach dem Zusammenbruch war mein erster Gedanke, sie wiederzufinden – aber wie? Ich hatte nicht den geringsten Anhaltspunkt, außer ihrem schönen Namen. Ich fragte danach, wo es mir wahrscheinlich schien, daß er auf Resonanz stoßen könnte. Viele Jahre hat es gedauert, bis ich herausbekommen habe, wer dieses geheimnisvolle Wesen war. Sie lebte nicht mehr.

Ich erfuhr, daß sie, noch keine zwanzig, in einem Flüchtlingstreck umgekommen war. Tieffliegerangriff, Typhus, Erschöpfung, man wußte es nicht so genau. Meine zarte Prinzessin! Sie war wirklich eine Prinzessin, oder beinahe. Aber nicht aus Venedig. Ihr Vater war ein Bruder von Dorothea von Salviati, die 1933 Wilhelm, Prinz von Preußen, den ältesten Enkel Kaiser Wilhelms II., geheiratet hatte. Es war keine ebenbürtige Heirat. Der Kaiser in seinem Doorner Exil war außer sich. Er bestand auf der Einhaltung des Hausgesetzes. Der Prinz mußte, um die Frau, die er liebte, zu heiraten, auf seine Rechte als Erbe und Thronfolger verzichten. Das war ein schwerer Schlag für die Dynastie. Marion hat offenbar mit ihrer Mutter während des Krieges Zuflucht auf dem Besitz ihres Onkels und ihrer Tante gefunden, die sich, *faute de mieux,* in einem der Hohenzollernschen Schlösser in Schlesien eingerichtet hatten, Klein-Obisch im Kreise Glogau. Das war das »Kaff«, aus dem mir Marion ihre Briefe sandte.

Was mich an der Architektur interessierte, waren nicht Fragen des Stils, obwohl ich mir gründliche Kenntnisse der Architekturgeschichte angeeignet hatte und mir auch über einen zeitgemäßen Stil Gedanken machte, der mir eher in Richtung der Glastürme von Le Corbusier zu liegen schien als der der Monumentalbauten des Dritten Reiches – beides, wie man heute weiß, Irrwege eines babylonischen Gigantismus. Es war der Gedanke des Zusammenspiels von Architekt und Bauherr, dessen Erfüllung ich in der absoluten Symbiose von Wunsch und Wunscherfüllung erblickte, die höchste Form, in der ein Mensch sein Ideal der Selbstverwirklichung realisiert, mit der Hilfe eines anderen Menschen, der ihm dazu sein Potential an Einbildungskraft und technischem Wissen zur Verfügung stellt. Der Architekt mußte, so sagte ich zu jedem, der es hören wollte, das Einfühlungsvermögen eines Beichtvaters, die Sensibilität eines Seelenarztes, die Liebesfähigkeit eines Freundes vereinen, um seinem Partner, dem Bauherrn – ihn besser verstehend als er sich selber versteht –, zur Erfüllung seines Wunschtraumes zu verhelfen.

Wenn ich nun Häuser für mich selber entwarf, so wurde der mäeutische Prozeß zu einem parthenogenetischen. Narzißtische Größenphantasien, wird man sagen, die andere erfahren, indem sie sich in die Rolle des Strategen siegreicher Schlachten versetzen, wie mein Freund Lars Gustafsson, dessen Knabenphantasien ihn zu einem unschlagbaren Kenner der Kriegsgeschichte gemacht haben.

Die Beschäftigung mit meinem Haus war mein Weg, die eigenen Wünsche und Bedürfnisse zu explorieren und ihnen Gestalt zu geben. Und da war es nun charakteristisch, daß meine Introspektion und Extraversion in zwei völlig verschiedene Richtungen wiesen, die miteinander überhaupt nicht kompatibel waren. Zwei Seelen, ach, mußte der Architekt in mir dienen, so daß es völlig irreführend ist, wenn ich von meinem Haus im Singular spreche. Ich muß sagen: meine beiden Häuser. Einerseits war da nämlich die Idee des großen, weitläufigen Palastes, andererseits die sehr präzise Vorstellung einer auf engstem Raum konzentrierten Klause.

Der Palast stand irgendwo im Süden, zwischen Zypressen, am Meer. Die Klause irgendwo im Norden, auf einer Lichtung, inmitten eines dichten Tannenwaldes. Das Castell Salviati lag ganz auf der Linie des Palastes. Man sieht, das Projekt hielt sich durchaus in durchführbaren Proportionen, und man kennt ja auch Leute, die sich so etwas gebaut haben. Es handelt sich immer um eine weitläufige Anlage, die zwar in erster Linie meinen eigensten Bedürfnissen als Hausherr angepaßt war, jedoch immer auch in besonderen Flügeln oder verstreuten Pavillons die Möglichkeit bieten mußte, zahllose Gäste aufzunehmen. Es war ein auf Geselligkeit und Feste eingerichtetes Haus. Zu seinen festen Bestandteilen gehörte außer einem Tanzsaal ein kleines Theater, und nun muß ich gestehen, daß dieses Theater nicht gedacht war, um dort Mozart und Goldoni aufzuführen, sondern als *theâtre érotique,* auf das ich völlig ungehemmt meine verwegensten Phantasien projizierte, ohne damals eine Kenntnis davon zu haben, daß es so etwas durchaus gegeben hat (und gibt).

Die Einsiedelei war dem Stil der Zisterzienser nachempfunden. Das Kloster Chorin, das ich ausflugsweise besucht hatte, mußte dabei in meinem Hinterkopf spuken. Die Eremitage war für den Winter und lange Aufenthalte, in denen man keine Menschenseele sehen würde, eingerichtet, mit Stapeln großer Holzscheite, für das Feuer in den Kaminen, im Hof, und großen Mengen von Lebensmittelvorräten im Keller. Tiefkühltruhen gab es damals nicht; ich dachte auch nicht an Eisschränke, sondern zeichnete in meine Risse geräucherte Schinken, Würste, Mehlsäcke und Regale mit Einmachgläsern, Pfirsichen und Pilzen, Gewürzgurken und Bohnen ein. Damit waren die Gewölbe gefüllt.

Der Bau selber umschloß darüber eigentlich nur eine große Bibliothek, zweistöckig, mit einer Galerie, zu der eine Wendeltreppe hinaufführte. Darin standen ein mannshoher Globus und ein ebensolches Astrolabium. Mein Schlafzimmer war klein wie eine Mönchszelle, und während ich in dem anderen Haus ein Bett von zwei mal zwei Metern für unerläßlich hielt, stand in diesem ein schmales Feldbett.

Wieder stelle ich mir die Frage, wo hatte ich das alles eigentlich her? Inzwischen ist es so, daß ich nicht eine einzige Dekorationsidee, keine Einzelheit der räumlichen Gestaltung, des Mobiliars, der Bilder, nicht vielfach dokumentieren könnte. Ich habe alles wiedergefunden, solche Häuser besucht, Leute, die sie besitzen, kennengelernt. Aber damals? Genügt das Studium von Kunstbüchern, von Zeitschriften, der Besuch einiger Museen, einige Ausflüge in die Mark, genügt eine entfesselte Phantasie, um das alles mit einer derartigen, bis ins letzte Detail der Türklinken und Fensterprofile gehenden Genauigkeit aus sich herauszustellen? War da nicht wieder der andere, der in mir wirkte? Schoß da nicht Wissen aus einem früheren Leben in die Imaginationen des Knaben hinein? Das Erstaunliche war doch, wenn ich mich jetzt daran erinnere, die ungeheure Sicherheit, mit der ich das alles hinsetzte, zeichnete. Kein mühsames Tasten, kein Suchen nach Vorbildern, keine bewußte Verarbeitung von Anregungen. Es mußte einfach so sein. Das war ich. Nur die Herkunft *dieses* Ichs blieb ein Rätsel.

Habe ich irgendwo gesagt, daß wir damals mit dem Rücken zur Zukunft lebten, ohne uns Vorstellungen darüber zu machen, wie unser Leben weitergehen könnte, nach dem Krieg, ohne Lebensplan und Utopie? Es ist grausam wahr, doch muß ich mich jetzt korrigieren. Es gab eine Ausnahme, was mich betraf. Mein Wunsch, Architekt zu werden, verband sich mit ganz konkreten Vorstellungen zukünftiger Lebensgestaltung, allerdings außerhalb Deutschlands, in einem anderen Land, in dem Heimatland meiner Mutter, in Rumänien.

Ich habe es immer wundervoll gefunden, eine rumänische Mutter zu haben. Das war etwas Besonderes, Exotisches, das mich von allen anderen unterschied, von meinen Klassenkameraden, von den Jungen am Dianasee, vor allem aber auch von meiner deutschen Familie, in der ich das Deutsche in all seinen charakteristischen Varianten repräsentiert fand: das Preußisch-Berlinisch-Potsdamische, das Beamtenhaft-Militärische, das Protestantische gleich in zwei Spielarten, die liberal-bourgeoise und die provinziell-pietistische, das Akademisch-Professorale schließlich. Ich war mir sehr bewußt, daß ich es meiner fremdländischen Mutter dankte, daß ich zu diesem Deutschtum immer den nötigen Abstand hatte, daß vor allem mein Vater es ihr dankte, aus der Atmosphäre des deutsch-akademischen Miefs und Muffs erlöst worden zu sein, in der er trotz allem, bis er sie kennenlernte, steckengeblieben war. Sie hatte es verstanden, seinen internationalen Ruf als Gelehrter in die Sphäre kosmopolitischer Repräsentanz zu heben. Alles, was unser Haus auszeichnete, war gleichzeitig das, was es von einem normalen deutschen Professorenhaushalt unterschied. Die Marge dieser Differenz war proportional dem Mehr an Neid, mit dem es von der Familie und der Kollegenschaft beobachtet und beargwöhnt wurde.

Bewunderung, Anerkennung für die erstaunliche Leistung kam von der anderen Seite, den Repräsentanten jener europäischen Gesellschaft, zu der die Deutschen immer nur ausnahmsweise gehören. Zu ihrem normalen Habitus gehört, daß sie sich von ihr mit einer an Xenophobie grenzenden Borniertheit abschließen. Das gilt leider auch für die oberen Etagen. Meine Mutter hatte aus einem deutschen Professorenhaushalt eine Dependance dieser europäischen Gesellschaft gemacht, einen Stützpunkt und Treffpunkt bedeutender Menschen aus aller Herren Länder. Deutsche konnten sich dort nur wohl fühlen in dem Maße, in dem sie über ihr Deutschtum herausragten. Ihr Stil war ein letzter Abglanz des alten Europa. Sie reproduzierte getreulich ein schon obsoletes Modell in Miniaturausgabe. Sie konnte es nur darum, weil sie keine Deutsche war.

Trotz dieser Mutter habe ich mich immer nur als Deutscher gefühlt. Aber das Rumänische war in mir, der Balkan mit seiner ottomanischen Tradition, das Lateinisch-Mediterrane, stark genug, um das Preußisch-Protestantisch-Professorale nie die Oberhand gewinnen zu lassen. Ich war dagegen immunisiert. Heute würde ich nicht anstehen zu sagen, daß es, um einen guten Deutschen zu machen, einer ausländischen Mutter bedarf – zumindest einer jüdischen.

Rumänien war fern und immer präsent. Ich habe seine Sprache nie gelernt, weil meine Mutter mich für zu sprachunbegabt hielt und fand, daß es genüge, wenn ich anständig französisch könnte, aber ich habe sie im Ohr als die Sprache der Mutter, eine sinnlich-zärtliche Geheimsprache der Kosenamen und Diminutive, des abwesenden Vor-sich-hin-Redens, des Zählens, vertraulich geflüsterter Gespräche, an denen ich nicht teilnehmen konnte, deren Inhalt ich aber am Tonfall erriet.

Rumänien war nun auch das Land, in dem meine rumänischen Verwandten lebten, die Brüder und Schwestern meiner Mutter und deren Kinder, meine Cousins und Cousinen, die alle ungefähr in meinem Alter waren, dazu unzählige Onkel und Tanten. Ich habe auch meinen rumänischen Großvater noch gekannt, Nicolae Leon, einen Grandseigneur, der sein Leben in den Dienst der Wissenschaft gestellt hatte, weil er das für die vornehmste Aufgabe eines Menschen hielt, der sein Leben nicht vergeuden wollte. Er war Positivist, ein Schüler von Ernst Haeckel (bei dem er in Jena promoviert hatte), Zoologe, Bewunderer des deutschen Geistes, Verächter des deutschen Militarismus, Pazifist und früher Vorkämpfer der

Vereinigten Staaten von Europa. 1934 ist er, siebzigjährig, gestorben. Ich wurde von meinen Eltern auf seinen Vornamen getauft. Nach dem Kriege habe ich dann, ihm zu Ehren, das germanische »k« durch ein »c« ersetzt. Meine Onkel waren, wie das in kleinen Ländern so geht, in den höchsten Positionen. Einmal wenigstens Minister gewesen zu sein war in diesen Familien für jeden Mann eine Selbstverständlichkeit. Durch die Heirat meiner Tante Ninette war aber das ganz große Geld in die Familie gekommen: die Aktien des »Creditul Minier«, das rumänische Öl.

So waren meine Reisen nach Rumänien Reisen ins Paradies, die Welt eines selbstverständlichen, ganz legeren Luxus. Ihr Mittelpunkt war Crevedia, der Landsitz meines Onkels Virgil Alimănişteanu, in unmittelbarer Nähe von Bukarest – Bukarest ist wie Berlin von einer Seenkette umgeben –, in dem ein verschwenderischer Lebensstil herrschte, von dem in unserem Berliner Haus überhaupt nicht die Rede sein konnte. Und da steht es ja, das weiße südliche Haus mit den flachen roten Ziegeldächern, seinen Veranden und Arkaden, dem Aussichtsturm, den weitläufigen Nebengebäuden, steht es, inmitten von Obstplantagen und Weinfeldern, die so weit gehen, wie das Auge reicht, und spiegelt sich, wie eine Göttin, die den Fuß zum Bade ins Wasser taucht, in einem stillen, von Schilfbändern umsäumten See!

Das sommerliche Leben in diesem geräumigen Landhaus war heiter und sorglos. Am Mittagstisch, in dem großen Speisesaal, in dessen Kristallspiegeln sich die Weinfelder vor den Fenstern reflektierten, so daß man glauben konnte, auf einer rundum offenen Terrasse zu sitzen, über die nur ein schattenspendendes Zeltdach gespannt war, saßen immer fünfzehn bis dreißig Personen aller Generationen, Tanten und Onkel, Cousins und Cousinen, eigentlich immer nur Familienmitglieder, die Großfamilie, der Clan. Wer mitgebracht wurde, gehörte gleich auch schon zur Familie dazu.

Hier, und nicht in meiner deutschen Familie, nicht im schlesischen oder Dahlemer Pfarrhaus, bei Tante Anna (»Frau Präsident«) und den Ehrenbergs (»von«), bei der Tante Hertha, im Königin-Luisenstift erzogen, war ich zu Hause. Hier war ich zwar der »kleine Deutsche« und genoß dadurch ein gewisses Prestige, aber ich war der »fils de Corinne« und gehörte mit dazu und fühlte mich dazugehörig. Hier nun wollte ich nach meinem Studium herkommen und der Architekt meiner Familie sein, ihre Fabriken bauen, ihre Stadthäuser, ihre Sommersitze in den Karpaten und am Schwarzen Meer, in Balcic. Ich würde eine von den hübschen, braunhäutigen, dunkeläugigen Freundinnen meiner Cousinen heiraten, ich brauchte nur zu wählen. Das war alles arrangiert und stand felsenfest. Arbeit gab es genug für einen Architekten. Mein Auftragsbuch war voll. Es reichte für ein Leben.

Aber mein deutsches Schicksal hat mich eingeholt. Hitler hat nicht nur Deutschland zerstört, sondern auch meine rumänische Heimat, nicht nur unser Haus in Grunewald, sondern auch das schöne weiße Haus am See bei Bukarest.

Als ich 1945 aus englischer Kriegsgefangenschaft in Großenbrode entlassen wurde, stand ich vor der Frage, was tun? *Ich hatte meine Existenz verloren.* Studieren, das verstand sich irgendwie von selbst, aber was? Wollte ich nicht Architekt werden? Der Gedanke, der meine ganze Jugend beherrscht hatte, schien mir jetzt völlig absurd. Unter dem Eindruck der Niederlage, tief durchdrungen von der deutschen Schuld, sah ich die Zukunft Deutschlands in der Perspektive des Morgenthauplans: Jahrzehnte eines Lebens in Ruinen und Baracken. Was würde es da zu bauen geben? Notwohnungen für arme Leute! Das entsprach nicht der Vorstellung, die ich mit den Aufgaben eines Architekten verband.

Wir Deutschen, dachte ich damals, hatten nur eine Chance: uns in der moralischen und geistigen Wiedererneuerung unserer nationalen Lebensgrundlagen zu bewähren. Bevor der Schutt in unseren Städten abgeräumt wurde, mußten wir den Schutt eines Jahrhunderts falschen Denkens, falschen Wollens, falscher Ängste abtragen.

Ich hatte mich nach Heidelberg entlassen lassen, weil ich wußte, daß dort eine Universität war, und gehört hatte, die Stadt sei unzerstört. Ich fand Unterschlupf bei einer Jugendfreundin, die allerdings an dem Tage, an dem ich an ihrer Haustür klingelte, geheiratet hatte. Die Universität wurde wenige Wochen später eröffnet; ich schrieb mich ein an der Fakultät für Theologie. Später wechselte ich über zur Soziologie – Kultursoziologie! Aber das liegt ja im Grunde nicht weit voneinander, nicht wahr?

Eine deutsche Entscheidung, eine furchtbar deutsche Entscheidung, wird man sagen, eine Fehlentscheidung. Auf jeden Fall eine total falsche Prognose. Aber war es denn überhaupt eine Entscheidung? Wir entscheiden nichts in unserem Leben. Das Realitätsprinzip hatte wieder einmal über das Lustprinzip triumphiert. Da löste sich der schöne, sinnliche Traum vom Architekten in nichts auf. Das lag in der Logik meiner preußisch-protestantisch-professoralen Herkunft.

Das Pfarrhaus hatte zugeschlagen. Ich befolgte stumm den Auftrag der

Väter, für die mein rumänischer Traum doch nichts anderes war als eine Extravaganz. Es blieb die Erinnerung an ein anderes Leben, an einen anderen, der im Krieg gefallen ist, so, wie meine Freunde mit ihren Träumen im Feld geblieben sind.

Oder war es noch ganz anders? Könnte es sein, daß derjenige, der in mir – wie mein Freund Celibidache vermuten würde – seine unerfüllten Architektenambitionen aus dem vorhergehenden als eine Form von Nachholbedarf in einem neuen Leben erfüllen mußte, in meinen Jugendphantasien die gesuchte späte Erfüllung gefunden hatte und nun Ruhe gab?

Ich war jetzt für andere Aufgaben disponibel.

Nachwort

Sprich aus der Ferne, heimliche Welt,
die sich so gerne zu mir gesellt
(Clemens Brentano)

Auf seinem Schoß habe ich dann doch nicht gesessen. Aber zu seinen Füßen immerhin schon. Er thronte. Ich kauerte. Meister und Schüler. Natürlich war es ein Spiel, eine Performance. Denn wir waren schließlich nicht allein. Wir wurden beobachtet. Wir wollten beobachtet werden! Nicolaus Sombart lernte ich bei Hermann Wiesler kennen. Es war einer jener Abende, an denen Gott und die Welt zu dem stadtbekannten Salonnier am Holsteiner Ufer 34, ins Vorderhaus, zweiter Stock strömte. Denn Hermann Wiesler, seines Zeichens Professor an der Hochschule der Künste (HdK), wie sie damals noch hieß, für ein Fach, das die aparte Bezeichnung »Ästhetik und visuelle Kommunikation« trug, Wiesler also *machte ein Haus,* um es in der Sprache Sombarts zu sagen, in seiner weitläufigen Wohnung mit Blick auf die Spree und hin zum Fuhrpark der Meierei Bolle, wo heute das Innenministerium seine wulstartigen Ausstülpungen dem Fluss entgegenstreckt. Ja, er machte ein Haus, und das Schöne daran: Der Rahmen war zwar bürgerlich, aber doch mit einem tüchtigen Touch von Boheme. Vier Meter hoch bis zur Decke ragten die mit vielen Gesamtausgaben gefüllten Bücherregale. An den Wänden prangten die riesigen Gemälde von den damals angesagten Malern, den »neuen Wilden«, mit ihrer selig in sich selbst schwingenden Dynamik. Walter Stöhrer war der Liebling des Hausherrn, aber es gab auch Fettings, Fußmanns, Hödickes. Das Mobiliar wiederum verteilte sich spärlich. In den Räumen sollten sich schließlich viele Menschen aufhalten und von Grüppchen zu Grüppchen wandeln können.

Aber Nicolaus Sombart mit seiner untrüglichen Parkettsicherheit hatte ein schönes Louis-Philippe-Fauteuil ergattert. Dessen dunkelgrüner Bezug war schon ein wenig abgewetzt. Auch der Mahagoni-Lack war ab. Alles Konzept! Der Kontrast zwischen abstrakter Malerei hier und dem Mobiliar aus der Frühzeit des Historismus dort wurde damals, wir befinden uns in der zweiten Hälfte der 1980er Jahre, als *camp* empfunden. Und nicht minder *camp* wirkte natürlich Sombart selbst, der Paradiesvogel schlechthin der damaligen Westberliner Gesellschaft. Zu *camp* vielleicht, denn er war durchaus nicht unumstritten, galt in der akademischen Welt als halbseiden, selbst am Holsteiner Ufer. Dort gehörte der immer etwas marineoffiziersmäßige damalige Direktor des Wissenschaftskollegs, Altgermanist und Richard-Wagner-Forscher Peter Wapnewski ebenso zu den Habitués wie die ulkige, fleißig um intellektuelle Seriosität bemühte Theaterkritikern Sibylle Wirsing, seinerzeit Berlinkorrespondentin der F.A.Z. Es gab überhaupt viel Journaille, aber eben auch HdK-Personal sowie, das war die Spezialität Wieslers, Theatervolk, ausschließlich aus dem damals führenden Haus in Deutschland, der Schaubühne, wie sich versteht. Wenn man Glück hatte, erschien auch mal die große Jutta Lampe, aber der Verwaltungsdirektor Jürgen Schitthelm sowie die Schauspieler Peter Simonischek oder Gerd Wameling waren fast jedes Mal dabei. Na, und dann eben viel hoffnungsvolle Jugend – jedoch, zu Sombarts Leidwesen, nur männliche. Den Vorlieben des Hausherrn geschuldet.

Und damit kam ich ins Spiel. Eine spektakuläre Beauty war ich nicht, dieses Genre war bei Wiesler ohnedies nicht vertreten oder auch nur gefragt – leider! Aber ich arbeitete an einer Dissertation über Friedrich Sieburg, und das machte mich natürlich interessant. Wer nicht geradezu ein ferventer Linker war, begrüßte es, dass sich studentische Jugend wieder für den Starkritiker und historischen Publizisten der Adenauerzeit interessierte, über den man munkelte, dass er sich im besetzten Paris zwischen 1940 und 1944 nachgerade unanständig gut amüsiert hatte. Stimmte nicht! Und hatte er nicht sogar schon in den zwanziger Jahren den bedauernswerten Joseph Roth von seinem Platz als Pariskorrespondenten der alten Frankfurter Zeitung verdrängt? Stimmte! Wer in den vierziger, fünfziger und sogar noch frühen sechziger Jahren seine intellektuelle Sozialisation erfahren hatte, war gewissermaßen mit Sieburg großgeworden. Was hatte ihn denn nun genau bei den 68ern zur Persona non grata gemacht? Dazu forschte ich, dazu konnte ich allerhand mitteilen, und das öffnete mir im damaligen Westberlin die Türen. Als Sieburg-Promovend wurde ich denn auch Sombart vorgestellt. Und in Ermangelung eines langbeinigen weiblichen Wesens, das sich zu ihm schmiegte, aber bei Wiesler nun mal nicht zu haben war, ließ er sich jetzt auf eine Unterhaltung mit mir ein.

Sein Interesse an einem Gespräch über Sieburg hielt sich allerdings in Grenzen. Sombart war schließlich selber Frankreichkenner! Und Weltenbummler, Dandy, Hedonist noch dazu. Diese Eigenschaften fand er bei Sieburg denn doch nicht genügend ausgeprägt. Der hatte sie, keine Frage, aber ja wohl eher im Format der Ära Adenauer. Ich ahnte dunkel, dass es hier auch darum ging, einen Konkurrenten aus dem Feld zu schlagen, aber vor allem verblüffte mich, dass Sombart nun ansetzte zu einer Philippika gegen die bundesrepublikanische Restauration der fünfziger Jahre, und zwar unter Zuhilfenahme der gleichen Floskeln, die damals auch die Historiker der sogenannten Bielefelder Schule um Hans-Ulrich Wehler von sich gaben. Zum ersten Mal ertappte ich Sombart bei einem Widerspruch, oder sagen wir höflicher: bei einer Ambivalenz, an der ich mich später noch häufig reiben sollte: Dieser Mann, dem keine snobistische Attitüde fremd war und der mit seiner Sentenz »Was ist ein ganzer Mensch? Entweder ist er ein Herr, dann hat er einen Diener, oder er hat keinen, dann ist er eben kein Herr mehr« viele Progressive massiv vor den Kopf gestoßen hat, Sombart also hielt sich tatsächlich für links. Selbstverständlich im Sinne einer »gauche caviar«, wie beispielsweise auch Fritz J. Raddatz, mit dem ich später gleichfalls in enge Berührung kommen sollte, aber das ist eine andere Geschichte.

Jedenfalls belebte sich meine Unterhaltung mit Sombart erst, als wir dann bald auf ihn selbst zu sprechen kamen. Und da nahm er Huldigungen stets gern entgegen. Fairerweise muss ich hinzufügen: ohne Ansehen des Geschlechts. Nur von Empathie getragen mussten sie sein. Und das waren sie bei mir. Wenn Sombart etwa zehn Jahre später, ich war schon beim Tagesspiegel und hatte seit den »Pariser Lehrjahren« fast alle seine Bücher hymnisch besprochen, wenn er also später von mir behaupten sollte, ich sei »der einzige deutsche Journalist, der mich jemals verstanden hat«, dann geht das wahrscheinlich auch auf diese erste Begegnung im Salon von Hermann Wiesler zurück, als ich ihm meine Verehrung unumwunden zu Füßen legte. Meine Verehrung als Leser von »Jugend in Berlin«. Ich bezeichnete es, und das war ganz ehrlich gemeint, als eines der Grundbücher meiner Generation. Wie das?

Als »Jugend in Berlin« 1984 erschien, machte es ganz einfach Epoche. Zumindest in meinem Freundeskreis und Umfeld. Dass da jemand, frank und frei, ohne auf den Beifall der meinungsmachenden Klasse zu schielen, dabei durchaus nicht unwissenschaftlich, sondern als in der Wolle gefärbter Kultursoziologe und -psychologe von seiner privilegierten Jugend im »Dritten Reich« berichtete, das war einfach unerhört. Und gut geschrieben! Denn auf dreihundert Seiten hielt sich der Autor an seine Maxime: »Ich kann nur erzählen, Fäden aufnehmen, die aus dem Erinnerungskorb heraushängen, mit dem Knäuel spielen wie eine Katze, so lange, bis das

Knäuel verschwunden ist. Da guckt dann die Katze dumm…« Hat man jemals in einer der »strukturgeschichtlichen« Studien zu den Hitlerjahren eine so entzückende *captatio benevolentiae* gelesen? Diese Nonchalance brachte selbst ein Sebastian Haffner, an den die liberalen bürgerlichen Intellektuellen sich damals hielten, nicht auf. »Da guckt dann die Katze dumm«: Nein, dumm guckte Sombart nie aus seiner Erinnerungswäsche, dafür war er zu gebildet, zu kenntnisreich, auch wenn der Dilettant im besten Sinne immer wieder zwischen den Zeilen hervorblitzte. Er ließ sich eben doch gerne mitreißen von den eigenen Erinnerungsströmen, die mal mehr, mal weniger heftig Wasser trieben, ihn hier in die Rolle des Anklägers (selten), dort in die Rolle des *laudator temporis acti* (häufig) drängten, immer jedoch erkennbar an seinen Obsessionen, Idiosynkrasien, Ticks und ganz persönlichen Maximen und Reflexionen.

Natürlich wird Sombart in diesem Buch seiner selbst gestellten Aufgabe, »Feldforschung« zu betreiben, »Rekonstruktion einer Lebenswelt, eines Biotops der bürgerlichen Gesellschaft in ihrer Spätphase«, glänzend gerecht. Vor allem die Beschreibung der nicht nur bildungs-, sondern durchaus schon großbürgerlichen Geselligkeit in seinem Elternhaus, die mehr als ein Drittel seines Buches einnimmt, ist ohne jeden Zweifel von hohem dokumentarischem Wert. Auch wenn der Autor sicherlich manche Schippe draufgelegt hat, was die vielen Einladungen zu Tees und Diners in kleinen und großen, in roten, blauen, gelben Salons oder Kabinetten jener Grunewald-Villa angeht, welche die Sombarts in der Humboldtstraße 35a bewohnten, bis sie im November 1943 ausgebombt wurden. Das Haus ist übrigens von der Mitgift der Mutter erworben worden, keineswegs vom Professorensalär des Vaters, wie Sombart dann in einem anderen Buch gestehen sollte. Dies nur nebenbei. Manche Schippe also, manche Ausschmückung, manche Übertreibung – aber sei es drum! Das Entscheidende und das damals Neuartige liegt in dem vollkommen unbefangenen Sichbekennen zu einem Dasein des gediegenen, formbewussten und kultivierten Lebensgenusses, das in Deutschland auch nach 1933 in bestimmten Kreisen noch möglich war. Und wo mit Sombart die Verklärung durchgehen mag, hat seine Darstellung trotzdem ihre Berechtigung, weil hier ein Bürger seine Stimme erhob, der nicht in dem wiederum sehr bürgerlichen Selbsthass von sich und seinem Herkommen spricht.

Und der sich immer wieder zu einem *ceterum censeo* hinreißen lässt, das einen auch heute oder gerade heute, also fast vierzig Jahre später, geradezu aufjauchzen lässt vor Begeisterung, wenn man da liest: »Alles ist erst dann verloren, wenn man die Maßstäbe verloren hat und den gegenwärtigen Miserabilismus als das Normale akzeptiert.« Oder auch: »Die Entzauberung der Welt hat mich eigentlich nie erreicht.« Oder schließlich, kaum glaublich in einem Land, in dem der Generationenkonflikt immer eine so große Rolle gespielt hat wie in Deutschland: »Was ich als das außerordentliche Glück meiner Jugend bezeichnen möchte, ist die Tatsache, daß ich Eltern hatte, die ich bewundern konnte. Ich erinnere mich nicht daran, ihnen gegenüber ein einziges Mal ein Gefühl von Revolte, von Verachtung, von Mitleid empfunden zu haben. Es gab gar kein Problem. Ich wollte sein und werden wie sie. Daran hat sich eigentlich bis heute nichts geändert.« Wie wohltuend wirkt ein solches Einverständnis mit Mutter und Vater noch immer. Jedoch 1984 kam es einer nahezu unerhörten Provokation gleich. 1984 wollte der Zeitgeist, dass man sich das eigene Elternhaus selbst in seiner Toleranz, sofern vorhanden, nur als »repressiv« vorstellen konnte!

Und die Nazizeit als denkbar finstere Epoche, bevölkert von verängstigten Menschen in den Fängen eisern exerzierter totalitärer Herrschaft. Doch so war es ja nicht, oder vielmehr: So war es für die Unterdrückten, Verfolgten, Diskriminierten. Schlimm genug! Deutschland hat damals die schrecklichsten Verbrechen in seiner langen Geschichte begangen. Das darf und wird auch niemals vergessen werden. Aber es gab eben auch die vielen Profiteure des NS-Regimes, denen es gut ging. Und die Milieus, die man in Ruhe ließ. Einem dieser Milieus widmet sich Sombart. Seine subjektive Sichtweise entspricht dabei den Erkenntnissen eines Buches, das wie kein zweites eine differenzierte Betrachtungsweise in der Beschreibung vom Leben im NS-Staat einleitete: Hans-Dieter Schäfers Studien über »Das gespaltene Bewußtsein«, die 1981 erschienen waren. Dank Schäfer wissen wir von der tiefen Kluft zwischen dem ideologischen Selbstbild, das die Nazis von ihrem »Dritten Reich« verbreiteten und dem realen Alltag der Mehrheits-Deutschen. Vieles war möglich, was offiziell nicht geduldet sein sollte. Schäfer weist vor allem nach, wie Sex, Drugs & Rock'n' Roll (damals noch Swing genannt), amerikanischer Lifestyle samt Micky Maus und Coca-Cola sowie sogar die anspruchsvolle Weltliteratur eines James Joyce oder einer Virginia Woolf auch über die Zäsur von 1933 hinweg in Deutschland ihren Platz behaupten konnten, teilweise sogar über die Zäsur von 1939 hinaus.

Das war nun allerdings nicht die Welt der Sombarts. Was hier fortlebte, war ein kultiviert bürgerlicher Lebenszuschnitt, zu dem geradezu konstitutiv das verhängnisvolle Desinteresse an der Politik gehörte, so typisch für die geistigen Eliten hierzulande bis 1945. Sombart nennt sein Grunewald-Idyll nicht von ungefähr eine »apolitische Enklave«: Hitler war für die Damen und Herren, die in der Humboldtstraße 35 a verkehrten, allgemein nur »der Gefreite«, seine Gefolgsleute galten als Proleten und Gangster. Man wiegte sich in der Illusion, wenn man sie nur von sich fernhielte, könnten sie einem nichts anhaben. Der diesbezüglich zentrale Satz lautet in »Jugend in Berlin«, man höre und staune: »Hitler war für uns kein Thema.« Für die Alten nicht, weil sie ihn als *quantité négligeable* betrachteten, und für die Jungen auch nicht, weil sie im Kokon ihres Erwachsenwerdens andere Themen als die Politik hatten – wie junge Menschen noch zu allen Zeiten. Hier nimmt Sombart ein Narrativ auf, das wir aus mancherlei bürgerlichen Familien kennen, wie die vielen Erinnerungsbücher zeigen, die in den vergangenen Jahrzehnten erschienen sind. Zumindest was die Alten angeht, sind hier allerdings Zweifel angebracht.

Sombart mit seinem so sympathisch bejahenden Verhältnis zum eigenen Vater hat sich vermutlich nicht klargemacht, dass dieser deutschnationale Hardliner (wozu Werner Sombarts Italienliebe keinen Gegensatz bildet – im Gegenteil) mancherlei Texte geschrieben hat, die von manifestem Antisemitismus künden, von seinen publizistischen Feldzügen im Sinne des Kulturpessimismus eines Oswald Spengler und *tutti quanti* zu schweigen. Aber natürlich kann es sein, dass der universitäre Mandarin und noch ganz in den patricharchalen Kategorien des neunzehnten Jahrhunderts befangene alte Herr mit dem Fortschreiten der Naziherrschaft desillusioniert und hellsichtig geworden ist, wie so viele deutsche Konservative. Jedenfalls starb Sombart Senior 1941, 78-jährig und zu einem Zeitpunkt, als sein Sohn Nicolaus gerade einmal achtzehn Jahre alt war; kaum vorstellbar also, dass er sich dem Filius im Hinblick auf seine politische Einstellung geöffnet hat. Vielmehr scheint er so, wie er hier geschildert wird, ein sehr ferner, wenngleich physisch anwesender Vater gewesen zu sein.

Und die Jungen? War für sie Hitler wirklich kein Thema? Wie wichtig für die Beantwortung dieser Frage die Schulen sind, die sie besuchten, ist immer wieder hervorgehoben worden. Das Berliner Grunewald-Gymnasium (heute nach Rathenau benannt) muss lange Zeit eine Bastion der Nicht-Nazis gewesen sein, wie so maches »Elitegymnasium« damals. Das wissen wir aus dem Sammelband »Meine Schulzeit im Dritten Reich«. Die Freunde, von denen Sombart in »Jugend in Berlin« drei sehr eindrucksvoll porträtiert, waren offenbar eher bündisch orientiert oder träumten sich, wie wir das auch aus der dissidenten Literatur im »Dritten Reich« kennen, in ein verfeinertes Wien des Fin de Siècle hinein und somit hinweg über die Zumutungen in der »Hitlerjugend« oder im »Reicharbeitsdienst«.

Zwei von Sombarts besten Freunden fielen bereits zu Anfang des Krieges. Ihr Lebensgefühl beschreibt Sombart sehr berührend als das einer sehr speziellen *lost generation* und bezieht sich selbst mit ein: »Wir wußten lediglich, daß der Tag kommen würde, an dem uns die Nemesis ereilt. Wir würden eingezogen und als Kanonenfutter verheizt werden. Diese fatalistische Todeserwartung war unsere einzige Beziehung zum ›Politischen‹. Es war nicht so, daß der Krieg in uns die Empfindung eines Sinnes und einer Weihe des Todes ausgelöst hätte. Ganz im Gegenteil, dieser Krieg, der uns nichts anging, steigerte das Wissen um seine Sinnlosigkeit. Und doch wurden wir nicht zu Nihilisten. Unser Ästhetizismus stand gegen die allgemeine Verrohung, Verpöbelung, die Herrschaft des Mediokren, Häßlichen, Infamen, als dessen Inbegriff das nationalsozialistische Regime erschien.«

Ästhetizismus war der eine Abwehrzauber. Der andere war Weltanschauung. Was Sombarts Jugenderinnerungen so einzigartig macht und 1984 erratisch hineinplatzen ließ in eine geistige Landschaft, die in einem Ausmaß von dekonstruktivistischen Theorien beherrscht war, wie man sich das heute kaum noch vorstellen kann –: Das war sein Heraufbeschwören einer Tradition, die schon damals weitgehend aus dem kollektiven Bewusstsein verschwunden war, obwohl sie einst tief verwurzelt gewesen ist: Nennen wir sie die Geistigkeit der »deutschen Männer«. Denn so nennt sie Sombart. Er hat sich auch in späteren Büchern immer wieder abgearbeitet an der antifeministisch-asketischen Tradition von Männern wie Carl Schmitt oder Ernst Jünger. Er hat ihren Kampf gegen den Demokratismus der »Ideen von 1789«, denen sie zumeist ihre nationalistisch-soldatischen »Ideen von 1914« entgegenzusetzen versuchten, tiefenpsychologisch analysiert wie kaum ein anderer, weil er sie in Beziehung setzte zu ihren kryptoexuellen Idiosynkrasien, Stichwort »elitärer Männerbund«, Stichwort »Homoerotik« (nicht genital gelebte Homosexualität – die war immer verpönt!) als »staatenbildendes Element«.

Wie vielfältig diese Weltanschauungskultur war, wie weit sie zurückgriff auf die »Weisheitslehren des Ostens«, auf das »Arkanwissen« einer uralten esoterischen oder gnostischen Tradition, das kann man in »Jugend in Berlin« bestaunen. Sexualmythologen wie der heute gänzlich vergessene Georgier Grigol Robakidse, Seelenwanderungsapostel wie der später weltbekannte rumänische Dirigent Sergiu Celebidache (»Cili war überzeugt, daß sein Guru eine Reinkarnation von Immanuel Kant war. Meinen Vater, den er sehr verehrte, hielt er für eine Reinkarnation Goethes«): Sie und andere mehr stehen hier als halb charismatische, halb komische Figuren neben Sombarts geistigem Lehrmeister Carl Schmitt. Und so sehr sich ihre schwindelerregenden Theoriegebäude bisweilen dem puren Mumpitz zuneigen, so sehr faszinieren sie doch auch und faszinierten vor allem in den Rationalismus-seligen achtziger Jahren als originelle Vertreter einer anderen Einstellung zur Welt. Der Einstellung von Menschen, die die Welt überwinden wollen, die sich auf die Suche nach dem verborgenen Sinn des Universums machen, die sich bemühen, geheime Zeichen und Botschaften zu entschlüsseln.

Aus dieser Welt kam Nicolaus Sombart. Ja, schon richtig, er wurde später ein Vertreter jener westlichen Disziplin namens Soziologie, die in Frankreich erfunden worden ist. Er wurde ein Erotiker, der auch durch die Schule der französischen Skepsiskultur gegangen ist, der in Paris die Einbindung des Intellektuellen in die Gesellschaft, auch in das, was man in Frankreich »le monde« oder gar »le grand monde« nennt, gesehen und in sein Weltbild eingespeist hatte. Aber er hat die Prägung durch diese ganz spezifische deutsche Geistigkeit der Sinnsuche und der Aufmerksamkeit für »höhere Mächte«, die unser Leben bestimmen, nie ganz abgestreift. Wie er auch bis zum Schluss seines Lebens gern betonte, er habe sich trotz seiner rumänischen Mutter, trotz des Ausspielens ihres »orientalischen« Hintergrundes gegen das sinnenfeindliche Deutschtum seiner Väterwelt »immer nur als Deutscher gefühlt«. Und von hier aus muss man wohl auch seine apodiktischen Setzungen wie das eingangs zitierte Herr-Diener-Bonmot und noch viele andere verstehen wie zum Beispiel diese, die am Ende seines Buches fällt: »Jeder Mensch trägt in sich die Vorstellung seines Hauses, und sein Leben ist nicht erfüllt, wenn er es nicht gebaut oder gefunden hat.« Es waltet hier ein fast deterministisch zu nennender Glaube an die Macht von Urbildern, die wir alle in uns tragen, ob wir uns dessen nun bewusst sind oder nicht. Das kann man mögen oder auch nicht. Anregend ist es allemal. Und mutig obendrein. Und erfreulich weit entfernt von den intellektuellen Moden unserer und der damaligen Zeit sowieso.

Und wie ging es nun weiter mit dem Meister und seinem Schüler aus dem Wiesler'schen Salon der achtziger Jahre? Nix Meister, nix Schüler! Der Tagesspiegel- und später Welt-Redakteur Tilman Krause eignete sich nicht zum Groupie. Dafür beschäftigte er seinen wunderbaren Autor Nicolaus Sombart, wo er nur konnte. Sombarts Essay zum hundertsten Geburtstag Ernst Jüngers, den er für den Tagesspiegel bei ihm bestellte, gilt ihm auch heute noch als das beste Stück, das damals im deutschen Blätterwald erschienen ist. Der Redakteur frequentierte auch Sombarts Salon, er rezensierte seine Bücher. Und sein letztes zu Lebzeiten erschienenes Werk, »Journal intime«, präsentierte er im Rahmen dessen, was man heute eine Book-Release-Party nennt, an ungewöhnlichem Ort: in einem Bordell. Er fand das zwiespältig, wie manches andere auch, was mit Nicolaus Sombart, diesem schillernden Überlebenden einer versunkenen Epoche, zusammenhing. Aber zwei Dinge vergaß er Sombart nie: Dass er ihm mit seinem Buch »Jugend in Berlin« eines der Bildungserlebnisse seiner eigenen Jugend beschert hatte. Und dass Sombart, wie auf ganz andere Weise auch er selbst, ein Deutscher war, mit allem, was dazugehört, und trotzdem oder gerade deshalb in Frankreich zuendegeboren wurde.

Berlin, im Juli 2022 *Tilman Krause*

Personenregister

Inhalt